EXAM PRESS®

ビジネス実務法務検定試験®学習書

弁護士 弁護士
菅谷貴子・厚井久弥 編著

東京商工会議所主催

ビジネス実務法務検定試験®

2級 精選問題集 2024年版

SE
SHOEISHA

JN104474

本書内容に関するお問い合わせについて

このたびは翔泳社の書籍をお買い上げいただき、誠にありがとうございます。弊社では、読者の皆様からのお問い合わせに適切に対応させていただくため、以下のガイドラインへのご協力をお願い致しております。下記項目をお読みいただき、手順に従ってお問い合わせください。

●ご質問される前に

弊社 Web サイトの「正誤表」をご参照ください。これまでに判明した正誤や追加情報を掲載しています。

正誤表　https://www.shoeisha.co.jp/book/errata/

●ご質問方法

弊社 Web サイトの「書籍に関するお問い合わせ」をご利用ください。

書籍に関するお問い合わせ　https://www.shoeisha.co.jp/book/qa/

インターネットをご利用でない場合は、FAX または郵便にて、下記"翔泳社 愛読者サービスセンター"までお問い合わせください。
電話でのご質問は、お受けしておりません。

●回答について

回答は、ご質問いただいた手段によってご返事申し上げます。ご質問の内容によっては、回答に数日ないしはそれ以上の期間を要する場合があります。

●ご質問に際してのご注意

本書の対象を超えるもの、記述個所を特定されないもの、また読者固有の環境に起因するご質問等にはお答えできませんので、予めご了承ください。

●郵便物送付先および FAX 番号

送付先住所　〒160-0006　東京都新宿区舟町5
FAX 番号　　03-5362-3818
宛先　　　　（株）翔泳社 愛読者サービスセンター

まえがき

　本書は、東京商工会議所が主催しているビジネス実務法務検定試験の合格を目指している方を対象に、直近の本試験の問題及び過去の問題の中から今後も出題が予想される問題をセレクトして解説し、合理的に、そして、確実に合格していただくことを目的としています。

　ビジネス実務法務検定は、法務担当者に限らず広くビジネスパーソンに対して、社会で必要な法的知識の習得を通して、コンプライアンス能力を備えてもらうことを一つの目的としています。

　コンプライアンスとは、法令遵守を意味しますが、不正会計やハラスメントなどコンプライアンスに関連して注目すべき事象は跡を絶ちません。

　今日では、コンプライアンスを実践するためには、細かな法的知識を追いかけるだけではなく、企業として行ってよいことと悪いことを明確に判断できる嗅覚を養い、それを実践できる仕組み作りが重要と思われます。企業がそのような力を備えるためには、企業を支えるビジネスパーソンの各人が、正確な法的知識を前提とした法的素養を養うことが必要です。今まさに社会で必要とされる人材は、コンプライアンスを担うことができる人材といえるでしょう。

　本書は、ビジネス実務法務検定試験2級合格を目指す方を対象に執筆していますが、2級は、「企業活動の実務経験があり、弁護士などの外部専門家への相談といった一定の対応ができるなど、質的・量的に法律実務知識を有している」レベルとされており、主に社会人全般を対象としています。

　2級の内容は、基本的知識があることを前提に、多岐にわたる分野から、難度の高い問題が出題されることが多くあります。国際法務などは、なじみのない方も多いと思います。なじみのない分野からの出題があった場合でも、あわてる必要はありません。このような分野は、細かな知識を聞かれることよりも、繰り返し、基本的な事項に関して出題がなされることが多く、過去問を重点的に押さえていくことで、ある程度の克服が可能です。分野が多岐にわたればわたるほど、合格のためには、基本的な点を正確に押さえることが重要です。

　本書では、できる限り、各分野において、今後も聞かれるであろう問題をセレクトするとともに、巻末に本試験を模した出題形式の問題を載せることで、実践トレーニングもしていただけるように工夫しています。是非、本書を効率的に利用して、合格していただければと思います。

2024年1月

菅谷貴子

厚井久弥

　ビジネス実務法務検定試験は、ビジネス上のコンプライアンス（法令等遵守）能力、その基礎となる実務的な法律知識を問う検定です。

　2級・3級については、IBT、CBTのどちらかを選択して受験します。IBT（Internet Based Test）はインターネット経由で行う試験で、受験者が使用機器や受験環境等を用意します。CBT（Computer Based Test）は各地のテストセンターに行き、備え付けのパソコンで受験する方式です。

　以下の情報は予定であり、変更されることもありますので、**詳細及び最新の情報を、東京商工会議所検定センターのホームページ（https://kentei.tokyo-cci.or.jp/houmu/）で必ず確認してください。**

■試験概要

　2023年度の試験要項を基に作成しています。2024年度以降変更される可能性があります。

	3級	2級
各級の基準	ビジネスパーソンとしての業務上理解しておくべき基礎的法律知識を有し、問題点の発見ができる。（ビジネスパーソンとして最低限知っているべき法律実務基礎知識を想定）	企業活動の実務経験があり、弁護士などの外部専門家への相談といった一定の対応ができるなど、質的・量的に法律実務知識を有している。（知識レベルのアッパーレベルを想定）
受験資格	学歴・年齢・性別・国籍による制限はない ※2級からの受験や、2・3級の併願受験も可能	
受験料 （税込み）	IBT：5,500円 CBT：7,700円	IBT：7,700円 CBT：9,900円
試験時間	90分	
出題形式	多肢選択式	
合格基準	100点満点のうち、70点以上	
法令基準日	2023年度に実施される検定は、2022年12月1日現在成立している法律に準拠し、出題される	

■2級の出題範囲

　3級の範囲及び2級公式テキスト（2024年度版）の基礎知識と、それを理解した上での応用力が問われます。以下は2級公式テキスト（2023年度版）の目次の概略です。本書の章は以下の第1章～第16章に対応しています。

■申込期間・試験期間（2級・3級）

2024年度の予定は以下のとおりです。

	申込期間	試験期間
第55回	5月17日〜5月28日	6月21日〜7月8日
第56回	9月20日〜10月1日	10月25日〜11月11日

申込みは、インターネットによる方法のみで、電子メールアドレスが必要です。日時を指定（平日・土・日・祝休日のいずれも受験可）し、希望受験日から7日前までに申し込みます。先着順のため、希望の日時を選択できない場合があります。

同一試験回において、2級・3級の両方の予約や2級からの予約（同日内の重複しない時間帯や別日）は可能ですが、同じ級は1回のみ予約可能で、欠席した場合も再予約はできません。

■IBTの使用機器

受験者が以下の全ての機器等を準備します。

- インターネットに接続されたコンピュータ（PC）※タブレットやスマホは不可
- 推奨ブラウザは、GoogleChrome、Microsoft Edge最新版
  ※「Internet Explorer」「FireFox」及び「Safari」での受験は不可
- ネットワーク環境（上り下りともに2Mbps以上の速度が必要）
- コンピュータの内部カメラ又はWebカメラ
- コンピュータの内部又は外部のマイク※ヘッドセットやイヤホンは使用不可
- コンピュータの内部又は外部のスピーカー
- マウス又はコンピュータに付属するタッチパッド

■IBTの受験環境

以下の全ての条件を満たす受験環境を準備します。

- 待機開始から試験終了までの間、カメラに他の人が映り込まない、かつ、マイクに他の人の声が入らないように間隔や空間を確保すること（カメラに他の人が映り込んだ場合やマイクに他の人の声が入った場合は、失格となる）
- 使用機器は机の上などに設置すること
- 受験者の周辺（机の上を含む）には、所定の持ち物や受験上の配慮申請で使用が許可された物以外の物が置かれていないこと（家財などの撤去は不要）
- カメラで受験者の動作や身分証明書、受験環境などが確認できるように適切な照明を点灯すること
- カメラで試験中の映像（受験者の上半身、身分証明書、背景映像など）を録画し、マイクで音声を録音することから、他者のプライバシーを侵害する可能性があるものなどが録画、録音されないようにすること（公園やレストランなどの公共スペースでは受験できない）

■申込み方法（IBT・CBT共通）

①東商検定Webサイトで希望する試験・級・試験方式を選択する
②試験プラットフォーム（Excert）でアカウントを作成する
③希望する受験日時（及びCBTの場合は試験会場）を選択し、支払情報等を入力する
④支払手続が完了すると、登録したメールアドレスに確認メールが届く

■試験当日の流れ

●IBT

①返信メールのURLからExcertにログインする

②パソコンや通信状況、受験環境を確認し、「試験開始をリクエスト」をクリックする

③カメラを通じて本人確認し、受験環境を確認する

④試験開始

⑤解答終了後、試験官に連絡する（終了受付）。採点結果がその場で画面に表示される

⑥試験終了

⑦合格者には後日、デジタル合格証が発行される

●CBT

①予定時間の30分〜10分前までに試験会場に到着する

②受付・本人確認

③試験会場に入室し、設置されたパソコンでExcertにログインする

④試験を選択し、開始する

⑤解答終了後、スタッフが終了を確認する。採点結果がその場で画面に表示される

⑥試験終了

⑦合格者には後日、デジタル合格証が発行される

■問合せ先

●Webサイトでの問合せ

以下のURLで「よくあるご質問」をご確認の上、問合せフォームからお問い合わせください。

https://kentei.tokyo-cci.or.jp/inquiry.html#content01

●電話での問合せ

東京商工会議所 検定センター

電話：050-3150-8559（10:00 〜 18:00　※土日・祝日 年末年始を除く）

■本書の構成

　過去問題（第39回〜第48回（第47回は中止）の検定試験9回分）をもとに再構成し、以下の形に編成しました。一問一答は簡潔な解説とし、第1部、第2部は解答の根拠となる法令の条文を示して明解に解説しています。第1部、第2部は、単に正解を選べるようにするだけでなく、**各記述が適切か否かを正確に判別できるようにすることを目指してください。**

●最重要項目100の一問一答

　過去問題から、今後も出題が予想される項目を厳選し、一問一答形式の100問としました。左のページに正誤問題を、右のページに解答と解説を掲載しています。一問一答式の問題集として使うだけでなく、右のページのみを使って、試験直前の知識確認やスキマ時間の学習ができます。

●第1部：分野別問題

　過去問題を出題範囲の16分野に分類し、よく問われる内容を含む172問を精選しました。問題を分野別にまとめているので、知識を整理できます。

　試験実施後に法改正等があった場合、解説で説明したり、問題に注釈を付けたりしています。2021年度以降、出題形式の変更がありましたが、今後も出題が予想される知識内容のため、過去問題のまま収録しています。

●第2部：総仕上げ問題

　過去問題を再構成した問題に、本書の著者が作成したオリジナル問題2問を加えた問題です。

本書記載内容に関する制約について

本書は「ビジネス実務法務検定試験 2級」に対応した学習書です。「ビジネス実務法務検定試験 2級」は、東京商工会議所（以下「主催者」という。）が運営する資格制度に基づく試験であり、下記のような特徴があります。

　①出題数、出題形式、出題範囲、出題傾向等は主催者によって予告なく変更される場合がある。

　②2021年度以降の試験問題は、非公開である。

上記①②の制約上、本書の内容が試験の出題範囲及び試験の出題傾向を常時正確に反映していることを保証できるものではありませんので、予めご了承ください。

■本書の特長

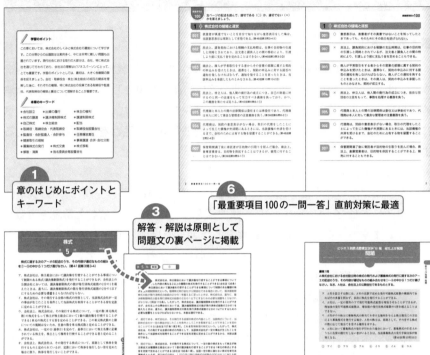

1 章のはじめにポイントと
キーワード

6 「最重要項目100の一問一答」直前対策に最適

3 解答・解説は原則として
問題文の裏ページに掲載

2 よく出るテーマの問題
を過去9回分の試験
から精選

4 3段階で明快に解説。重要な
用語や解説を太字で強調

5 総仕上げ問題1回分の問題と
解答・解説を掲載

問題の各記述が適切であるか、適切でないかの判断を示す	➡	適切でない。
その判断の根拠となる法令の条文を示す	➡	株式会社は、その株式（種類株式発行会社にあっては、全部の種類の株式）に係る株券を発行する旨を定款で定めることができる（会社法214条）。
問題の記述に戻り、結論を確認する	➡	したがって、会社法上、株式会社は、その発行する株式について、原則として株券を発行しないものと定められており、定款において株券を発行する旨を定めた場合に限り、株券を発行することができるから、本肢は適切でない。

※②の根拠条文と③の問題文がかなり重複している場合でも、問題文のページを再度参照しなくてすむように、あえて解説に問題文を掲載しています。

目次

最重要項目100
の
一問一答

直前対策に最適！

・・・・・・・・・・・・・・

ビジネス実務法務検定試験の各問題は、設問文と複数の記述（項目）から構成されています。ここでは、過去の問題の中から、今後も出題が予想される項目を厳選し、一問一答形式の100問としました。

左のページに正誤問題を、右のページに解答と解説を掲載しています。右のページには正しい記述のみが並んでいますので、一問一答式の問題集として使うだけでなく、右のページのみを使って、試験の直前に集中して知識を確認したり、スキマ時間に反復して学習したりすることができます。

上記の使い方を想定しているため、問題の記述が正しいとき、解説で問題の記述を繰り返している場合があります。解説の欄で「記述のとおり」としたり、補足説明をしたりすることなく、試験に必要な記述のみに絞り込んで記載しております。

試験に必要な知識のエッセンスとなっておりますので、ご活用ください。

左ページの記述を読んで、適切である（○）か、適切でない（×）かを答えましょう。

1 章 株式会社の組織と運営

001 表意者が真意でないことを自分で知りながら意思表示をした場合、当該意思表示は原則として有効である。（第48回第3問3-4エ）

002 民法上、請負契約における報酬の支払時期は、仕事の目的物の引渡しと同時とされており、注文者と請負人との間の特約により、引渡しより前に支払う旨を定めることはできない。（第46回第3問3-3③）

003 商法上、商人が平常取引をする者からその営業の部類に属する契約の申込みを受けたときは、遅滞なく、契約の申込みに対する諾否の通知を発しなければならず、通知を発することを怠ったときは、当該申込みを承諾したものとみなされる。（第40回第10問10-2②）

004 民法上、仲立人は、他人間の商行為の成立につき、自己の財産に対するのと同一の注意をもって尽力すべき義務を負っており、かつ、この義務を果たせば足りる。（第42回第6問6-1①）

005 代理商と本人との間の法律関係は委任または準委任であり、代理商は本人に対して善良な管理者の注意義務を負う。（第39回第6問6-2①）

006 代理商は、別段の意思表示がない場合、取引の代理をしたことによって生じた債権が弁済期にあるときには、当該債権の弁済を受けるまで、会社のために占有する物を留置することができる。（第48回第2問2-4③）

007 保管期間満了後に寄託者が目的物の引取りを拒んだ場合、商法上、倉庫営業者は、目的物を供託することはできるが、競売に付することはできない。（第39回第9問9-1①）

1 ⚙ 株式会社の組織と運営

001 ○ 意思表示は、表意者がその真意ではないことを知ってしたときであっても、そのためにその効力を妨げられない。

002 × 民法上、請負契約における報酬の支払時期は、仕事の目的物の引渡しと同時とされているが、注文者と請負人との間の特約により、引渡しより前に支払う旨を定めることもできる。

003 ○ 商人が平常取引をする者からその営業の部類に属する契約の申込みを受けたときは、遅滞なく、契約の申込みに対する諾否の通知を発しなければならない。商人がこの通知を発することを怠ったときは、その商人は、契約の申込みを承諾したものとみなされ、契約が成立する。

004 × 民法上、仲立人は、他人間の商行為の成立につき、善良な管理者の注意をもって、事務を処理する義務を負う。

005 ○ 代理商と本人との間の法律関係は委任又は準委任であり、代理商は本人に対して善良な管理者の注意義務を負う。

006 ○ 代理商は、別段の意思表示がない場合、取引の代理をしたことによって生じた債権が弁済期にあるときには、当該債権の弁済を受けるまで、会社のために占有する物を留置することができる。

007 × 保管期間満了後に寄託者が目的物の引取りを拒んだ場合、商法上、倉庫営業者は、目的物を供託することができる上、競売に付することもできる。

008 ユーザーに物件を供給するのはサプライヤーであることから、ファイナンス・リース契約において、サプライヤーは、法律上当然に、ユーザーに対し、物件の保守・修繕義務を負うとされている。(第40回第6問6-4c)

009 OEM契約における発注者は、OEM契約に基づいて受注者である製造業者等に供給させる製品に、当該製品の製造業者として自己の商号を表示して販売している。この場合において、当該製品に欠陥があり、その購入者が当該製品を使用して怪我をした場合には、当該発注者が、製造物責任法に基づく損害賠償責任を負うことがある。(第43回第5問5-1⑤)

010 合弁事業を行うために、当事者間で民法上の組合契約を締結する場合、組合契約は、民法上、要物契約とされているため、その成立には、当事者が現実に出資を行うことが必要である。(第42回第2問2-2ア)

2 章 企業財産の管理と法務

011 不動産が所有者から譲受人(第一譲受人)に譲渡され、所有権移転の仮登記がなされた後、当該仮登記に基づく本登記がなされる前に、当該不動産が他の譲受人(第二譲受人)に二重に譲渡され、所有権移転登記がなされた。この場合、当該仮登記に基づく本登記がなされれば、第一譲受人は、第二譲受人に対し、当該不動産の所有権の取得を対抗することができる。(第39回第8問8-2エ)

012 不動産登記簿上の権利者と真の権利者とが異なっている場合、登記簿上の権利者から権利を譲り受けた者は、不動産登記の内容を過失なく信頼して当該権利を譲り受けたときは、当該権利を取得することができる。(第44回第10問10-2①)

008 ✕ ユーザーに物件を供給するのはサプライヤーであるが、ファイナンス・リース契約において、サプライヤーは、法律上当然に、ユーザーに対し、物件の保守・修繕義務を負うわけではなく、ユーザーはサプライヤーとの間の保守契約に基づき、保守・修繕義務を負うにすぎない。

009 ◯ OEM契約における発注者が、OEM契約に基づいて受注者である製造業者等に供給させる製品に、当該製品の製造業者として自己の商号を表示して販売している場合、当該製品に欠陥があり、その購入者が当該製品を使用してけがをした場合には、当該発注者が、製造物責任法に基づく損害賠償責任を負うことがある。

010 ✕ 合弁事業を行うために、当事者間で民法上の組合契約を締結する場合、組合契約は、民法上、要物契約ではなく、当事者の合意で成立する諾成契約とされているため、その成立には、当事者が現実に出資を行うことは必要ではない。

2 企業財産の管理と法務

011 ◯ 第一譲受人に対する譲渡につき所有権移転の仮登記がなされた後、第二譲受人に二重に譲渡について所有権移転登記がなされた場合、登記の先後は仮登記の順位により判断されるため、当該仮登記に基づく本登記がなされれば、第一譲受人は、第二譲受人に対し、当該不動産の所有権の取得を対抗することができる。

012 ✕ 不動産登記簿上の権利者と真の権利者とが異なっている場合、登記簿上の権利者から権利を譲り受けた者は、不動産登記の内容を過失なく信頼して当該権利を譲り受けたとしても、当該権利を取得することはできない。

013 著作権法上、著作権は、著作者が著作物を創作するだけで成立し、著作権が成立するために別途何らかの方式を履践する必要はない。(第39回第10問10-3ウ)

014 著作権法上、共有著作権は、その共有者全員の合意によらなければ、行使することができない。(第41回第3問3-1③)

015 著作権の譲渡は、当事者間で著作権を譲渡する旨の合意により成立し、かつ、その合意のみで第三者に対してもその譲渡を対抗することができる。(第39回第10問10-3エ)

016 商標登録を受けることができる標章には、人の知覚によって認識することができるもののうち、文字、図形、記号、立体的形状もしくは色彩またはこれらの結合のほか、音が含まれる。(第40回第6問6-1④)

017 類似の商品に使用される同一の商標について複数の商標登録出願があった場合、先に商標を作成したことを証明した者が、当該商標につき商標登録を受けることができる。(第42回第5問5-4③)

018 登録商標については、当該登録商標が使用されていない状態が継続したとしても、第三者が、その不使用を理由として、商標登録の取消しを求めることはできない。(第48回第8問8-1⑤)

019 物品全体についての意匠だけでなく、その一部分のみの意匠についても、意匠登録の対象となる。(第39回第5問5-3③)

020 1つの物品についての意匠だけでなく、2以上の物品の組み合わせによる意匠についても、意匠登録の対象となる。(第39回第5問5-3④)

021 発明につき特許を受ける権利を有する者は、当該発明につき特許出願をする前であっても、当該特許を受ける権利を第三者に譲渡することができる。(第44回第3問3-4①)

013 ○ 著作権法上、著作権は、著作者が著作物を創作するだけで成立し、著作権が成立するために別途何らかの方式を履践する必要はない。

014 ○ 著作権法上、共有著作権は、その共有者全員の合意によらなければ、行使することができない。

015 × 著作権の譲渡は、当事者間で著作権を譲渡する旨の合意により成立するが、登録しなければ、第三者に対してその譲渡を対抗することができない。

016 ○ 商標登録を受けることができる標章には、人の知覚によって認識することができるもののうち、文字、図形、記号、立体的形状若しくは色彩又はこれらの結合のほか、音が含まれる。

017 × 類似の商品に使用される同一の商標について複数の商標登録出願があった場合、先に商標を作成した者ではなく、先に商標登録出願をした者が、当該商標につき商標登録を受けることができる。

018 × 登録商標については、当該登録商標が使用されていない状態が継続したときは、第三者が、その不使用を理由として、商標登録の取消しを求めることができる。

019 ○ 物品全体についての意匠だけでなく、その一部分のみの意匠についても、意匠登録の対象となる。

020 ○ 1つの物品についての意匠だけでなく、2以上の物品の組合せによる意匠についても、意匠登録の対象となる。

021 ○ 発明につき特許を受ける権利を有する者は、当該発明につき特許出願をする前であっても、当該特許を受ける権利を第三者に譲渡することができる。

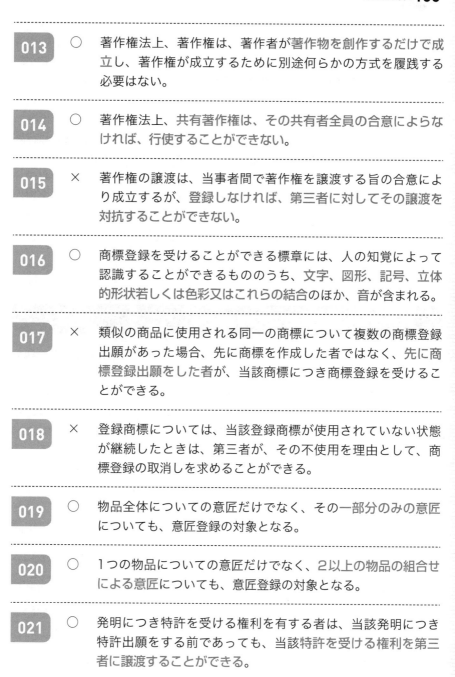

022 複数の者により共同発明がなされ、各人が当該発明についての特許を受ける権利を共有する場合、各共有者は他の共有者と共同でなければ、特許出願をすることができない。(第44回第3問3-4④)

023 従業者が職務発明につき特許権を取得した場合、従業者と使用者の間で事前に特段の定めがなくとも、特許法上、使用者にはその特許権について通常実施権が認められる。(第40回第4問4-3②)

024 実用新案登録出願がなされると、特許庁により、当該出願にかかる考案が、産業上利用可能性、新規性、進歩性の要件を充たしているか否かの審査がなされ、これらの要件を充たしていなかった場合には、実用新案権の設定の登録はなされない。(第39回第5問5-3②)

3 章 企業間取引にかかわる法規制

025 事業者の行為が不当な取引制限に該当するための要件の1つとされている相互拘束とは、罰金や取引停止などの手段を用いて協定事項を強制的に遵守させることをいう。したがって、いわゆる紳士協定のように協定事項を遵守しなくても罰則などが科されないものは、相互拘束には当たらず、不当な取引制限に該当することはない。(第42回第1問1-4②)

026 親事業者が下請事業者に対して製造委託をした場合において、親事業者は、下請事業者の給付の内容の改善を図るため必要があるときには、下請事業者に自己の指定する物を購入させたとしても、下請法に違反しない。(第41回第7問7-1④)

027 競合他社が、自社の使用する著名な商品名と同一の商品名を当該競合他社の製品に表示して販売している。この場合において、当該競合他社の行為が不正競争に該当するには、自社が当該商品名について商標登録を受けている必要がある。(第42回第3問3-2②)

022 ○ 複数の者により共同発明がなされ、各人が当該発明についての特許を受ける権利を共有する場合、各共有者は他の共有者と共同でなければ、特許出願をすることができない。

023 ○ 従業者が職務発明につき特許権を取得した場合、従業者と使用者の間で事前に特段の定めがなくとも、特許法上、使用者にはその特許権について通常実施権が認められる。

024 × 実用新案登録出願があったときは、その実用新案登録出願が放棄され、取り下げられ、又は却下された場合を除き、実用新案権の設定の登録がなされ、特許庁により、当該出願に係る考案が、産業上利用可能性、新規性、進歩性の要件を充たしているか否かの審査がなされるわけではない。

3 企業間取引にかかわる法規制

025 × 事業者の行為が不当な取引制限に該当するための要件の1つとされている相互拘束について、いわゆる紳士協定のように協定事項を遵守しなくても罰則などが科されないものであっても、相互拘束に当たり、不当な取引制限に該当し得る。

026 ○ 親事業者が下請事業者に対して製造委託をした場合において、親事業者は、下請事業者の給付の内容の改善を図るため必要があるときには、下請事業者に自己の指定する物を購入させたとしても、下請法に違反しない。

027 × 競合他社が、自社の使用する著名な商品名と同一の商品名を当該競合他社の製品に表示して販売している場合において、自社が当該商品名について商標登録を受けていなくても、当該競合他社の行為は不正競争に該当する。

028 技術上または営業上の情報について、営業秘密として不正競争防止法上の保護を受けるためには、当該情報にアクセスできる者を制限するとともに、当該情報にアクセスした者がそれを秘密であると認識できるようにするなど、当該情報が秘密として管理されていることが必要である。(第42回第3問3-2①)

4 章 消費者との取引にかかわる法規制

029 消費者契約法は、労働契約も含めて、事業者と消費者との間で締結されるあらゆる契約に適用される。(第46回第1問1-1ア)

030 特定商取引法上の訪問販売には、営業所等以外の場所で行われる所定の取引のほか、販売業者が路上で呼び止めて同行させるなどの一定の方法により営業所等に誘引して行われる所定の取引も含まれる。(第48回第5問5-2④)

031 消費者Xは、自ら要請していないにもかかわらず自宅にY社の従業員の訪問を受け、Xが所有する貴金属をY社に売却する旨を執拗に求められ、特定商取引法上の訪問購入に該当する方法により、Y社との間で、貴金属を売却する旨の売買契約を締結した。この場合、Xは、一定の期間内であれば、特定商取引法に基づき、当該売買契約についてクーリング・オフを行うことができる。(第45回第3問3-2ウ)

032 農林水産物であっても加工されたものであれば、製造物責任法上の製造物に該当し、加工された農林水産物に欠陥があり、その欠陥により人の生命、身体または財産に被害が生じた場合、製造物責任法に基づく損害賠償責任が生じ得る。(第40回第1問1-4イ)

033 製造物責任法に基づく損害賠償責任が成立するためには、製造物の欠陥によって人の生命または身体に被害が生じる必要があり、単に製造物自体が破損した場合や、製造物以外の物に損害が拡大した場合は、製造物責任法は適用されない。(第43回第1問1-3④)

| 028 | ○ | 技術上又は営業上の情報について、営業秘密として不正競争防止法上の保護を受けるためには、当該情報にアクセスできる者を制限するとともに、当該情報にアクセスした者がそれを秘密であると認識できるようにするなど、当該情報が秘密として管理されていることが必要である。 |

4 消費者との取引にかかわる法規制

| 029 | × | 消費者契約法は、事業者と消費者との間で締結される契約に適用されるが、労働契約には適用されない。 |

| 030 | ○ | 特定商取引法上の訪問販売には、営業所等以外の場所で行われる所定の取引のほか、販売業者が路上で呼び止めて同行させるなどの一定の方法により営業所等に誘引して行われる所定の取引も含まれる。 |

| 031 | ○ | 消費者Xが、特定商取引法上の訪問購入に該当する方法により、Y社との間で、貴金属を売却する旨の売買契約を締結した場合、Xは、一定の期間内であれば、特定商取引法に基づき、当該売買契約についてクーリング・オフを行うことができる。 |

| 032 | ○ | 農林水産物であっても加工されたものであれば、製造物責任法上の製造物に該当し、加工された農林水産物に欠陥があり、その欠陥により人の生命、身体又は財産に被害が生じた場合、製造物責任法に基づく損害賠償責任が生じ得る。 |

| 033 | × | 損害が当該製造物についてのみ生じたときは、製造物責任は生じないが、製造物の欠陥によって人の生命又は身体に被害が生じた場合のほか、製造物以外の物に損害が拡大した場合も、製造物責任法に基づく損害賠償責任が成立し、製造物責任法が適用される。 |

034 製造物責任法に基づく損害賠償責任が成立するためには、製造物に物理的な欠陥があることが必要であり、製造物の安全性に関する指示や警告に欠陥があったというだけでは、製造物責任法上の欠陥とは認められない。(第43回第1問1-3⑤)

5 章 情報の管理と活用にかかわる法規制

035 死亡した個人に関する情報は、当該死亡した個人を識別することができるものであるときは、個人情報保護法上、当該死亡した個人の個人情報に当たる。(第43回第3問3-4①)

036 個人情報取扱事業者は、その保有個人データから識別される本人から、当該保有個人データの利用の停止を請求された場合には、その理由のいかんを問わず、遅滞なく、当該保有個人データの利用を停止しなければならない。(第46回第2問2-1エ)

6 章 デジタル社会と法律

037 A社は、自社の運営する通信販売サイトにおいて、自社商品を消費者に販売しており、これを見た消費者BがA社商品を購入する旨の意思表示を電子メールにより行った。この場合、A社による通信販売サイトへの商品の掲載が契約の申込みの意思表示に当たり、Bからの電子メールによる購入する旨の意思表示が承諾の意思表示に当たる。(第46回第3問3-2ア)

038 「特定電子メールの送信の適正化等に関する法律」(迷惑メール防止法)上、送信者が、広告または宣伝を行うための手段として送信する電子メールを、あらかじめ送信に対する同意を得ていない者に対して送信することは禁止されていないが、当該電子メールを送信しないようにとの申し出があった者に対して送信することは禁止されている。(第39回第8問8-1エ)

034　×　製造物に物理的な欠陥がある場合のほか、製造物の安全性に関する指示や警告に欠陥があった場合も製造物責任法上の欠陥と認められ、製造物責任法に基づく損害賠償責任が成立する。

5　情報の管理と活用にかかわる法規制

035　×　死亡した個人に関する情報は、当該死亡した個人を識別することができるものであったとしても、個人情報保護法上の個人情報に当たらない。

036　×　個人情報取扱事業者が、その保有個人データから識別される本人から、当該保有個人データの利用の停止を請求された場合であっても、当該保有個人データの利用を停止しなければならないのは、偽りその他不正の手段により個人情報を取得されたものである場合や、本人の権利又は正当な利益が害されるおそれがある場合等の所定の理由がある場合に限られる。

6　デジタル社会と法律

037　×　A社が、自社の運営する通信販売サイトにおいて、自社商品を消費者に販売しており、これを見た消費者BがA社商品を購入する旨の意思表示を電子メールにより行った場合、A社による通信販売サイトへの商品の掲載は、申込みの誘引に当たり、Bからの電子メールによる購入する旨の意思表示は契約の申込みの意思表示に当たる。

038　×　迷惑メール防止法上、送信者が、広告又は宣伝を行うための手段として送信する電子メールを、あらかじめ送信に対する同意を得ていない者に対して送信することは禁止されている。

7 章 広告・表示等に関する法規制

039 事業者は、自己の供給する商品または役務の取引について、景品類の提供または表示により不当に顧客を誘引し、一般消費者による自主的かつ合理的な選択を阻害することのないよう、景品類の提供に関する事項および商品または役務の内容にかかる表示に関する事項を適正に管理するために必要な体制の整備その他の必要な措置を講じなければならない。(第46回第9問9-2③)

040 B社は、自社の店舗で加工した総菜の販売を行っているが、当該総菜の食品表示においてアレルゲンに関する表示を怠っていた。この場合、食品表示法上、B社は、当該表示を怠ったまま当該総菜を販売していたことを理由として刑事罰を科されることはない。(第43回第9問9-2イ)

8 章 金融・証券業等に関する法規制

041 金融商品取引業者等は、一定の金融商品取引契約の締結の勧誘を受けた顧客が契約を締結しない旨の意思を表示した場合、それ以降当該勧誘を継続してはならないが、その勧誘に先立って、顧客に対し、その勧誘を受ける意思の有無を確認する必要はない。(第48回第7問7-1エ)

042 取引所金融商品市場外において株券等を買い付ける場合、取得後の株券等所有割合が5％を超えるときは、金融商品取引法上、原則として公開買付けの方法によらなければならない。(第41回第3問3-3④)

7 章 広告・表示等に関する法規制

039 ○ 事業者は、自己の供給する商品又は役務の取引について、景品類の提供又は表示により不当に顧客を誘引し、一般消費者による自主的かつ合理的な選択を阻害することのないよう、景品類の提供に関する事項及び商品又は役務の内容に係る表示に関する事項を適正に管理するために必要な体制の整備その他の必要な措置を講じなければならない。

040 × アレルゲン、消費期限、食品を安全に摂取するために加熱を要するかどうかの別その他の食品を摂取する際の安全性に重要な影響を及ぼす事項について、食品表示基準に従った表示がされていない食品の販売をした者は、2年以下の懲役若しくは200万円以下の罰金に処せられ、又はこれを併科される可能性がある。

8 章 金融・証券業等に関する法規制

041 × 金融商品取引業者等は、一定の金融商品取引契約の締結の勧誘を受けた顧客が契約を締結しない旨の意思を表示した場合、それ以降当該勧誘を継続してはならないとともに、その勧誘に先立って、顧客に対し、その勧誘を受ける意思の有無を確認しなければならない。

042 ○ 取引所金融商品市場外において株券等を買い付ける場合、取得後の株券等所有割合が5%を超えるときは、金融商品取引法上、原則として公開買付けの方法によらなければならない。

9 章 債権の担保

043 債権者は、債務者に金銭を貸し付けるにあたり、債務者所有の甲土地および乙土地を共同抵当として抵当権の設定を受け、その旨の登記を経た。この場合、民法上、当該債権者は、抵当権を実行するに際し、甲土地および乙土地について、同時に両方の競売の申立てをすることも、いずれか一方のみについて競売の申立てをすることも、可能である。(第48回第1問1-4④)

044 根抵当権者が根抵当権を実行するためには、被担保債権の元本が確定していなければならない。(第46回第2問2-4③)

045 倉庫内に存する複数の在庫商品のように、構成部分の変動する集合動産であっても、その種類、所在場所および量的範囲を指定するなどの方法により目的物の範囲が特定される場合は、それらを一個の集合物として譲渡担保を設定することができる。(第44回第1問1-2イ)

046 保証契約は、債権者と保証人となろうとする者の間の口頭の合意により有効に成立し、書面または電磁的記録によってなされる必要はない。(第40回第1問1-2①)

047 仮登記担保法上、仮登記担保権者は、仮登記担保を実行し仮登記担保の目的物の所有権を取得した場合において、当該目的物の価額が被担保債権等の額を超えたときは、その差額を債務者または第三者に清算金として支払わなければならない。(第45回第6問6-2④)

10 章 債権の回収

048 弁済期の到来した賃料債務を負う債務者が、当該賃料債務と、当該賃料債務の債権者が当該債務者に対して負う弁済期の到来した借入金債務とを対当額で相殺するには、民法上、当該債務者が当該債権者に対し相殺の意思表示をし、これを当該債権者が承諾することが必要である。(第45回第4問4-3⑤)

9 章 債権の担保

043 ○ 債権者が、債務者に金銭を貸し付けるに当たり、債務者所有の甲土地及び乙土地を共同抵当として抵当権の設定を受け、その旨の登記を経た場合、民法上、当該債権者は、抵当権を実行するに際し、甲土地及び乙土地について、同時に両方の競売の申立てをすることも、いずれか一方のみについて競売の申立てをすることも、可能である。

044 ○ 根抵当権者が根抵当権を実行するためには、被担保債権の元本が確定していなければならない。

045 ○ 倉庫内に存する複数の在庫商品のように、構成部分の変動する集合動産であっても、その種類、所在場所及び量的範囲を指定するなどの方法により目的物の範囲が特定される場合は、それらを一個の集合物として譲渡担保を設定することができる。

046 × 保証契約は、債権者と保証人となろうとする者の間の口頭の合意では成立せず、書面又は電磁的記録によってなされる必要がある。

047 ○ 仮登記担保法上、仮登記担保権者は、仮登記担保を実行し仮登記担保の目的物の所有権を取得した場合において、当該目的物の価額が被担保債権等の額を超えたときは、その差額を債務者又は第三者に清算金として支払わなければならない。

10 章 債権の回収

048 × 弁済期の到来した賃料債務を負う債務者が、当該賃料債務と、当該賃料債務の債権者が当該債務者に対して負う弁済期の到来した借入金債務とを対当額で相殺するに当たり、民法上、当該債務者が当該債権者に対し相殺の意思表示をすれば足り、これを当該債権者が承諾することは必要ではない。

049 債権者は、債権者代位権を行使するには、裁判所に民事訴訟を提起しなければならず、民事訴訟を提起することなく債権者代位権を行使することはできない。(第45回第4問4-3①)

050 債権者が債務者の所有する不動産について仮差押えの申立てを行い、当該不動産につき裁判所から仮差押命令が発せられ、その旨の登記がなされた。この場合、当該債権者は、他の債権者に優先して当該不動産から弁済を受けることができる。(第41回第1問1-4ア)

051 強制執行の申立ては、確定判決、仮執行宣言付判決、和解調書等の裁判所が作成した債務名義に基づく必要があり、公証人が作成した公正証書を債務名義とする強制執行の申立てはなし得ない。(第44回第2問2-1①)

11章 債務者の倒産への対応

052 債権者が破産手続開始の申立てをするには、債権の存在と破産原因があることを単に裁判所に疎明するだけでは足りず、これを証明する必要がある。(第44回第5問5-1①)

053 破産手続開始決定後、破産者の取引先が破産管財人との間で取引を行ったことにより当該取引先が取得した債権は、財団債権となる。(第48回第3問3-2⑤)

054 双務契約について破産者およびその相手方が破産手続開始の時にともにまだその履行を完了していない場合において、破産管財人が契約の解除を選択した。この場合において、破産者の受けた反対給付が破産財団中に現存しないときは、相手方は、その価額について財団債権者としてその権利を行使することができる。(第41回第2問2-4エ)

| 049 | × | 債権者は、債権者代位権を行使するに当たり、民事訴訟を提起することなく債権者代位権を行使することができる。 |

| 050 | × | 債権者が債務者の所有する不動産について仮差押えの申立てを行い、当該不動産につき裁判所から仮差押命令が発せられ、その旨の登記がなされた場合であっても、当該債権者は、他の債権者に優先して当該不動産から弁済を受けることはできない。 |

| 051 | × | 強制執行の申立ては、債務名義に基づく必要があり、公証人が作成した公正証書も強制執行認諾文言を付すことにより債務名義として、これに基づく強制執行の申立てをすることができる。 |

11章 債務者の倒産への対応

| 052 | × | 債権者が破産手続開始の申立てをするには、債権の存在と破産原因があることを裁判所に、証明ではなく、疎明すれば足りる。 |

| 053 | ○ | 破産手続開始決定後、破産者の取引先が破産管財人との間で取引を行ったことにより当該取引先が取得した債権は、財団債権となる。 |

| 054 | ○ | 双務契約について破産者及びその相手方が破産手続開始の時にともにまだその履行を完了していない場合において、破産管財人が契約の解除を選択した場合、破産者の受けた反対給付が破産財団中に現存しないときは、相手方は、その価額について財団債権者としてその権利を行使することができる。 |

055 裁判所は、一定の場合を除き、破産財団をもって破産手続の費用を支弁するのに不足すると認めるときは、破産手続開始の決定と同時に、破産手続廃止の決定をしなければならない。(第48回第3問3-2④)

056 再生計画案の決議については、債権者集会を開催して議決権の行使を求めるほか、書面による決議も認められている。(第41回第8問8-3エ)

057 会社更生法における更生会社となり得るのは、会社法上の株式会社、合名会社、合資会社および合同会社である。(第46回第6問6-4④)

12章 法的紛争等の予防と対応

058 民法上の土地工作物責任について、土地の工作物の占有者は、土地の工作物の設置または保存に瑕疵があることによって他人に損害が生じた場合、当該損害の発生を防止するのに必要な注意をしていたとしても、損害賠償責任を免れることはできない。(第40回第1問1-4オ)

059 訴えを提起しようとする者は、その相手方となるべき者が行方不明でありその所在が不明なときは、訴えを提起することはできない。(第43回第3問3-3ア)

060 原告または被告の一方が第1回口頭弁論期日に出頭しないときは、裁判所は、その者が提出した訴状または答弁書に記載した事項を陳述したものとみなし、出頭した相手方当事者に弁論をさせることができる。(第39回第10問10-4③)

061 裁判所は、当事者が申し出た証拠について証拠調べを行い、当事者の申し出のない証拠を職権で調べることはできないのが原則である。(第46回第4問4-3②)

055 ○ 裁判所は、一定の場合を除き、破産財団をもって破産手続の費用を支弁するのに不足すると認めるときは、破産手続開始の決定と同時に、破産手続廃止の決定をしなければならない。

056 ○ 再生計画案の決議については、債権者集会を開催して議決権の行使を求めるほか、書面による決議も認められている。

057 × 会社更生法における更生会社となり得るのは、会社法上の株式会社に限られる。

12章 法的紛争等の予防と対応

058 × 民法上の土地工作物責任について、土地の工作物の占有者は、土地の工作物の設置又は保存に瑕疵があることによって他人に損害が生じた場合、被害者に対してその損害を賠償する責任を負うが、当該損害の発生を防止するのに必要な注意をしていたときは、損害賠償責任を免れることができる。

059 × 訴えを提起しようとする者は、その相手方となるべき者が行方不明でありその所在が不明なときは、訴状を公示送達する方法により訴えを提起することができる。

060 ○ 原告又は被告が最初にすべき口頭弁論の期日に出頭せず、又は出頭したが本案の弁論をしないときは、裁判所は、その者が提出した訴状又は答弁書その他の準備書面に記載した事項を陳述したものとみなし、出頭した相手方に弁論をさせることができる。これを陳述擬制という。

061 ○ 裁判所は、当事者が申し出た証拠について証拠調べを行い、当事者の申し出のない証拠を職権で調べることはできないのが原則である。

062 被告は、口頭弁論期日において、原告が主張する請求原因事実の1つについて知らない旨の答弁をした。この場合、被告は、当該請求原因事実を争ったものと推定される。(第48回第9問9-2④)

063 原告は、口頭弁論開始後は、相手方の同意を得た場合でも、口頭弁論終結前に訴えの取下げをすることはできない。(第46回第4問4-3⑤)

064 判決の言渡しは、当事者の双方が出頭しない場合でも、行うことができる。(第39回第10問10-4④)

065 民事調停手続においては、紛争の一方当事者が調停の申立てをしたのに対して、相手方当事者が調停の期日に出頭しなかった場合には、直ちに調停を申し立てた当事者の主張を認める内容の調停調書が作成される。(第46回第7問7-1③)

066 支払督促が発せられたが、相手方が督促異議を申し立てた場合、支払督促を申し立てた時に、管轄のある簡易裁判所または地方裁判所に訴えを提起したものとみなされ、民事訴訟手続に移行する。(第40回第9問9-1エ)

067 仲裁合意は、当事者の全部が署名した文書、当事者が交換した書簡または電報(ファックス等を含む)その他の書面によりしなければならず、電磁的記録によってもこれをすることは可能であるが、口頭の合意ではすることができない。(第40回第5問5-3②)

068 仲裁手続は、民事訴訟手続とは異なり、手続の公開を義務付けられていない。(第45回第8問8-1③)

069 当事者の一方が、適法になされた仲裁合意を無視して、日本の裁判所に民事訴訟を提起しても、他方当事者は訴えの却下を求めることはできず、仲裁合意に違反したとして債務不履行が問題となるにすぎない。(第40回第5問5-3③)

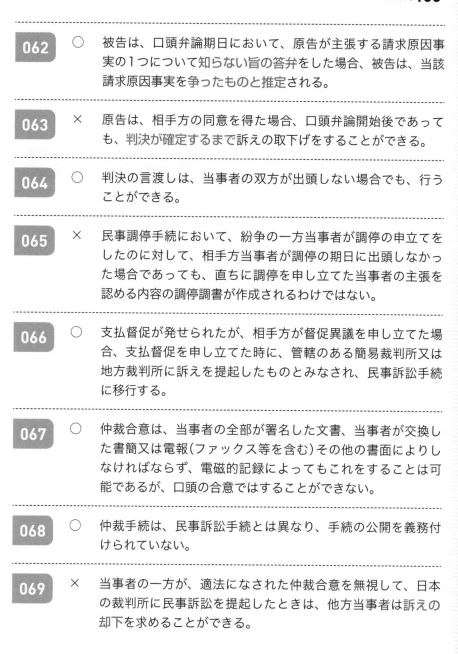

062 ○ 被告は、口頭弁論期日において、原告が主張する請求原因事実の1つについて知らない旨の答弁をした場合、被告は、当該請求原因事実を争ったものと推定される。

063 × 原告は、相手方の同意を得た場合、口頭弁論開始後であっても、判決が確定するまで訴えの取下げをすることができる。

064 ○ 判決の言渡しは、当事者の双方が出頭しない場合でも、行うことができる。

065 × 民事調停手続において、紛争の一方当事者が調停の申立てをしたのに対して、相手方当事者が調停の期日に出頭しなかった場合であっても、直ちに調停を申し立てた当事者の主張を認める内容の調停調書が作成されるわけではない。

066 ○ 支払督促が発せられたが、相手方が督促異議を申し立てた場合、支払督促を申し立てた時に、管轄のある簡易裁判所又は地方裁判所に訴えを提起したものとみなされ、民事訴訟手続に移行する。

067 ○ 仲裁合意は、当事者の全部が署名した文書、当事者が交換した書簡又は電報（ファックス等を含む）その他の書面によりしなければならず、電磁的記録によってもこれをすることは可能であるが、口頭の合意ではすることができない。

068 ○ 仲裁手続は、民事訴訟手続とは異なり、手続の公開を義務付けられていない。

069 × 当事者の一方が、適法になされた仲裁合意を無視して、日本の裁判所に民事訴訟を提起したときは、他方当事者は訴えの却下を求めることができる。

070 株主総会における議決権の行使に関し、株式会社の取締役が、当該株式会社の株主に対し、当該株式会社の計算において財産上の利益を供与した場合、当該取締役に刑事罰が科されることがある。これに対し、株主が当該財産上の利益の供与を要求しても、当該株主に刑事罰が科されることはない。(第41回第9問9-1ア)

13 章 株式会社の組織と運営

071 各発起人は、株式会社の設立に際し、設立時発行株式を1株以上引き受けなければならない。(第40回第10問10-1⑤)

072 募集設立における株式の引受人は、出資の履行をしない場合、当該株式の株主となる権利を失う。(第39回第3問3-1ウ)

073 会社は、その本店所在地において設立の登記をすることによって成立する。(第40回第10問10-1①)

074 株式会社は、株主総会において議決権を行使することができる事項について制限のある株式(議決権制限株式)を発行することができるが、会社法上の公開会社においては、議決権制限株式の数が発行済株式総数の2分の1を超えたときは、直ちに、議決権制限株式の数を発行済株式総数の2分の1以下にするための必要な措置をとらなければならない。(第41回第3問3-4ア)

075 株主総会の招集請求権および招集権は、すべての株主に認められている。(第48回第2問2-1①)

076 株主総会における議決権は、株主が株式会社の意思決定に参加するための権利であるから、株式会社は、その取得した自己株式について議決権を有する。(第48回第2問2-1③)

070 ✕ 株主が取締役に対し当該株式会社の計算において財産上の利益の供与を要求したときは、利益供与要求罪が成立し、当該株主に刑事罰が科される可能性がある。

13章 株式会社の組織と運営

071 ○ 各発起人は、株式会社の設立に際し、設立時発行株式を1株以上引き受けなければならない。

072 ○ 募集設立における株式の引受人は、出資の履行をしない場合、当該株式の株主となる権利を失う。

073 ○ 会社は、その本店所在地において設立の登記をすることによって成立する。

074 ○ 株式会社は、議決権制限株式を発行することができるが、会社法上の公開会社においては、議決権制限株式の数が発行済株式総数の2分の1を超えたときは、直ちに、議決権制限株式の数を発行済株式総数の2分の1以下にするための必要な措置をとらなければならない。

075 ✕ 株主総会の招集請求権及び招集権は、全ての株主ではなく、保有する議決権割合やその保有期間等の一定の要件を充たした株主に認められている。

076 ✕ 株式会社は、その取得した自己株式について議決権を有しない。

077 取締役は、執行役と共同して、指名委員会等設置会社の業務を執行する。(第39回第1問1-2②)

078 取締役会設置会社において、取締役会の決議に参加した取締役であって取締役会議事録に異議をとどめないものは、会社法上、その決議に賛成したものと推定される。(第43回第1問1-4エ)

079 取締役は、個人として会社の事業の部類に属する取引を行う場合、事前に取締役会において、当該取引につき重要な事実を開示し、その承認を受けるか、または、当該取引後、遅滞なく、当該取引についての重要な事実を取締役会に報告するか、いずれかをしなければならない。(第42回第6問6-3②)

080 取締役は、利益相反取引を行い会社に損害を与えた場合であっても、会社法上、総株主の過半数の同意があれば、会社に対する損害賠償責任を免除される。(第43回第1問1-4オ)

081 会計監査人は、会社法上、会社の役員ではなく、その主たる職責は、会社の計算書類およびその附属明細書等の監査をすることである。(第43回第9問9-1c)

082 監査等委員会設置会社においては、業務を執行する機関は執行役であり、取締役を設置してはならない。(第44回第4問4-3③)

083 株式会社は、その純資産額が300万円を下回る場合には、剰余金の配当をすることができない。なお、本問においては、剰余金の配当について内容の異なる種類の株式は存在しないものとする。(第46回第10問10-1ア)

084 株式会社が分配可能額を超える違法配当を行った場合、当該株式会社の債権者は、会社法上、当該違法配当により金銭等の交付を受けた株主に対し、当該債権者が当該株式会社に対して有する債権額を上限として、当該株主が交付を受けた金銭等の帳簿価額に相当する金銭を支払わせることができる。(第41回第8問8-1④)

077	×	指名委員会等設置会社の取締役は、指名委員会等設置会社の業務を執行することができない。
078	○	取締役会設置会社において、取締役会の決議に参加した取締役であって取締役会議事録に異議をとどめないものは、会社法上、その決議に賛成したものと推定される。
079	×	取締役は、個人として会社の事業の部類に属する取引を行う場合、事前に取締役会において、当該取引につき重要な事実を開示し、その承認を受けるとともに、当該取引後、遅滞なく、当該取引についての重要な事実を取締役会に報告する、そのいずれもしなければならない。
080	×	取締役が、利益相反取引を行い会社に損害を与えた場合、会社法上、会社に対する損害賠償責任を免除されるためには、総株主の同意が必要である。
081	○	会計監査人は、会社法上、会社の役員ではなく、その主たる職責は、会社の計算書類及びその附属明細書等の監査をすることである。
082	×	監査等委員会設置会社においては、取締役を設置しなければならない。
083	○	株式会社は、その純資産額が300万円を下回る場合には、剰余金の配当をすることができない。
084	○	株式会社が分配可能額を超える違法配当を行った場合、当該株式会社の債権者は、会社法上、当該違法配当により金銭等の交付を受けた株主に対し、当該債権者が当該株式会社に対して有する債権額を上限として、当該株主が交付を受けた金銭等の帳簿価額に相当する金銭を支払わせることができる。

085 （公開）会社は、一定の要件の下で発行可能株式総数を増加させることができるが、増加後の発行可能株式総数は、増加前の発行済株式総数の4倍を超えることはできない。(第43回第7問7-1②)

086 株式会社間において吸収合併を行う場合、吸収合併存続株式会社が、吸収合併消滅株式会社の総株主の議決権の90％以上を有している特別支配会社であるときは、原則として吸収合併消滅株式会社での株主総会決議による吸収合併契約の承認は不要である。(第48回第7問7-4エ)

087 株式会社は、いったん株主総会において解散決議をしたときは、株主総会の特別決議によっても会社を継続することはできない。(第46回第5問5-2オ)

088 株式移転とは、完全子会社となる株式会社の発行済株式のすべてを完全親会社となる既存の株式会社または合同会社に取得させる手続である。(第46回第6問6-2①)

14 章 企業と従業員の関係

089 X社のY労働組合は、X社と交渉し労働協約を締結した。当該労働協約とX社に従来から存在する就業規則との間に内容の矛盾する部分が存在する場合、労働基準法上、所轄労働基準監督署長は、当該労働協約の変更を命じることができる。(第41回第5問5-3ウ)

090 労働組合法上、X社は、Y労働組合の運営のための経費の支払いにつき、Y労働組合に対し経理上の援助をする必要がある。(第43回第5問5-3⑤)

091 労災保険の適用事業場であるG社には、代表取締役Hと、取締役としてIが在任している。Iは、業務執行権を有さず、Hの指揮命令を受けて労働に従事し、その対償として賃金の支払いを受けている。この場合、HおよびIのいずれも、労災保険の適用を受けることはない。(第46回第2問2-3⑤)

085 ○ 公開会社は、一定の要件の下で発行可能株式総数を増加させることができるが、増加後の発行可能株式総数は、増加前の発行済株式総数の4倍を超えることはできない。

086 ○ 株式会社間において吸収合併を行う場合、吸収合併存続株式会社が、吸収合併消滅株式会社の総株主の議決権の90％以上を有している特別支配会社であるときは、原則として吸収合併消滅株式会社での株主総会決議による吸収合併契約の承認は不要である。

087 × 株式会社は、いったん株主総会において解散決議をしたときであっても、株主総会の特別決議によって会社を継続することができる。

088 × 株式移転とは、完全子会社となる株式会社の発行済株式の全てを完全親会社となる新たに設立する株式会社に取得させる手続である。

14 ⚙ 企業と従業員の関係

089 × X社のY労働組合が、X社と交渉し締結した労働協約とX社に従来から存在する就業規則との間に内容の矛盾する部分が存在する場合、労働基準法上、所轄労働基準監督署長は、当該労働協約ではなく、当該就業規則の変更を命じることができる。

090 × 労働組合法上、X社は、Y労働組合の運営のための経費の支払につき、Y労働組合に対し経理上の援助をする必要はない。

091 × 労災保険の適用事業場であるG社には、代表取締役Hと、取締役としてIが在任しており、Iが、業務執行権を有さず、Hの指揮命令を受けて労働に従事し、その対償として賃金の支払を受けている場合、Hは、労災保険の適用を受けないが、Iは、労災保険の適用を受ける可能性がある。

---

092 労災保険法の適用事業場において使用されている労働者が、出張先において業務遂行中に作業場の設備の不具合により負傷し療養を受けた。この場合、当該療養について、労災保険法に基づく保険給付は行われない。(第42回第4問4-2⑤)

15 🏛 企業活動と地域社会・行政等との関わり

093 行政庁は、行政指導に従わない者に対しては、行政指導に従わないことを理由として、不利益な取扱いをすることができる。(第46回第8問8-2④)

094 行政手続法上、行政庁は、申請に対する処分に係る審査基準を定め、行政上特別の支障があるときを除き、これを公にしておかなければならない。(第40回第8問8-1①)

095 地方公共団体は、環境保全を目的とする条例を定めることができるが、国の法律で規制されている事項については、条例を定めることはできない。(第39回第3問3-3b)

16 🏛 国際法務（渉外法務）

096 日本の法の適用に関する通則法上、当事者間に準拠法についての合意がある場合、準拠法は、原則として、当事者が法律行為の当時に選択した地の法となる。(第48回第2問2-3④)

097 日本の法の適用に関する通則法上、当事者間に準拠法についての合意がない場合、法律行為の成立および効力は、当該法律行為により債務を負う者の本国の法により決定される。(第48回第2問2-3③)

---

092 × 労災保険法の適用事業場において使用されている労働者が、出張先において業務遂行中に作業場の設備の不具合により負傷し療養を受けた場合、当該療養について、労災保険法に基づく保険給付が行われる可能性がある。

15 企業活動と地域社会・行政等との関わり

093 × 行政庁は、行政指導に従わない者に対しては、行政指導に従わないことを理由として、不利益な取扱いをしてはならない。

094 ○ 行政手続法上、行政庁は、申請に対する処分に係る審査基準を定め、行政上特別の支障があるときを除き、これを公にしておかなければならない。

095 × 地方公共団体は、環境保全を目的とする条例を定めることができる上、国の法令が必ずしもその規定によって全国的に一律に同一内容の規制を施す趣旨ではないときは、国の法律で規制されている事項についても、条例を定めることができる。

16 国際法務（渉外法務）

096 ○ 日本の法の適用に関する通則法上、当事者間に準拠法についての合意がある場合、準拠法は、原則として、当事者が法律行為の当時に選択した地の法となる。

097 × 日本の法の適用に関する通則法上、当事者間に準拠法についての合意がない場合、法律行為の成立及び効力は、原則として、債務者の本国法ではなく、当該法律行為の当時において当該法律行為に最も密接な関係がある地の法による。

098 日本の会社と外国の会社が、両者間に民事上の法的紛争が生じたときは、当該外国の法を準拠法とする旨の合意を行った。この場合、合意された当該外国の法と異なる国の法が準拠法となることはない。（第43回第9問9-4ウ）

099 日本の民事訴訟法上、民事訴訟について、日本以外の国に裁判管轄が認められる場合には、日本の裁判所に国際裁判管轄は認められない。（第41回第4問4-2①）

100 外国裁判所の確定判決は、日本国内では債務名義としての効力は認められず、当該判決に基づいて強制執行を行うことはできないが、当該判決にかかる訴訟と同一の当事者および請求権について日本の裁判所に訴えが提起された場合、日本の裁判所の判断は当該外国裁判所の確定判決中の判断に拘束される。（第41回第4問4-2⑤）

098　×　日本の会社と外国の会社が、両者間に民事上の法的紛争が生じたときは、当該外国の法を準拠法とする旨の合意を行った場合であっても、合意された当該外国の法と異なる国の法が準拠法となる場合はあり得る。

099　×　日本の民事訴訟法上、民事訴訟について、日本以外の国に裁判管轄が認められる場合に、日本の裁判所に国際裁判管轄は認められないとする規定はない。

100　×　外国裁判所の確定判決は、日本国内では債務名義としての効力は認められず、当該判決に基づいて強制執行を行うことはできず、当該判決にかかる訴訟と同一の当事者及び請求権について日本の裁判所に訴えが提起された場合であっても、日本の裁判所の判断が当該外国裁判所の確定判決中の判断に拘束されることはない。なお、外国裁判所の判決について、我が国において執行判決を得た場合は、債務名義となる。

第 **1** 部

分野別問題

第 **1** 章

企業取引・契約に
かかわる法務

学習のポイント

この章では、ビジネスに関する法律関係について学習します。各種の契約については、今後も出題されることが予想されますので、注意して学習してください。それ以外でも、ビジネスに関して様々な法律関係を学びますので、あまり細かい知識にとらわれることなく、どのような法律関係であるかを把握できるようにしてください。

本章のキーワード

- ファイナンス・リース
- OEM契約
- 請負契約
- 商人間の売買
- 仲立人
- 代理商
- 倉庫寄託契約
- 合弁事業

行為能力

第 1 問

難易度 ★☆☆

　行為能力に関する次のア〜オの記述のうち、民法の規定に照らし、その内容が適切なものの組み合わせを①〜⑤の中から1つだけ選びなさい。(第45回第3問3-3)

ア．未成年者Xは、法定代理人Yの同意を得て、第三者Zからパソコンを買い受ける旨の売買契約をZとの間で締結した。この場合、Xは、当該売買契約を取り消すことができない。

イ．未成年者Xは、自らを成年者であると信じさせるため、電気店を営むYに詐術を用い、それを信じたYから大型液晶テレビを購入する旨の売買契約をYとの間で締結した。この場合、Xは、当該売買契約を取り消すことができないが、Xの法定代理人Zは、当該売買契約を取り消すことができる。

ウ．成年後見人Xは、成年被後見人Yを代理して、Yが第三者Zから金銭を借り入れる旨の金銭消費貸借契約をZとの間で締結した。この場合、Yは、当該金銭消費貸借契約を取り消すことができる。

エ．被保佐人Xは、保佐人Yの同意を得ずに自らが所有する土地を第三者Zに売却する旨の売買契約をZとの間で締結した。この場合、Yは、当該売買契約を取り消すことができる。

オ．被補助人Xは、家庭裁判所の審判によりXが所有する土地の売却に関する同意権が補助人Yに付与されていたにもかかわらず、Yの同意を得ずに当該土地を第三者Zに売却する旨の売買契約をZとの間で締結した。この場合、Xは、当該売買契約を取り消すことができる。

① アイウ　　② アイエ　　③ アエオ　　④ イウオ　　⑤ ウエオ

解 説

ア．適切である。未成年者が法律行為をするには、原則として、その法定代理人の同意を得なければならない。そして、同意を得ないでした法律行為は、取り消すことができる（民法5条1項、2項）。したがって、未成年者Xが、法定代理人Yの同意を得て、第三者Zからパソコンを買い受ける旨の売買契約をZとの間で締結した場合、Xは、当該売買契約を取り消すことができないから、本肢は適切である。

イ．適切でない。未成年者が行為能力者、すなわち、成年であることを信じさせるため詐術を用いたときは、その行為を取り消すことができない（民法21条）。この場合、もはや、未成年者を保護するための取消しを認める必要がないため、法定代理人も取り消すことができない。したがって、未成年者Xが、自らを成年者であると信じさせるため、電気店を営むYに詐術を用い、それを信じたYから大型液晶テレビを購入する旨の売買契約をYとの間で締結した場合、Xも、Xの法定代理人Zも、当該売買契約を取り消すことができないから、本肢は適切でない。

ウ．適切でない。成年被後見人の法律行為は、取り消すことができる。ただし、日用品の購入その他日常生活に関する行為については、この限りでない（民法9条）。成年被後見人の法律行為の取消しが認められているのは、成年被後見人を保護する趣旨であるから、成年後見人の行為について取消しは認められない。したがって、成年後見人Xが、成年被後見人Yを代理して、Yが第三者Zから金銭を借り入れる旨の金銭消費貸借契約をZとの間で締結した場合、Yは、当該金銭消費貸借契約を取り消すことができないから、本肢は適切でない。

エ．適切である。被保佐人が借財又は保証をすること、不動産その他重要な財産に関する権利の得喪を目的とする行為をすること、訴訟行為をすること等所定の重要な法律行為をするには、その保佐人の同意を得なければならない（民法13条1項）。保佐人の同意を得なければならない行為であって、その同意又はこれに代わる許可を得ないでしたものは、取り消すことができる（同条4項）。したがって、被保佐人Xが、保佐人Yの同意を得ずに自らが所有する土地を第三者Zに売却する旨の売買契約をZとの間で締結した場合、Yは、当該売買契約を取り消すことができるから、本肢は適切である。

オ．適切である。家庭裁判所は、請求により、被補助人が特定の法律行為をするにはその補助人の同意を得なければならない旨の審判をすることができる（民法17条1項）。補助人の同意を得なければならない行為であって、その同意又はこれに代わる許可を得ないでしたものは、取り消すことができる（同条4項）。したがって、被補助人Xが、家庭裁判所の審判によりXが所有する土地の売却に関する同意権が補助人Yに付与されていたにもかかわらず、Yの同意を得ずに当該土地を第三者Zに売却する旨の売買契約をZとの間で締結した場合、Xは、当該売買契約を取り消すことができるから、本肢は適切である。

意思表示

第 2 問

難易度 ★☆☆

　意思表示に関する次のア～オの記述のうち、民法の規定に照らし、その内容が適切なものの組み合わせを①～⑤の中から１つだけ選びなさい。（第48回第3問3-4）

ア．表意者が相手方と通謀して行った真意と異なる意思表示は無効であるが、善意の第三者に対してはその意思表示の無効を主張することができない。

イ．他人からの強迫によって行った意思表示は、無効である。

ウ．契約の申込みの意思表示をした者は、当該契約の基礎とした事情についてのその認識が真実に反する錯誤に基づき当該意思表示をした場合において、当該錯誤が当該契約の目的および取引上の社会通念に照らして重要なものであるときは、当該事情が当該契約の基礎とされていることが表示されていなくても、当該意思表示の取消しを主張することができる。

エ．表意者が真意でないことを自分で知りながら意思表示をした場合、当該意思表示は原則として有効である。

オ．詐欺による意思表示について、表意者は、詐欺の事実を過失により知らない第三者に対して、当該意思表示の取消しを主張することはできない。

①　アイ　　②　アエ　　③　イオ　　④　ウエ　　⑤　ウオ

第 2 問　解答　　②

解説

ア．適切である。相手方と通じてした虚偽の意思表示は、無効である（民法94条1項）。もっとも、この意思表示の無効は、善意の第三者に対抗することができない（同条2項）。したがって、表意者が相手方と通謀して行った真意と異なる意思表示は無効であるが、善意の第三者に対してはその意思表示の無効を主張することができないから、本肢は適切である。

イ．適切でない。詐欺又は強迫による意思表示は、取り消すことができる（民法96条1項）。無効ではなく、取り消すことができるとされていることから、取り消されるまでは有効と取り扱われることになる。したがって、他人からの強迫によって行った意思表示は、取り消すことができるのであって、無効ではないから、本肢は適切でない。

ウ．適切でない。意思表示は、表意者が法律行為の基礎とした事情についてのその認識が真実に反する錯誤に基づく意思表示は、その錯誤が法律行為の目的及び取引上の社会通念に照らして重要なものであるときは、取り消すことができる（民法95条1項2号）。もっとも、この取消しは、その事情が法律行為の基礎とされていることが表示されていたときに限り、することができる（同条2項）。したがって、契約の申込みの意思表示をした者は、当該契約の基礎とした事情についてのその認識が真実に反する錯誤に基づき当該意思表示をした場合において、当該錯誤が当該契約の目的及び取引上の社会通念に照らして重要なものであるときは、当該事情が当該契約の基礎とされていることが表示されていたときに限り、当該意思表示の取消しを主張することができるから、本肢は適切でない。

エ．適切である。意思表示は、表意者がその真意ではないことを知ってしたときであっても、原則として、そのためにその効力を妨げられない（民法93条1項）。これを心裡留保という。したがって、意思表示は、表意者がその真意ではないことを知ってしたときであっても、そのためにその効力を妨げられないから、本肢は適切である。

オ．適切でない。詐欺による意思表示は、取り消すことができるが（民法96条1項）、詐欺による意思表示の取消しは、善意でかつ過失がない第三者に対抗することができない（同条3項）。すなわち、詐欺による意思表示の取消しは、過失なく詐欺の事実を知らない第三者には主張することができない。したがって、詐欺による意思表示について、表意者は、詐欺の事実を過失により知らない第三者に対しては、当該意思表示の取消しを主張することができるから、本肢は適切でない。

建築請負契約

第 3 問

難易度 ★★☆

　Aは、建築請負業者B社との間で、別荘の新築工事を依頼する旨の建築請負契約を締結した。この場合に関する次のア〜オの記述のうち、その内容が適切なものの組み合わせを①〜⑤の中から1つだけ選びなさい。（第48回第7問7-2）

ア．AおよびB社は、当該建築請負契約の締結に際し、工事の内容や請負代金の額等を記載した契約書などの書面を作成し、相互に交付することを義務付けられていない。

イ．Aは、B社に対して損害を賠償しても、B社が当該別荘を完成させるまでの間に当該建築請負契約を解除することはできない。

ウ．B社が当該別荘の建築を完了した後Aに引き渡す前に、当該別荘はAの帰責事由に基づく火災により全焼した。この場合、約定の期日までに当該別荘を完成させることができないときは、B社の仕事完成義務および引渡義務は消滅し、AはB社からの報酬請求を拒むことができる。

エ．B社が当該別荘の建築を完了した後Aに引き渡す前に、当該別荘はAおよびB社以外の第三者の帰責事由に基づく火災により全焼した。この場合、約定の期日までに当該別荘を完成させることができないときは、B社の仕事完成義務および引渡義務は消滅し、AはB社からの報酬請求を拒むことができる。

オ．B社が当該別荘の建築を完了した後Aに引き渡す前に、当該別荘はAの帰責事由に基づく火災により全焼した。この場合、約定の期日までに当該別荘を完成させることができるときは、B社の仕事完成義務および引渡義務は存続し、Aは当該工事にかかる損害賠償責任を負う。

① アイ　　② アオ　　③ イウ　　④ ウエ　　⑤ エオ

解説

ア．適切でない。建設業法上、建設工事の請負契約の当事者は、契約の締結に際して、工事内容、請負代金の額、工事着手の時期及び工事完成の時期など契約の重要事項を書面に記載し、署名又は記名押印をして相互に交付しなければならない（建設業法19条1項）。また、建設工事の請負契約の当事者は、この書面に代えて、当該契約の相手方の承諾を得て、電子情報処理組織を使用する方法等の措置を講ずることができる（同条3項）。したがって、A及びB社は、当該建築請負契約の締結に際し、工事の内容や請負代金の額等を記載した契約書などの書面を作成し、相互に交付することを義務付けられているから、本肢は適切でない。

イ．適切でない。請負人が仕事を完成しない間は、注文者は、いつでも損害を賠償して契約の解除をすることができる（民法641条）。注文者が望まない仕事を完成させる意味がないためである。したがって、Aは、B社に対して損害を賠償すれば、B社が当該別荘を完成させるまでの間に当該建築請負契約を解除することができるから、本肢は適切でない。

ウ．適切でない。債権者の責めに帰すべき事由によって債務を履行することができなくなったときは、債権者は、反対給付の履行を拒むことができない（民法536条2項）。建築を完了した別荘の引渡請求権の債権者は、Aであるから、Aの帰責事由に基づく火災は、債権者の責めに帰すべき事由となる。また、約定の期日までに仕事の完成並びに引渡しができないときは、請負人の仕事完成義務及び引渡義務は消滅する。したがって、B社が当該別荘の建築を完了した後Aに引き渡す前に、当該別荘はAの帰責事由に基づく火災により全焼した場合、約定の期日までに当該別荘を完成させることができないときは、B社の仕事完成義務及び引渡義務は消滅し、Aは反対給付であるB社からの報酬請求を拒むことができないから、本肢は適切でない。

エ．適切である。当事者双方の責めに帰することができない事由によって債務を履行することができなくなったときは、債権者は、反対給付の履行を拒むことができる（民法536条1項）。また、約定の期日までに仕事の完成並びに引渡しができないときは、請負人の仕事完成義務及び引渡義務は消滅する。したがって、B社が当該別荘の建築を完了した後Aに引き渡す前に、当該別荘はA及びB社以外の第三者の帰責事由に基づく火災により全焼した場合、約定の期日までに当該別荘を完成させることができないときは、B社の仕事完成義務及び引渡義務は消滅し、AはB社からの報酬請求を拒むことができるから、本肢は適切である。

オ．適切である。約定の期日までに仕事の完成並びに引渡ができるときは、請負人の仕事完成義務及び引渡義務は存続する。債権者の責めに帰すべき事由により増加した費用は債権者の負担となり（民法413条2項）、また、注文者の帰責事由について、注文者に何らかの義務違反が認められれば、当該義務の債務不履行として、損害賠償責任が生じる（同法415条1項）。したがって、B社が当該別荘の建築を完了した後Aに引き渡す前に、当該別荘はAの帰責事由に基づく火災により全焼した場合、約定の期日までに当該別荘を完成させることができるときは、B社の仕事完成義務及び引渡義務は存続し、Aは当該工事にかかる損害賠償責任を負うから、本肢は適切である。

委任契約・請負契約

第 **4** 問

難易度 ★★☆

委任契約および請負契約に関する次の①〜⑤の記述のうち、その内容が最も適切でないものを1つだけ選びなさい。（第46回第3問3-3）

① 商人が、その営業の範囲内で、他の商人との間で締結した委任契約に基づき、委任を受けた法律行為を行った。この場合、商法上、両者の間に報酬を支払う旨の特約がなくても、受任者である商人は、委任者である商人に報酬を請求することができる。

② 民法上、委任契約は各契約当事者がいつでもその解除をすることができ、相手方に不利な時期に委任契約を解除した場合、解除した当事者は、やむを得ない事由があったときを除き、相手方に対し損害賠償責任を負う。

③ 民法上、請負契約における報酬の支払時期は、仕事の目的物の引渡しと同時とされており、注文者と請負人との間の特約により、引渡しより前に支払う旨を定めることはできない。

④ 民法上、請負契約における仕事の目的物がその完成前に損傷した場合において、当該損傷につき請負人および注文者の双方に帰責事由がなく、かつ、約定の期限までに当該目的物を完成させることが可能であるときは、請負人の仕事の完成義務は存続する。

⑤ 建設業法上、建設工事の請負契約の当事者は、当該契約の締結に際して所定の事項を書面に記載し、署名または記名押印をして相互に交付するか、または、当該書面に代えて、当該契約の相手方の承諾を得て、電子情報処理組織を使用する方法等による所定の措置をとらなければならない。

解説

①　適切である。民法上、受任者は、特約がなければ、委任者に対して報酬を請求することができない(民法648条1項)。もっとも、受任者が商人である場合、商人がその営業の範囲内において他人のために行為をしたときは、相当な報酬を請求することができる(商法512条)。したがって、商人が、その営業の範囲内で、他の商人との間で締結した委任契約に基づき、委任を受けた法律行為を行った場合、商法上、両者の間に報酬を支払う旨の特約がなくても、受任者である商人は、委任者である商人に報酬を請求することができるから、本肢は適切である。

②　適切である。委任は、各当事者がいつでもその解除をすることができる(民法651条1項)。委任の解除をした者は、相手方に不利な時期に委任を解除した場合、又は、委任者が受任者の利益(専ら報酬を得ることによるものを除く。)をも目的とする委任を解除した場合には、相手方の損害を賠償しなければならない。ただし、やむを得ない事由があったときは、この限りでない(同条2項)。したがって、民法上、委任契約は各契約当事者がいつでもその解除をすることができ、相手方に不利な時期に委任契約を解除した場合、解除した当事者は、やむを得ない事由があったときを除き、相手方に対し損害賠償責任を負うから、本肢は適切である。

③　最も適切でない。報酬は、原則として、仕事の目的物の引渡しと同時に、支払わなければならない(民法633条)。もっとも、この規定は任意規定であって、当事者間でこれと異なる特約をすることはできる。したがって、民法上、請負契約における報酬の支払時期は、仕事の目的物の引渡しと同時とされているが、注文者と請負人との間の特約により、引渡しより前に支払う旨を定めることもできるから、本肢は適切でない。

④　適切である。請負人の責めに帰すべき事由によらず仕事の目的物が損傷した場合であっても、期日までに仕事完成が可能である限り、請負人は、仕事完成義務を負い、仕事完成のために要した費用も請負人の負担となるのが原則である。したがって、民法上、請負契約における仕事の目的物がその完成前に損傷した場合において、当該損傷につき請負人及び注文者の双方に帰責事由がなく、かつ、約定の期限までに当該目的物を完成させることが可能であるときは、請負人の仕事の完成義務は存続するから、本肢は適切である。

⑤　適切である。建設業法上、建設工事の請負契約の当事者は、契約の締結に際して、工事内容、請負代金の額、工事着手の時期及び工事完成の時期など契約の重要事項を書面に記載し、署名又は記名押印をして相互に交付しなければならない(建設業法19条1項)。また、建設工事の請負契約の当事者は、この書面に代えて、当該契約の相手方の承諾を得て、電子情報処理組織を使用する方法等の措置を講ずることができる(同条3項)。したがって、建設業法上、建設工事の請負契約の当事者は、当該契約の締結に際して所定の事項を書面に記載し、署名又は記名押印をして相互に交付するか、又は、当該書面に代えて、当該契約の相手方の承諾を得て、電子情報処理組織を使用する方法等による所定の措置をとらなければならないから、本肢は適切である。

請負契約・委任契約

第 5 問

難易度 ★★☆

　請負契約および委任契約に関する次のア～オの記述のうち、その内容が適切なものの組み合わせを①～⑤の中から1つだけ選びなさい。(第44回第1問1-3)

ア．建設業者であるA社は、マンション販売業者であるB社との間で、マンション1棟の建設工事を行う旨の請負契約を締結した。この場合、建設業法上、A社は、原則として、本件建設工事の全部を一括して他人に請け負わせてはならない。

イ．機械部品の製造業者であるC社は、D社との間で、機械部品の製造を行う旨の請負契約を締結した。この場合、民法上、D社がC社に請負代金を支払う時期は、D社がC社から当該機械部品の引渡しを受けた時である。

ウ．E社は、F社との間で、F社の事業の部類に属する取引について媒介を行う旨の代理商契約を締結した。この場合、民法上、E社は、当該代理商契約に基づく委任事務の処理について善良な管理者の注意義務を負わず、自己の財産に対するのと同一の注意義務を負う。

エ．Gは、Hとの間で、Hが自己の名義で甲銀行に保有する銀行口座の解約を受託する旨の委任契約を締結した。この場合、民法上、Gは、Hとの間に報酬を受ける旨の特約がないときであっても、Hに対して報酬を請求することができる。

オ．Iは、Jとの間で、Jを代理してその住民票を取得する旨の準委任契約を締結した。この場合、Jは、Iに何らの債務不履行が成立しないときであっても、Iが当該住民票を取得する前に当該準委任契約を解除することができる。

① アイウ　　② アイオ　　③ アエオ　　④ イウエ　　⑤ ウエオ

解説

ア．適切である。原則として、建設業者は、その請け負った建設工事を、いかなる方法をもってするかを問わず、一括して他人に請け負わせてはならない（建設業法22条1項）。したがって、建設業者であるA社が、マンション販売業者であるB社との間で、マンション1棟の建設工事を行う旨の請負契約を締結した場合、建設業法上、A社は、原則として、本件建設工事の全部を一括して他人に請け負わせてはならないから、本肢は適切である。

イ．適切である。報酬は、原則として、仕事の目的物の引渡しと同時に、支払わなければならない（民法633条）。したがって、機械部品の製造業者であるC社が、D社との間で、機械部品の製造を行う旨の請負契約を締結した場合、民法上、D社がC社に請負代金を支払う時期は、D社がC社から当該機械部品の引渡しを受けた時であるから、本肢は適切である。

ウ．適切でない。代理商と本人との関係は、委任又は準委任の関係にあると解され、代理商は、委任の本旨に従い、善良な管理者の注意をもって、委任事務を処理する義務を負う（民法644条、656条）。したがって、E社が、F社との間で、F社の事業の部類に属する取引について媒介を行う旨の代理商契約を締結した場合、民法上、E社は、当該代理商契約に基づく委任事務の処理について善良な管理者の注意義務を負うから、本肢は適切でない。

エ．適切でない。受任者は、特約がなければ、委任者に対して報酬を請求することができない（民法648条1項）。民法上の委任契約は、当事者に特段の定めがない限り、無償契約であって、受任者に報酬請求権は発生しない。したがって、Gが、Hとの間で、Hが自己の名義で甲銀行に保有する銀行口座の解約を受託する旨の委任契約を締結した場合、民法上、Gは、Hとの間に報酬を受ける旨の特約がない限り、Hに対して報酬を請求することはできないから、本肢は適切でない。

オ．適切である。民法上の委任に関する規定は、法律行為でない事務の委託（準委任）について準用されるところ（民法656条）、委任は、各当事者がいつでもその解除をすることができる（同法651条1項）。したがって、Iが、Jとの間で、Jを代理してその住民票を取得する旨の準委任契約を締結した場合、Jは、Iに何らの債務不履行が成立しないときであっても、Iが当該住民票を取得する前に当該準委任契約を解除することができるから、本肢は適切である。

仲立人

第 6 問

　商法上の仲立人に関する次の①〜⑤の記述のうち、その内容が最も適切なものを１つだけ選びなさい。（第42回第6問6-1）

① 　民法上、仲立人は、他人間の商行為の成立につき、自己の財産に対するのと同一の注意をもって尽力すべき義務を負っており、かつ、この義務を果たせば足りる。

② 　商法上、仲立人は、商行為の媒介につき委託を受けた場合、当事者間に商行為が成立するまでの間に、あらかじめ各当事者の氏名または商号、行為の年月日等の一定の事項を記載した書面（結約書）を作成し各当事者に交付しなければならない。

③ 　委託者がその氏名を相手方に示さないよう仲立人に命じた場合であっても、商法上、仲立人は、媒介する商行為について相手方に対し説明義務を負うため、相手方から委託者の氏名の開示を求められたときは、これに応じなければならない。

④ 　商法上、仲立人は、商法所定の事項を記載した帳簿を保存する義務を負い、当事者の請求があれば、その当事者のために媒介した行為についてその帳簿の謄本を交付しなければならない。

⑤ 　商法上、仲立人は、自己の媒介により当事者間に商行為が成立した場合でも、委託者との間の仲立契約において報酬に関する約定をしていなければ、報酬を請求することができない。

解説

①　適切でない。仲立人は、委託者との関係において、民法上の委任関係又は準委任関係に立つ。そして、委任関係、準委任関係においては、受任者は、委任の本旨に従い、善良な管理者の注意をもって、委任事務を処理する義務を負う（民法644条、656条）。したがって、民法上、仲立人は、他人間の商行為の成立につき、善良な管理者の注意をもって、事務を処理する義務を負うから、本肢は適切でない。

②　適切でない。当事者間において契約等の行為が成立したときは、仲立人は遅滞なく各当事者の氏名又は名称、行為の年月日及びその要領を記載した書面を作り署名の後、これを各当事者に交付しなければならない（商法546条1項）。この書面を結約書という。したがって、商法上、仲立人が、各当事者の氏名又は商号、行為の年月日等の一定の事項を記載した書面（結約書）を作成し各当事者に交付しなければならないのは、当事者間に商行為が成立したときであるから、本肢は適切でない。

③　適切でない。当事者がその氏名又は名称を相手方に示してはならない旨を仲立人に命じたときは、仲立人は結約書及び帳簿の謄本に氏名又は商号を記載してはならない（商法548条）。したがって、委託者がその氏名を相手方に示さないよう仲立人に命じた場合には、仲立人は、相手方から委託者の氏名の開示を求められたときであっても、これに応じてはならないから、本肢は適切でない。

④　最も適切である。仲立人は、その帳簿に当事者の氏名又は名称、行為の年月日及びその要領を記載しなければならない（商法547条1項）。そして、当事者は、いつでも、仲立人がその媒介により当該当事者のために成立させた行為について、その帳簿の謄本の交付を請求することができる（同条2項）。したがって、商法上、仲立人は、商法所定の事項を記載した帳簿を保存する義務を負い、当事者の請求があれば、その当事者のために媒介した行為についてその帳簿の謄本を交付しなければならないから、本肢は適切である。

⑤　適切でない。仲立人は独立した商人であるところ、商人がその営業の範囲内において他人のために行為をしたときは、相当な報酬を請求することができる（商法512条）。したがって、商法上、仲立人は、自己の媒介により当事者間に商行為が成立した場合、委託者との間の仲立契約において報酬に関する約定をしていなくとも、商人として相当額の報酬を請求することができるから、本肢は適切でない。

代理商

第 7 問

難易度 ★★☆

　会社法上の「会社の代理商」に関する次の①～⑤の記述のうち、その内容が最も<u>適切でないもの</u>を1つだけ選びなさい。（第48回第2問2-4）

① 代理商と会社との間の法律関係は委任または準委任であり、代理商は、会社に対して善良な管理者の注意義務を負う。

② 代理商は、取引の代理をした場合には、遅滞なく会社に対してその通知を発しなければならない。

③ 代理商は、別段の意思表示がない場合、取引の代理をしたことによって生じた債権が弁済期にあるときには、当該債権の弁済を受けるまで、会社のために占有する物を留置することができる。

④ 代理商が会社の許可を得ずに、自己のために会社の事業の部類に属する取引を行ったことにより、会社に損害が生じた。この損害につき、会社がその賠償を代理商に請求した場合、当該取引により代理商が得た利益額が会社に生じた損害額と推定される。

⑤ 代理商は、その営業の範囲内において会社のために取引の代理をした場合でも、代理商契約において報酬に関する約定をしていなければ、会社に対して報酬を請求することができない。

解説

① 適切である。代理商とは、会社のためにその平常の事業の部類に属する取引の代理又は媒介をする者で、その会社の使用人でないものをいう。代理商と本人との関係は、委任又は準委任の関係にあると解されるから、委任の規定に従い、代理商は、委任の本旨に従い、善良な管理者の注意をもって、委任事務を処理する義務を負う（民法644条、656条）。したがって、代理商と会社との間の法律関係は委任又は準委任であり、代理商は、会社に対して善良な管理者の注意義務を負うから、本肢は適切である。

② 適切である。代理商は、取引の代理又は媒介をしたときは、遅滞なく、会社に対して、その旨の通知を発しなければならない（会社法16条）。したがって、代理商は、取引の代理をした場合には、遅滞なく会社に対してその通知を発しなければならないから、本肢は適切である。

③ 適切である。当事者の別段の意思表示がない場合、代理商は、取引の代理又は媒介をしたことによって生じた債権の弁済期が到来しているときは、その弁済を受けるまでは、会社のために当該代理商が占有する物又は有価証券を留置することができる（会社法20条）。これを代理商の留置権という。したがって、代理商は、別段の意思表示がない場合、取引の代理をしたことによって生じた債権が弁済期にあるときには、当該債権の弁済を受けるまで、会社のために占有する物を留置することができるから、本肢は適切である。

④ 適切である。代理商が、自己又は第三者のために会社の事業の部類に属する取引をすることは、会社法上、禁止されており、これに違反して会社の事業の部類に属する取引をしたときは、当該行為によって代理商又は第三者が得た利益の額は、会社に生じた損害の額と推定される（会社法17条1項、2項）。したがって、代理商が会社の許可を得ずに、自己のために会社の事業の部類に属する取引を行ったことにより、会社に損害が生じたとき、この損害につき、会社がその賠償を代理商に請求した場合、当該取引により代理商が得た利益額が会社に生じた損害額と推定されるから、本肢は適切である。

⑤ 最も適切でない。代理商は独立した商人であるところ、商人がその営業の範囲内において他人のために行為をしたときは、相当な報酬を請求することができる（商法512条）。したがって、代理商が、その営業の範囲内において会社のために取引の代理をした場合、代理商契約において報酬に関する約定をしていなくとも、会社に対して報酬を請求することができるから、本肢は適切でない。

寄託契約

第 8 問

難易度 ★★☆

寄託契約に関する次の①～⑤の記述のうち、その内容が最も適切なものを1つだけ選びなさい。（第42回第1問1-2）

① 倉庫寄託契約において、保管料の支払時期が入庫時と定められていたとしても、商法上、倉庫営業者は、返還のため受寄物を出庫する時まで、寄託者に保管料を請求することができない。

② 受寄者は、寄託者から預かった受寄物を第三者に保管させる場合、民法上、寄託者の承諾を得なければならない。

③ 倉庫営業者は、倉庫寄託契約で約定した保管期間の満了後も寄託者が受寄物を引き取らない場合、商法上、当該受寄物について、供託をすることは認められるが、競売をすることは認められない。

④ 受寄者は、寄託者との間で、受寄物を6ヶ月間預かる旨の寄託契約を締結したが、契約締結の1ヶ月後に、寄託者から受寄物の返還を求められた。この場合、受寄者は、民法上、契約期間満了まで寄託者の返還請求を拒むことができる。

⑤ 倉庫寄託契約において、受寄物の保管に関し、倉庫営業者またはその使用人の故意または重過失により損害が生じたことを寄託者が証明しない限り、倉庫営業者は賠償責任を負わない旨の特約を設けた。この場合、商法上、当該特約は無効である。

解説

① **適切でない。** 商法上、倉庫寄託契約において、倉庫営業者は、原則として、寄託物の出庫の時以後でなければ、保管料及び立替金その他寄託物に関する費用の支払を請求することができない(商法611条)。もっとも、この商法の規定は、任意規定であって、当事者間で特約があれば特約が優先する。したがって、倉庫寄託契約において、保管料の支払時期が入庫時と定められていたときは、倉庫営業者は、入庫時に、寄託者に保管料を請求することができるから、本肢は適切でない。

② **最も適切である。** 受寄者は、寄託者の承諾を得たとき、又はやむを得ない事由があるときでなければ、寄託物を第三者にこれを保管させることができない(民法658条2項)。したがって、受寄者は、寄託者から預かった受寄物を第三者に保管させる場合、民法上、寄託者の承諾を得なければならないから、本肢は適切である。

③ **適切でない。** 倉庫寄託契約において、寄託者が寄託物の受領を拒み、又はこれを受領することができないときは、受寄者は、その物を供託し、又は相当の期間を定めて催告をした後に競売に付することができる(商法615条、524条1項)。したがって、倉庫営業者は、倉庫寄託契約で約定した保管期間の満了後も寄託者が受寄物を引き取らない場合、商法上、当該受寄物について、供託し、又は競売をすることが認められているから、本肢は適切でない。

④ **適切でない。** 当事者が寄託物の返還の時期を定めたときであっても、寄託者は、いつでもその返還を請求することができる(民法662条1項)。したがって、受寄者が、寄託者との間で、受寄物を6ヶ月間預かる旨の寄託契約を締結したが、契約締結の1ヶ月後に、寄託者から受寄物の返還を求められた場合、受寄者は、民法上、寄託者の返還請求を拒むことができないから、本肢は適切でない。

⑤ **適切でない。** 商法上、倉庫寄託契約においては、報酬の有無にかかわらず善良な管理者の注意をもって目的物を保管する義務を負っており(商法595条)、倉庫営業者は、寄託物の保管に関し注意を怠らなかったことを証明しなければ、その滅失又は損傷につき損害賠償の責任を免れることができない(同法610条)。もっとも、この商法の規定は、任意規定であって、当事者間で特約があれば特約が優先する。したがって、倉庫寄託契約において、受寄物の保管に関し、倉庫営業者又はその使用人の故意又は重過失により損害が生じたことを寄託者が証明しない限り、倉庫営業者は賠償責任を負わない旨の特約を設けた場合、商法上、当該特約は有効であるから、本肢は適切でない。

寄託契約

第 9 問

難易度 ★★☆

　倉庫営業者であるX社は、Y社との間で、保管料を受けてY社所有の商品を1年間預かる旨の倉庫寄託契約を締結した。この場合に関する次の①〜⑤の記述のうち、民法および商法に照らし、その内容が最も適切でないものを1つだけ選びなさい。（第46回第9問9-4）

① 　X社は、商品を善良な管理者の注意をもって保管しなければならない。

② 　X社は、Y社から保管料の支払いを受けていない場合、Y社から預かって保管している商品について、留置権および動産保存の先取特権を認められる。

③ 　Y社から預かった商品の保管中に当該商品が損傷した場合、X社は、当該商品の保管に関し注意を怠らなかったことを証明しなければ、その損傷につき損害賠償の責任を免れることができない。

④ 　本件寄託契約において、保管料の支払方法および支払時期についてX社とY社との間に特約がない場合、Y社は、商品の入庫時に、X社に対し1年分の保管料の全額を支払わなければならない。

⑤ 　X社は、本件寄託契約で約定した保管期間の満了後もY社が商品の受領を拒む場合、当該商品について、供託権および競売権を認められる。

解説

① 適切である。商法上、倉庫寄託契約においては、報酬の有無にかかわらず善良なる管理者の注意をもって目的物を保管する義務を負う（商法595条）。したがって、Ｘ社は、商品を善良な管理者の注意をもって保管しなければならないから、本肢は適切である。

② 適切である。商人間においてその双方のために商行為となる行為によって生じた債権が弁済期にあるときは、債権者は、その債権の弁済を受けるまで、その債務者との間における商行為によって自己の占有に属した債務者の所有する物又は有価証券を留置することができる（商法521条1項）。これを商事留置権という。また、動産の保存の先取特権は、動産の保存のために要した費用又は動産に関する権利の保存、承認若しくは実行のために要した費用に関し、その動産について存在する（民法320条）。したがって、Ｘ社が、Ｙ社から保管料の支払を受けていない場合、Ｙ社から預かって保管している商品について、留置権及び動産保存の先取特権を認められるから、本肢は適切である。

③ 適切である。倉庫営業者は、寄託物の保管に関し注意を怠らなかったことを証明しなければ、その滅失又は損傷につき損害賠償の責任を免れることができない（商法610条）。したがって、Ｙ社から預かった商品の保管中に当該商品が損傷した場合、Ｘ社は、当該商品の保管に関し注意を怠らなかったことを証明しなければ、その損傷につき損害賠償の責任を免れることができないから、本肢は適切である。

④ 最も適切でない。商法上、倉庫寄託契約において、倉庫営業者は寄託物の出庫の時以後でなければ保管料及び立替金その他寄物に関する費用の支払を請求することができない。ただし、寄託物の一部出庫の場合には、割合に応じてその支払を請求することができる（商法611条）。したがって、本件寄託契約において、保管料の支払方法及び支払時期についてＸ社とＹ社との間に特約がない場合、Ｙ社は、商品の入庫時ではなく、出庫時に、Ｘ社に対し1年分の保管料の全額を支払うこととなるから、本肢は適切でない。

⑤ 適切である。倉庫寄託契約において、寄託者が寄託物の受領を拒み、又はこれを受領することができないときは、受寄者は、その物を供託し、又は相当の期間を定めて催告をした後に競売に付することができる（商法615条1項、524条1項）。したがって、Ｘ社は、本件寄託契約で約定した保管期間の満了後もＹ社が商品の受領を拒む場合、当該商品について、供託権及び競売権を認められるから、本肢は適切である。

消費貸借契約

第 10 問

難易度 ★★☆

　消費貸借契約に関する次の①～⑤の記述のうち、その内容が最も適切なものを1つだけ選びなさい。（第46回第5問5-1）

① 　民法上、消費貸借契約は、当事者の一方が金銭その他の物を引き渡すことを約し、相手方が借り受けた物を使用および収益した後に、その物自体を返還することを約することによって、その効力を生じる。

② 　民法上、返還時期を定めていない消費貸借契約では、貸主は借主に対し、いつでも返還を請求でき、請求を受けた借主は直ちに目的物を返還しなければならない。

③ 　商法上、商人間で金銭消費貸借契約を締結したときは、利息の約定をしなくても、貸主は、借主に対して法定利息を請求することができる。

④ 　金銭消費貸借契約において、利息制限法が規定する約定利率の上限を超える利息を定めた場合、利息制限法上、当該金銭消費貸借契約自体が無効となる。

⑤ 　貸金業法上、貸金業者は、借主との間で金銭消費貸借契約を締結しようとする場合には、当該契約を締結するまでに、一定の事項を借主に通知しなければならないが、この通知は口頭で行えば足り、書面の交付により行う必要はない。

解説

① 適切でない。消費貸借は、当事者の一方が種類、品質及び数量の同じ物をもって返還をすることを約して相手方から金銭その他の物を受け取ることによって、その効力を生ずる（民法587条）。すなわち、消費貸借契約においては、使用収益した物それ自体を返還することは予定されていない。したがって、民法上、消費貸借契約は、当事者の一方が、その物自体を返還することは予定されていないから、本肢は適切でない。

② 適切でない。当事者が返還の時期を定めなかったときは、貸主は、相当の期間を定めて返還の催告をすることができる（民法591条1項）。したがって、民法上、返還時期を定めていない消費貸借契約では、貸主は借主に対し、いつでも返還を請求できるが、請求を受けた借主が目的物を返還しなければならないのは、相当期間の経過後であるから、本肢は適切でない。

③ 最も適切である。金銭消費貸借契約において、利息の約定がない限り、貸主は利息を請求することはできないのが原則であるが、商人間において金銭の消費貸借をしたときは、貸主は、法定利息を請求することができる（商法513条1項）。これは、商人間の金銭消費貸借契約に適用される特則である。したがって、商法上、商人間で金銭消費貸借契約を締結したときは、利息の約定をしなくても、貸主は、借主に対して法定利息を請求することができるから、本肢は適切である。

④ 適切でない。金銭を目的とする消費貸借における利息の契約は、その利息が所定の利率により計算した金額を超えるときは、その超過部分について、無効となる（利息制限法1条）。したがって、金銭消費貸借契約において、利息制限法が規定する約定利率の上限を超える利息を定めた場合、利息制限法上、当該金銭消費貸借契約自体が無効となるのではなく、その利息が所定の利率により計算した金額を超える部分について無効となるから、本肢は適切でない。

⑤ 適切でない。貸金業者は、貸付けに係る契約を締結しようとする場合には、当該契約を締結するまでに、貸付けの金額、貸付けの利率、返済の方式などの所定の事項を明らかにし、当該契約の内容を説明する書面を当該契約の相手方となろうとする者に交付しなければならない（貸金業法16条の2第1項）。貸金業者は、一定の場合、書面の交付に代えて、貸付けの契約の相手方となろうとする者の承諾を得て、電磁的方法により提供することができるが（同条4項）、口頭で行うことは認められていない。したがって、貸金業法上、貸金業者は、借主との間で金銭消費貸借契約を締結しようとする場合には、当該契約を締結するまでに、一定の事項を借主に通知しなければならず、この通知は、書面の交付（又は電磁的方法）により行う必要があるから、本肢は適切でない。

ファイナンス・リース

第11問

難易度 ★★☆

ファイナンス・リースに関する次のア〜オの記述のうち、その内容が適切なものの組み合わせを①〜⑤の中から1つだけ選びなさい。（第48回第6問6-1）

ア．ファイナンス・リース契約は、ユーザーによるリース契約の申込みに対し、リース会社が承諾した時点で成立する諾成契約である。

イ．リース会社とサプライヤーとの間のリース物件の売買契約は、一般に、リース会社とユーザーとの間のリース契約が締結されるより前に締結される。

ウ．ファイナンス・リースにおいては、一般に、リース会社がリース物件の保守・修繕義務を負う。

エ．ユーザーは、過失によりリース物件を破損させた。この場合、ユーザーは、リース会社からリース物件の修理費用相当額の損害賠償を請求されたときは、これに応じなければならない。

オ．ユーザーは、リース物件に施されていた、リース会社所有のリース物件である旨の表示を破棄した上で、第三者に対し、当該リース物件は自己の所有物であると虚偽の説明をして売却し、現実に引き渡した。この場合、当該第三者は、当該ユーザーから当該リース物件の引渡しを受ける際に、当該リース物件が当該ユーザーの所有物であると信じ、かつそう信じたことにつき過失がないときは、当該リース物件の所有権を取得する。

① アイウ　　② アイオ　　③ アエオ　　④ イウエ　　⑤ ウエオ

解 説

ア．適切である。ファイナンス・リース契約は、法形式としては、リース会社とユーザーとの間の賃貸借契約である。賃貸借契約は、当事者の一方がある物の使用及び収益を相手方にさせることを約し、相手方がこれに対してその賃料を支払うこと及び引渡しを受けた物を契約が終了したときに返還することを約することによって、その効力を生ずる諾成契約である（民法601条）。したがって、ファイナンス・リース契約は、ユーザーによるリース契約の申込みに対し、リース会社が承諾した時点で成立する諾成契約であるから、本肢は適切である。

イ．適切でない。ファイナンス・リースに関する法律関係は、実体としては、ユーザーがサプライヤーから目的物を購入する際の、リース会社からユーザーに対する金融である。そのため、リース会社は、ファイナンス・リース契約の成立を前提として、サプライヤーと売買契約を締結し、目的物の所有権を取得するにすぎない。したがって、リース会社とサプライヤーとの間のリース物件の売買契約は、一般に、リース会社とユーザーとの間のリース契約が締結された後に締結されるから、本肢は適切でない。

ウ．適切でない。通常の賃貸借契約では、貸主は目的物の修繕義務を負っているが（民法606条1項）、一般に、リース会社の修繕義務はファイナンス・リース契約により免除されており、ユーザーが自ら目的物の保守及び修繕をすることになる。もっとも、通常は、ユーザーはサプライヤーとの間で、別途保守契約を締結し、サプライヤーが保守及び修繕を行う。したがって、ファイナンス・リースにおいては、一般に、リース会社はリース物件の保守・修繕義務を負わないから、本肢は適切でない。

エ．適切である。ファイナンス・リースにおけるリース会社とユーザーとの法律関係は、法形式としては、賃貸借契約である。賃借人は、賃借物を受け取った後にこれに生じた損傷がある場合において、賃貸借が終了したときは、その損傷を原状に復する義務を負う（民法621条）。したがって、ユーザーは、過失によりリース物件を破損させた場合、ユーザーが、リース会社からリース物件の修理費用相当額の損害賠償を請求されたときは、これに応じなければならないから、本肢は適切である。

オ．適切である。取引行為によって、平穏に、かつ、公然と動産の占有を始めた者は、善意であり、かつ、過失がないときは、即時にその動産について行使する権利を取得する（民法192条）。これを即時取得という。リース物件の場合、通常はリース物件である旨の表示が施されているため即時取得は成立しないが、本件では表示が破棄されているため即時取得が成立し得る。したがって、ユーザーが、リース物件に施されていた、リース会社所有のリース物件である旨の表示を破棄した上で、第三者に対し、当該リース物件は自己の所有物であると虚偽の説明をして売却し、現実に引き渡した場合、当該第三者が、当該ユーザーから当該リース物件の引渡しを受ける際に、当該リース物件が当該ユーザーの所有物であると信じ、かつそう信じたことにつき過失がないときは、当該リース物件の所有権を取得するから、本肢は適切である。

OEM契約

　小売業者であるA社は、自社ブランドで発売する新商品甲について、自社の取扱商品の製造業者であるB社との間で、小売業者等が自社ブランドの商品を販売するために製造業者等との間で決定した仕様に基づく商品を当該製造業者等に供給させる旨のOEM契約を締結することとした。この場合に関する次のア～エの記述のうち、その内容が適切なものの個数を①～⑤の中から1つだけ選びなさい。（第46回第8問8-3）

ア．A社とB社との間のOEM契約における商品甲の取引数量の設定方法としては、年間の最低取引数量や金額を設定する方法、A社からの最低発注単位を設定して一定期間の先行発注を義務付ける方法、A社の購入予定量を達成努力義務として定める方法などがある。

イ．A社は、B社との間でOEM契約を締結し、本件OEM契約に基づいてB社に供給させた商品甲の販売を開始した。A社は、自社の取引上の地位がB社に優越していることを利用して、B社に対し、正常な商慣習に照らして不当に、A社店舗における棚卸しにB社の従業員を派遣させたが、B社に派遣費用を支払わなかった。この場合、A社の行為は、優越的地位の濫用として、独占禁止法に違反する可能性がある。

ウ．A社は、B社との間でOEM契約を締結し、本件OEM契約に基づいてB社に供給させた商品甲の販売を開始した。A社は、商品甲に、その製造業者として自社の商号を表示して販売した場合であっても、商品甲の購入者が商品甲の欠陥により負った怪我について、製造物責任法に基づく損害賠償責任を負うことはない。

エ．A社は、自社ブランドを表すロゴマークについて商標権の設定登録を受けた上で、B社との間でOEM契約を締結し、本件OEM契約に基づいてB社に供給させた商品甲の販売を開始した。A社は、商品甲に当該ロゴマークを付して販売した場合において、競合他社であるC社が、正当な権限なく当該ロゴマークと類似する商標を商品甲と同種の商品乙に付して販売しているときは、商標権の侵害を理由として、C社に損害賠償を請求することができる。

① 0個　② 1個　③ 2個　④ 3個　⑤ 4個

企業取引・契約にかかわる法務

第 12 問　解答　④

解説

ア．適切である。OEM契約において、受注者の生産数量は発注者の発注に大きく影響されるから、受注者は一定の取引数量を確保するために発注者との間で一定の取引数量を設定することがある。取引数量の設定方法としては、年間の最低取引数量や金額を設定する方法、最低発注単位を設定して一定期間の先行発注を義務付ける方法、購入予定量を単なる達成努力義務として定める方法などがある。したがって、A社とB社との間のOEM契約における商品甲の取引数量の設定方法としては、年間の最低取引数量や金額を設定する方法、A社からの最低発注単位を設定して一定期間の先行発注を義務付ける方法、A社の購入予定量を達成努力義務として定める方法などがあるから、本肢は適切である。

イ．適切である。自己の取引上の地位が相手方に優越していることを利用して、正常な商慣習に照らして不当に、継続して取引する相手方に対して、自己のために金銭、役務その他の経済上の利益を提供させることは、優越的地位の濫用として、不公正な取引方法に当たる（独占禁止法2条9項5号ロ）。したがって、A社が、B社との間でOEM契約を締結していることで、自社の取引上の地位がB社に優越していることを利用して、B社に対し、正常な商慣習に照らして不当に、A社店舗における棚卸しにB社の従業員を派遣させたが、B社に派遣費用を支払わなかった場合、A社の行為は、優越的地位の濫用として、独占禁止法に違反する可能性があるから、本肢は適切である。

ウ．適切でない。自ら当該製造物の製造業者として当該製造物にその氏名、商号、商標その他の表示をした者は、当該製造物を業として製造、加工又は輸入した者らとともに、製造物責任を負う製造業者等に当たる（製造物責任法2条3項2号）。したがって、A社が、B社との間でOEM契約を締結し、商品甲に、その製造業者として自社の商号を表示して販売した場合、製造物責任を負う製造業者等として、商品甲の購入者が商品甲の欠陥により負った怪我について、製造物責任法に基づく損害賠償責任を負うことがあるから、本肢は適切でない。

エ．適切である。指定商品についての登録商標に類似する商標の使用は、当該商標権を侵害するものとみなされる（商標法37条1号）。商標権を侵害された商標権者は、民法の不法行為の規定に基づき、侵害した者に対し、損害賠償請求をすることができる。したがって、A社が、自社ブランドを表すロゴマークについて商標権の設定登録を受けた上で、B社との間でOEM契約を締結し、商品甲に当該ロゴマークを付して販売した場合において、競合他社であるC社が、正当な権限なく当該ロゴマークと類似する商標を商品甲と同種の商品乙に付して販売しているときは、商標権の侵害を理由として、C社に損害賠償を請求することができるから、本肢は適切である。

合弁事業

第 **13** 問

難易度 ★★☆

　合弁事業に関する次のア～オの記述のうち、その内容が適切なものの組み合わせを①～⑤の中から１つだけ選びなさい。（第42回第２問2-2）

ア．合弁事業を行うために、当事者間で民法上の組合契約を締結する場合、組合契約は、民法上、要物契約とされているため、その成立には、当事者が現実に出資を行うことが必要である。

イ．合弁事業を行うために、当事者間で民法上の組合契約を締結した場合において、損益分配の割合について当該組合契約で定めなかったときは、民法上、損益は、出資の価額の多寡にかかわらず、組合員の人数で均等に分配される。

ウ．合弁事業を行うために、合弁会社として株式会社を設立した場合、当該合弁会社は、当事者とは別個の法人格を有することとなる。

エ．合弁事業を行うために、合弁会社として株式会社を設立した場合、当該合弁会社の株主となった当事者は、間接有限責任を負うのみであり、合弁会社の債権者に対して直接責任を負わない。

オ．合弁事業を行うために、合弁会社として合同会社を設立した場合、当該合弁会社の社員となった当事者は、間接有限責任を負うのみであり、合弁会社の債権者に対して直接責任を負わない。

① アイウ　　② アイオ　　③ アウエ　　④ イエオ　　⑤ ウエオ

解説

ア．適切でない。組合契約は、各当事者が出資をして共同の事業を営むことを約することによって、その効力を生ずる（民法667条1項）。すなわち、民法上の組合契約は、合意のみで成立する諾成契約である。したがって、合弁事業を行うために、当事者間で民法上の組合契約を締結する場合、組合契約は、民法上、要物契約ではなく、当事者の合意で成立する諾成契約とされているため、その成立には、当事者が現実に出資を行うことは必要ではないから、本肢は適切でない。

イ．適切でない。組合契約において、当事者が損益分配の割合を定めなかったときは、その割合は、各組合員の出資の価額に応じて定められる（民法674条1項）。したがって、合弁事業を行うために、当事者間で民法上の組合契約を締結した場合において、損益分配の割合について当該組合契約で定めなかったときは、民法上、損益は、各組合員の出資の価額に応じて分配されるから、本肢は適切でない。

ウ．適切である。会社は、法人とする（会社法3条）。株式会社は、出資者である株主や経営者である取締役とは別個の法人格を有する。したがって、合弁事業を行うために、合弁会社として株式会社を設立した場合、当該合弁会社は、当事者とは別個の法人格を有することとなるから、本肢は適切である。

エ．適切である。株主の責任は、その有する株式の引受価額を限度とする（会社法104条）。すなわち、株主は、株式を引き受けた際に、引受額を限度として会社に対し出資する義務を負うが、引受額を超えて、会社の債権者に対し債務を弁済する責任を負わない。これを間接有限責任という。したがって、合弁事業を行うために、合弁会社として株式会社を設立した場合、当該合弁会社の株主となった当事者は、間接有限責任を負うのみであり、合弁会社の債権者に対して直接責任を負わないから、本肢は適切である。

オ．適切である。合同会社は、その社員の全部を有限責任社員とする持分会社である（会社法576条4項）。有限責任社員は、出資の履行をしていない価額を限度として、持分会社の債務を弁済する責任を負うところ（同法580条2項）、合同会社の社員になろうとする者は、合同会社の設立の登記をする時までに、その出資に係る金銭の全額を払い込み、又はその出資に係る金銭以外の財産の全部を給付しなければならず、会社成立時には、既に出資を履行している（同法578条参照）ため、合同会社の社員は、出資の価額を超えて、会社の債権者に対し債務を弁済する責任を負わない。したがって、合弁事業を行うために、合弁会社として合同会社を設立した場合、当該合弁会社の社員となった当事者は、間接有限責任を負うのみであり、合弁会社の債権者に対して直接責任を負わないから、本肢は適切である。

合弁事業

第 **14** 問

　X社およびY社は共同で出資して事業（合弁事業）を行うことになった。この場合に関する次のア〜オの記述のうち、その内容が適切なものの組み合わせを①〜⑤の中から１つだけ選びなさい。（第44回第6問6-3）

ア．X社およびY社が、株式会社を設立して合弁事業を行う場合、会社法上、原則として、それぞれが出資した価額に応じて、合弁事業により生じた利益の分配を受ける。

イ．X社およびY社は、株式会社を設立して合弁事業を行う場合、会社法上、当該株式会社に対して株式の引受額を限度とした出資義務を負うのみであり、当該株式会社の債権者に対し、合弁事業により生じた債務を弁済する直接の責任を負わない。

ウ．X社およびY社は、株式会社を設立して合弁事業を行う場合、会社法上、当該株式会社が存続する間は、その有する当該株式会社の株式を第三者にすべて譲渡して合弁事業から撤退することはできない。

エ．X社およびY社は、民法上の組合により合弁事業を行う場合、民法上、組合への出資は金銭に限定されており、不動産、特許権、労務などを出資の目的とすることはできない。

オ．X社およびY社は、民法上の組合により合弁事業を行う場合、民法上、それぞれが出資した価額にかかわらず、両社の合意によって、合弁事業により生じた利益の分配の割合を決めることができる。

① アイエ　　② アイオ　　③ アウエ　　④ イウオ　　⑤ ウエオ

解説

ア．適切である。株式会社における出資者たる地位を株式という。株式会社は、株主を、その有する株式の内容及び数に応じて、平等に取り扱わなければならない（会社法109条）。これを株主平等の原則という。利益の分配は、株式の数、すなわち、出資した価額に応じて行われる。したがって、X社及びY社が、株式会社を設立して合弁事業を行う場合、会社法上、原則として、それぞれが出資した価額に応じて、合弁事業により生じた利益の分配を受けるから、本肢は適切である。

イ．適切である。株主の責任は、その有する株式の引受価額を限度とする（会社法104条）。すなわち、株主は、株式を引き受けた際に、引受額を限度として会社に対し出資する義務を負うが、引受額を超えて、会社の債権者に対し債務を弁済する責任を負わない。これを間接有限責任という。したがって、X社及びY社が、株式会社を設立して合弁事業を行う場合、会社法上、当該株式会社に対して株式の引受額を限度とした出資義務を負うのみであり、当該株式会社の債権者に対し、合弁事業により生じた債務を弁済する直接の責任は負わないから、本肢は適切である。

ウ．適切でない。株主は、その有する株式を譲渡することができる（会社法127条）。これを株式譲渡自由の原則といい、株主は、出資を回収する手段として株式を譲渡することができる。なお、譲渡制限株式といって、定款の定めにより譲渡が制限される種類の株式もあるが、譲渡が制限される場合でも、会社が指定する者に譲渡し、又は会社が株式を買い取るという方法により、出資回収手段が保障されている。したがって、X社及びY社は、株式会社を設立して合弁事業を行う場合、会社法上、当該株式会社が存続する間であっても、その有する当該株式会社の株式を第三者に全て譲渡して合弁事業から撤退することができるから、本肢は適切でない。

エ．適切でない。民法上の組合契約においては、出資は金銭に限られず、労務をその目的とすることもできる（民法667条2項参照）。したがって、X社及びY社は、民法上の組合により合弁事業を行う場合、民法上、組合への出資は金銭に限定されず、不動産、特許権、労務などを出資の目的とすることもできるから、本肢は適切でない。

オ．適切である。民法上の組合契約において、当事者が損益分配の割合を定めなかったときは、その割合は、各組合員の出資の価額に応じて定める（民法674条1項）。もっとも、各組合員は、組合契約により、原則として自由に損益の分配を定めることができる。したがって、X社及びY社は、民法上の組合により合弁事業を行う場合、民法上、それぞれが出資した価額にかかわらず、両社の合意によって、合弁事業により生じた利益の分配の割合を決めることができるから、本肢は適切である。

第 **2** 章

企業財産の
管理と法務

学習のポイント

この章では、種々の財産管理について学習します。不動産登記は、あらゆるビジネスにおいて、比較的接する機会の多い問題だと思われます。また、特許権や著作権などの知的財産権については、今後も頻繁に出題されると思われます。注意して学習してください。

本章のキーワード

- 仮登記・本登記
- 所有権移転登記
- 対抗要件
- 特許権
- 専用実施権
- 通常実施権
- 独占的通常実施権
- 職務発明
- 商標権
- 意匠権
- 実用新案権
- 著作権
- 著作者人格権
- 複製
- 職務著作

預金取引

第 1 問

難易度 ★★☆

　金融機関Aは、法人および個人の顧客に対して預金等の業務を行っている。また、Bは、Aの預金者である。この場合に関する次のア～エの記述のうち、その内容が適切なものを○、適切でないものを×とした場合の組み合わせを①～⑤の中から1つだけ選びなさい。（第40回第7問7-4）

ア．Bは、Aに100万円の預金を行い、Aから預金証書の交付を受けた。その後、当該預金証書が滅失した場合、民法上、BのAに対する当該預金の払戻請求権は消滅する。

イ．Cは、B名義の預金通帳およびBの印鑑を窃取し、Aの窓口にこれらを持参してB名義の預金の払戻しを受けた。この場合において、払戻しを受けた者がBではないことにつきAが善意無過失であるときは、民法上、当該払戻しは、BがAに対して有する預金債権についての弁済として有効である。

ウ．Cは、B名義の預金口座のキャッシュカードを偽造し、この偽造カードを用いてAのATM（現金自動預払機）からB名義の預金の払戻しを行った。この場合において、当該払戻しにつきAに過失があるときは、Bに重大な過失があっても、預金者保護法上、当該払戻しは、BがAに対して有する預金債権についての有効な弁済とはならない。

エ．Cは、B名義の預金口座のキャッシュカードを窃取し、この盗難カードを用いてAのATMからB名義の預金の払戻しを行った。この場合、Bが、自己のキャッシュカードが盗取された旨をAに通知しなかったとしても、預金者保護法上、Bは、Aに対し、当該払戻し額の全額の補てんを求めることができる。

① ア－○　　イ－○　　ウ－×　　エ－○
② ア－○　　イ－×　　ウ－○　　エ－×
③ ア－○　　イ－×　　ウ－×　　エ－○
④ ア－×　　イ－○　　ウ－○　　エ－×
⑤ ア－×　　イ－○　　ウ－×　　エ－○

解 説

ア．適切でない。手形や小切手のような有価証券は、紙と権利が結合しているから、証券を紛失すると権利行使することができない。一方、預金通帳のような証拠証券は、権利の内容を証明する証拠となるにすぎず、権利の内容が別途証明されれば、証拠証券がなくとも権利行使をすることができる。したがって、Bが、Aに100万円の預金を行い、Aから預金証書の交付を受けた後、当該預金証書が滅失した場合であっても、民法上、BのAに対する当該預金の払戻請求権は消滅しないから、本肢は適切でない。

イ．適切である。受領権者以外の者であって取引上の社会通念に照らして受領権者としての外観を有するものに対してした弁済は、その弁済をした者が善意であり、かつ、過失がなかったときに限り、その効力を有する（民法478条）。受領権者とは債権者及び法令の規定又は当事者の意思表示によって弁済を受領する権限を付与された第三者をいう。真の預金者ではないが、預金通帳と印鑑を金融機関の窓口に持参した者は、受領権者としての外観を有するものに当たる。この場合、預金通帳と印鑑を持参した者が真の預金者ではないということについて、金融機関が善意かつ無過失で預金の払戻しをしたのであれば、民法478条の規定に基づいて、当該払戻しは有効な弁済となる。したがって、Cが、B名義の預金通帳及びBの印鑑を窃取し、Aの窓口にこれらを持参してB名義の預金の払戻しを受けた場合、払戻しを受けた者がBではないことにつきAが善意無過失であるときは、民法上、当該払戻しは、BがAに対して有する預金債権についての弁済として有効であるから、本肢は適切である。

ウ．適切である。偽造カード等を用いて行われた機械式預貯金払戻しは、当該機械式預貯金払戻しに係る預貯金等契約を締結している預貯金者の故意により当該機械式預貯金払戻しが行われたものであるとき又は当該預貯金等契約を締結している金融機関が当該機械式預貯金払戻しについて善意でかつ過失がない場合であって当該預貯金者の重大な過失により当該機械式預貯金払戻しが行われることとなったときに限り、その効力を有する（偽造カード等及び盗難カード等を用いて行われる不正な機械式預貯金払戻し等からの預貯金者の保護等に関する法律（以下「預金者保護法」という。）4条1項）。したがって、Cが、B名義の預金口座のキャッシュカードを偽造し、この偽造カードを用いてAのATM（現金自動預払機）からB名義の預金の払戻しを行った場合、当該払戻しにつきAに過失があるときは、Bに重大な過失があっても、預金者保護法上、当該払戻しは、BがAに対して有する預金債権についての有効な弁済とはならないから、本肢は適切である。

エ．適切でない。預貯金者は自らの預貯金等契約に係る真正カード等が盗取された場合、当該真正カード等が盗取されたと認めた後、速やかに、当該金融機関に対し盗取された旨の通知を行い、当該金融機関の求めに応じ、遅滞なく、当該盗取が行われるに至った事情その他の当該盗取に関する状況について十分な説明を行った上、当該金融機関に対し、捜査機関に対して当該盗取に係る届出を提出していることを申し出たこと等所定の事実を示したときは、金融機関に対し、当該盗難カードを用いて行われたATM等による払戻しの額に相当する金額の補てんを求めることができる（預金者保護法5条1項）。したがって、Cが、B名義の預金口座のキャッシュカードを盗取し、この盗難カードを用いてAのATMからB名義の預金の払戻しを行った場合、Bが、自己のキャッシュカードが盗取された旨をAに通知しなかったときは、所定の要件を充たさず、預金者保護法上、Bは、Aに対し、当該払戻し額の全額の補てんを求めることができないから、本肢は適切でない。

不動産登記

第 2 問

　　不動産登記に関する次のア～オの記述のうち、その内容が適切なものを○、適切でないものを×とした場合の組み合わせを①～⑤の中から１つだけ選びなさい。（第39回第8問8-2）

ア．仮登記は、所有権等の登記をすることができる権利の設定・移転等に関する請求権を保全することを目的として行うことができる。

イ．登記義務者に対し登記手続をすべきことを命ずる確定判決を得た登記権利者は、登記義務者との共同申請ではなく、登記権利者単独でかかる登記手続を行うことができる。

ウ．不動産の所有者が自己の債権者から強制執行を受け、当該不動産について差押えの登記がなされた後に、当該不動産が所有者から譲受人に譲渡され、その旨の所有権移転登記がなされた。この場合において、当該不動産につき強制競売が行われ第三者が競落すると、当該第三者に対する所有権移転登記がなされ、当該譲受人に対する所有権移転登記は抹消される。

エ．不動産が所有者から譲受人（第一譲受人）に譲渡され、所有権移転の仮登記がなされた後、当該仮登記に基づく本登記がなされる前に、当該不動産が他の譲受人（第二譲受人）に二重に譲渡され、所有権移転登記がなされた。この場合、当該仮登記に基づく本登記がなされれば、第一譲受人は、第二譲受人に対し、当該不動産の所有権の取得を対抗することができる。

オ．不動産登記簿上の権利者と真の権利者とが異なっている場合、一般に、登記簿上の権利者から権利を譲り受けた者は、不動産登記の内容を過失なく信頼して当該権利を譲り受けたとしても当該権利を取得することはできない。

① 　ア－○　　イ－○　　ウ－○　　エ－○　　オ－○
② 　ア－○　　イ－○　　ウ－○　　エ－×　　オ－○
③ 　ア－○　　イ－×　　ウ－×　　エ－○　　オ－×
④ 　ア－×　　イ－○　　ウ－×　　エ－○　　オ－○
⑤ 　ア－×　　イ－×　　ウ－○　　エ－×　　オ－×

（解答はP76にあります）

不動産登記

　次のア〜オの記述は、X社内において甲と乙との間で交わされた不動産登記に関する会話の一部である。この会話における乙の発言のうち、その内容が適切なものの組み合わせを①〜⑤の中から1つだけ選びなさい。（第46回第4問4-2)

ア．甲「土地Aについて、不動産登記簿上はB社が所有者として記録されているが、真の所有者はC社であった場合、当社は、不動産登記簿の内容を信じてB社から土地Aの所有権を譲り受けたときは、土地Aの所有権を取得することができますか。」

　　乙「当社は、不動産登記簿の内容を過失なく信頼したのであれば、土地Aの所有権を取得することができます。」

イ．甲「当社が、建物Dをその所有者Eから購入し、司法書士Fに所有権移転登記手続を依頼したところ、Fが、Eから建物Dを二重に買い受けて、Fに対する所有権移転登記を経た場合、当社は、Fに対して、建物Dの所有権の取得を対抗することができますか。」

　　乙「Fは、当社のために所有権移転登記を申請する義務を負う者ですから、当社は、所有権移転登記を経ていなくても、Fに対し、建物Dの所有権の取得を対抗することができます。」

ウ．甲「当社が、土地Gをその所有者Hから譲渡され、所有権移転の仮登記をした場合において、当該仮登記に基づく本登記がなされる前に、土地Gが第三者Iに二重に譲渡され、Iに対する所有権移転登記がなされたときは、当社とIとの法律関係はどのようになりますか。」

　　乙「当社は、当該仮登記に基づく本登記をすることにより、Iに対し、土地Gの所有権の取得を対抗することができます。」

エ．甲「当社が、当社に対して債務を負うJの所有する土地Kに差押えの登記をした場合、その後に、土地KをJからLが譲り受け、その旨の所有権移転登記がなされたときにおいて、当社が土地Kに強制執行をした後の法律関係はどのようになりますか。」

　　乙「土地Kの競売手続が行われ、第三者Mが土地Kを買い受けた場合、Mに対する所有権移転登記がなされ、Lに対する所有権移転登記は抹消されます。」

オ．甲「当社が、土地Nの所有権をその所有者Oから譲り受けたが、Oから、土

　　地Nの引渡しおよび所有権移転登記手続への協力のいずれも拒まれて
　　いる場合、当社は、Oに対してどのような請求をすることができます
　　か。」
乙「当社は、Oに対して、所有権移転登記手続への協力を請求することは
　　できますが、所有権移転登記を経ない間は、土地Nの所有権が自社に
　　あることを主張して、土地Nの引渡しを請求することはできません。」

① アイウ　　② アイオ　　③ アエオ　　④ イウエ　　⑤ ウエオ

解説

ア．適切でない。登記に公信力はない。すなわち、登記を信頼して不動産を買い受ける旨の売買契約を締結した場合であっても、登記名義人が当該不動産について権利を有していなければ、購入者は当該不動産について権利を取得することはできない。したがって、土地Aについて、不動産登記簿上はB社が所有者として記録されているが、真の所有者はC社であった場合、X社が、不動産登記簿の内容を信じてB社から土地Aの所有権を譲り受けたとき、X社が、不動産登記簿の内容を過失なく信頼していたとしても、土地Aの所有権を取得することはできないから、乙の本発言は適切でない。

　　なお、民法94条2項の類推により、真の権利者が登記を怠っているような事情がある場合には、登記を信頼して不動産を購入した者が権利を取得することができる場合もあり得る。

イ．適切である。不動産物権変動についての対抗要件は登記であるから（民法177条）、不動産の二重譲渡の場合、先に登記を備えた者が、不動産の所有権を取得することができ、登記がない者は、当該不動産の所有権を取得したことを主張できない。もっとも、他人のために登記を申請する義務を負う第三者は、その登記がないことを主張することができない（不動産登記法5条2項）。したがって、X社が、建物Dをその所有者Eから購入し、司法書士Fに所有権移転登記手続を依頼したところ、Fが、Eから建物Dを二重に買い受けて、Fに対する所有権移転登記を経た場合、Fは、X社のために所有権移転登記を申請する義務を負う者であり、X社は、所有権移転登記を経ていなくても、Fに対し、建物Dの所有権の取得を対抗することができるから、乙の本発言は適切である。

ウ．適切である。仮登記に基づいて本登記をした場合は、当該本登記の順位は、当該仮登記の順位による（不動産登記法106条）。そのため、仮登記後に、これと矛盾する本登記があった場合でも、仮登記を経た者の順位が優先する。もっとも、対抗力を有する登記は本登記であるから、第三者に権利を主張するためには、本登記を経なければならない。したがって、X社が、土地Gをその所有者Hから譲渡され、所有権移転の仮登記をした場合において、当該仮登記に基づく本登記がなされる前に、土地Gが第三者Iに二重に譲渡され、Iに対する所有権移転登記がなされたときであっても、X社は、当該仮登記に基づく本登記をすることにより、Iに対し、土地Gの所有権の取得を対抗することができるから、乙の本発言は適切である。

エ．適切である。不動産物権変動の対抗要件は登記であり（民法177条）、同一の不動産について登記した権利の順位は、原則として、登記の前後による（不動産登記法4条1項）。すなわち、先に登記した者が優先して物権の取得を対抗することができる。本肢では、譲受人への所有権移転登記より先に、債権者による差押えの登記がなされているから、譲受人は当該不動産の取得を差押債権者に対抗することができない。その後、当該不動産につき強制競売により第三者が競落しているため、当該不動産は、

差押債権者から第三者に譲渡されたのと同様の関係となる。したがって、X社が、X社に対して債務を負うJの所有する土地Kに差押えの登記をした場合、その後に、土地KをJからLが譲り受け、その旨の所有権移転登記がなされたときにおいて、X社が土地Kに強制執行をしたときは、土地Kの競売手続が行われ、第三者Mが土地Kを買い受けた場合、MがLに優先し、Mに対する所有権移転登記がなされ、Lに対する所有権移転登記は抹消されるから、乙の本発言は適切である。

オ．適切でない。売買契約の効果は、契約に特段の定めをしない限り、契約締結時に生じるため、原則として、契約締結時に目的物の所有権が移転する。第三者に対し所有権移転の効果を主張する（対抗する）ためには登記が必要であるが、売買契約の当事者（売主と買主）間において、所有権移転の効果を主張するに当たり、登記は必要ではない。したがって、X社が、土地Nの所有権をその所有者Oから譲り受けたが、Oから、土地Nの引渡し及び所有権移転登記手続への協力のいずれも拒まれている場合、X社は、Oに対して、所有権移転登記手続への協力を請求することに加え、所有権移転登記を経ない間であっても、土地Nの所有権がX社にあることを主張して、土地Nの引渡しを請求することができるから、乙の本発言は適切でない。

第2問 解答 ①

解説

ア．適切である。所有権等の設定、移転、変更又は消滅に関して請求権を保全しようとするときは、仮登記をすることができる（不動産登記法105条2号参照）。したがって、仮登記は、所有権等の登記をすることができる権利の設定・移転等に関する請求権を保全することを目的として行うことができるから、本肢は適切である。

イ．適切である。権利に関する登記の申請は、原則として、登記権利者及び登記義務者が共同してしなければならない（不動産登記法60条）。これを共同申請主義という。もっとも、判決による登記の場合、申請を共同してしなければならない者の一方に登記手続をすべきことを命ずる確定判決による登記は、当該申請を共同してしなければならない者の他方が単独で申請することができる（同法63条1項）。したがって、登記義務者に対し登記手続をすべきことを命ずる確定判決を得た登記権利者は、登記義務者との共同申請ではなく、登記権利者単独で係る登記手続を行うことができるから、本肢は適切である。

ウ．適切である。不動産物権変動の対抗要件は登記であり（民法177条）、同一の不動産について登記した権利の順位は、原則として、登記の前後による（不動産登記法4条1項）。すなわち、先に登記した者が優先して物権の取得を対抗することができる。本肢では、譲受人への所有権移転登記より先に、債権者による差押えの登記がなされているから、譲受人は当該不動産の取得を差押債権者に対抗することができない。その後、当該不動産につき強制競売により第三者が競落しているから、当該不動産は、差押債権者から競落人に譲渡されたのと同様の関係となり、結局、譲受人は当該不動産の所有権の取得を競落した第三者に対抗することができない。したがって、不動産の所有者が自己の債権者から強制執行を受け、当該不動産について差押えの登記がなされた後に、当該不動産が所有者から譲受人に譲渡され、その旨の所有権移転登記がなされた場合、当該不動産につき強制競売が行われ第三者が競落すると、当該第三者に対する所有権移転登記がなされ、当該譲受人に対する所有権移転登記は抹消されるから、本肢は適切である。

エ．適切である。仮登記に基づいて本登記をした場合は、当該本登記の順位は、当該仮登記の順位による（不動産登記法106条）。そのため、仮登記後に、これと矛盾する本登記があった場合でも、仮登記を経た者の順位が優先する。対抗力を有する登記は本登記であるから、第三者に権利を主張するためには本登記を経なければならないが、仮登記の順位により本登記の先後が判断される。したがって、第一譲受人に対する譲渡につき所有権移転の仮登記がなされた後、第二譲受人に二重に譲渡され所有権移転登記がなされた場合、登記の先後は仮登記の順位により判断されるため、当該仮登記に基づく本登記がなされれば、第一譲受人は、第二譲受人に対し、当該不動産の所有権の取得を対抗することができるから、本肢は適切である。

オ．適切である。登記に公信力はない。すなわち、登記を信頼して権利を譲り受けたとしても、登記名義人が当該不動産について権利を有していなければ、譲受人は当該不動産について権利を取得することはできない。したがって、不動産登記簿上の権利者と真の権利者とが異なっている場合、一般に、登記簿上の権利者から権利を譲り受けた者は、不動産登記の内容を過失なく信頼して当該権利を譲り受けたとしても当該権利を取得することはできないから、本肢は適切である。

なお、民法94条2項の類推により、真の権利者が登記を怠っているような事情がある場合には、登記を信頼して権利を取得した者が保護される場合がある。

著作権法

第 **4** 問　難易度 ★★☆

　著作権に関する次の①〜⑤の記述のうち、その内容が最も適切なものを1つだけ選びなさい。（第41回第3問3-1）

① 著作権法上、著作権の効力が発生するのは、著作物について文化庁長官への著作権の設定登録が行われた時からである。
② 著作権法上、原著作物の著作権者の許諾を受けずに作成された二次的著作物の著作権は、原著作物の著作権者に帰属する。
③ 著作権法上、共有著作権は、その共有者全員の合意によらなければ、行使することができない。
④ 著作権を譲渡する場合、著作権法上、文化庁長官への登録をしなければ譲渡の効力は生じず、当該登録はその効力発生要件である。
⑤ 著作権法上、法人の従業員が職務上作成する著作物（職務著作）に該当する著作物を創作した場合、当該著作物の著作者は、当該従業員である。

第 4 問 **解答** ③

解説

① 適切でない。著作者人格権及び著作権の享有には、いかなる方式の履行をも要しない(著作権法17条2項)。すなわち、創作と同時に著作権の効力が生じる。したがって、著作権法上、著作権の効力が発生するのは、創作と同時であり、著作物について文化庁長官への著作権の設定登録は不要であるから、本肢は適切でない。

② 適切でない。二次的著作物とは、著作物を翻訳し、編曲し、若しくは変形し、又は脚色し、映画化し、その他翻案することにより創作した著作物をいう(著作権法2条1項11号)。二次的著作物の原著作物の著作者は、当該二次的著作物の利用に関し、著作権法が認める権利で当該二次的著作物の著作者が有するものと同一の種類の権利を専有する(同法28条)。ここでは、二次的著作物の著作権が当該二次的著作物の著作者に帰属することを前提に、原著作物の著作者に権利を認めている。したがって、著作権法上、原著作物の著作権者の許諾を受けずに作成された二次的著作物の著作権は、原著作物の著作権者ではなく、二次的著作物の著作者に帰属するから、本肢は適切でない。

③ 最も適切である。共同著作物の著作権その他共有に係る著作権を「共有著作権」といい、共有著作権については、その共有者全員の合意によらなければ、行使することができない(著作権法65条2項)。もっとも、各共有者は、正当な理由がない限り、この合意の成立を妨げることができない(同条3項)。したがって、著作権法上、共有著作権は、その共有者全員の合意によらなければ、行使することができないから、本肢は適切である。

④ 適切でない。著作権の移転は、登録しなければ、第三者に対抗することができない(著作権法77条1号)。第三者に対抗することができないとは、当事者間で成立した譲渡の効力を第三者に主張することができないことを意味する。したがって、著作権を譲渡する場合、著作権法上、登録を要せず譲渡の効力を生じ、文化庁長官への登録は効力発生要件ではないから、本肢は適切でない。

⑤ 適切でない。法人その他使用者の発意に基づきその法人等の業務に従事する者が職務上作成する著作物で、その法人等が自己の著作の名義の下に公表するものの著作者は、その作成の時における契約、勤務規則その他に別段の定めがない限り、その法人等となる(著作権法15条1項)。したがって、著作権法上、法人の従業員が職務上作成する著作物(職務著作)に該当する著作物を創作した場合、当該著作物の著作者は、当該従業員ではなく、その法人となるから、本肢は適切でない。

著作権法

第 5 問

難易度 ★★☆

　著作権法に関する次の①〜⑤の記述のうち、その内容が最も<u>適切でないもの</u>を1つだけ選びなさい。（第45回第8問8-2）

① 　著作者人格権は、その全部または一部を他人に譲渡することができるが、著作権（著作財産権）は、その全部または一部を他人に譲渡することができない。

② 　著作物を個人的にまたは家庭内その他これに準じる限られた範囲内において使用することを目的とするときは、その使用をする者は、原則として、著作権者の許諾を得ずにその著作物を複製することができる。

③ 　著作権（著作財産権）は、原則として、著作物の創作の時から著作者の死後70年を経過するまでの間、存続する。

④ 　共有著作権は、原則として、その共有者全員の合意によらなければ行使することができず、各共有者は、正当な理由がない限り、この合意の成立を妨げることができない。

⑤ 　企業などの法人等の発意に基づき、当該法人等の業務に従事する従業員が、職務上作成する著作物（プログラムの著作物を除く）で、当該法人等が自己の著作の名義の下に公表する職務著作については、当該法人等と従業員との間に職務著作に関する別段の定めがないときは、当該法人等が著作者とされる。

解 説

① 最も適切でない。著作権は、その全部又は一部を譲渡することができる（著作権法61条1項）。一方、著作者人格権は、著作者の一身に専属し、譲渡することができない（同法59条）。したがって、著作者人格権は、その全部又は一部を他人に譲渡することができない一方、著作権（著作財産権）は、その全部又は一部を他人に譲渡することができるから、本肢は適切でない。

② 適切である。著作者は、その著作物を複製する権利を専有する（著作権法21条）。これを複製権という。著作者の許諾なく複製することは、著作権者の有する複製権を侵害することとなる。もっとも、著作権の目的となっている著作物は、個人的に又は家庭内その他これに準ずる限られた範囲内において使用すること（これを私的使用という。）を目的とするときは、原則として、その使用する者が複製することができる（同法30条1項）。したがって、著作物を個人的に又は家庭内その他これに準じる限られた範囲内において使用することを目的とするときは、その使用をする者は、原則として、著作権者の許諾を得ずにその著作物を複製することができるから、本肢は適切である。

③ 適切である。著作権の存続期間は、著作物の創作の時に始まり、著作権は、原則として、著作者の死後70年を経過するまでの間、存続する（著作権法51条1項、2項）。したがって、著作権（著作財産権）は、原則として、著作物の創作の時から著作者の死後70年を経過するまでの間、存続するから、本肢は適切である。

④ 適切である。共同著作物の著作権その他共有に係る著作権を共有著作権といい、共有著作権については、その共有者全員の合意によらなければ、行使することができない（著作権法65条2項）。もっとも、各共有者は、正当な理由がない限り、この合意の成立を妨げることができない（同条3項）。したがって、共有著作権は、原則として、その共有者全員の合意によらなければ行使することができず、各共有者は、正当な理由がない限り、この合意の成立を妨げることができないから、本肢は適切である。

⑤ 適切である。法人その他使用者の発意に基づきその法人等の業務に従事する者が職務上作成する著作物（プログラムの著作物を除く。）で、その法人等が自己の著作の名義の下に公表するもの（これを「職務著作」という。）の著作者は、その作成の時における契約、勤務規則その他に別段の定めがない限り、その法人等とする（著作権法15条1項）。したがって、企業などの法人等の発意に基づき、当該法人等の業務に従事する従業員が、職務上作成する著作物（プログラムの著作物を除く。）で、当該法人等が自己の著作の名義の下に公表する職務著作については、当該法人等と従業員との間に職務著作に関する別段の定めがないときは、当該法人等が著作者とされるから、本肢は適切である。

著作権法

　著作権法に関する次のア～オの記述のうち、その内容が適切なものの組み合わせを①～⑤の中から１つだけ選びなさい。（第44回第２問2-3）

ア．Aは、著作物に当たるBの小説をBに無断で映画化したとしても、Bの著作権を侵害しない。

イ．X社の従業員Cは、X社の発意に基づき、その職務上、プログラムの著作物に当たるソフトウェアを創作した。この場合、当該ソフトウェアの著作者は、原則として、X社である。

ウ．DおよびEは、美術品甲の著作権を共有している。この場合、Dが美術品甲の著作権について、持分を譲渡するには、Eの同意が必要である。

エ．Fは、著作物に当たるオリジナルの楽曲を作曲した。この場合、当該楽曲の著作権は、その保護期間が満了する前に、文化庁への更新手続をとることにより、保護期間を延長させることができる。

オ．Gは、著作物に当たる写真乙を創作した。Hは、Gから写真乙の著作権を譲り受けた場合、何らの手続を経なくても当該著作権の譲渡を第三者に対抗することができる。

①　アイ　　②　アオ　　③　イウ　　④　ウエ　　⑤　エオ

解説

ア．適切でない。著作者は、その著作物を翻訳し、編曲し、若しくは変形し、又は脚色し、映画化し、その他翻案する権利を専有する（著作権法27条）。したがって、Aが、著作物に当たるBの小説をBに無断で映画化した場合、Bの著作権を侵害するから、本肢は適切でない。

イ．適切である。法人その他使用者の発意に基づきその法人等の業務に従事する者が職務上作成するプログラムの著作物の著作者は、その作成の時における契約、勤務規則その他に別段の定めがない限り、その法人等である（著作権法15条2項）。したがって、X社の従業員Cが、X社の発意に基づき、その職務上、プログラムの著作物に当たるソフトウェアを創作した場合、当該ソフトウェアの著作者は、原則として、X社であるから、本肢は適切である。

ウ．適切である。共同著作物の著作権その他共有に係る著作権（これを共有著作権という。）については、各共有者は、他の共有者の同意を得なければ、その持分を譲渡し、又は質権の目的とすることができない（著作権法65条1項）。したがって、D及びEが、美術品甲の著作権を共有している場合、Dが美術品甲の著作権について、持分を譲渡するには、Eの同意が必要であるから、本肢は適切である。

エ．適切でない。著作権は、著作物の創作の時に始まり、原則として、著作者の死後70年を経過するまでの間、存続するが（著作権法51条）、著作権の保護期間に更新の制度はない。したがって、Fは、作曲した楽曲について、著作権の保護期間が満了する前に更新するなどして、保護期間を延長させることはできないから、本肢は適切でない。

オ．適切でない。著作権は、その全部又は一部を譲渡することができる（著作権法61条1項）。著作権の移転は、登録しなければ、第三者に対抗することができない（同法77条1号）。したがって、Hが、Gから写真乙の著作権を譲り受けた場合、著作権法の定めるところにより登録しなければ、当該著作権の譲渡を第三者に対抗することができないから、本肢は適切でない。

著作権法

第 **7** 問　　難易度 ★★☆

　A社は、雑誌の編集および発行を行っている。この場合に関する次のア〜オの記述のうち、著作権法の規定に照らし、その内容が適切なものの組み合わせを①〜⑤の中から1つだけ選びなさい。（第42回第2問2-1）

ア．A社は、小説家のBに、雑誌に掲載する新作の小説の執筆を依頼した。この場合、A社は、当該小説について、著作権をBから譲り受けることはできるが、著作者人格権をBから譲り受けることはできない。

イ．ジャーナリストのCは、公正な慣行に合致し、批評を目的として正当な範囲で行う場合には、その出所を利用の態様に応じ合理的と認められる方法および程度で明示して、A社の雑誌に掲載された記事を引用して利用することができる。

ウ．A社の雑誌を購読しているDは、個人的にまたは家庭内等の限られた範囲内において使用することを目的とするときであっても、A社の雑誌の紙面をコピーにより複製することはできない。

エ．翻訳家のEは、A社が著作権を有する雑誌の記事について、A社の許諾を得ることなく、英語に翻訳して第三者に有償で提供した。この場合、Eの行為は、A社の著作権を侵害する。

オ．エッセイストのFは、A社の雑誌に掲載された記事を盗用し、A社の著作権を侵害した。この場合、Fは、刑事罰を科されることはない。

①　アイウ　　②　アイエ　　③　アエオ　　④　イウオ　　⑤　ウエオ

解説

ア．適切である。著作権は、その全部又は一部を譲渡することができる（著作権法61条1項）。一方、著作者人格権は、著作者の一身に専属し、譲渡することができない（同法59条）。したがって、A社が、小説家のBに、雑誌に掲載する新作の小説の執筆を依頼した場合、A社は、当該小説について、著作権をBから譲り受けることはできるが、著作者人格権をBから譲り受けることはできないから、本肢は適切である。

イ．適切である。公表された著作物は、引用して利用することができる。この場合において、その引用は、公正な慣行に合致するものであり、かつ、報道、批評、研究その他の引用の目的上正当な範囲内で行なわれるものでなければならない（著作権法32条1項）。したがって、ジャーナリストのCは、公正な慣行に合致し、批評を目的として正当な範囲で行う場合には、その出所を利用の態様に応じ合理的と認められる方法及び程度で明示して、A社の雑誌に掲載された記事を引用して利用することができるから、本肢は適切である。

ウ．適切でない。著作権の目的となっている著作物は、個人的に又は家庭内その他これに準ずる限られた範囲内において使用することを目的とするときは、原則として、その使用する者が複製することができる（著作権法30条1項）。したがって、A社の雑誌を購読しているDは、個人的に又は家庭内等の限られた範囲内において使用することを目的とするときは、A社の雑誌の紙面をコピーにより複製することができるから、本肢は適切でない。

エ．適切である。著作者は、その著作物を翻訳し、編曲し、若しくは変形し、又は脚色し、映画化し、その他翻案する権利を専有する（著作権法27条）。したがって、翻訳家Eが、A社が著作権を有する雑誌の記事について、A社の許諾を得ることなく、英語に翻訳して第三者に有償で提供した場合、Eの行為は、A社の著作権を侵害するから、本肢は適切である。

オ．適切でない。著作権法には罰則が規定されており、著作権、出版権又は著作隣接権を侵害した者は、10年以下の懲役*若しくは1000万円以下の罰金に処せられ、又はこれを併科される可能性がある（著作権法119条1項）。したがって、エッセイストのFが、A社の雑誌に掲載された記事を盗用し、A社の著作権を侵害した場合、Fは、刑事罰を科される可能性があるから、本肢は適切でない。

＊　法改正により「拘禁刑」となる。

著作権法

第 8 問

難易度 ★★☆

　イラストレーターAは、X社からイメージキャラクターのデザインを受託し、キャラクター甲をデザインした。この場合に関する次の①～⑤の記述のうち、著作権法に照らし、その内容が最も適切でないものを1つだけ選びなさい。なお、キャラクター甲は、著作権法上の著作物に該当するものとする。（第46回第2問2-2）

① 　AとX社との間の契約において、甲に関する著作権は、Aが甲をX社に引き渡す時にX社に移転する旨が定められていた。この場合であっても、X社は、甲に関する著作者人格権を譲り受けることはできない。

② 　X社は、Aから甲の著作権を譲り受けた場合、登録等の何らの手続を経なくても、当然に当該著作権の譲受けを第三者に対抗することができる。

③ 　Aは、甲をデザインするにあたり、その参考とするために、自ら動物等の写真を撮影した。この場合、甲だけでなく、甲の参考とするために撮影された写真も著作物に当たることがある。

④ 　デザイン制作会社であるY社は、何らの権原もないのに、甲を模倣してこれと類似するキャラクターを作成した。この場合、Y社の行為は、甲についての著作権を侵害する。

⑤ 　イラストレーターBは、甲に新たな創作性を付加して翻案し、甲のパロディであるキャラクター乙を創作した。この場合、乙は、著作権法上の二次的著作物に該当する。

解説

① 適切である。著作者人格権は、著作者の一身に専属し、譲渡することができない（著作権法59条）。したがって、AとX社との間の契約において、甲に関する著作権は、Aが甲をX社に引き渡す時にX社に移転する旨が定められていた場合であっても、X社は、甲に関する著作者人格権を譲り受けることはできないから、本肢は適切である。

② 最も適切でない。著作権は、その全部又は一部を譲渡することができる（著作権法61条1項）。もっとも、著作権の移転は、登録しなければ、第三者に対抗することができない（同法77条1号）。したがって、X社が、Aから甲の著作権を譲り受けた場合、著作権の移転を登録しなければ、当該著作権の譲受けを第三者に対抗することができないから、本肢は適切でない。

③ 適切である。著作権法上、著作物とは、思想又は感情を創作的に表現したものであって、文芸、学術、美術又は音楽の範囲に属するものをいう（著作権法2条1項1号）。写真の著作物は、著作権法上、著作物の例示として規定されている（同法10条1項8号）。したがって、Aは、甲をデザインするに当たり、その参考とするために、自ら動物等の写真を撮影した場合、甲だけでなく、甲の参考とするために撮影された写真も著作物に当たることがあるから、本肢は適切である。

④ 適切である。著作者は、その著作物を翻訳し、編曲し、若しくは変形し、又は脚色し、映画化し、その他翻案する権利を専有する（著作権法27条）。したがって、デザイン制作会社であるY社が、何らの権原もないのに、甲を模倣してこれと類似するキャラクターを作成した場合、Y社の行為は、甲についての著作権を侵害するから、本肢は適切である。

⑤ 適切である。二次的著作物とは、著作物を翻訳し、編曲し、若しくは変形し、又は脚色し、映画化し、その他翻案することにより創作した著作物をいう（著作権法2条1項11号）。したがって、イラストレーターBが、甲に新たな創作性を付加して翻案し、甲のパロディであるキャラクター乙を創作した場合、乙は、著作権法上の二次的著作物に該当するから、本肢は適切である。

商標法

第 **9** 問

　商標権に関する次の①〜⑤の記述のうち、その内容が最も適切なものを1つだけ選びなさい。（第48回第8問8-1）

① 人の知覚によって認識することができるもののうち、文字、図形および立体的形状については商標権の設定登録を受けることができるが、音については商標権の設定登録を受けることはできない。

② 商標権の設定登録を受けることができる商標には、業として商品を生産し、証明し、または譲渡する者がその商品について使用する標章と、業として役務を提供し、または証明する者がその役務について使用する標章とが含まれる。

③ 類似の商品に使用される同一の商標について複数の商標登録出願があった場合、先に商標を作成したことを証明した者が、当該商標につき商標登録を受けることができる。

④ 商標権は、商標登録を受けた後、商標権者が登録商標を使用している間は存続し、商標権者が登録商標の使用を終了した時点で消滅する。

⑤ 登録商標については、当該登録商標が使用されていない状態が継続したとしても、第三者が、その不使用を理由として、商標登録の取消しを求めることはできない。

解説

① 適切でない。商標登録の対象となる商標とは、人の知覚によって認識することができるもののうち、文字、図形、記号、立体的形状若しくは色彩又はこれらの結合、音その他のもの(これを「標章」という。)であって、業として商品を生産し、証明し、又は譲渡する者がその商品について使用をするもの、又は、業として役務を提供し、又は証明する者がその役務について使用をするものをいう(商標法2条1項)。したがって、人の知覚によって認識することができるもののうち、文字、図形及び立体的形状とともに、音についても商標権の設定登録を受けることができるから、本肢は適切でない。

② 最も適切である。商標登録の対象となる商標とは、文字、図形、記号、立体的形状若しくは色彩又はこれらの結合、音その他のもの(これを「標章」という。)であって、業として商品を生産し、証明し、又は譲渡する者がその商品について使用をするもの、又は、業として役務を提供し、又は証明する者がその役務について使用をするものをいう(商標法2条1項)。したがって、商標権の設定登録を受けることができる商標には、業として商品を生産し、証明し、又は譲渡する者がその商品について使用する標章と、業として役務を提供し、又は証明する者がその役務について使用する標章とが含まれるから、本肢は適切である。

③ 適切でない。同一又は類似の商品又は役務について使用をする同一又は類似の商標について異なった日に2以上の商標登録出願があったときは、最先の商標登録出願人のみがその商標について商標登録を受けることができる(商標法8条1項)。すなわち、先に商標登録出願をした者が優先して商標登録を受けることができる。なお、同一又は類似の商品又は役務について使用をする同一又は類似の商標について同日に2以上の商標登録出願があったときは、商標登録出願人の協議により定めた一の商標登録出願人のみがその商標について商標登録を受けることができる(同条2項)。したがって、類似の商品に使用される同一の商標について複数の商標登録出願があった場合、先に商標登録出願をした者が、当該商標につき商標登録を受けることができるから、本肢は適切でない。

④ 適切でない。商標権の存続期間は、設定の登録の日から10年である(商標法19条1項)。なお、商標権の存続期間は、商標権者の更新登録の申請により更新することができる(同条2項)。したがって、商標権は、設定の登録の日から10年間存続し、存続期間は、商標権者の更新登録の申請により更新することができるが、商標権者が登録商標を使用している間、当然に存続するものではないから、本肢は適切でない。

⑤ 適切でない。継続して3年以上日本国内において商標権者、専用使用権者又は通常使用権者のいずれもが各指定商品又は指定役務についての登録商標の使用をしていないときは、何人も、その指定商品又は指定役務に係る商標登録を取り消すことについて審判を請求することができる(商標法50条1項)。したがって、登録商標については、当該登録商標が使用されていない状態が継続したときは、第三者が、その不使用を理由として、商標登録の取消しを求めることができるから、本肢は適切でない。

商標法

第 10 問

難易度 ★★☆

　X社は、自社の製品Aの製品名について、商標登録出願をすることとした。この場合に関する次のア〜オの記述のうち、商標法に照らし、その内容が適切なものの組み合わせを①〜⑤の中から1つだけ選びなさい。（第46回第6問6-1）

ア．X社は、すでにY社が製品Aと同一の指定商品にかかる類似の商標について商標登録を受けていた場合、製品Aについて商標登録を受けることができない。

イ．商標の登録については、実用新案登録と同様に、商標登録出願の形式面についての審査のみを行って商標権の設定登録を行う早期登録制度が採られているため、X社が製品Aについて商標登録出願をした場合、その商標登録出願の放棄、取下げ、または却下がなされた場合を除き、製品Aについて商標権の設定登録がなされる。

ウ．X社が製品Aについて商標権の設定登録を受けた場合、製品Aについての商標権はその設定登録の日から一定の期間存続するが、その存続期間は更新登録によって更新することができる。

エ．X社は、製品Aについて商標権の設定登録を受けた場合、製品Aの登録商標と同一の指定商品について、製品Aの登録商標と同一の商標を使用している者に対して、その使用の差止めを請求することができるが、製品Aの登録商標と同一の指定商品について、製品Aの登録商標と類似の商標を使用している者に対しては、その使用の差止めを請求することはできない。

オ．X社は、製品Aについて商標権の設定登録を受けた。その後、X社が、日本国内において長期にわたり継続して製品Aの登録商標を使用していない場合であっても、製品Aの登録商標の商標登録が取り消されることはない。

① アウ　　② アオ　　③ イエ　　④ イオ　　⑤ ウエ

**第 10 問 解答 　① **

解 説

ア．適切である。当該商標登録出願の日前の商標登録出願に係る他人の登録商標又はこれに類似する商標であって、その商標登録に係る指定商品若しくは指定役務又はこれらに類似する商品若しくは役務について使用をするものについては、商標登録を受けることができない（商標法4条1項11号）。したがって、X社が、既にY社が製品Aと同一の指定商品にかかる類似の商標について商標登録を受けていた場合、製品Aについて商標登録を受けることができないから、本肢は適切である。

イ．適切でない。実用新案の設定登録では、早期登録制度が採られているが、商標権の設定登録では、早期登録制度は採られていない。したがって、商標の登録については、出願の形式面についての審査のみを行って設定登録を行う早期登録制度は採られていないから、本肢は適切でない。

ウ．適切である。商標権の存続期間は、設定の登録の日から10年である（商標法19条1項）。そして、商標権の存続期間は、商標権者の更新登録の申請により更新することができる（同条2項）。したがって、X社が製品Aについて商標権の設定登録を受けた場合、製品Aについての商標権はその設定登録の日から一定の期間存続し、その存続期間は更新登録によって更新することができるから、本肢は適切である。

エ．適切でない。登録商標と同一の指定商品について、当該登録商標と同一の商標を無断で使用することは、商標権の侵害である。また、指定商品についての登録商標に類似する商標の使用又は指定商品に類似する商品についての登録商標若しくはこれに類似する商標の使用は、商標権の侵害とみなされる（商標法37条1号）。そして、商標権者には差止請求権が認められており、自己の商標権を侵害する者又は侵害するおそれがある者に対し、その侵害の停止又は予防を請求することができる（同法36条1項）。したがって、X社が、製品Aについて商標権の設定登録を受けた場合、製品Aの登録商標と同一の指定商品について、製品Aの登録商標と同一の商標を使用している者に対して、その使用の差止めを請求することができるとともに、製品Aの登録商標と同一の指定商品について、製品Aの登録商標と類似の商標を使用している者に対しても、その使用の差止めを請求することができるから、本肢は適切でない。

オ．適切でない。継続して3年以上日本国内において商標権者、専用使用権者又は通常使用権者のいずれもが各指定商品又は指定役務についての登録商標の使用をしていないときは、何人も、その指定商品又は指定役務に係る商標登録を取り消すことについて審判を請求することができる（商標法50条1項）。したがって、X社が、製品Aについて商標権の設定登録を受けた後、日本国内において長期にわたり継続して製品Aの登録商標を使用していない場合、審判を経て、製品Aの登録商標の商標登録が取り消されることがあるから、本肢は適切でない。

　文房具メーカー A社は、特徴的な形状のボールペンXを新製品として売り出すこととした。A社は、Xの形状を他者に模倣されることを防ぐため、日本国内で意匠権を取得することを検討している。この場合に関する次の①〜⑤の記述のうち、その内容が最も<u>適切でない</u>ものを1つだけ選びなさい。（第45回第5問5-4）

① 　Xの形状は、外国で数年前に販売が開始され広く普及しているボールペンの形状に酷似しているものであった。この場合、新規性が意匠登録の要件とされているため、A社は、Xの形状について意匠権の設定登録を受けることができない。

② 　A社は、Xの形状について意匠権の設定登録を受けた場合、その存続期間の満了に先立って更新登録を行うことにより、意匠権の存続期間を更新することができる。

③ 　A社がXの形状と統一された形状の万年筆Yを創作した場合、XとY全体としての形状は、組物の意匠として意匠登録の対象となり得る。

④ 　Xのペン先が特徴的な形状である場合、当該ペン先は部分意匠として意匠登録の対象となり得るため、A社は、所定の要件を充たすときは、当該ペン先につき意匠登録を受けることが可能である。

⑤ 　Xの形状について意匠権の設定登録がなされた後に、B社がXの形状を模倣したボールペンZを販売した。この場合、A社は、B社に対して、Zの販売を中止させることができ、さらにZの販売によってA社が被った損害の賠償を請求することができる。

第11問　解答　②

解説

① 適切である。意匠登録出願前に日本国内又は外国において公然知られた意匠は意匠登録を受けることができない（意匠法3条1項1号）。これを新規性の要件という。したがって、Xの形状が、外国で数年前に販売が開始され広く普及しているボールペンの形状に酷似しているものであった場合、新規性が意匠登録の要件とされているため、A社は、Xの形状について意匠権の設定登録を受けることができないから、本肢は適切である。

② 最も適切でない。意匠権の存続期間は、原則として、登録出願の日から25年をもって終了する（意匠法21条1項）。意匠権の更新登録は認められていない。したがって、A社が、Xの形状について意匠権の設定登録を受けた場合、意匠権に更新登録の制度はなく、その存続期間の満了により消滅するから、本肢は適切でない。

③ 適切である。同時に使用される2以上の物品であって、一定の種類の物品については、それが組物全体として統一があるときは組物の意匠として保護の対象となる（意匠法8条）。筆記具セットは、その一つである。したがって、A社がXの形状と統一された形状の万年筆Yを創作した場合、XとY全体としての形状は、組物の意匠として意匠登録の対象となり得るから、本肢は適切である。

④ 適切である。意匠法で保護される意匠とは、物品（原則として、物品の部分を含む。）の形状、模様若しくは色彩又はこれらの結合、建築物（建築物の部分を含む。）の形状等又は画像であって、視覚を通じて美感を起こさせるものをいう（意匠法2条1項）。したがって、Xのペン先が特徴的な形状である場合、当該ペン先は部分意匠として意匠登録の対象となり得るため、A社は、所定の要件を充たすときは、当該ペン先につき意匠登録を受けることが可能であるから、本肢は適切である。

⑤ 適切である。意匠権者には、差止請求権が認められており、意匠権者は、自己の意匠権を侵害する者又は侵害するおそれがある者に対し、その侵害の停止又は予防を請求することができる（意匠法37条1項）。また、意匠権を故意又は過失により侵害している者に対しては、民法上の不法行為の規定に基づき、その被った損害の賠償を請求することができる（民法709条）。したがって、Xの形状について意匠権の設定登録がなされた後に、B社がXの形状を模倣したボールペンZを販売した場合、A社は、B社に対して、Zの販売を中止させることができ、更にZの販売によってA社が被った損害の賠償を請求することができるから、本肢は適切である。

特許法

第 **12** 問

難易度 ★★☆

　特許法に関する次の①〜⑤の記述のうち、その内容が最も適切でないものを1つだけ選びなさい。（第44回第3問3-4）

①　発明につき特許を受ける権利を有する者は、当該発明につき特許出願をする前であっても、当該特許を受ける権利を第三者に譲渡することができる。

②　通常実施権のうち、実施権者のみに通常実施権を許諾し、他の者には実施を許諾しない旨の特約が付されているものを一般に独占的通常実施権といい、独占的通常実施権については、実施権者の有する独占権を特許庁に登録することはできない。

③　売買契約による特許権の移転（特定承継）は、特許登録原簿への登録をしなければ、当該売買契約の当事者間においてもその効力を生じない。

④　複数の者により共同発明がなされ、各人が当該発明についての特許を受ける権利を共有する場合、各共有者は他の共有者と共同でなければ、特許出願をすることができない。

⑤　特許権者は、特許権の侵害により、その業務上の信用を害され、損害を被った場合、侵害者に対し、その損なわれた業務上の信用を回復するのに必要な措置か損害賠償のいずれか一方のみを請求することができ、その両方を請求することはできない。

解 説

① 適切である。特許を受ける権利は、移転することができる（特許法33条1項）。したがって、発明につき特許を受ける権利を有する者は、当該発明につき特許出願をする前であっても、当該特許を受ける権利を第三者に譲渡することができるから、本肢は適切である。

② 適切である。特定の者のみに通常実施権を許諾し、他の者には実施を許諾しない旨の特約を付した通常実施権を独占的通常実施権という。独占的通常実施権を特許庁に登録することはできない。したがって、通常実施権のうち、実施権者のみに通常実施権を許諾し、他の者には実施を許諾しない旨の特約が付されているものを一般に独占的通常実施権といい、独占的通常実施権については、実施権者の有する独占権を特許庁に登録することはできないから、本肢は適切である。

③ 適切である。特許権の移転（相続その他の一般承継によるものを除く。）は、登録しなければ、その効力を生じない（特許法98条1項1号）。したがって、売買契約による特許権の移転（特定承継）は、特許登録原簿への登録をしなければ、当該売買契約の当事者間においてもその効力を生じないから、本肢は適切である。

④ 適切である。複数の者が実質的に協力して発明した場合、共同発明となり、特許を受ける権利は共有となる。特許を受ける権利が共有に係るときは、各共有者は、他の共有者と共同でなければ、特許出願をすることができない（特許法38条）。したがって、複数の者により共同発明がなされ、各人が当該発明についての特許を受ける権利を共有する場合、各共有者は他の共有者と共同でなければ、特許出願をすることができないから、本肢は適切である。

⑤ 最も適切でない。故意又は過失により特許権を侵害している者に対しては、民法上の不法行為の規定に基づき、その被った損害の賠償を請求することができる（民法709条）。また、特許権者又は専用実施権者は、故意又は過失により特許権又は専用実施権を侵害したことにより特許権者又は専用実施権者の業務上の信用を害した者に対しては、裁判所を通じて、損害の賠償に代え、又は損害の賠償とともに、業務上の信用を回復するのに必要な措置を求めることができる（特許法106条）。したがって、特許権者は、特許権の侵害により、その業務上の信用を害され、損害を被った場合、侵害者に対し、その損なわれた業務上の信用を回復するのに必要な措置か損害賠償のいずれか一方、又は両方を請求することができるから、本肢は適切でない。

特許法

第13問

難易度 ★★☆

　特許法に関する次のア～オの記述のうち、その内容が適切なものの組み合わせを①～⑤の中から1つだけ選びなさい。（第48回第5問5-1）

ア．研究者甲は、スマートフォン用の液晶画面の研究により、特許法上の物の発明に該当する発明Aを創作するとともに、発明Aを実施した液晶画面を生産する方法についての発明Bを創作した。この場合、甲は、発明Aについて特許を受けることができるほか、発明Bについても特許を受けられることがある。

イ．研究者甲は、特許法上の特許要件を充たす発明Cを創作した。この場合、特許法上、特許を受ける権利は譲渡することができないため、甲は、発明Cについて特許を受ける権利を第三者である乙社に移転することはできない。

ウ．甲社の従業者乙は、勤務時間中に甲社内の設備を利用して、特許法上の職務発明に該当する発明Dを創作し、甲社の勤務規則の定めにより、甲社が発明Dについての特許権を乙から承継した。この場合、特許法上、乙には、甲社から相当の利益を受ける権利が認められる。

エ．甲社の従業者乙は、第三者である丙社が特許権の設定登録を受けた特許発明Eについて、丙社が特許権者であることを知りながら、甲社の業務に関し、丙社に無断で特許発明Eを実施している。この場合、侵害行為を行った乙だけでなく、甲社も刑事罰を科されることがある。

オ．甲は、過失により、乙社が特許権の設定登録を受けた特許発明Fについて、乙社の特許権を侵害し、その業務上の信用を害した。この場合、特許法上、乙社には、損害の賠償を請求する権利は認められるが、その損なわれた業務上の信用を回復するのに必要な措置を請求する権利は認められない。

①　アイウ　　②　アイオ　　③　アウエ　　④　イエオ　　⑤　ウエオ

解説

ア．適切である。特許法上の発明とは、自然法則を利用した技術的思想の創作のうち高度のものをいう（特許法2条1項）。そして、特許法が規定する発明には、物の発明、方法の発明、物を生産する方法の発明がある（同条3項参照）。したがって、研究者甲が、スマートフォン用の液晶画面の研究により、特許法上の物の発明に該当する発明Aを創作するとともに、発明Aを実施した液晶画面を生産する方法についての発明Bを創作した場合、甲は、発明Aについて特許を受けることができるほか、発明Bについても特許を受けられることがあるから、本肢は適切である。

イ．適切でない。特許を受ける権利は、移転することができる（特許法33条1項）。したがって、研究者甲が、特許法上の特許要件を充たす発明Cを創作した場合、特許法上、特許を受ける権利は譲渡することができ、甲は、発明Cについて特許を受ける権利を第三者である乙社に移転することができるから、本肢は適切でない。

ウ．適切である。従業者等は、契約、勤務規則その他の定めにより職務発明について使用者等に特許を受ける権利を取得させ、使用者等に特許権を承継等させたときは、相当の金銭その他の経済上の利益（相当の利益）を受ける権利を有する（特許法35条4項）。したがって、甲社の従業者乙は、勤務時間中に甲社内の設備を利用して、特許法上の職務発明に該当する発明Dを創作し、甲社の勤務規則の定めにより、甲社が発明Dについての特許権を乙から承継した場合、特許法上、乙には、甲社から相当の利益を受ける権利が認められるから、本肢は適切である。

エ．適切である。特許権を侵害した者には、侵害の罪が成立し、10年以下の懲役※若しくは1000万円以下の罰金に処せられ、又はこれを併科される可能性がある（特許法196条）。本条による処罰の対象は、行為者であるから、本肢の場合、乙である。もっとも、法人の代表者又は法人の代理人、使用人その他の従業者が、その法人の業務に関し、侵害の罪に該当する違反行為をしたときは、行為者が罰せられるほか、両罰規定により、その法人に対しても3億円以下の罰金刑が科される可能性がある（同法201条1項1号）。したがって、甲社の従業者乙が、第三者である丙社が特許権の設定登録を受けた特許発明Eについて、丙社が特許権者であることを知りながら、甲社の業務に関し、丙社に無断で特許発明Eを実施している場合、侵害行為を行った乙だけでなく、甲社も刑事罰を科されることがあるから、本肢は適切である。

オ．適切でない。特許権者又は専用実施権者は、故意又は過失により特許権又は専用実施権を侵害したことにより特許権者又は専用実施権者の業務上の信用を害した者に対しては、裁判所を通じて、損害の賠償に代え、又は損害の賠償とともに、業務上の信用を回復するのに必要な措置を求めることができる（特許法106条）。したがって、甲が、過失により、乙社が特許権の設定登録を受けた特許発明Fについて、乙社の特許権を侵害し、その業務上の信用を害した場合、特許法上、乙社には、損害の賠償を請求する権利が認められるとともに、その損なわれた業務上の信用を回復するのに必要な措置を請求する権利も認められるから、本肢は適切でない。

※ 法改正により「拘禁刑」となる。

特許法

第 14 問

難易度 ★★☆

特許法に関する次の①〜⑤の記述のうち、その内容が最も適切なものを1つだけ選びなさい。（第45回第2問2-1）

① 研究者Xが発明Aを完成させ、その後、研究者Yは、発明Aと同一の内容の発明Bを完成させた。Xは、Yが発明Bについて特許出願をした1週間後に、発明Aについて特許出願をした。この場合、特許を受けることができる出願人は、出願の先後ではなく、発明を完成させた時期の先後を基準として決せられるため、Yは、発明Bについて特許を受けることができない。

② 研究者Xと研究者Yは、共同発明を行い、特許発明Aについて、特許権を共有している。この場合、特許権の共有者は、原則として、それぞれ特許発明を自由に実施することができるため、Xは、Yの同意を得なくても、第三者であるZ社に対し、特許発明Aの特許権について通常実施権を許諾することができる。

③ X社の従業員Yは、勤務時間中にX社内の設備を使用して、職務発明に該当する発明Aを創作した。この場合、X社とYは、事前の合意により、X社が発明Aについての特許を受ける権利を取得し、Yはその対価としてX社から相当の利益を受ける旨を定めることができる。

④ X社は、自社が特許権を保有している特許発明Aについて、Y社に対して通常実施権を許諾した。その後、X社は、第三者であるZ社から特許発明Aについて通常実施権の許諾を得たい旨の申入れを受けた。この場合、X社は、Z社に対して特許発明Aについて通常実施権を許諾することはできず、Z社との間で通常実施権許諾契約を締結しても無効である。

⑤ X社は、新製品開発のために有益と思われる特許権をY社から譲り受けた。この場合、特許登録原簿への登録は特許権の譲受けの効力発生要件ではないので、X社は、特許登録原簿への登録がなくても、Y社から当該特許権を有効に取得することができる。

解説

① 適切でない。特許出願に係る発明が当該特許出願の日前の他の特許出願であって所定の発明と同一であるときは、その発明については、特許を受けることができない(特許法29条の2)。すなわち、複数の者が別個独立に同じ内容の発明を完成させた場合、特許権が認められるのは、最先の特許出願人であり、このように先に出願したか否かを基準とすることを先願主義という。したがって、研究者Xが発明Aを完成させ、その後、研究者Yが、発明Aと同一の内容の発明Bを完成させたところ、Xが、Yが発明Bについて特許出願をした1週間後に、発明Aについて特許出願をした場合、特許を受けることができる出願人は、出願の先後を基準として決せられるため、Yは、発明Bについて特許を受けることができるから、本肢は適切でない。

② 適切でない。特許権が共有に係るときは、各共有者は、契約で別段の定をした場合を除き、他の共有者の同意を得ないでその特許発明の実施をすることができるが(特許法73条2項)、他の共有者の同意を得なければ、その特許権について専用実施権を設定し、又は他人に通常実施権を許諾することができない(同条3項)。したがって、研究者Xと研究者Yが、共同発明を行い、特許発明Aについて、特許権を共有している場合、Xは、Yの同意を得なければ、第三者であるZ社に対し、特許発明Aの特許権について通常実施権を許諾することができないから、本肢は適切でない。

③ 最も適切である。従業者等がその性質上当該使用者等の業務範囲に属し、かつ、その発明をするに至った行為がその使用者等における従業者等の現在又は過去の職務に属する発明を職務発明という。従業者等がした職務発明については、契約、勤務規則その他の定めにおいてあらかじめ使用者等に特許を受ける権利を取得させることを定めたときは、その特許を受ける権利は、その発生した時から当該使用者等に帰属する(特許法35条3項)。この場合、従業者等は、相当の金銭その他の経済上の利益を受ける権利を有する(同条4項)。したがって、X社の従業員Yが、勤務時間中にX社内の設備を使用して、職務発明に該当する発明Aを創作した場合、X社とYは、事前の合意により、X社が発明Aについての特許を受ける権利を取得し、Yはその対価としてX社から相当の利益を受ける旨を定めることができるから、本肢は適切である。

④ 適切でない。通常実施権が設定された場合でも、特許権者は、更に第三者に対して通常実施権を設定することができる。したがって、X社が、自社が特許権を保有している特許発明Aについて、Y社に対して通常実施権を許諾した後、第三者であるZ社から特許発明Aについて通常実施権の許諾を得たい旨の申入れを受けた場合、X社は、Z社に対して特許発明Aについて通常実施権を許諾することができるから、本肢は適切でない。

⑤ 適切でない。特許権の移転は、原則として、登録しなければ、その効力を生じない(特許法98条1項1号)。したがって、X社が、新製品開発のために有益と思われる特許権をY社から譲り受けた場合、特許登録原簿への登録が特許権の譲受けの効力発生要件であるため、X社は、特許登録原簿への登録がなければ、Y社から当該特許権を有効に取得することができないから、本肢は適切でない。

特許法

第 15 問

難易度 ★★☆

　電子機器の製造業者であるX社は、従来品よりも小型軽量で長寿命の新型バッテリーを開発し、これに関する発明甲について特許権の設定登録を受けた。X社は、新型バッテリーの増産のため、電気部品の製造業者であるY社に、新型バッテリーの製造を委託することを検討している。この場合に関する次のア〜オの記述のうち、その内容が適切なものの組み合わせを①〜⑤の中から1つだけ選びなさい。（第46回第9問9-3）

ア．発明甲は、X社の従業者Aが職務発明として発明し、X社の勤務規則の定めにより、X社が当該発明についての特許権をAから承継したものであった。この場合、特許法上、Aには、X社から相当の利益を受ける権利が認められる。

イ．X社は、Y社に対し、特許発明甲について通常実施権を許諾するに際し、「特許発明甲についての特許権の存続期間が終了した後も、Y社が特許発明甲を実施するにあたっては、X社の許諾を得、かつ、X社に実施料を支払う」ことを通常実施権許諾契約締結の条件とした。この場合において、X社が当該条件を付してY社との間で特許発明甲について通常実施権許諾契約を締結する行為は、独占禁止法に違反しない。

ウ．X社がY社に対し、特許発明甲について専用実施権を設定する場合、特許法上、専用実施権の設定が効力を生じるためには、X社とY社との間で実施の範囲等を定める専用実施権設定契約を締結すれば足り、特許庁への設定登録等を経る必要はない。

エ．X社がY社に対し、特許発明甲について専用実施権を設定した場合、特許法上、設定行為で定めた範囲内において、Y社が特許発明甲を実施する権利を専有し、X社は、同一の範囲について、Y社以外の者に実施権を設定することはできなくなるが、自ら特許発明甲を実施することはできる。

オ．電気部品の製造業者であるZ社は、その従業者Bが就業時間中に行った発明乙を承継して、特許権の設定登録を受けずに実施し、バッテリーを製造している。発明乙は、発明甲と同様の発明であり、また、Z社およびBは発明甲の内容を知らず、発明甲についてX社が特許出願をする前に、Z社は、バッテリーを製造していた。この場合において、特許法上、Z社に先使用権が認められるときは、Z社は、発明甲について特許権の設定登録がなされた後も、発明乙を実施してバッテリーを製造することができる。

① アウ　　② アオ　　③ イウ　　④ イエ　　⑤ エオ

第 15 問 解答　②

解説

ア．適切である。 従業者等は、契約、勤務規則その他の定めにより職務発明について使用者等に特許を受ける権利を取得させ、使用者等に特許権を承継させ、若しくは使用者等のため専用実施権を設定したとき、又は契約、勤務規則その他の定めにより職務発明について使用者等のため所定の範囲において専用実施権が設定されたものとみなされたときは、相当の金銭その他の経済上の利益を受ける権利を有する（特許法35条4項）。したがって、発明甲が、X社の従業者Aが職務発明として発明し、X社の勤務規則の定めにより、X社が当該発明についての特許権をAから承継したものであった場合、特許法上、Aには、X社から相当の利益を受ける権利が認められるから、本肢は適切である。

イ．適切でない。 相手方とその取引の相手方との取引その他相手方の事業活動を不当に拘束する条件をつけて、当該相手方と取引する行為であって、公正な競争を阻害するおそれがあるものを拘束条件付取引といって、不公正な取引方法に当たる（独占禁止法2条9項6号ニ、昭和57年6月18日公正取引委員会告示第15号）。公正取引委員会のガイドラインにおいて、特許権消滅後も実施料の支払義務を課すことは、技術の自由な利用を阻害するものであって、公正な競争を阻害する場合には、不公正な取引方法に当たることが指摘されている（「知的財産の利用に関する独占禁止法上の指針」参照）。したがって、X社が、Y社に対し、特許発明甲について通常実施権を許諾するに際し、「特許発明甲についての特許権の存続期間が終了した後も、Y社が特許発明甲を実施するに当たっては、X社の許諾を得、かつ、X社に実施料を支払う」ことを通常実施権許諾契約締結の条件とした場合において、X社が当該条件を付してY社との間で特許発明甲について通常実施権許諾契約を締結する行為は、独占禁止法に違反する可能性があるから、本肢は適切でない。

ウ．適切でない。 専用実施権の設定、移転（相続その他の一般承継によるものを除く。）、変更、消滅（混同又は特許権の消滅によるものを除く。）又は処分の制限は、登録しなければ、その効力を生じない（特許法98条1項2号）。したがって、X社がY社に対し、特許発明甲について専用実施権を設定する場合、特許法上、専用実施権の設定が効力を生じるためには、X社とY社との間で実施の範囲等を定める専用実施権設定契約を締結するだけでは足りず、特許庁への設定登録等を経る必要があるから、本肢は適切でない。

エ．適切でない。 特許権者は、その特許権について専用実施権を設定することができ、専用実施権者は、設定行為で定めた範囲内において、業としてその特許発明の実施をする権利を専有する（特許法77条1項、2項）。専用実施権が設定された場合、特許権者であっても、当該特許権を実施することができなくなる。したがって、X社がY社に対し、特許発明甲について専用実施権を設定した場合、特許法上、設定行為で定めた範囲内において、Y社が特許発明甲を実施する権利を専有し、X社は、同一の範囲について、Y社以外の者に実施権を設定することはできなくなるとともに、自ら特許発明甲を実施することもできないから、本肢は適切でない。

オ．適切である。 特許出願に係る発明の内容を知らないで自らその発明をし、又は特許出願に係る発明の内容を知らないでその発明をした者から知得して、特許出願の際現に日本国内においてその発明の実施である事業をしている者又はその事業の準備をしている者は、その実施又は準備をしている発明及び事業の目的の範囲内において、その特許出願に係る特許権について通常実施権を有する（特許法79条）。これを先使用権という。したがって、電気部品の製造業者であるZ社が、特許権の設定登録を受けずに発明乙を実施し、バッテリーを製造していたとき、発明乙が、発明甲と同様の発明であり、また、Z社及び乙を発明したBは発明甲の内容を知らず、発明甲についてX社が特許出願をする前に、Z社が、バッテリーを製造していた場合、特許法上、Z社に先使用権が認められるときは、Z社は、発明甲について特許権の設定登録がなされた後も、発明乙を実施してバッテリーを製造することができるから、本肢は適切である。

実用新案法・意匠法

第 16 問

　実用新案法および意匠法に関する次の①～⑤の記述のうち、その内容が最も<u>適切でないもの</u>を１つだけ選びなさい。（第39回第５問5-3）

① 　実用新案法上、考案とは、自然法則を利用した技術的思想の創作をいうが、そのうち実用新案登録を受けられるのは、産業上利用することができる考案であって物品の形状、構造または組み合わせにかかるものに限られる。

② 　実用新案登録出願がなされると、特許庁により、当該出願にかかる考案が、産業上利用可能性、新規性、進歩性の要件を充たしているか否かの審査がなされ、これらの要件を充たしていなかった場合には、実用新案権の設定の登録はなされない。

③ 　物品全体についての意匠だけでなく、その一部分のみの意匠についても、意匠登録の対象となる。

④ 　１つの物品についての意匠だけでなく、２以上の物品の組み合わせによる意匠についても、意匠登録の対象となる。

⑤ 　意匠権者には、意匠権を侵害した者に対する差止請求権、損害賠償請求権が認められている。

第 16 問　解答　　②

解説

① 適切である。実用新案登録を受けることができる考案は、産業上利用することができる考案であって物品の形状、構造又は組合せに係るもの（登録出願前に公然知られた考案、公然実施をされた考案、公衆に利用可能となった考案等を除く）である（実用新案法3条1項）。したがって、実用新案法上、考案とは、自然法則を利用した技術的思想の創作をいうが、そのうち実用新案登録を受けられるのは、産業上利用することができる考案であって物品の形状、構造又は組合せに係るものに限られるから、本肢は適切である。

② 最も適切でない。実用新案登録出願があったときは、その実用新案登録出願が放棄され、取り下げられ、又は却下された場合を除き、実用新案権の設定の登録をする（実用新案法14条2項）。すなわち、実用新案登録出願があった場合、物品の形状・構造又は組合せに係る考案であること、公序良俗に反しないこと等についての審査（これを「基礎的要件の審査」という。同法6条の2各号等参照）、及び法律で規定されている方式の適合性や登録料・手数料の納付の有無に関する審査（これを「方式審査」という。同法2条の2第4項各号等参照）のみを経て、実用新案権の設定登録が行われる。したがって、実用新案登録出願がなされた場合であっても、特許庁により、当該出願に係る考案が、産業上利用可能性、新規性、進歩性の要件を充たしているか否かの審査がなされるわけではないから、本肢は適切でない。

③ 適切である。意匠法で保護される「意匠」とは、物品（物品の部分を含む。）の形状、模様若しくは色彩又はこれらの結合、建築物（建築物の部分を含む。）の形状等又は画像であって、視覚を通じて美感を起こさせるものをいう（意匠法2条1項）。したがって、物品全体についての意匠だけでなく、その一部分のみの意匠についても、意匠登録の対象となるから、本肢は適切である。

④ 適切である。同時に使用される2以上の物品であって所定のもの（これを「組物」という。）を構成する物品に係る意匠は、組物全体として統一があるときは、1意匠として出願をし、意匠登録を受けることができる（意匠法8条）。したがって、1つの物品についての意匠だけでなく、2以上の物品の組合せによる意匠についても、意匠登録の対象となるから、本肢は適切である。

⑤ 適切である。意匠法上、差止請求権が認められており、意匠権者又は専用実施権者は、自己の意匠権又は専用実施権を侵害する者又は侵害するおそれがある者に対し、その侵害の停止又は予防を請求することができる（意匠法37条1項）。また、意匠権の侵害があった場合、民法上の不法行為の規定に基づく損害賠償請求が可能であり、意匠法上は、損害の額の推定等について規定されている（同法39条1項参照）。したがって、意匠権者には、意匠権を侵害した者に対する差止請求権、損害賠償請求権が認められているから、本肢は適切である。

実用新案法

第 **17** 問　　　　難易度 ★★☆

　発明家Aは、従来にない構造の玩具Xを開発し、Xについて実用新案登録の出願をした。この場合に関する次のア〜オの記述のうち、その内容が適切なものの組み合わせを①〜⑤の中から１つだけ選びなさい。（第43回第5問5-2）

ア．Aは、Xについて実用新案登録出願をした場合、Xの産業上利用可能性、進歩性および新規性について実体的登録要件の審査を受けることなく、方式審査および当該出願が物品の形状、構造、組合せにかかる考案であることなどの基礎的要件の審査を経て、実用新案登録を受けることができる。

イ．AがXについて実用新案登録を受けた後に、B社がAの実用新案権を侵害している場合、Aは、登録実用新案にかかる実用新案技術評価書を提示して警告をした後でなければ、B社に対して実用新案権を行使することができない。

ウ．Aは、Xについて実用新案登録を受けた後、Aの実用新案権を侵害しているB社に対して、実用新案法に基づき実用新案権を行使した。この場合において、当該実用新案登録を無効とする旨の審決が確定したときは、Aは、原則として、B社に対して、Aが実用新案権を行使したことによりB社に生じた損害を賠償する責任を負う。

エ．Aは、Xについて実用新案登録を受けた場合、当該実用新案登録に基づき特許出願をすることはできない。

オ．Aは、Xについて実用新案登録を受けた場合、実用新案権の存続期間が満了するまでにその更新の手続をすることによって、自己の実用新案権の存続期間を更新することができる。

①　アイウ　　②　アイエ　　③　アウオ　　④　イエオ　　⑤　ウエオ

解説

ア．適切である。実用新案登録出願があったときは、その実用新案登録出願が放棄され、取り下げられ、又は却下された場合を除き、実用新案権の設定の登録をする（実用新案法14条2項）。すなわち、実用新案登録出願があった場合、物品の形状・構造又は組合せに係る考案であること、公序良俗に反しないこと等についての審査（これを基礎的要件の審査という。同法6条の2各号等参照）、及び法律で規定されている方式の適合性や登録料・手数料の納付の有無に関する審査（これを方式審査という。同法2条の2第4項各号等参照）のみを経て、実用新案権の設定登録が行われる。したがって、Aが、Xについて実用新案登録出願をした場合、Xの産業上利用可能性、進歩性及び新規性について実体的登録要件の審査を受けることなく、方式審査及び当該出願が物品の形状、構造、組合せに係る考案であることなどの基礎的要件の審査を経て、実用新案登録を受けることができるから、本肢は適切である。

イ．適切である。実用新案権者又は専用実施権者は、その登録実用新案に係る実用新案技術評価書を提示して警告をした後でなければ、自己の実用新案権又は専用実施権の侵害者等に対し、その権利を行使することができない（実用新案法29条の2）。したがって、AがXについて実用新案登録を受けた後に、B社がAの実用新案権を侵害している場合、Aは、登録実用新案に係る実用新案技術評価書を提示して警告をした後でなければ、B社に対して実用新案権を行使することができないから、本肢は適切である。

ウ．適切である。実用新案権者又は専用実施権者が侵害者等に対しその権利を行使し、又はその警告をした場合において、実用新案登録を無効にすべき旨の審決が確定したときは、その者は、その権利の行使又はその警告により相手方に与えた損害を賠償する責任を負う（実用新案法29条の3第1項）。したがって、Aは、Xについて実用新案登録を受けた後、Aの実用新案権を侵害しているB社に対して、実用新案法に基づき実用新案権を行使した場合において、当該実用新案登録を無効とする旨の審決が確定したときは、Aは、原則として、B社に対して、Aが実用新案権を行使したことによりB社に生じた損害を賠償する責任を負うから、本肢は適切である。

エ．適切でない。実用新案権者は、その実用新案登録に係る実用新案登録出願の日から3年を経過したときその他一定の場合を除き、自己の実用新案登録に基づいて特許出願をすることができる。この場合においては、その実用新案権を放棄しなければならない（特許法46条の2第1項）。したがって、Aは、Xについて実用新案登録を受けた場合、原則として、所定の期間内であれば、当該実用新案登録に基づき特許出願をすることができるから、本肢は適切でない。

オ．適切でない。実用新案権の存続期間は、実用新案登録出願の日から10年をもって終了する（実用新案法15条）。実用新案登録の更新の制度はない。したがって、Aが、Xについて実用新案登録を受けた場合、実用新案権の存続期間は、期間が満了することにより終了し、実用新案登録に更新の制度はなく、実用新案権の存続期間を更新することはできないから、本肢は適切でない。

第 3 章

3

企業間取引に
かかわる法規制

学習のポイント

ここでは、企業活動に関する法規制として、経済法の基本法ともいえる独占禁止法やその他の経済規制などを学びます。

特に、独占禁止法は、現代の自由主義経済を支えている基本法として重要ですし、試験においても頻出が予想されますので、よく理解してください。そのほか、下請法、不正競争防止法など、頻出問題を確実に得点できるようにしてください。

本章のキーワード

- ●独占禁止法
- ●不当な取引制限
- ●不公正な取引方法
- ●排除措置命令
- ●課徴金納付命令
- ●下請代金支払遅延等防止法
- ●不正競争防止法

独占禁止法

　独占禁止法の運用に関する次の①〜⑤の記述のうち、その内容が最も適切なものを１つだけ選びなさい。（第46回第6問6-3）

① 　公正取引委員会は、独占禁止法の規定に違反する行為があるときは、当該行為をした者に対して、意見聴取をすることなく排除措置命令を発令することができる。
② 　公正取引委員会は、独占禁止法の規定に違反する事実があると思料する場合であっても、相手方の任意の協力を前提に行う任意調査しかできず、強制調査を行うことはできない。
③ 　独占禁止法の規定に違反する行為は、すべてが行政上の措置としての課徴金の対象となる。
④ 　何人も、独占禁止法の規定に違反する事実があると思料するときは、公正取引委員会に対し、その事実を報告することができ、当該報告があったときは、公正取引委員会は、事件について必要な調査をしなければならない。
⑤ 　公正取引委員会が下した行政上の処分に対して不服がある場合は、公正取引委員会の審判官に命令の取消しを請求することができる。

解説

① 適切でない。独占禁止法上の一定の規定に違反する行為があるときは、公正取引委員会は、事業者に対し、当該行為の差止め、事業の一部の譲渡その他これらの規定に違反する行為を排除するために必要な措置を命ずることができる（独占禁止法7条1項）。これを排除措置命令という。公正取引委員会は、排除措置命令をしようとするときは、当該排除措置命令の名宛人となるべき者について、意見聴取を行わなければならない（同法49条）。したがって、公正取引委員会は、排除措置命令を発令するに当たり、独占禁止法の規定に違反する行為をした者に対して、意見聴取をする必要があるから、本肢は適切でない。

② 適切でない。委員会職員は、犯則事件を調査するため必要があるときは、公正取引委員会の所在地を管轄する地方裁判所又は簡易裁判所の裁判官があらかじめ発する許可状により、臨検、捜索、差押え又は記録命令付差押えをすることができる（独占禁止法102条1項）。したがって、公正取引委員会は、犯則事件調査に当たっては、強制調査を行うことができるから、本肢は適切でない。

③ 適切でない。課徴金の対象となるのは、不当な取引制限、支配型私的独占、排除型私的独占、不公正な取引方法のうち、所定の要件を充足する共同の取引拒絶、差別対価、不当廉売、再販売価格の拘束、優越的地位の濫用であり、独占禁止法の規定に違反する全ての行為が対象となるものではない。例えば不公正な取引方法であっても、抱き合わせ販売などは、課徴金の対象とならない。したがって、独占禁止法の規定に違反する行為であっても、全てが行政上の措置としての課徴金の対象となるわけではないから、本肢は適切でない。

④ 最も適切である。何人も、独占禁止法の規定に違反する事実があると思料するときは、公正取引委員会に対し、その事実を報告し、適当な措置をとるべきことを求めることができる（独占禁止法45条1項）。この報告があったときは、公正取引委員会は、事件について必要な調査をしなければならない（同条2項）。したがって、何人も、独占禁止法の規定に違反する事実があると思料するときは、公正取引委員会に対し、その事実を報告することができ、当該報告があったときは、公正取引委員会は、事件について必要な調査をしなければならないから、本肢は適切である。

⑤ 適切でない。排除措置命令等について不服を申し立てる場合、東京地方裁判所に行政訴訟を提起することになる（独占禁止法85条1号）。従前は、裁判所での審理の前に、公正取引委員会における審判手続があったが、平成25年改正により、平成27年4月より廃止された。したがって、公正取引委員会が下した行政上の処分に対して不服がある場合は、公正取引委員会の審判官ではなく、裁判所に命令の取消しを求めて訴訟提起することになるから、本肢は適切でない。

独占禁止法

第 2 問

難易度 ★★☆

独占禁止法に関する次の①～⑤の記述のうち、その内容が最も適切なものを1つだけ選びなさい。（第48回第2問2-2）

① 乳製品の製造会社A社は、自社の乳製品甲について、小売業者B社に対し、正当な理由がないのに、希望小売価格を維持させる条件をつけて供給している。この場合におけるA社の行為は、不公正な取引方法に該当し独占禁止法に違反する。

② 家電メーカーC社は、家電量販店D社に対し、一定の期間における自社の家電製品甲の販売数が一定以上となった場合に、D社に対する家電製品甲の卸売り価格についてC社の採算の範囲内で値引きを行った。この場合におけるC社の行為は、不公正な取引方法に該当し独占禁止法に違反する。

③ 寝具メーカーE社は、一定額以上の取引をしている取引先に対し、不当に、競合会社である寝具メーカーF社が販売している商品の取扱いを禁止する条項を含んだ協定を締結させ、F社の取引の機会を減少させるおそれを生じさせた。この場合におけるE社の行為は、不公正な取引方法に該当せず独占禁止法に違反しない。

④ ディスカウントストアチェーンを運営するG社およびH社は、正当な理由がないのに、仕入れ価格を著しく下回る価格で文房具を販売し、これにより文房具を主体に販売する文房具店等を競争上不利な状況に置き、その事業活動を困難にするおそれを生じさせた。この場合におけるG社およびH社の行為は、不公正な取引方法に該当せず独占禁止法に違反しない。

⑤ コンピューターソフトウェア開発会社I社は、取引先であるコンピューター製造会社に対し、ソフトウェア甲をコンピューターに搭載することを承諾する際に、不当に、他のソフトウェア乙も同時に搭載することを条件としていた。この場合におけるI社の行為は、不公正な取引方法に該当せず独占禁止法に違反しない。

第 **2** 問　**解答** ▷ ①

解説

① 最も適切である。自己の供給する商品を購入する相手方に、正当な理由がないのに、相手方に対しその販売する当該商品の販売価格を定めてこれを維持させることその他相手方の当該商品の販売価格の自由な決定を拘束する条件を付けて、当該商品を供給することは、独占禁止法上の不公正な取引方法に該当する（独占禁止法2条9項4号イ）。したがって、乳製品の製造会社A社が、自社の乳製品甲について、小売業者B社に対し、正当な理由がないのに、希望小売価格を維持させる条件をつけて供給している場合、A社の行為は、不公正な取引方法に該当し独占禁止法に違反するから、本肢は適切である。

② 適切でない。正当な理由がないのに、商品又は役務をその供給に要する費用を著しく下回る対価で継続して供給することであって、他の事業者の事業活動を困難にさせるおそれがあるものを不当廉売といい、独占禁止法上の不公正な取引方法に当たる（独占禁止法2条9項3号）。事業者は、不公正な取引方法を用いてはならない（同法19条）。商品又は役務をその供給に要する費用を著しく下回る対価で継続して供給することが問題であって、採算の範囲内でされる値引きは、不当廉売には当たらない。したがって、家電メーカーC社が、家電量販店D社に対し、一定の期間における自社の家電製品甲の販売数が一定以上となった場合に、D社に対する家電製品甲の卸売り価格についてC社の採算の範囲内で値引きを行った場合におけるC社の行為は、不公正な取引方法に該当しないから、本肢は適切でない。

③ 適切でない。不当に、相手方が競争者と取引しないことを条件として当該相手方と取引し、競争者の取引の機会を減少させるおそれがある行為であって、公正な競争を阻害するおそれがあるものを排他条件付取引といって、不公正な取引方法に当たる（独占禁止法2条9項6号、昭和57年6月18日公正取引委員会告示第15号）。したがって、寝具メーカーE社が、一定額以上の取引をしている取引先に対し、不当に、競合会社である寝具メーカーF社が販売している商品の取扱いを禁止する条項を含んだ協定を締結させ、F社の取引の機会を減少させるおそれを生じさせた場合におけるE社の行為は、不公正な取引方法に該当し独占禁止法に違反するから、本肢は適切でない。

④ 適切でない。正当な理由がないのに、商品又は役務をその供給に要する費用を著しく下回る対価で継続して供給することであって、他の事業者の事業活動を困難にさせるおそれがあるものを不当廉売といい、独占禁止法上の不公正な取引方法に当たる（独占禁止法2条9項3号）。したがって、ディスカウントストアチェーンを運営するG社及びH社が、正当な理由がないのに、仕入れ価格を著しく下回る価格で文房具を販売し、これにより文房具を主体に販売する文房具店等を競争上不利な状況に置き、その事業活動を困難にするおそれを生じさせた場合におけるG社及びH社の行為は、不公正な取引方法に該当し独占禁止法に違反するから、本肢は適切でない。

⑤　適切でない。相手方に対し、不当に、商品又は役務の供給に併せて他の商品又は役務を自己又は自己の指定する事業者から購入させ、その他自己又は自己の指定する事業者と取引するように強制する行為であって、公正な競争を阻害するおそれがあるものは、抱き合わせ販売といい、不公正な取引方法に当たる（独占禁止法2条9項6号ハ、昭和57年6月18日公正取引委員会告示第15号）。したがって、コンピューターソフトウェア開発会社I社が、取引先であるコンピューター製造会社に対し、ソフトウェア甲をコンピューターに搭載することを承諾する際に、不当に、他のソフトウェア乙も同時に搭載することを条件としていた場合におけるI社の行為は、不公正な取引方法に該当し独占禁止法に違反するから、本肢は適切でない。

オフィス家具メーカーであるA社は、X市の発注するオフィス家具の指名競争入札において、X市の担当職員であるYの意向を受け、他のオフィス家具メーカーであるB社らと共同して、落札者をA社らの間であらかじめ決定していた（以下、「本件行為」という）。次のア～オの記述は、A社内において、本件行為について話している甲と乙との会話の一部である。この会話における乙の発言のうち、その内容が適切なものの組み合わせを①～⑤の中から1つだけ選びなさい。（第45回第5問5-2）

ア．甲「当社が、B社らとの間で、本件行為に基づく落札者の決定に関する取決めに違反したメーカーに対して罰則等の不利益処分を課す旨の定めを設けていない場合でも、本件行為は独占禁止法に違反しますか。」

　　乙「独占禁止法上、事業者が、他の事業者との取決めに基づき、共同して対価を決定する等相互にその事業活動を拘束し、または遂行することにより、公共の利益に反して、一定の取引分野における競争を実質的に制限した場合には、当該取決めに違反した者に対し不利益処分を課す旨の定めがなくても、不当な取引制限として独占禁止法に違反する可能性があります。」

イ．甲「本件行為は、X市の担当職員Yの意向を受けて行われました。公正取引委員会の調査の結果、本件行為が入札談合に該当すると認められた場合、X市に対して何らかの措置が講じられるのでしょうか。」

　　乙「公正取引委員会の調査の結果、本件行為が入札談合に該当し、Yに入札談合等関与行為があると認められるときは、公正取引委員会は、X市の市長に対して、改善措置を講ずべきことを求めることができます。」

ウ．甲「公正取引委員会の調査の結果、本件行為が不当な取引制限に該当すると認められた場合、当社に対し、公正取引委員会によってどのような手続がとられますか。」

　　乙「公正取引委員会の調査の結果、本件行為が不当な取引制限に該当すると認められた場合、公正取引委員会は、本件行為について、直ちに排除措置を命じることができ、それに先立って、当社から意見を聴取する等の手続はありません。」

エ．甲「公正取引委員会が、本件行為を不当な取引制限に該当すると認め、当

社に対し課徴金の納付を命じた場合に、当社が納付すべき課徴金の額について、減額または免除を受けることはできませんか。」

　乙「当社が、他のメーカーに先立って、公正取引委員会に対し本件行為に関する情報の提供等をしたとしても、公正取引委員会が本件行為を不当な取引制限に該当すると認めたときは、当社も他社と同率を乗じて計算された課徴金の納付を命じられ、納付すべき課徴金を減額または免除されることはありません。」

オ．甲「公正取引委員会による課徴金納付命令に不服がある場合、当社は、どのような手段で不服を申し立てることができますか。」

　乙「当社は、公正取引委員会による課徴金納付命令に不服があるときは、東京地方裁判所に命令取消しの訴えを提起することができます。」

① アイエ　　② アイオ　　③ アウエ　　④ イウオ　　⑤ ウエオ

解説

ア．**適切である。** 事業者が、契約、協定その他何らの名義をもってするかを問わず、他の事業者と共同して対価を決定し、維持し、若しくは引き上げ、又は数量、技術、製品、設備若しくは取引の相手方を制限する等相互にその事業活動を拘束し、又は遂行することにより、公共の利益に反して、一定の取引分野における競争を実質的に制限することを不当な取引制限というが（独占禁止法2条6項）、事業者間の取決めに違反した際の罰則等を定めていない、いわゆる紳士協定の場合であっても、相互拘束に当たる。したがって、独占禁止法上、事業者が、他の事業者との取決めに基づき、共同して対価を決定する等相互にその事業活動を拘束し、又は遂行することにより、公共の利益に反して、一定の取引分野における競争を実質的に制限した場合には、当該取決めに違反した者に対し不利益処分を課す旨の定めがなくても、不当な取引制限として独占禁止法に違反する可能性があるから、本発言は適切である。

イ．**適切である。** 公正取引委員会は、入札談合等の事件についての調査の結果、当該入札談合等につき入札談合等関与行為があると認めるときは、各省各庁の長等に対し、当該入札談合等関与行為を排除するために必要な入札及び契約に関する事務に係る改善措置を講ずべきことを求めることができる（入札談合等関与行為防止法3条1項）。入札談合等関与行為とは、行政機関の職員等が入札談合等に関与する一定の行為をいう（同法2条5項）。したがって、公正取引委員会の調査の結果、本件行為が入札談合に該当し、Yに入札談合等関与行為があると認められるときは、公正取引委員会は、X市の市長に対して、改善措置を講ずべきことを求めることができるから、本発言は適切である。

ウ．**適切でない。** 独占禁止法上の一定の規定に違反する行為があるときは、公正取引委員会は、事業者に対し、当該行為の差止め、事業の一部の譲渡その他これらの規定に違反する行為を排除するために必要な措置を命ずることができる（独占禁止法7条1項）。これを排除措置命令という。公正取引委員会は、排除措置命令をしようとするときは、当該排除措置命令の名宛人となるべき者について、意見聴取を行わなければならない（同法49条）。したがって、公正取引委員会の調査の結果、本件行為が不当な取引制限に該当すると認められた場合、公正取引委員会は、本件行為について、直ちに排除措置を命じることができ、それに先立って、当社（当該排除措置命令の名宛人となるべき者）から意見を聴取する等の手続が予定されているから、本発言は適切でない。

エ．**適切でない。** 独占禁止法は、一定の独占禁止法に違反する事実を通報することにインセンティブを認め、一定の要件を満たす態様で公正取引委員会に当該違反行為に係る事実の報告及び資料の提出を行った者に対し、情報提供の順番に応じて、課徴金の免除又は減額を認めている（独占禁止法7条の4参照）。したがって、A社が、他のメーカーに先立って、公正取引委員会に対し本件行為に関する情報の提供等をしたとき

は、情報提供の順番に応じて、A社は、納付すべき課徴金を減額又は免除されること
があるから、本発言は適切でない。

オ．適切である。排除措置命令等は、公正取引委員会による行政処分に当たるため、こ
れを裁判所で争う場合、処分の取消しの訴え等の行政訴訟を提起することになる。独
占禁止法は、訴訟に関する事項の一部についても規定しており、排除措置命令、納付
命令等に係る行政事件訴訟法に規定する抗告訴訟については、公正取引委員会を被告
とする(独占禁止法77条)。したがってA社は、公正取引委員会による課徴金納付命
令に不服があるときは、東京地方裁判所に命令取消しの訴えを提起することができる
から、本発言は適切である。

独占禁止法

第 4 問

難易度 ★★☆

　独占禁止法に関する次のア〜オの記述のうち、その内容が適切なものの組み合わせを①〜⑤の中から１つだけ選びなさい。（第44回第２問2-2）

ア．X社は、ゲームソフト甲を製造し、小売店に卸売販売をしている。X社は、A市の小売店であるY社の要請により、A市において甲を販売する小売店に対し、「甲をX社の指定した小売価格以上の価格で販売しない場合、甲の供給を停止する」旨を通知し、当該通知に従って小売店に甲を販売させた。この場合、X社が小売店の要請に応じて行った当該通知および当該通知に従って小売店に甲を販売させた行為は、原則として、独占禁止法上の不公正な取引方法に該当する。

イ．X社は、発明甲について特許権を有しており、Y社に対し、特許発明甲について通常実施権を許諾することとした。当該許諾に際し、X社は、「特許発明甲についての特許権の存続期間が終了した後も、Y社が特許発明甲を実施するにあたっては、X社の許諾を得、かつ、X社に実施料を支払う」ことを通常実施権許諾契約締結の条件として、Y社との間で当該通常実施権許諾契約を締結した。この場合、X社が当該条件を付してY社との間で当該契約を締結した行為は、公正な競争を阻害するおそれがあるときは、独占禁止法上の不公正な取引方法に該当する可能性がある。

ウ．A市において電子部品の製造販売業を営むX社およびY社は、電子部品に使用する原材料の価格が高騰したため、それぞれ意思を連絡することなく、両社の独自の判断で、ほぼ同時期に電子部品の販売価格の値上げを行った。その結果、X社およびY社の同種の電子部品の販売価格は同一となった。この場合、X社およびY社による当該電子部品の値上げ行為は、原則として、独占禁止法上の不当な取引制限に該当する。

エ．A市における公共工事の入札において、建設業者X社、Y社およびZ社が、当該入札についてあらかじめ協議を行い、当該入札における入札価格を取り決め、公共の利益に反して、当該入札における競争を実質的に制限した。この場合において、X社、Y社およびZ社のいずれも取り決めた入札価格で落札することができなかったときは、X社らが入札価格を取り決めた行為は、独占禁止法上の不当な取引制限には該当しない。

オ．A市において旅行業を営むX社およびY社は、A市内の公立小学校から受託する修学旅行手配の料金について最低価格を定め、当該最低価格を下回る料

金とはしない旨を取り決めたが、X社およびY社が取り決めた内容に違反した際の罰則が定められていなかった。この場合、X社およびY社が当該最低価格を定めた行為は、公共の利益に反して、一定の取引分野における競争を実質的に制限するときは、原則として、独占禁止法上の不当な取引制限に該当する。

① アイオ　　② アウエ　　③ アウオ　　④ イウエ　　⑤ イエオ

解説

ア．適切である。自己の供給する商品を購入する相手方に、正当な理由がないのに、相手方に対しその販売する当該商品の販売価格を定めてこれを維持させることその他相手方の当該商品の販売価格の自由な決定を拘束する条件を付けて、当該商品を供給することは、独占禁止法上の不公正な取引方法に該当する（独占禁止法2条9項4号イ）。したがって、X社が、A市において甲を販売する小売店に対し、「甲をX社の指定した小売価格以上の価格で販売しない場合、甲の供給を停止する」旨を通知し、当該通知に従って小売店に甲を販売させた場合、それが、小売店であるY社の要請に応じて行った行為であっても、当該通知及び当該通知に従って小売店に甲を販売させた行為は、原則として、独占禁止法上の不公正な取引方法に該当するから、本肢は適切である。

イ．適切である。相手方とその取引の相手方との取引その他相手方の事業活動を不当に拘束する条件をつけて、当該相手方と取引する行為であって、公正な競争を阻害するおそれがあるものを拘束条件付取引といって、不公正な取引方法に当たる（独占禁止法2条9項6号、昭和57年公正取引委員会告示第15号：平成21年10月28日最終改正）。公正取引委員会のガイドラインにおいて、特許権消滅後も実施料の支払義務を課すことは、技術の自由な利用を阻害するものであって、公正な競争を阻害する場合には、不公正な取引方法に当たることが指摘されている（「知的財産の利用に関する独占禁止法上の指針」参照）。したがって、X社が、発明甲について特許権を有しており、Y社に対し、特許発明甲について通常実施権を許諾するに際し、「特許発明甲についての特許権の存続期間が終了した後も、Y社が特許発明甲を実施するに当たっては、X社の許諾を得、かつ、X社に実施料を支払う」ことを通常実施権許諾契約締結の条件として、Y社との間で当該通常実施権許諾契約を締結した場合、X社が当該条件を付してY社との間で当該契約を締結した行為は、公正な競争を阻害するおそれがあるときは、独占禁止法上の不公正な取引方法に該当する可能性があるから、本肢は適切である。

ウ．適切でない。不当な取引制限とは、事業者が、契約、協定その他何らの名義をもってするかを問わず、他の事業者と共同して対価を決定し、維持し、若しくは引き上げ、又は数量、技術、製品、設備若しくは取引の相手方を制限する等相互にその事業活動を拘束し、又は遂行することにより、公共の利益に反して、一定の取引分野における競争を実質的に制限することをいう（独占禁止法2条6項）。「他の事業者と共同して」といえるためには、事業者間に何らかの意思の連絡が必要であると解されている。したがって、X社及びY社が、それぞれ意思を連絡することなく、両社の独自の判断で、ほぼ同時期に電子部品の販売価格の値上げを行った結果、X社及びY社の同種の電子部品の販売価格が同一となった場合、「他の事業者と共同して」とはいえず、X社及びY社による当該電子部品の値上げ行為は、原則として、独占禁止法上の不当

な取引制限に該当しないから、本肢は適切でない。

エ．適切でない。公共工事の競争入札において、事前に協議して入札価格を取り決めることを入札談合といい、不当な取引制限の典型的な行為である。事前に協議をして、入札価格を取り決めること自体が、不当な取引制限に当たり、取り決めた入札価格で落札することまでは、要件とされていない。したがって、A市における公共工事の入札において、建設業者X社、Y社及びZ社が、当該入札についてあらかじめ協議を行い、当該入札における入札価格を取り決め、公共の利益に反して、当該入札における競争を実質的に制限した場合、X社、Y社及びZ社のいずれも取り決めた入札価格で落札することができなかったとしても、X社らが入札価格を取り決めた行為は、独占禁止法上の不当な取引制限に該当するから、本肢は適切でない。

オ．適切である。不当な取引制限とは、事業者が、契約、協定その他何らの名義をもってするかを問わず、他の事業者と共同して対価を決定し、維持し、若しくは引き上げ、又は数量、技術、製品、設備若しくは取引の相手方を制限する等相互にその事業活動を拘束し、又は遂行することにより、公共の利益に反して、一定の取引分野における競争を実質的に制限することをいう（独占禁止法2条6項）。事業者間の取り決めに違反した際の罰則等を定めていないいわゆる紳士協定の場合であっても、相互拘束に当たる。したがって、X社及びY社が、A市内の公立小学校から受託する修学旅行手配の料金について最低価格を定め、当該最低価格を下回る料金とはしない旨を取り決めたが、X社及びY社が取り決めた内容に違反した際の罰則が定められていなかった場合、X社及びY社が当該最低価格を定めた行為が、公共の利益に反して、一定の取引分野における競争を実質的に制限するときは、原則として、独占禁止法上の不当な取引制限に該当するから、本肢は適切である。

　下請代金支払遅延等防止法（下請法）に関する次の①〜⑤の記述のうち、その内容が最も**適切でない**ものを1つだけ選びなさい。なお、本問における親事業者および下請事業者は、それぞれ下請法上の「親事業者」および「下請事業者」をいうものとする。（第48回第8問8-2）

① 事業者が業として行う販売の目的物である物品の製造を他の事業者に委託した場合において、委託者である事業者および受託者である事業者がいずれも法人であり、かつ、当該受託者の資本金の額が当該委託者の資本金の額よりも小さいときであっても、当該受託者が下請事業者に該当しないことがある。

② 親事業者は、下請事業者に対し製造委託をした場合は、下請事業者の給付、給付の受領、下請代金の支払いその他の事項について記載または記録した書類または電磁的記録を所定の方法により作成し、一定の期間保存しなければならない。

③ 親事業者は、下請事業者に対し製造委託をした場合は、原則として、直ちに、下請事業者の給付の内容、下請代金の額、支払期日および支払方法等の所定の事項を下請事業者に通知しなければならないが、当該通知は口頭で行えば足り、書面による必要はない。

④ 親事業者は、下請事業者に対し製造委託をした場合において、下請事業者の給付の内容の改善を図るため必要があるときは、下請事業者に自己の指定する物を購入させたとしても、下請法に違反しない。

⑤ 親事業者が下請事業者に対し製造委託をした場合において、親事業者は、下請代金の支払期日に下請代金を支払わなかったときは、下請事業者に対し、下請事業者の給付を受領した日から起算して60日を経過した日から支払いをする日までの期間について、その日数に応じ、未払金額に所定の率を乗じて得た金額を遅延利息として支払わなければならない。

（解答はP122にあります）

下請代金支払遅延等防止法

第 **6** 問

難易度 ★★☆

　自動車メーカーであるX社は、その製造販売する乗用車に用いる部品の製造を電子部品メーカーであるY社に委託しようとしている。この場合に関する次のア〜オの記述のうち、その内容が適切なものの組み合わせを①〜⑤の中から1つだけ選びなさい。なお、X社は下請代金支払遅延等防止法（下請法）上の親事業者に該当し、Y社は下請法上の下請事業者に該当するものとする。（第46回第5問5-4）

ア．X社は、Y社に部品の製造業務を委託する場合、下請代金の支払期日を、X社がY社から部品を受領した日からできる限り短い期間内において定めなければならないが、下請法上、具体的な日数の制限は定められていない。

イ．X社は、Y社に部品の製造業務を委託した場合、下請法上、Y社に対し、直ちに、Y社が納品すべき成果物の内容、代金の額、支払期日および支払方法等を記載した書面を交付しなければならないが、この書面の交付に代えて、Y社の承諾を得て、電子メール等の情報通信技術を利用する一定の方法により、この書面に記載すべき事項を提供することができる。

ウ．X社は、Y社に部品の製造業務を委託し、約定の期日にY社から部品の納品を受けた。この場合、下請法上、X社は、X社の事業遂行上必要があるときは、Y社の責めに帰すべき理由の有無を問わず、Y社に対し、仕様の変更を指示するとともに、変更した仕様に従った部品の製造のやり直しをY社の費用負担によってさせることができる。

エ．X社は、Y社に部品の製造業務を委託し、約定の期日にY社から部品の納品を受けたが、納品時の検査において、部品にY社の過失による不具合を発見した。この場合において、X社が、Y社に当該部品を引き取らせる行為は、下請法に違反する。

オ．X社は、Y社に部品の製造業務を委託した際に、下請法に違反して、同種の部品の製造業務に対し通常支払われる対価に比べて、著しく低い代金の額を定めた。そこで、Y社は、公正取引委員会に対しこの事実を通報した。この場合において、Y社が公正取引委員会に通報したことを理由として、X社がY社との取引を停止する行為は、下請法に違反する。

① アイ　　② アウ　　③ イオ　　④ ウエ　　⑤ エオ

（解答はP124にあります）

第 5 問 解答 ③

解説

① 適切である。下請代金支払遅延等防止法（下請法）は、親事業者と下請事業者との間の取引を規制対象としているが、親事業者と下請事業者は、下請取引の内容、その主体が法人か個人か、資本金の多寡等による基準によって定義されている。例えば、事業者が業として行う販売の目的物たる物品の製造を他の事業者に委託する場合、資本金の額又は出資の総額が1000万円を超え3億円以下の法人たる事業者であって、個人又は資本金の額若しくは出資の総額が1000万円以下の法人たる事業者に対し製造委託等をするものが親事業者となり、個人又は資本金の額若しくは出資の総額が1000万円以下の法人たる事業者であって親事業者から製造委託等を受けるものが下請事業者となる（下請法2条7項2号、同条8項2号）。したがって、事業者が業として行う販売の目的物である物品の製造を他の事業者に委託した場合において、委託者である事業者及び受託者である事業者がいずれも法人であり、かつ、当該受託者の資本金の額が当該委託者の資本金の額よりも小さいときであっても、当該受託者が下請事業者に該当しないことがあるから、本肢は適切である。

② 適切である。親事業者は、下請事業者に対し製造委託等をした場合は、公正取引委員会規則で定めるところにより、下請事業者の給付、給付の受領、下請代金の支払その他の事項について記載し又は記録した書類又は電磁的記録を作成し、これを保存しなければならない（下請法5条）。したがって、親事業者は、下請事業者に対し製造委託をした場合は、下請事業者の給付、給付の受領、下請代金の支払その他の事項について記載又は記録した書類又は電磁的記録を所定の方法により作成し、一定の期間保存しなければならないから、本肢は適切である。

③ 最も適切でない。親事業者は、下請事業者に対し製造委託等をした場合は、直ちに、下請事業者の給付の内容、下請代金の額、支払期日及び支払方法その他の事項を記載した所定の書面を下請事業者に交付しなければならない（下請法3条1項）。したがって、親事業者は、下請事業者に対し製造委託をした場合は、原則として、直ちに、下請事業者の給付の内容、下請代金の額、支払期日及び支払方法等の所定の事項を下請事業者に書面を交付する方法により通知しなければならないから、本肢は適切でない。

④ 適切である。親事業者の遵守事項として、親事業者が下請事業者に対し製造委託等をした場合、原則として、自己の指定する物を強制して購入させ、又は役務を強制して利用させてはならない。もっとも、下請事業者の給付の内容を均質にし又はその改善を図るため必要がある場合その他正当な理由がある場合はこの限りではない（下請法4条1項6号）。したがって、親事業者は、下請事業者に対し製造委託をした場合において、下請事業者の給付の内容の改善を図るため必要があるときは、下請事業者に自己の指定する物を購入させたとしても、下請法に違反しないから、本肢は適切である。

⑤　適切である。下請代金の支払期日は、親事業者が下請事業者の給付の内容について検査をするかどうかを問わず、親事業者が下請事業者の給付を受領した日から起算して、60日の期間内において、かつ、できる限り短い期間内において、定められなければならない（下請法2条の2第1項）。親事業者は、下請代金の支払期日までに下請代金を支払わなかったときは、下請事業者に対し、下請事業者の給付を受領した日から起算して60日を経過した日から支払をする日までの期間について、その日数に応じ、当該未払金額に所定の率を乗じて得た金額を遅延利息として支払わなければならない（同法4条の2）。したがって、親事業者が下請事業者に対し製造委託をした場合において、親事業者は、下請代金の支払期日に下請代金を支払わなかったときは、下請事業者に対し、下請事業者の給付を受領した日から起算して60日を経過した日から支払をする日までの期間について、その日数に応じ、未払金額に所定の率を乗じて得た金額を遅延利息として支払わなければならないから、本肢は適切である。

解説

ア．適切でない。下請代金の支払期日は、親事業者が下請事業者の給付の内容について検査をするかどうかを問わず、親事業者が下請事業者の給付を受領した日（役務提供委託の場合は、下請事業者がその委託を受けた役務の提供をした日）から起算して、60日の期間内において、かつ、できる限り短い期間内において、定められなければならない（下請法2条の2第1項）。したがって、X社が、Y社に部品の製造業務を委託する場合、下請代金の支払期日を、X社がY社から部品を受領した日からできる限り短い期間内において定めなければならず、下請法上、60日という具体的な日数の制限が定められているから、本肢は適切でない。

イ．適切である。親事業者は、下請事業者に対し製造委託等をした場合は、原則として、直ちに、所定の下請事業者の給付の内容、下請代金の額、支払期日及び支払方法その他の事項を記載した書面を下請事業者に交付しなければならない（下請法3条1項）。もっとも、当該下請事業者の承諾がある場合には、親事業者は、書面の交付に代えて、電子メール等の方法により書面に記載すべき事項を提供することができる（同条2項）。したがって、X社が、Y社に部品の製造業務を委託した場合、下請法上、Y社に対し、直ちに、Y社が納品すべき成果物の内容、代金の額、支払期日及び支払方法等を記載した書面を交付しなければならないが、この書面の交付に代えて、Y社の承諾を得て、電子メール等の情報通信技術を利用する一定の方法により、この書面に記載すべき事項を提供することができるから、本肢は適切である。

ウ．適切でない。親事業者は、下請事業者に対し製造委託等をした場合は、下請事業者の責めに帰すべき理由がないのに、下請事業者の給付の内容を変更させ、又は下請事業者の給付を受領した後に（役務提供委託の場合は、下請事業者がその委託を受けた役務の提供をした後に）給付をやり直させることにより、下請事業者の利益を不当に害してはならない（下請法4条2項4号）。したがって、X社が、Y社に部品の製造業務を委託し、約定の期日にY社から部品の納品を受けた場合、下請法上、X社は、X社の事業遂行上必要があるときであっても、Y社の責めに帰すべき理由がない限り、Y社に対し、仕様の変更を指示し、変更した仕様に従った部品の製造のやり直しをY社の費用負担によってさせることはできないから、本肢は適切でない。

エ．適切でない。親事業者の禁止事項として規定されているのは、下請事業者の責に帰すべき理由がないにもかかわらず、親事業者が、下請事業者の給付を受領した後、下請事業者に対し、その給付に係る物を引き取らせることである（下請法4条1項4号）。したがって、X社が、Y社に部品の製造業務を委託し、約定の期日にY社から部品の納品を受けたが、納品時の検査において、部品にY社の過失による不具合を発見した場合において、X社が、Y社に当該部品を引き取らせる行為は、下請法に違反しないから、本肢は適切でない。

オ．適切である。親事業者の遵守事項として、親事業者は、下請事業者に対し、親事業者が遵守事項を遵守しないなど所定の事実があると認められる場合に下請事業者が公正取引委員会又は中小企業庁長官に対しその事実を知らせたことを理由として、取引の数量を減じ、取引を停止し、その他不利益な取扱いをしてはならない（下請法4条1項7号）。したがって、X社が、Y社に部品の製造業務を委託した際に、下請法に違反して、同種の部品の製造業務に対し通常支払われる対価に比べて、著しく低い代金の額を定めたことを、Y社が、公正取引委員会に通報した場合において、Y社が公正取引委員会に通報したことを理由として、X社がY社との取引を停止する行為は、下請法に違反するから、本肢は適切である。

不正競争防止法に関する次の①〜⑤の記述のうち、その内容が最も適切なものを1つだけ選びなさい。（第42回第3問3-2）

① 技術上または営業上の情報について、営業秘密として不正競争防止法上の保護を受けるためには、当該情報にアクセスできる者を制限するとともに、当該情報にアクセスした者がそれを秘密であると認識できるようにするなど、当該情報が秘密として管理されていることが必要である。

② 競合他社が、自社の使用する著名な商品名と同一の商品名を当該競合他社の製品に表示して販売している。この場合において、当該競合他社の行為が不正競争に該当するには、自社が当該商品名について商標登録を受けている必要がある。

③ 市販のDVDソフトウェアに施されている不正コピー防止技術を無効にして不正コピーを可能とする機能を有する装置を販売する行為は、不正競争に該当しない。

④ 不正競争によって営業上の利益を侵害されるおそれがある者は、その侵害行為を予防するために差止請求権を行使することができるが、不正競争によって営業上の利益の侵害状態が発生した後は、営業上の利益を侵害された者は、差止請求権を行使することはできない。

⑤ 不正競争によって営業上の利益を侵害された被害者が、故意または過失により被害者の利益を侵害して自己の利益を得ている加害者に対し、不正競争防止法に基づき損害賠償請求訴訟を提起する場合、同法上、被害者の損害額を推定する規定はないため、被害者は、加害者の不正競争により自己が受けた損害の額を自ら証明する必要がある。

第**7**問 解答 ① ①

解説

① 最も適切である。不正競争防止法で保護される営業秘密とは、秘密として管理されている生産方法、販売方法その他の事業活動に有用な技術上又は営業上の情報であって、公然と知られていないものをいう（不正競争防止法2条6項）。秘密として管理されているといえるためには、当該情報を保有している企業の特定の情報を秘密として管理しようとする意思が、具体的状況に応じた経済合理的な秘密管理措置によって、従業員に明確に示され、結果として、従業員が企業の秘密として管理しようとする意思を認識可能な状態であることが必要である（経済産業省「営業秘密管理指針」参照）。したがって、技術上又は営業上の情報について、営業秘密として不正競争防止法上の保護を受けるためには、当該情報にアクセスできる者を制限するとともに、当該情報にアクセスした者がそれを秘密であると認識できるようにするなど、当該情報が秘密として管理されていることが必要であるから、本肢は適切である。

② 適切でない。自己の商品等表示として他人の著名な商品等表示と同一若しくは類似のものを使用し、又はその商品等表示を使用した商品を譲渡し、引き渡し、譲渡若しくは引渡しのために展示し、輸出し、輸入し、若しくは電気通信回線を通じて提供する行為は、不正競争防止法上の不正競争に当たる（不正競争防止法2条1項2号）。商品等表示とは、人の業務に係る氏名、商号、商標、標章、商品の容器若しくは包装その他の商品又は営業を表示するものをいい（同項1号）、商標法上の商標登録を受けている必要はない。したがって、競合他社が、自社の使用する著名な商品名と同一の商品名を当該競合他社の製品に表示して販売している場合において、当該競合他社の行為が不正競争に該当するには、自社が当該商品名について商標登録を受けている必要はないから、本肢は適切でない。

③ 適切でない。営業上用いられている技術的制限手段により制限されている影像の視聴等を当該技術的制限手段の効果を妨げることにより可能とする機能を有する装置、当該機能を有するプログラム等を記録した記録媒体若しくは記憶した機器を譲渡し、引き渡し、譲渡若しくは引渡しのために展示し、輸出し、若しくは輸入する行為は、不正競争防止法上の不正競争に当たる（不正競争防止法2条1項17号参照）。したがって、市販のDVDソフトウェアに施されている不正コピー防止技術を無効にして不正コピーを可能とする機能を有する装置を販売する行為は、不正競争に該当するから、本肢は適切でない。

④ 適切でない。不正競争によって営業上の利益を侵害され、又は侵害されるおそれがある者は、その営業上の利益を侵害する者又は侵害するおそれがある者に対し、その侵害の停止又は予防を請求することができる（不正競争防止法3条1項）。これを差止請求権という。営業上の利益を侵害されるおそれがある場合だけでなく、営業上の利益が侵害されている場合にも差止請求権を行使することができる。したがって、不正競争によって営業上の利益を侵害されるおそれがある者のみならず、不正競争によっ

て営業上の利益の侵害状態が発生した後であっても、営業上の利益を侵害された者は、差止請求権を行使することができるから、本肢は適切でない。

⑤ **適切でない。**不正競争によって営業上の利益を侵害された者が故意又は過失により自己の営業上の利益を侵害した者に対しその侵害により自己が受けた損害の賠償を請求する場合において、その者がその侵害の行為により利益を受けているときは、その利益の額は、その営業上の利益を侵害された者が受けた損害の額と推定される（不正競争防止法5条2項）。したがって、不正競争によって営業上の利益を侵害された被害者が、故意又は過失により被害者の利益を侵害して自己の利益を得ている加害者に対し、不正競争防止法に基づき損害賠償請求訴訟を提起する場合、同法上、被害者の損害額を推定する規定が定められているから、本肢は適切でない。

　X社は、「甲」という名称の百貨店を経営している。この場合に関する次のア～オの記述のうち、その内容が適切なものの組み合わせを①～⑤の中から１つだけ選びなさい。なお、本問における「甲」および「乙」は、いずれも不正競争防止法上の商品等表示に該当するものとする。（第48回第４問4-2）

ア．「甲」がX社の経営する百貨店の名称として「著名性」を有する場合において、個人事業主として理髪店を営むAが、その経営する理髪店の名称として「甲」を使用する行為は、Aが経営するのが理髪店であって百貨店と同一または類似するといえないため、不正競争防止法上の不正競争には当たらない。

イ．「甲」がX社の経営する百貨店の名称として需要者の間で広く認識され「周知性」を有する場合において、X社の競業他社であるY社は、自社の経営する百貨店に「甲」と類似する「乙」という名称を使用し、故意に「甲」と混同を生じさせ、X社の営業上の利益を侵害した。X社が、Y社に対しその侵害により自社が受けた損害の賠償を請求する場合において、Y社がその侵害の行為により利益を受けているときは、不正競争防止法上、その利益の額は、X社が受けた損害の額と推定される。

ウ．「甲」がX社の経営する百貨店の名称として需要者の間で広く認識され「周知性」を有する場合において、X社の競業他社であるY社は、自社の経営する百貨店に「甲」と類似する「乙」という名称を使用し、故意に「甲」と混同を生じさせ、X社の営業上の利益を侵害した。この場合であっても、不正競争防止法上、X社は、Y社に対し、その侵害の停止または予防を請求することができない。

エ．X社は、インターネット上のホームページに、「甲」を表すドメイン名を使用しようとしている。この場合において、第三者Bが、不正の利益を得る目的で、X社の業務にかかる特定商品等表示である「甲」と同一のドメイン名を使用する権利を保有しており、その使用によりX社の営業上の利益が侵害されるおそれがあるときは、不正競争防止法上、X社は、Bによる当該ドメイン名の保有および使用につき差止請求権を行使することができる。

オ．X社は、甲百貨店で販売しているアクセサリーについて、天然ダイヤを使用している旨の表示を行っているが、実際には人造ダイヤを使用していた。この場合において、X社が、当該表示について、消費者庁長官からその裏付けとなる合理的な根拠を示す資料の提出を求められたにもかかわらず、これを提出しなかったときは、当該表示は、景品表示法上の優良誤認表示とみなされる。

① アイウ　　② アイエ　　③ アウオ　　④ イエオ　　⑤ ウエオ

（解答はP130にあります）

不正競争防止法

第 9 問

難易度 ★★☆

　不正競争防止法に関する次の①〜⑤の記述のうち、その内容が最も適切でないものを1つだけ選びなさい。（第43回第1問1-1）

①　A社は、競合他社であるB社の営業上の信用を害する虚偽の事実を流布した。この場合、A社の行為は、不正競争に該当する。

②　A社は、競合他社であるB社の商品甲の容器として全国的に知られている著名な容器と同一のデザインの容器を、自社の商品乙に用いて販売した。この場合、A社の行為は、不正競争に該当する。

③　A社は、有料テレビ放送において視聴料金を支払った者のみが視聴できるようにするために施されている信号処理を不正に解除し無料で視聴することを可能とする機能と、当該機能以外の機能を併せて有する機器甲を販売した。A社が、不正視聴を可能とする用途に供するために機器甲を販売した場合、A社の行為は、不正競争に該当する。

④　A社は、競合他社であるB社の商品甲の形態を模倣した商品乙を販売した。この場合、A社が模倣した商品甲の形態が商品甲の機能を確保するために不可欠な形態の部分に限られるものであっても、A社の行為は、不正競争に該当する。

⑤　A社は、不正の利益を得る目的で、競合他社であるB社の商品甲の商標と類似のドメイン名を使用する権利を取得した。この場合、A社の行為は、不正競争に該当する。

（解答はP132にあります）

解 説

ア．適切でない。自己の商品等表示として他人の著名な商品等表示と同一若しくは類似のものを使用し、又はその商品等表示を使用した商品を譲渡し、引き渡し、譲渡若しくは引渡しのために展示し、輸出し、輸入し、若しくは電気通信回線を通じて提供する行為は、不正競争防止法上の不正競争に当たる（不正競争防止法2条1項2号）。したがって、「甲」がX社の経営する百貨店の名称として「著名性」を有する場合において、個人事業主として理髪店を営むAが、その経営する理髪店の名称として「甲」を使用する行為は、「甲」という名称が同一であれば、Aが経営するのが理髪店であったとしても、X社の営業と何らかの関係性があると混同する可能性があり、不正競争防止法上の不正競争に当たり得るから、本肢は適切でない。

イ．適切である。不正競争によって営業上の利益を侵害された者が故意又は過失により自己の営業上の利益を侵害した者に対しその侵害により自己が受けた損害の賠償を請求する場合において、その者がその侵害の行為により利益を受けているときは、その利益の額は、その営業上の利益を侵害された者が受けた損害の額と推定される（不正競争防止法5条2項）。したがって、「甲」がX社の経営する百貨店の名称として需要者の間で広く認識され「周知性」を有する場合において、X社の競業他社であるY社が、自社の経営する百貨店に「甲」と類似する「乙」という名称を使用し、故意に「甲」と混同を生じさせ、X社の営業上の利益を侵害したとき、X社が、Y社に対しその侵害により自社が受けた損害の賠償を請求する場合において、Y社がその侵害の行為により利益を受けているときは、不正競争防止法上、その利益の額は、X社が受けた損害の額と推定されるから、本肢は適切である。

ウ．適切でない。不正競争によって営業上の利益を侵害され、又は侵害されるおそれがある者は、その営業上の利益を侵害する者又は侵害するおそれがある者に対し、その侵害の停止又は予防を請求することができる（不正競争防止法3条1項）。これを差止請求権という。したがって、「甲」がX社の経営する百貨店の名称として需要者の間で広く認識され「周知性」を有する場合において、X社の競業他社であるY社は、自社の経営する百貨店に「甲」と類似する「乙」という名称を使用し、故意に「甲」と混同を生じさせ、X社の営業上の利益を侵害した場合、不正競争防止法上、X社は、Y社に対し、その侵害の停止又は予防を請求することができるから、本肢は適切でない。

エ．適切である。不正の利益を得る目的で、又は他人に損害を加える目的で、他人の特定商品等表示と同一若しくは類似のドメイン名を使用する権利を取得し、若しくは保有し、又はそのドメイン名を使用する行為は、不正競争防止法上の不正競争に当たる（不正競争防止法2条1項19号）。不正競争によって営業上の利益を侵害され、又は侵害されるおそれがある者は、その営業上の利益を侵害する者又は侵害するおそれがある者に対し、その侵害の停止又は予防を請求することができる（同法3条1項）。したがって、X社が、インターネット上のホームページに、「甲」を表すドメイン名を使用

しようとしている場合において、第三者Bが、不正の利益を得る目的で、X社の業務にかかる特定商品等表示である「甲」と同一のドメイン名を使用する権利を保有しており、その使用によりX社の営業上の利益が侵害されるおそれがあるときは、不正競争防止法上、X社は、Bによる当該ドメイン名の保有及び使用につき差止請求権を行使することができるから、本肢は適切である。

オ．適切である。景品表示法上、内閣総理大臣（消費者庁長官）は、事業者がした表示が禁止されている表示に該当するか否かを判断するため必要があると認めるときは、当該表示をした事業者に対し、期間を定めて、当該表示の裏付けとなる合理的な根拠を示す資料の提出を求めることができる。この場合において、当該事業者が当該資料を提出しないときは、措置命令を発するに当たり、当該表示は不当な表示とみなされる（景品表示法7条2項）。もっとも、対象となる不当な表示は、商品又は役務の品質、規格その他の内容について、一般消費者に対し、実際のものよりも著しく優良であると示し、又は事実に相違して当該事業者と同種若しくは類似の商品若しくは役務を供給している他の事業者に係るものよりも著しく優良であると示す表示であって、不当に顧客を誘引し、一般消費者による自主的かつ合理的な選択を阻害するおそれがあると認められるものに限られる（同法5条1号）。したがって、X社が、甲百貨店で販売しているアクセサリーについて、天然ダイヤを使用している旨の表示を行っているが、実際には人造ダイヤを使用していた場合において、X社が、当該表示について、消費者庁長官からその裏付けとなる合理的な根拠を示す資料の提出を求められたにもかかわらず、これを提出しなかったときは、当該表示は、景品表示法上の優良誤認表示とみなされるから、本肢は適切である。

解説

① **適切である。** 競争関係にある他人の営業上の信用を害する虚偽の事実を告知し、又は流布する行為は、不正競争防止法上の不正競争に当たる（不正競争防止法2条1項21号）。したがって、A社が、競合他社であるB社の営業上の信用を害する虚偽の事実を流布した場合、A社の行為は、不正競争に該当するから、本肢は適切である。

② **適切である。** 自己の商品等表示（人の業務に係る氏名、商号、商標、標章、商品の容器若しくは包装その他の商品又は営業を表示するものをいう。）として他人の著名な商品等表示と同一若しくは類似のものを使用する行為は、不正競争防止法上の不正競争に当たる（不正競争防止法2条1項2号、1号）。したがって、A社が、競合他社であるB社の商品甲の容器として全国的に知られている著名な容器と同一のデザインの容器を、自社の商品乙に用いて販売した場合、A社の行為は、不正競争に該当するから、本肢は適切である。

③ **適切である。** 営業上用いられている技術的制限手段により制限されている影像若しくは音の視聴等を当該技術的制限手段の効果を妨げることにより可能とする機能を有する装置を譲渡する行為（当該装置が当該機能以外の機能を併せて有する場合にあっては、影像の視聴等を当該技術的制限手段の効果を妨げることにより可能とする用途に供するために行うものに限る。）は、不正競争防止法上の不正競争に当たる（不正競争防止法2条1項17号）。したがって、A社が、有料テレビ放送において視聴料金を支払った者のみが視聴できるようにするために施されている信号処理を不正に解除し無料で視聴することを可能とする機能と、当該機能以外の機能を併せて有する機器甲を販売したときは、A社が、不正視聴を可能とする用途に供するために機器甲を販売した場合、A社の行為は、不正競争に該当するから、本肢は適切である。

④ **最も適切でない。** 他人の商品の形態を模倣した商品を譲渡する行為は、不正競争防止法上の不正競争に当たる。もっとも、問題となる形態が、当該商品の機能を確保するために不可欠な形態である場合は、不正競争に当たらない（不正競争防止法2条1項3号）。したがって、A社が、競合他社であるB社の商品甲の形態を模倣した商品乙を販売した場合であっても、A社が模倣した商品甲の形態が商品甲の機能を確保するために不可欠な形態の部分に限られるときは、A社の行為は、不正競争に該当しないから、本肢は適切でない。

⑤ **適切である。** 不正の利益を得る目的で、又は他人に損害を加える目的で、他人の特定商品等表示（人の業務に係る氏名、商号、商標、標章その他の商品又は役務を表示するものをいう。）と同一若しくは類似のドメイン名を使用する権利を取得し、若しくは保有し、又はそのドメイン名を使用する行為は、不正競争防止法上の不正競争に当たる（不正競争防止法2条1項19号）。したがって、A社が、不正の利益を得る目的で、競合他社であるB社の商品甲の商標と類似のドメイン名を使用する権利を取得した場合、A社の行為は、不正競争に該当するから、本肢は適切である。

消費者との取引に
かかわる法規制

学習のポイント

ここでは、消費者との取引にかかわる法規制として、消費者保護のための規制などを学びます。販売チャネルの多様化に伴い、消費者保護法制が重要さを増しています。消費者契約法、割賦販売法、特定商取引法、製造物責任法について頻出問題を確実に得点できるようにしてください。

本章のキーワード

- ●消費者契約法
- ●割賦販売法
- ●特定商取引法
- ●訪問販売
- ●クーリング・オフ
- ●製造物責任

消費者契約法

　消費者契約法に関する次の文章中の下線部(a)～(e)の記述のうち、その内容が適切なものの組み合わせを①～⑤の中から1つだけ選びなさい。（第44回第4問4-1）

　消費者と事業者との間には、情報の質および量ならびに交渉力について格差があることから、民法の原則を修正するために消費者契約法が制定されている。このような消費者契約法の制定趣旨から、(a)消費者契約法は、消費者と事業者との間で締結される契約に適用されるが、労働契約は除かれている。

　消費者契約法においては、消費者の意思表示に瑕疵をもたらすような事業者の不適切な勧誘行為を類型化し、これらの行為に基づく意思表示を取り消せるものとして、消費者の保護を図っている。不適切な勧誘行為には、契約の重要な事項に関する不告知などがあるが、(b)事業者による消費者に対する積極的な欺罔行為に基づき消費者が意思表示をした場合、消費者は、消費者契約法によって保護されるため、民法上の詐欺による取消しを主張することはできない。また、(c)消費者が勧誘を受けた場所から退去する旨の意思を事業者に告げたにもかかわらず事業者が消費者を退去させないことは取消事由に該当し得るが、その要件として事業者による脅迫が必要である。

　(d)消費者契約法に基づき意思表示の取消しがなされた場合、当該消費者契約は遡及的に無効となる。

　また、消費者契約法は、消費者が一方的に不利益となる契約条項を無効としており、例えば、(e)事業者の債務不履行により生じた消費者の解除権を放棄させる条項は、消費者契約法上、無効である。

①　a b c　　②　a b e　　③　a d e　　④　b c d　　⑤　c d e

解説

a．適切である。消費者契約法において消費者契約とは、消費者と事業者との間で締結される契約をいう（消費者契約法2条3項）。消費者契約法は、消費者契約に適用し、取引の方法を問わないが、労働契約については、適用しない（同法48条）。したがって、消費者契約法は、消費者と事業者との間で締結される契約に適用されるが、労働契約は除かれているから、本肢は適切である。

b．適切でない。消費者は、消費者契約の締結について事業者が不適切な勧誘行為をしたことにより、誤認又は困惑し、それによって当該消費者契約の申込み又はその承諾の意思表示をしたときはこれを取り消すことができる（消費者契約法4条参照）。これは民法の特則を定めたものであるが、消費者契約法上、これらの規定は消費者契約の申込み又はその承諾の意思表示に対する民法96条の規定（詐欺又は強迫による意思表示の取消しについて定めた規定）の適用を妨げるものと解してはならないとされている（消費者契約法6条）。したがって、事業者による消費者に対する積極的な欺罔行為に基づき消費者が意思表示をした場合、消費者は、消費者契約法によって保護されるとともに、民法上の詐欺による取消しを主張することもできるから、本肢は適切でない。

c．適切でない。事業者が消費者契約の締結について勧誘をするに際し、当該事業者が当該消費者契約の締結について勧誘をしている場所から当該消費者が退去する旨の意思を示したにもかかわらず、その場所から当該消費者を退去させないことにより、当該消費者が困惑し、それによって当該消費者契約の申込み又はその承諾の意思表示をしたときは、これを取り消すことができる（消費者契約法4条3項2号）。事業者による脅迫は要件となっていない。したがって、消費者が勧誘を受けた場所から退去する旨の意思を事業者に告げたにもかかわらず事業者が消費者を退去させないことは取消事由に該当し得るが、その要件として事業者による脅迫は必要ではないから、本肢は適切でない。

d．適切である。消費者が、消費者契約法の規定に基づき、当該消費者契約の申込み又はその承諾の意思表示を取り消したときは、取り消された行為は、初めから無効であったものとみなされ（民法121条）、原則として、契約当事者双方が原状回復義務を負う（同条121条の2第1項）。したがって、消費者契約法に基づき意思表示の取消しがなされた場合、当該消費者契約は遡及的に無効となるから、本肢は適切である。

e．適切である。消費者契約法上、事業者の債務不履行により生じた消費者の解除権を放棄させる条項は、無効となる（消費者契約法8条の2）。したがって、事業者の債務不履行により生じた消費者の解除権を放棄させる条項は、消費者契約法上、無効であるから、本肢は適切である。

　消費者契約法に関する次のア～オの記述のうち、その内容が適切なものを
○、適切でないものを×とした場合の組み合わせを①～⑤の中から１つだけ選
びなさい。（第46回第１問1-1）

ア．消費者契約法は、労働契約も含めて、事業者と消費者との間で締結される
　　あらゆる契約に適用される。

イ．事業者は、消費者契約の締結について消費者を勧誘するに際し、物品、権
　　利、役務その他の当該消費者契約の目的となるものの分量等が当該消費者に
　　とっての通常の分量等を著しく超えるものであることを知っていた。この場
　　合、当該消費者は、当該勧誘により当該消費者契約の申込みまたはその承諾
　　の意思表示をしたときは、その意思表示を取り消すことができる。

ウ．消費者契約法が規定する取消権は、消費者保護の観点から、その行使期間
　　についての定めがなく、消費者はいつでも取消権を行使することができる。

エ．事業者と消費者との間の契約において、事業者が契約の重要事項に関して
　　事実と異なる内容を告げる行為は、民法上の詐欺による意思表示における欺
　　罔行為に該当するため、消費者契約法上の不適切な勧誘行為には当たらな
　　い。

オ．事業者と消費者との間の契約において、消費者の不作為をもって当該消費
　　者が新たな消費者契約の申込みまたはその承諾の意思表示をしたものとみな
　　す条項その他の法令中の公の秩序に関しない規定の適用による場合に比して
　　消費者の権利を制限しまたは消費者の義務を加重する消費者契約の条項で
　　あって、信義則に反して消費者の利益を一方的に害するものは、消費者契約
　　法上、無効である。

①　ア－○　　　イ－○　　　ウ－○　　　エ－○　　　オ－○
②　ア－○　　　イ－×　　　ウ－○　　　エ－○　　　オ－×
③　ア－×　　　イ－○　　　ウ－×　　　エ－×　　　オ－○
④　ア－×　　　イ－×　　　ウ－○　　　エ－○　　　オ－×
⑤　ア－×　　　イ－×　　　ウ－×　　　エ－×　　　オ－○

解説

ア．**適切でない。** 消費者契約法が適用される消費者契約とは、消費者と事業者との間で締結される契約をいう（消費者契約法2条3項）。消費者契約法は、消費者と事業者との間の契約に適用され、取引の方法を問わないが、労働契約については、適用されない（同法48条）。したがって、消費者契約法は、事業者と消費者との間で締結される契約に適用されるが、労働契約には適用されないから、本肢は適切でない。

イ．**適切である。** 消費者は、事業者が消費者契約の締結について勧誘をするに際し、物品、権利、役務その他の当該消費者契約の目的となるものの分量等が当該消費者にとっての通常の分量等を著しく超えるものであることを知っていた場合において、その勧誘により当該消費者契約の申込み又はその承諾の意思表示をしたときは、これを取り消すことができる（消費者契約法4条4項）。したがって、本肢は適切である。

ウ．**適切でない。** 消費者契約法に基づく取消権は、追認をすることができる時から1年間行わないときは、時効によって消滅する。当該消費者契約の締結の時から5年を経過したときも、同様である（消費者契約法7条1項）。したがって、消費者契約法が規定する取消権には、行使期間の定めがあり、追認をすることができる時から1年又は当該消費者契約の締結の時から5年を経過すると時効によって消滅するから、本肢は適切でない。

エ．**適切でない。** 消費者は、事業者が、消費者契約の締結について勧誘をするに際し、当該消費者に対して重要事項について事実と異なることを告げることにより、当該告げられた内容が事実であるとの誤認をし、それによって当該消費者契約の申込み又はその承諾の意思表示をしたとき等、不適切な勧誘行為によって意思表示をした場合、これを取り消すことができる（消費者契約法4条1項1号参照）。したがって、事業者と消費者との間の契約において、事業者が契約の重要事項に関して事実と異なる内容を告げる行為は、消費者契約法上の不適切な勧誘行為に当たるから、本肢は適切でない。

オ．**適切である。** 消費者の不作為をもって当該消費者が新たな消費者契約の申込み又はその承諾の意思表示をしたものとみなす条項その他の法令中の公の秩序に関しない規定の適用による場合に比して消費者の権利を制限し又は消費者の義務を加重する消費者契約の条項であって、民法第1条第2項に規定する信義誠実の原則（信義則）に反して消費者の利益を一方的に害するものは、無効となる（消費者契約法10条）。したがって、本肢は適切である。

家具メーカーであるA社は、自社が経営する直販所において、家具を消費者に販売している。この場合に関する次のア〜オの記述のうち、その内容が適切なものの組み合わせを①〜⑤の中から1つだけ選びなさい。(第43回第2問2-2)

ア．A社は、直販所に来店した消費者Bとの間で、Bに家具を販売する旨の売買契約を締結した。この場合、その販売方法が訪問販売や割賦販売に該当しなくても、当該売買契約には消費者契約法が適用される。

イ．A社の直販所において、A社の従業員Cは、消費者Dが退去したい旨を申し出ているにもかかわらず、直販所から退去させずに勧誘を継続しDを困惑させ、A社とDとの間の家具の売買契約を締結した。この場合、Dは、消費者契約法に基づき、当該売買契約を取り消すことができる。

ウ．A社の直販所において、A社の従業員Eは、A社の製造した家具の説明をするに際し、消費者Fに対し不実の告知を行い、これを事実だとFに誤認させ、A社とFとの間の家具の売買契約を締結した。この場合、Fは、消費者契約法に基づき、当該売買契約を取り消すことができる。

エ．A社は、直販所に来店した消費者Gとの間で家具の売買契約を締結したが、その際、A社の従業員Hによる不適切な勧誘行為があったことを理由として、Gは、消費者契約法に基づき当該売買契約を取り消した。この場合、すでに履行された債務につき、A社は原状回復義務を負うが、Gは原状回復義務を負わない。

オ．A社は、家具を購入した買主にA社の債務不履行によりいかなる損害が生じても、その責任を一切負わない旨を、直販所内に表示している。この場合、A社は、直販所において消費者Iに家具を販売した際のA社の債務不履行によりIに生じた損害について、民法の債務不履行責任の規定による責任をすべて免れることができる。

① アイウ ② アウエ ③ アエオ ④ イウオ ⑤ イエオ

解説

ア．**適切である。**消費者契約法が適用される消費者契約とは、消費者と事業者との間で締結される契約をいう（消費者契約法2条3項）。消費者契約法は、消費者と事業者との間の契約に適用され、取引の方法を問わない。したがって、A社が、直販所に来店した消費者Bとの間で、Bに家具を販売する旨の売買契約を締結した場合、その販売方法が訪問販売や割賦販売に該当しなくても、当該売買契約には消費者契約法が適用されるから、本肢は適切である。

イ．**適切である。**事業者が消費者契約の締結の勧誘に際し、当該事業者に対し、当該消費者が、その住居又はその業務を行っている場所から退去すべき旨の意思を示したにもかかわらず、それらの場所から退去しないこと（いわゆる「居座り」）や、当該事業者が当該消費者契約の締結について勧誘をしている場所から当該消費者が退去する旨の意思を示したにもかかわらず、その場所から当該消費者を退去させないこと（いわゆる「引き留め」）により、消費者が困惑し、それによって当該消費者契約を締結した場合に、その取消しを認めている（消費者契約法4条3項各号）。したがって、A社の直販所において、A社の従業員Cが、消費者Dが退去したい旨を申し出ているにもかかわらず、直販所から退去させずに勧誘を継続しDを困惑させ、A社とDとの間の家具の売買契約を締結した場合、Dは、消費者契約法に基づき、当該売買契約を取り消すことができるから、本肢は適切である。

ウ．**適切である。**消費者は、事業者が、消費者契約の締結について勧誘をするに際し、当該消費者に対して重要事項について事実と異なることを告げることにより、当該告げられた内容が事実であるとの誤認をし、それによって当該消費者契約の申込み又はその承諾の意思表示をしたときは、これを取り消すことができる（消費者契約法4条1項1号）。したがって、A社の直販所において、A社の従業員Eが、A社の製造した家具の説明をするに際し、消費者Fに対し不実の告知を行い、これを事実だとFに誤認させ、A社とFとの間の家具の売買契約を締結した場合、Fは、消費者契約法に基づき、当該売買契約を取り消すことができるから、本肢は適切である。

エ．**適切でない。**消費者契約の申込み又はその承諾の意思表示の取消し及び消費者契約の条項の効力については、消費者契約法によるほか、民法及び商法の規定による（消費者契約法11条1項）。民法上、取り消された行為は、初めから無効であったものとみなされ（民法121条）、原則として、契約当事者双方が原状回復義務を負う（同法121条の2第1項）。したがって、A社が、直販所に来店した消費者Gとの間で家具の売買契約を締結した際、A社の従業員Hによる不適切な勧誘行為があったことを理由として、Gが、消費者契約法に基づき当該売買契約を取り消した場合、既に履行された債務につき、A社のみならずGも原状回復義務を負うから、本肢は適切でない。

オ．**適切でない。**事業者の債務不履行により消費者に生じた損害を賠償する責任の全部を免除する条項は、消費者契約法上、無効となる（消費者契約法8条1項1号）。したがって、A社が、家具を購入した買主にA社の債務不履行によりいかなる損害が生じても、その責任を一切負わない旨を、直販所内に表示している場合であっても、事業者の債務不履行により消費者に生じた損害を賠償する責任の全部を免除する条項は無効であって、A社は、直販所において消費者Iに家具を販売した際のA社の債務不履行によりIに生じた損害について、民法の債務不履行責任の規定による責任を全て免れることはできないから、本肢は適切でない。

消費者契約法

第4問

　消費者契約法に関する次の①〜⑤の記述のうち、その内容が最も適切でないものを1つだけ選びなさい。（第45回第8問8-3）

① 　X社は、消費者Yに商品を売却する旨の売買契約をYとの間で締結した。当該売買契約では、「Yは、売買代金の支払いを遅延したときは、X社が定めた額の遅延損害金をX社に支払う」旨の特約がなされていた。この場合、当該特約は、遅延損害金の額が消費者契約法の定める上限を超えるときは、その超える部分について無効となる。

② 　X社は、消費者Yに商品を売却する旨の売買契約をYとの間で締結した。当該売買契約では、「債務の履行に際してされたX社の不法行為により、X社がYに対して負う損害賠償責任の全部を免除する」旨の特約がなされていた。この場合、当該特約は無効である。

③ 　X社の営業所において、消費者Yは、X社の従業員から商品の販売の勧誘を受けた際、当該営業所から退去したい旨を申し出たが、当該従業員がこれを無視して執拗に勧誘を継続したため、困惑してX社との間で商品の売買契約を締結した。この場合、Yは、購入した商品に特に欠陥や不具合がなくても、当該売買契約を取り消すことができる。

④ 　X社の営業所において、消費者Yは、X社の従業員から商品の仕様の説明を受けた際、当該従業員が商品の仕様について実際のものよりも著しく優良である旨の不実の告知を行ったため、これを事実だと誤認してX社との間で商品の売買契約を締結した。この場合、Yは、購入した商品に特に欠陥や不具合がなくても、当該売買契約を取り消すことができる。

⑤ 　X社は、消費者Yに対し、商品の販売の勧誘を行い、Yとの間で商品の売買契約を締結した。この場合において、YがX社による不適切な勧誘行為があったことを理由として当該売買契約を取り消したときは、すでに履行された債務につき、X社は原状回復義務を負うが、Yは原状回復義務を負わない。

解 説

① 適切である。消費者契約において、当該消費者契約に基づき支払うべき金銭の全部又は一部を消費者が支払期日までに支払わない場合における損害賠償の額を予定し、又は違約金を定める条項であって、これらを合算した額が、支払期日の翌日からその支払をする日までの期間について、その日数に応じ、当該支払期日に支払うべき額から既に支払われた額を控除した額に年14.6パーセントの割合を乗じて計算した額を超えるものについては、当該超える部分について無効となる(消費者契約法9条1項2号)。したがって、X社と消費者Yとの売買契約において、「Yは、売買代金の支払を遅延したときは、X社が定めた額の遅延損害金をX社に支払う」旨の特約がなされていた場合、当該特約は、遅延損害金の額が消費者契約法の定める上限を超えるときは、その超える部分について無効となるから、本肢は適切である。

② 適切である。消費者契約における事業者の債務の履行に際してされた当該事業者の不法行為により消費者に生じた損害を賠償する責任の全部を免除する条項は、消費者契約法上、無効となる(消費者契約法8条1項3号)。したがって、X社が、消費者Yに商品を売却する旨の売買契約をYとの間で締結したとき、当該売買契約で「債務の履行に際してされたX社の不法行為により、X社がYに対して負う損害賠償責任の全部を免除する」旨の特約がなされていた場合、当該特約は無効であるから、本肢は適切である。

③ 適切である。事業者が消費者契約の締結の勧誘に際し、当該事業者に対し、当該消費者が、その住居又はその業務を行っている場所から退去すべき旨の意思を示したにもかかわらず、それらの場所から退去しないこと(いわゆる「居座り」)や、当該事業者が当該消費者契約の締結について勧誘をしている場所から当該消費者が退去する旨の意思を示したにもかかわらず、その場所から当該消費者を退去させないこと(いわゆる「引き留め」)等により、消費者が困惑し、それによって当該消費者契約を締結した場合に、その取消しを認めている(消費者契約法4条3項各号)。したがって、X社の営業所において、消費者Yが、X社の従業員から商品の販売の勧誘を受けた際、当該営業所から退去したい旨を申し出たが、当該従業員がこれを無視して執拗に勧誘を継続したため、困惑してX社との間で商品の売買契約を締結した場合、Yは、購入した商品に特に欠陥や不具合がなくても、当該売買契約を取り消すことができるから、本肢は適切である。

④ 適切である。事業者が消費者契約の締結について勧誘をするに際し、当該消費者に対して重要事項について事実と異なることを告げたことにより、消費者が当該告げられた内容が事実であるとの誤認をしそれによって当該消費者契約の申込み又はその承諾の意思表示をしたときは、これを取り消すことができる(消費者契約法4条1項1号)。したがって、X社の営業所において、消費者Yは、X社の従業員から商品の仕様の説明を受けた際、当該従業員が商品の仕様について実際のものよりも著しく優良で

ある旨の不実の告知を行ったため、これを事実だと誤認してX社との間で商品の売買契約を締結した場合、Yは、購入した商品に特に欠陥や不具合がなくても、当該売買契約を取り消すことができるから、本肢は適切である。

⑤　最も適切でない。消費者契約法の規定に従って、契約を取り消した場合、取り消された行為は、初めから無効であったものとみなされ（民法121条）、契約当事者双方が原状回復義務を負う。したがって、X社は、消費者Yに対し、商品の販売の勧誘を行い、Yとの間で商品の売買契約を締結した場合において、YがX社による不適切な勧誘行為があったことを理由として当該売買契約を取り消したときは、既に履行された債務につき、X社のみならず、Yも原状回復義務を負うから、本肢は適切でない。

　A社は、その販売員Bに消費者Cの自宅を訪問させ、Cとの間で、美容機器X（20万円）をCに販売する旨の売買契約を締結した。本件売買契約は、Cがいわゆるクレジットカード等を利用することなく、A社がCにXを販売し、個別信用購入あっせん業者であるD信販会社が、Xの代金をCに代わってA社に交付するとともに、Cから所定の時期までに当該代金相当額の金銭を受領する内容の「個別信用購入あっせん」（以下、本問において「本件個別クレジット」という）により行われた。この場合に関する次の①〜⑤の記述のうち、その内容が最も適切でないものを1つだけ選びなさい。なお、本件個別クレジットでは、A社とCとの間、およびCとD信販会社との間において、それぞれ次の契約が締結されている。

- （1）A社とCとの間で、本件個別クレジットによりXを販売することを内容として締結される売買契約である「個別信用購入あっせん関係販売契約」（以下、本問において「クレジット販売契約」という）。
- （2）クレジット販売契約によりCがA社から購入するXの代金相当額の支払いおよび受領について、CとD信販会社との間で締結される契約である「個別信用購入あっせん関係受領契約」（以下、本問において「立替払委託契約」という）。（第43回第4問4-2）

① 　Cは、Xの購入に際して、当初は一括で代金を支払おうと考えていたが、Bから立替払委託契約の利用を勧められたため、クレジット販売契約および立替払委託契約を締結し、A社からXを購入した。しかし、これらの契約は、BがXの引渡時期について不実のことを告知し、これによりCが誤認した上で締結されたものであったため、Cは、そのことを理由としてクレジット販売契約および立替払委託契約の申込みの意思表示を取り消した。この場合、D信販会社は、Cに対し、すでにCから受領した分割支払金に相当する額の金銭を返還する義務を負う。

② 　D信販会社は、A社からクレジット販売契約によりXを購入したCが分割支払金を支払わないため、Cに対し、割賦販売法所定の期間を定めてその支払いを書面で催告したが、その期間内に当該分割支払金の支払義務が履行されなかった。この場合、D信販会社は、当該分割支払金の支払いの遅滞を理由として、支払時期の到来していない分割支払金についてCの有する期限の利益を喪失させ、売買代金の残金を一括して請求することができる。

③　D信販会社とCとの間の立替払委託契約が、Cの分割支払金の履行遅滞を理由として解除された。この場合、割賦販売法上、消費者が個別信用購入あっせん業者への支払いを怠った場合の遅延損害金については規制されていないため、D信販会社とCとの間に違約金についての特約があれば、当該特約で定めた違約金の利率の高低にかかわらず、D信販会社は、Cに対し、当該特約に基づく違約金の支払いを請求することができる。

④　A社からクレジット販売契約によりXを購入したCは、約定の期日にA社からXの引渡しを受けていない場合には、A社がXの引渡債務につき弁済の提供をするまで、D信販会社からの分割支払金の支払請求を拒むことができる。

⑤　Cは、A社からクレジット販売契約によりXを購入した後に、D信販会社との間の立替払委託契約につき、D信販会社に対してのみ書面をもってクーリング・オフによる解除の通知をした。この場合、原則として、CとA社との間のクレジット販売契約は、解除されたものとみなされる。

解説

① 適切である。購入者は、個別信用購入あっせん関係販売業者が訪問販売に係る個別信用購入あっせん関係販売契約に係る個別信用購入あっせん関係受領契約の締結について勧誘をするに際し、支払総額、支払時期、商品の種類・性能・品質等につき不実のことを告げる行為をしたことにより当該告げられた内容が事実であるとの誤認をし、これらによって当該契約の申込み又はその承諾の意思表示をしたときは、これを取り消すことができる（割賦販売法35条の3の13第1項）。購入者が個別信用購入あっせん関係販売契約に係る個別信用購入あっせん関係受領契約の申込み又はその承諾の意思表示を取り消し、かつ、当該個別信用購入あっせん関係販売契約が取消しその他の事由により初めから無効である場合において、購入者は、個別信用購入あっせん関係受領契約に関連して個別信用購入あっせん業者に対して金銭を支払っているときは、その返還を請求することができる（同条4項）。したがって、Cが、Xの購入に際して、クレジット販売契約及び立替払委託契約を締結し、A社からXを購入したが、これらの契約は、BがXの引渡時期について不実のことを告知し、これによりCが誤認した上で締結されたものであったため、Cが、そのことを理由としてクレジット販売契約及び立替払委託契約の申込みの意思表示を取り消した場合、D信販会社は、Cに対し、既にCから受領した分割支払金に相当する額の金銭を返還する義務を負うから、本肢は適切である。

② 適切である。個別信用購入あっせん業者は、個別信用購入あっせん関係受領契約について所定の支払分の支払の義務が履行されない場合において、20日以上の相当な期間を定めてその支払を書面で催告し、その期間内にその義務が履行されないときでなければ、支払分の支払の遅滞を理由として、契約を解除し、又は支払時期の到来していない支払分の支払を請求することができない（割賦販売法35条の3の17第1項）。したがって、D信販会社が、A社からクレジット販売契約によりXを購入したCが分割支払金を支払わないため、Cに対し、割賦販売法所定の期間を定めてその支払を書面で催告したが、その期間内に当該分割支払金の支払義務が履行されなかった場合、D信販会社は、当該分割支払金の支払の遅滞を理由として、支払時期の到来していない分割支払金についてCの有する期限の利益を喪失させ、売買代金の残金を一括して請求することができるから、本肢は適切である。

③ 最も適切でない。個別信用購入あっせん業者は、個別信用購入あっせん関係受領契約が解除された場合には、損害賠償額の予定又は違約金の定めがあるときにおいても、当該契約に係る支払総額に相当する額にこれに対する法定利率による遅延損害金の額を加算した金額を超える額の金銭の支払を購入者に対して請求することができない（割賦販売法35条の3の18第1項）。したがって、D信販会社とCとの間の立替払委託契約が、Cの分割支払金の履行遅滞を理由として解除された場合、割賦販売法上、消費者が個別信用購入あっせん業者への支払を怠った場合の遅延損害金についての規

制があり、D信販会社とCとの間に違約金についての特約があるとしても、D信販会社は、Cに対し、所定の額を超える違約金の支払を請求することはできないから、本肢は適切でない。

④　適切である。購入者は、個別信用購入あっせん関係販売契約に係る支払の請求を受けたときは、当該契約に係る個別信用購入あっせん関係販売業者に対して生じている事由をもって、当該支払の請求をする個別信用購入あっせん業者に対抗することができる(割賦販売法35条の3の19第1項)。したがって、A社からクレジット販売契約によりXを購入したCが、約定の期日にA社からXの引渡しを受けていない場合には、A社がXの引渡債務につき弁済の提供をするまで、D信販会社からの分割支払金の支払請求を拒むことができるから、本肢は適切である。

⑤　適切である。個別信用購入あっせん関係販売業者が営業所等以外の場所において個別信用購入あっせん関係販売契約の申込みを受けた場合、当該申込みをした者は、個別信用購入あっせん関係販売契約に係る個別信用購入あっせん関係受領契約を書面により解除、すなわちクーリング・オフを行うことができる(割賦販売法35条の3の10第1項)。申込者等がクーリング・オフを行った場合には、原則として、クーリング・オフに係る書面を発する時において現に効力を有する個別信用購入あっせん関係販売契約は、当該申込者等が当該書面を発した時に、解除されたものとみなされる(同条5項)。したがって、Cが、A社からクレジット販売契約によりXを購入した後に、D信販会社との間の立替払委託契約につき、D信販会社に対してのみ書面をもってクーリング・オフによる解除の通知をした場合、原則として、CとA社との間のクレジット販売契約は、解除されたものとみなされるから、本肢は適切である。

　消費者契約法および割賦販売法に関する次の①〜⑤の記述のうち、その内容が最も適切で**ない**ものを1つだけ選びなさい。（第40回第10問10-4）

① 　消費者Aは、事業者Bの従業員Cから、現在プラチナの価格が世界的に高騰しており、2年後には間違いなく購入価格の2倍で売却することができるとの説明を受け、それが確実であると誤認してプラチナ製のネックレスの売買契約を締結した。この場合、消費者契約法に基づき、Aは、当該売買契約を取り消すことができる。

② 　消費者Aは、事業者Bとの間で、Bからフィットネスバイクを購入する旨の売買契約を締結したが、当該売買契約には、Bの債務不履行によってAに生じた損害を賠償する責任の全部を免除する旨の条項が含まれていた。この場合、消費者契約法上、当該条項は無効である。

③ 　消費者Aは、割賦販売法上の包括信用購入あっせん業者であるB信販会社のクレジットカードを用いて2年間に24回の分割払い（包括信用購入あっせん）により、同法上の包括信用購入あっせん関係販売業者であるC社の店舗でノートパソコンを購入する旨の売買契約を締結した。この場合、同法上、B社は、Aに対して、遅滞なく、当該売買契約における支払総額ならびに各回ごとの商品代金の支払い分の額および支払時期等を記載した書面を交付[*1]しなければならず、これとは別に、C社も、Aに対して、遅滞なく、当該売買契約にかかる現金販売価格および商品の引渡時期等を記載した書面を交付[*1]しなければならない。

④ 　消費者Aは、割賦販売法上の包括信用購入あっせん業者であるB信販会社のクレジットカードを用いて1年間に12回の分割払い（包括信用購入あっせん）により、同法上の包括信用購入あっせん関係販売業者であるC社の店舗でノートパソコンを購入する旨の売買契約を締結した。その後、AがB社に対する約定の支払い分の支払いを怠ったとしても、同法上、B社は、Aに対し、20日以上の相当な期間を定めてその支払いを書面[*2]で催告し、その期間内にその義務が履行されないときでなければ、支払いの遅滞を理由として、支払時期の到来していない支払い分の支払いを請求することができない。

＊1 　法改正により「に関する情報を書面または電磁的方法で提供」と読み替えてください。

＊2 　法改正により「書面（所定の場合には電磁的方法）」と読み替えてください。

⑤　消費者Aは、割賦販売法上の包括信用購入あっせん業者であるB信販会社のクレジットカードを用いて半年間に6回の分割払い（包括信用購入あっせん）により、同法上の包括信用購入あっせん関係販売業者であるC社の店舗でノートパソコンを購入する旨の売買契約を締結した。この場合、同法上、Aは、当該売買契約を締結した日から一定の期間内であれば、当該売買契約を解除する旨の書面を発してクーリング・オフを行使することにより、当該売買契約を解除することができる。

解説

① 適切である。消費者は、事業者が消費者契約の締結について勧誘をするに際し、当該消費者に対して重要事項について事実と異なることを告げることにより、当該告げられた内容が事実であるとの誤認をし、それによって当該消費者契約の申込み又はその承諾の意思表示をしたときは、これを取り消すことができる(消費者契約法4条1項1号)。重要事項とは、消費者契約に係る物品、権利、役務その他の当該消費者契約の目的となるものの質、用途その他の内容、又は対価その他の取引条件であって、消費者の当該消費者契約を締結するか否かについての判断に通常影響を及ぼすべきもの等をいう(同条5項)。したがって、消費者Aが、事業者Bの従業員Cから、現在プラチナの価格が世界的に高騰しており、2年後には間違いなく購入価格の2倍で売却することができるとの説明を受け、それが確実であると誤認してプラチナ製のネックレスの売買契約を締結した場合、消費者契約法に基づき、Aは、当該売買契約を取り消すことができるから、本肢は適切である。

② 適切である。消費者契約法では、事業者の損害賠償責任を免除する一定の条項を無効としている。事業者の債務不履行により消費者に生じた損害を賠償する責任の全部を免除する条項は、無効である(消費者契約法8条1項1号)。したがって、消費者Aが、事業者Bとの間で締結した、Bからフィットネスバイクを購入する旨の売買契約に、Bの債務不履行によってAに生じた損害を賠償する責任の全部を免除する旨の条項が含まれていた場合、消費者契約法上、当該条項は無効であるから、本肢は適切である。

③ 適切である。包括信用購入あっせんとは、いわゆるクレジットカードを用いた取引である。包括信用購入あっせん業者(本肢ではB社)は、包括信用購入あっせんに係る購入又は受領の方法により購入される商品代金の受領に係る契約を締結したときは、遅滞なく、購入者の支払総額、各回ごとの商品の代金(手数料を含む。)の支払分の額並びにその支払の時期及び方法等の所定の事項に係る情報を購入者に提供しなければならない(割賦販売法30条の2の3第1項)。また、包括信用購入あっせん業者と包括信用購入あっせんに係る契約を締結した販売業者(本肢ではC社)は、包括信用購入あっせんに係る販売の方法により商品を販売する契約を締結したときは、遅滞なく、商品の現金販売価格、商品の引渡時期等の所定の事項に係る情報を購入者に提供しなければならない(同条5項)。したがって、消費者Aが、割賦販売法上の包括信用購入あっせん業者であるB信販会社のクレジットカードを用いて2年間に24回の分割払(包括信用購入あっせん)により、同法上の包括信用購入あっせん関係販売業者であるC社の店舗でノートパソコンを購入する旨の売買契約を締結した場合、同法上、B社は、Aに対して、遅滞なく、当該売買契約における支払総額並びに各回ごとの商品代金の支払分の額及び支払時期等に関する情報を書面又は電磁的方法で提供しなければならず、これとは別に、C社も、Aに対して、遅滞なく、当該売買契約に係る現金販

売価格及び商品の引渡時期等に関する情報を書面又は電磁的方法で提供しなければならないから、本肢は適切である。

④　適切である。包括信用購入あっせん業者は、包括信用購入あっせん関係受領契約であって、支払分又は弁済金の支払の義務が履行されない場合において、20日以上の相当な期間を定めてその支払を書面（所定の場合には電磁的方法で）で催告し、その期間内にその義務が履行されないときでなければ、支払分又は弁済金の支払の遅滞を理由として、契約を解除し、又は支払時期の到来していない支払分若しくは弁済金の支払を請求することができない（割賦販売法30条の2の4第1項）。したがって、消費者Aが、割賦販売法上の包括信用購入あっせん業者であるB信販会社のクレジットカードを用いて1年間に12回の分割払（包括信用購入あっせん）により、同法上の包括信用購入あっせん関係販売業者であるC社の店舗でノートパソコンを購入する旨の売買契約を締結した後、AがB社に対する約定の支払分の支払を怠ったとしても、同法上、B社は、Aに対し、20日以上の相当な期間を定めてその支払を書面（所定の場合には電磁的方法）で催告し、その期間内にその義務が履行されないときでなければ、支払の遅滞を理由として、支払時期の到来していない支払分の支払を請求することができないから、本肢は適切である。

⑤　最も適切でない。割賦販売法上、個別信用購入あっせん（個別クレジット）については、個別信用購入あっせん関係販売業者が営業所等以外の場所において個別信用購入あっせん関係販売契約の申込みを受けた場合にクーリング・オフが認められているが（割賦販売法35条の3の10第1項）、包括信用購入あっせんについて、クーリング・オフは認められていない。したがって、消費者Aが、割賦販売法上の包括信用購入あっせん業者であるB信販会社のクレジットカードを用いて半年間に6回の分割払（包括信用購入あっせん）により、同法上の包括信用購入あっせん関係販売業者であるC社の店舗でノートパソコンを購入する旨の売買契約を締結した場合、同法上、Aには、クーリング・オフが認められていないから、本肢は適切でない。

クーリング・オフ

第 7 問

　一定の取引について契約の申込みの撤回または契約の解除を無条件で認める制度であるクーリング・オフに関する次のア～オの記述のうち、その内容が適切なものを○、適切でないものを×とした場合の組み合わせを①～⑤の中から1つだけ選びなさい。（第45回第3問3-2）

ア．消費者Xは、自ら要請していないにもかかわらず自宅にY社の販売員の訪問を受け、特定商取引法上の訪問販売に該当する方法により、Y社との間で、高級羽毛布団一式を購入する旨の売買契約を自宅において締結した。この場合において、Xは、当該高級羽毛布団一式の代金を現金で一括で支払ったときは、特定商取引法に基づき、当該売買契約についてクーリング・オフを行うことができない。

イ．消費者Xは、Y社が運営する家電量販店に自ら赴き、その店舗において、Y社の従業員から説明を受けた上で、Y社との間で、洗濯機を購入する旨の売買契約を締結した。この場合、Xは、特定商取引法に基づき、当該売買契約についてクーリング・オフを行うことができる。

ウ．消費者Xは、自ら要請していないにもかかわらず自宅にY社の従業員の訪問を受け、Xが所有する貴金属をY社に売却する旨を執拗に求められ、特定商取引法上の訪問購入に該当する方法により、Y社との間で、貴金属を売却する旨の売買契約を締結した。この場合、Xは、一定の期間内であれば、特定商取引法に基づき、当該売買契約についてクーリング・オフを行うことができる。

エ．消費者Xは、自ら要請していないにもかかわらず自宅に骨董商Yの訪問を受け、信販会社Z社を個別信用購入あっせん業者とする割賦販売法上の個別信用購入あっせんに該当する方法により、代金を12回の分割払いとして、Yとの間で骨董品を購入する旨の売買契約を自宅において締結した。この場合、Xは、一定の期間内であれば、割賦販売法に基づき、Z社との間の個別信用購入あっせん関係受領契約についてクーリング・オフを行うことができる。

オ．消費者Xは、Y社が運営するデパートに自ら赴き、当該デパートにおいて、割賦販売法上の包括信用購入あっせんに該当する方法により、Y社との間で、信販会社、Z社が発行するクレジットカードを用いて、リボルビング払い（注）で腕時計を購入する旨の売買契約を締結した。この場合、Xは、割賦販

売法に基づき、Z社との間の包括信用購入あっせん関係受領契約について
クーリング・オフを行うことはできない。

① ア-○　　イ-○　　ウ-×　　エ-×　　オ-○
② ア-○　　イ-×　　ウ-○　　エ-×　　オ-×
③ ア-×　　イ-○　　ウ-○　　エ-○　　オ-○
④ ア-×　　イ-×　　ウ-○　　エ-○　　オ-○
⑤ ア-×　　イ-×　　ウ-×　　エ-×　　オ-×

(注)リボルビング払いとは、カード等を利用者に交付し、あらかじめ定められ
た時期ごとに、そのカード等の提示により当該利用者に販売した商品等の対
価の合計額を基礎として、あらかじめ定められた方法により算定して得た金
額を支払う方式をいう。

解説

ア．**適切でない。** 特定商取引法の訪問販売においては、消費者は、原則として、法定書面の交付を受けた日から起算して8日を経過する前であれば、書面又は電磁的記録によるクーリング・オフによって契約の解除をすることができる（特定商取引法9条1項）。したがって、消費者Xが、特定商取引法上の訪問販売に該当する方法により、Y社との間で、高級羽毛布団一式を購入する旨の売買契約を自宅において締結した場合、Xは、当該高級羽毛布団一式の代金を現金で一括で支払ったとしても、特定商取引法に基づき、当該売買契約についてクーリング・オフを行うことができるから、本肢は適切でない。

　なお、訪問販売であっても、代金額が3000円未満の場合など、一定の場合には、例外的にクーリング・オフが認められない。

イ．**適切でない。** 特定商取引法は、一定の取引類型に着目し、例えば消費者が不意に取引に巻き込まれる訪問販売などにおいて、クーリング・オフを認めている。特定商取引法上の訪問販売とは、販売業者等が営業所等以外の場所において、売買契約の申込みを受け、若しくは売買契約を締結して行う商品の販売等のほか、販売業者等が、営業所等において、営業所等以外の場所において呼び止めて営業所等に同行させた者等と売買契約を締結して行う商品販売等（これを、一般に「キャッチセールス」という。）をいう（特定商取引法2条1項）。したがって、消費者Xが、Y社が運営する家電量販店に自ら赴き、その店舗において、Y社の従業員から説明を受けた上で、Y社との間で、洗濯機を購入する旨の売買契約を締結した場合、Xは、特定商取引法に基づき、当該売買契約についてクーリング・オフを行うことはできないから、本肢は適切でない。

ウ．**適切である。** 特定商取引法上の訪問購入とは、購入業者が営業所等以外の場所において、売買契約の申込みを受け、又は売買契約を締結して行う物品の購入をいう（特定商取引法58条の4）。訪問購入において、消費者は、原則として、法定書面の交付を受けた日から起算して8日を経過する前であれば、書面又は電磁的記録によるクーリング・オフによって契約の解除をすることができる（特定商取引法58条の14）。したがって、消費者Xが、特定商取引法上の訪問購入に該当する方法により、Y社との間で、貴金属を売却する旨の売買契約を締結した場合、Xは、一定の期間内であれば、特定商取引法に基づき、当該売買契約についてクーリング・オフを行うことができるから、本肢は適切である。

エ．**適切である。** 個別信用購入あっせん関係販売業者が営業所等以外の場所において個別信用購入あっせん関係販売契約の申込みを受けた場合、当該申込みをした者は、個別信用購入あっせん関係販売契約に係る個別信用購入あっせん関係受領契約について法定書面を受領した日から起算して8日を経過する前であれば、クーリング・オフを行うことができる（割賦販売法35条の3の10第1項）。したがって、消費者Xが、自ら要請していないにもかかわらず自宅に骨董商Yの訪問を受け、信販会社Z社を個別

信用購入あっせん業者とする割賦販売法上の個別信用購入あっせんに該当する方法により、代金を12回の分割払として、Yとの間で骨董品を購入する旨の売買契約を自宅において締結した場合、Xは、一定の期間内であれば、割賦販売法に基づき、Z社との間の個別信用購入あっせん関係受領契約についてクーリング・オフを行うことができるから、本肢は適切である。

オ．適切である。割賦販売法上のクーリング・オフが認められるのは、個別信用購入あっせんの方法、すなわち、個別クレジット契約の場合であり、包括信用購入あっせんの方法による場合は、クーリング・オフをすることができない。したがって、消費者Xが、割賦販売法上の包括信用購入あっせんに該当する方法により、Y社との間で、信販会社、Z社が発行するクレジットカードを用いて、リボルビング払で腕時計を購入する旨の売買契約を締結した場合、Xは、割賦販売法に基づき、Z社との間の包括信用購入あっせん関係受領契約についてクーリング・オフを行うことはできないから、本肢は適切である。

　特定商取引法に関する次の①〜④[*1]の記述のうち、その内容が最も適切でないものを１つだけ選びなさい。（第42回第10問10-2）

①　訪問販売の方法による売買契約の締結を勧誘しようとする場合、販売業者は、その勧誘に先立って、消費者に対し、自己の名称、売買契約の締結について勧誘をする目的である旨および販売する商品等、特定商取引法所定の事項を明示しなければならない。

②　販売業者が、消費者との間で、通信販売の方法により商品の売買契約を締結した。この場合において、販売業者が当該商品の広告に契約解除の可否や解除に伴う商品の返品条件など所定の事項を表示していなかったときは、消費者は、商品の引渡しを受けた後一定期間内であれば、当該契約を解除することができる。

③　消費者が、事業者との間で、特定継続的役務提供の方法により役務の提供を受ける旨の契約と、当該役務の提供を受けるにあたり不可欠な物品（関連商品）を事業者から購入する旨の売買契約を締結した。この場合、消費者は、一定の期間内であれば、当該役務の提供を受ける旨の契約につきクーリング・オフを行使することができるが、関連商品の売買契約につきクーリング・オフを行使することはできない。

④　訪問購入の方法による売買契約の締結について購入業者が勧誘をするに際し、購入業者は、物品の種類およびその性能または品質その他これらに類するものとして主務省令で定める事項につき、不実のことを告げる行為をしてはならない。

（解答はP158にあります）

*1　法改正により適合しなくなった⑤の記述を削除しました。

特定商取引法

第 9 問

難易度 ★★☆

消費者との取引にかかわる法規制

　美容用品の販売業を営む甲社および甲社の従業員Xによる、消費者Yへの美容器具A（20万円）の販売に関する次のア〜オの記述のうち、その内容が適切なものの組み合わせを①〜⑤の中から1つだけ選びなさい。（第46回第7問7-4）

ア．Yは、Aの製品内容や販売価格等が記載された甲社の広告を見てAに興味を持ち、甲社の営業所に自ら赴き、甲社の営業所においてAの売買契約を締結した。この場合、当該売買契約は、特定商取引法上の訪問販売に該当する。

イ．Yは、路上を通行中にXに呼び止められ、甲社の営業所にXと同行し、甲社の営業所においてAの売買契約を締結した。この場合、当該売買契約は、特定商取引法上の訪問販売には該当しない。

ウ．Xは、YにAを販売する目的で、Yの求めがないのにYの自宅を訪問した。Xは、YにAの購入を勧誘するのに先立ち、Yに対し、甲社の名称、売買契約の締結について勧誘をする目的である旨等の所定の事項を告げたところ、Yは、Aを購入しない旨の意思を表示した。この場合、特定商取引法上、Xは、Yに対し、当該売買契約の締結について勧誘をしてはならない。

エ．Xは、YにAを販売する目的で、Yの求めがないのにYの自宅を訪問した。Yは、XからAの購入の勧誘を受け、Aの売買契約を締結したが、YはAを受領しながら、代金を支払わず、かつAの返還もしなかったため、甲社は当該売買契約を解除した。この場合、当該売買契約において「Yの帰責事由に基づき本件売買契約が解除されたときは、Yは、甲社が定めた額の違約金を甲社に支払う」旨の特約があったとしても、甲社は、Yに対し、特定商取引法の定める上限を超える額の金銭の支払いを請求することができない。

オ．Xは、YにAを販売する目的で、Yの求めがないのにYの自宅を訪問した。Yは、XからAの購入の勧誘を受け、Aの売買契約を締結したが、その数量はYの日常生活で通常必要とする量を著しく超えるものであった。この場合、特定商取引法上、Yは、原則として、当該売買契約締結の時から起算して1年以内であれば当該売買契約を解除することができる。

①　アイウ　　②　アイオ　　③　アエオ　　④　イウエ　　⑤　ウエオ

（解答はP160にあります）

解説

① 適切である。販売業者は、訪問販売をしようとするときは、その勧誘に先立って、その相手方に対し、販売業者の氏名又は名称、売買契約の締結について勧誘をする目的である旨及び当該勧誘に係る商品若しくは権利の種類を明らかにしなければならない(特定商取引法3条)。したがって、訪問販売の方法による売買契約の締結を勧誘しようとする場合、販売業者は、その勧誘に先立って、消費者に対し、自己の名称、売買契約の締結について勧誘をする目的である旨及び販売する商品等、特定商取引法所定の事項を明示しなければならないから、本肢は適切である。

② 適切である。通信販売には、クーリング・オフの制度はないが、これに類似の制度として、一定の場合の契約の解除等がある。すなわち、通信販売をする場合の商品の販売条件について広告をした販売業者が、売買契約の申込みの撤回又はその売買契約の解除についての特約を当該広告に表示していない限り、当該商品の購入者は、所定の期間が経過するまでは、その売買契約の申込みの撤回又はその売買契約の解除を行うことができる(特定商取引法15条の3第1項)。したがって、販売業者が、消費者との間で、通信販売の方法により商品の売買契約を締結した場合において、販売業者が当該商品の広告に契約解除の可否や解除に伴う商品の返品条件など所定の事項を表示していなかったときは、消費者は、商品の引渡しを受けた後一定期間内であれば、当該契約を解除することができるから、本肢は適切である。

③ 最も適切でない。特定商取引法上、特定継続的役務の提供を受ける者は、契約締結後に交付される書面を受領してから8日が経過するまでは、クーリング・オフすることができる(特定商取引法48条1項)。クーリング・オフにより、特定継続的役務提供等契約の解除があった場合において、役務提供事業者が特定継続的役務の提供に際し特定継続的役務の提供を受ける者が購入する必要のある商品として関連商品の販売を行っている場合には、関連商品販売契約についても、原則として、クーリング・オフをすることができる(同条2項)。したがって、消費者が、事業者との間で、特定継続的役務提供の方法により役務の提供を受ける旨の契約と、当該役務の提供を受けるに当たり不可欠な物品(関連商品)を事業者から購入する旨の売買契約を締結した場合、消費者は、一定の期間内であれば、当該役務の提供を受ける旨の契約につきクーリング・オフを行使することができるが、関連商品の売買契約についてもクーリング・オフを行使することができるから、本肢は適切でない。

④ 適切である。特定商取引法上の訪問購入とは、購入業者が営業所等以外の場所において、売買契約の申込みを受け、又は売買契約を締結して行う物品の購入をいう(特定商取引法58条の4)。購入業者は、訪問購入に係る売買契約の締結について勧誘をするに際し、又は訪問購入に係る売買契約の申込みの撤回若しくは解除を妨げるため、物品の種類及びその性能又は品質その他これらに類するものとして主務省令で定める事項、物品の購入価格、物品の代金の支払の時期及び方法、物品の引渡時期及び

引渡しの方法などにつき、不実のことを告げる行為をしてはならない（同法58条の10第1項）。したがって、訪問購入の方法による売買契約の締結について購入業者が勧誘をするに際し、購入業者は、物品の種類及びその性能又は品質その他これらに類するものとして主務省令で定める事項につき、不実のことを告げる行為をしてはならないから、本肢は適切である。

解説

ア．**適切でない。**特定商取引法上の訪問販売とは、原則として、販売業者が営業所等以外の場所において、売買契約の申込みを受け、若しくは売買契約を締結して行う商品等の販売をいう（特定商取引法2条1項各号）。したがって、Yが、Aの製品内容や販売価格等が記載された甲社の広告を見てAに興味を持ち、甲社の営業所に自ら赴き、甲社の営業所においてAの売買契約を締結した場合、当該売買契約は、甲社の営業所で締結されており、特定商取引法上の訪問販売に該当しないから、本肢は適切でない。

イ．**適切でない。**販売業者等が、営業所等において、営業所等以外の場所において呼び止めて営業所等に同行させた者等から売買契約の申込みを受け、若しくはこれらの者と売買契約を締結して行う商品の販売（いわゆるキャッチセールス）は、特定商取引法上の訪問販売に当たる（特定商取引法2条1項2号）。したがって、Yが、路上を通行中にXに呼び止められ、甲社の営業所にXと同行し、甲社の営業所においてAの売買契約を締結した場合、当該売買契約は、特定商取引法上の訪問販売に該当するから、本肢は適切でない。

ウ．**適切である。**販売業者又は役務提供事業者は、訪問販売に係る売買契約又は役務提供契約を締結しない旨の意思を表示した者に対し、当該売買契約又は当該役務提供契約の締結について勧誘をしてはならない（特定商取引法3条の2第2項）。したがって、Xが、YにAを販売する目的で、Yの求めがないのにYの自宅を訪問し、YにAの購入を勧誘するのに先立ち、Yに対し、甲社の名称、売買契約の締結について勧誘をする目的である旨等の所定の事項を告げたところ、Yが、Aを購入しない旨の意思を表示した場合、特定商取引法上、Xは、Yに対し、当該売買契約の締結について勧誘をしてはならないから、本肢は適切である。

エ．**適切である。**特定商取引法上の訪問販売において販売業者は、売買契約の締結をした場合において、その売買契約が解除されたときは、損害賠償額の予定又は違約金の定めがあるときにおいても、所定の額にこれに対する法定利率による遅延損害金の額を加算した金額を超える額の金銭の支払を購入者に対して請求することができない（特定商取引法10条1項）。したがって、Xが、YにAを販売する目的で、Yの求めがないのにYの自宅を訪問し、Yが、XからAの購入の勧誘を受け、Aの売買契約を締結し、その後、当該売買契約を解除された場合、当該売買契約において「Yの帰責事由に基づき本件売買契約が解除されたときは、Yは、甲社が定めた額の違約金を甲社に支払う」旨の特約があったとしても、甲社は、Yに対し、特定商取引法の定める上限を超える額の金銭の支払を請求することができないから、本肢は適切である。

オ．**適切である。**特定商取引法上の訪問販売の購入者は、その日常生活において通常必要とされる分量を著しく超える商品の売買契約の申込みの撤回又は売買契約の解除を行うことができる（特定商取引法9条の2第1項1号）。もっとも、上記の申込みの撤回又は解除は、当該売買契約の締結の時から1年以内に行使しなければならない（同条第2項）。したがって、Xが、YにAを販売する目的で、Yの求めがないのにYの自宅を訪問し、Yが、XからAの購入の勧誘を受け、Aの売買契約を締結したが、その数量はYの日常生活で通常必要とする量を著しく超えるものであった場合、特定商取引法上、Yは、原則として、当該売買契約締結の時から起算して1年以内であれば当該売買契約を解除することができるから、本肢は適切である。

製造物責任法

第 **10** 問

　製造物責任法に関する次の①〜⑤の記述のうち、その内容が最も適切なものを1つだけ選びなさい。（第43回第1問1-3）

① 　製造物責任法上の製造物は、製造または加工された動産をいうが、農林水産物は、たとえ加工されても製造物には該当しない。

② 　製造物を現実に製造せず、業として海外から輸入した者は、製造物責任法上の製造業者等に該当することはない。

③ 　製造物を現実に製造せず、メーカーから製造物を仕入れ、これを消費者に販売する小売業者は、原則として、製造物責任法上の製造業者等に該当しない。

④ 　製造物責任法に基づく損害賠償責任が成立するためには、製造物の欠陥によって人の生命または身体に被害が生じる必要があり、単に製造物自体が破損した場合や、製造物以外の物に損害が拡大した場合は、製造物責任法は適用されない。

⑤ 　製造物責任法に基づく損害賠償責任が成立するためには、製造物に物理的な欠陥があることが必要であり、製造物の安全性に関する指示や警告に欠陥があったというだけでは、製造物責任法上の欠陥とは認められない。

解　説

① 適切でない。製造物責任の対象となる製造物とは、製造又は加工された動産をいう（製造物責任法2条1項）。農林水産物であっても、加工された場合には、製造物責任法上の製造物に当たる。したがって、製造物責任法上の製造物は、製造又は加工された動産をいい、農林水産物であっても、加工されていれば製造物に該当するから、本肢は適切でない。

② 適切でない。当該製造物を業として輸入した者は、製造物責任法上の製造業者等に当たる（製造物責任法2条3項1号）。したがって、製造物を現実に製造していないとしても、業として海外から輸入した者は、製造物責任法上の製造業者等に該当するから、本肢は適切でない。

③ 最も適切である。製造物責任法上の製造業者等とは、当該製造物を業として製造、加工又は輸入した者のほか、自ら当該製造物の製造業者として当該製造物にその氏名、商号、商標その他の表示をした者又は当該製造物にその製造業者と誤認させるような氏名等の表示をした者等をいう（製造物責任法2条3項）。製造物を消費者に販売する小売業者は、原則として、製造業者等に含まれない。したがって、製造物を現実に製造せず、メーカーから製造物を仕入れ、これを消費者に販売する小売業者は、原則として、製造物責任法上の製造業者等に該当しないから、本肢は適切である。

④ 適切でない。製造業者等は、その製造、加工、輸入等をした製造物であって、その引き渡したものの欠陥により他人の生命、身体又は財産を侵害したときは、製造物責任として、これによって生じた損害を賠償する責任を負うが、その損害が当該製造物についてのみ生じたときは、製造物責任は発生しない（製造物責任法3条）。したがって、製造物の欠陥によって人の生命又は身体に被害が生じた場合のほか、製造物以外の物に損害が拡大した場合も、製造物責任法に基づく損害賠償責任が成立し、製造物責任法が適用されるから、本肢は適切でない。

⑤ 適切でない。製造物責任法上の製造物責任とは、製造業者等が、その製造、加工、輸入等をした製造物であって、その引き渡したものの欠陥により他人の生命、身体又は財産を侵害したときに、これによって生じた損害を賠償する責任をいう（製造物責任法3条）。ここにいう欠陥とは、当該製造物の特性、その通常予見される使用形態、その製造業者等が当該製造物を引き渡した時期その他の当該製造物に係る事情を考慮して、当該製造物が通常有すべき安全性を欠いていることをいう（同法2条2項）。欠陥には、製造上の欠陥だけでなく、指示・警告上の欠陥もある。したがって、製造物に物理的な欠陥がある場合のほか、製造物の安全性に関する指示や警告に欠陥があった場合も製造物責任法上の欠陥と認められ、製造物責任法に基づく損害賠償責任が成立するから、本肢は適切でない。

製造物責任法に関する次の①〜⑤の記述のうち、その内容が最も適切なものを１つだけ選びなさい。（第48回第1問1-1）

① 消費者Aは、建築会社B社に自宅の増築を依頼し、完成した自宅の引渡しを受けた。Aは、当該増築部分を書斎として使用していたが、B社の施工の不備が原因で当該増築部分の天井板が落下したため、その下敷きになり負傷した。この場合、Aは、B社に対し、製造物責任法に基づき損害賠償を請求することができる。

② 消費者Aは、B社が経営するスーパーマーケットで、その店舗内で調理された弁当を購入し、その日の昼食とした。当該弁当は調理の際に細菌が混入していたため、これを食したAが食中毒に罹患した。この場合、製造物責任法上の製造物に該当するのは工業製品のみであるため、Aは、B社に対し、製造物責任法に基づき損害賠償を請求することができない。

③ 消費者Aは、B社が経営するアウトドア用品店で、アウトドア用品メーカーC社がB社からの委託により設計および製造を行ったテーブルを購入した。当該テーブルには、製造業者としてB社の商号が表示されていた。当該テーブルは、設計上の欠陥が原因で脚の固定器具が破損し倒れたため、当該テーブルの上で湯を沸かしていたコンロが落下して、こぼれた熱湯でAはやけどを負った。この場合、Aは、B社に対し、製造物責任法に基づき損害賠償を請求することができる。

④ 消費者Aは、B社が経営する食器店で、食器メーカーC社が製造したコーヒーポットを購入した。当該コーヒーポットは、製造上の欠陥が原因で水漏れがするため、使用することができなかった。この場合、当該コーヒーポットが使用不能であったこと以外にAに損害が生じていなくても、Aは、C社に対し、製造物責任法に基づき損害賠償を請求することができる。

⑤ 消費者Aは、B社の経営する家具店で、家具メーカーC社が製造した組立て式のクローゼットを購入した。当該クローゼットは、AによってC社作成の取扱説明書に従って組み立てられたが、当該取扱説明書の記載に誤りがあったことが原因で適切に組み立てられていなかった。そのため、Aが当該クローゼットに洋服を掛けようとしたところ、当該クローゼットが倒れ、Aはその下敷きになり負傷した。この場合、Aは、C社に対し、製造物責任法に基づき損害賠償を請求することができない。

解 説

①　適切でない。製造物責任法上の製造物とは、製造又は加工された動産をいう（製造物責任法2条1項）。加工されていない動産や、不動産は製造物に含まれない。したがって、消費者Aが、建築会社B社に自宅の増築を依頼し、完成した自宅の引渡しを受け、当該増築部分を書斎として使用していたところ、B社の施工の不備が原因で当該増築部分の天井板が落下したため、その下敷きになり負傷した場合であっても、Aは、B社に対し、製造物責任法に基づき損害賠償を請求することができないから、本肢は適切でない。

②　適切でない。製造物責任法上の製造物とは、製造又は加工された動産をいう（製造物責任法2条1項）。未加工の動産は製造物に含まれないが、加工された動産であれば、工業製品に限らず食品も含まれる。したがって、消費者Aが、B社が経営するスーパーマーケットで、その店舗内で調理された弁当を購入し、その日の昼食としたところ、当該弁当は調理の際に細菌が混入していたため、これを食したAが食中毒に罹患した場合、調理された弁当は、製造物責任法上の製造物に該当し、Aは、B社に対し、製造物責任法に基づき損害賠償を請求することができるから、本肢は適切でない。

③　最も適切である。製造物責任法上の損害賠償責任を負うのは、製造業者等であるところ、製造物責任法上の製造業者等とは、当該製造物を業として製造、加工又は輸入した者・自ら当該製造物の製造業者として当該製造物にその氏名、商号、商標その他の表示をした者又は当該製造物にその製造業者と誤認させるような氏名等の表示をした者・その他、当該製造物の製造、加工、輸入又は販売に係る形態その他の事情からみて、当該製造物にその実質的な製造業者と認めることができる氏名等の表示をした者をいう（製造物責任法2条3項各号）。したがって、消費者Aが、B社が経営するアウトドア用品店で、アウトドア用品メーカーC社がB社からの委託により設計及び製造を行ったテーブルを購入し、当該テーブルに、製造業者としてB社の商号が表示されていたとき、当該テーブルが、設計上の欠陥が原因で脚の固定器具が破損し倒れたため、当該テーブルの上で湯を沸かしていたコンロが落下して、こぼれた熱湯でAがやけどを負った場合、Aは、B社に対し、製造物責任法に基づき損害賠償を請求することができるから、本肢は適切である。

④　適切でない。製造物責任は、製造業者等が、その製造、加工、輸入又は所定の氏名等の表示をした製造物であって、その引き渡したものの欠陥により他人の生命、身体又は財産を侵害したとき、これによって生じた損害を賠償する責任である。もっとも、その損害が当該製造物についてのみ生じたときは、製造物責任は生じない（製造物責任法3条）。したがって、消費者Aが、B社が経営する食器店で、食器メーカーC社が製造したコーヒーポットを購入し、当該コーヒーポットは、製造上の欠陥が原因で水漏れがするため、使用することができなかった場合、当該コーヒーポットが使用不能であったこと以外にAに損害が生じていないときは、Aは、C社に対し、製造物責任法に基づき損害賠償を請求することができないから、本肢は適切でない。

⑤　適切でない。欠陥とは、当該製造物の特性、その通常予見される使用形態、その製造業者等が当該製造物を引き渡した時期その他の当該製造物に係る事情を考慮して、当該製造物が通常有すべき安全性を欠いていることをいう（製造物責任法2条2項）。欠陥には、製造上の欠陥だけでなく、指示・警告上の欠陥もある。組立て式クローゼットの組立て方を記載した取扱説明書の記載に誤りがあったことは、「指示・警告上の欠陥」に当たる。したがって、消費者Aが、B社の経営する家具店で、家具メーカーC社が製造した組立て式のクローゼットを購入し、C社作成の取扱説明書に従って組み立てたが、その取扱説明書の記載に誤りがあったことが原因で適切に組み立てられていなかったため、Aが当該クローゼットに洋服を掛けようとしたところ、当該クローゼットが倒れ、Aがその下敷きになり負傷した場合、Aは、C社に対し、製造物責任法に基づき損害賠償を請求することができるから、本肢は適切でない。

製造物責任法

第 **12** 問

難易度　★★☆

　消費者Aは、X社の運営するドラッグストアで、シャンプー甲を購入し使用したところ、頭皮がかぶれたため、病院で治療を受けた。甲のボトルには化粧品メーカーY社のロゴマークが記載されている。この場合に関する次のア〜オの記述のうち、その内容が適切なものの組み合わせを①〜⑤の中から1つだけ選びなさい。（第45回第7問7-3）

ア．Y社が甲を製造していた場合において、甲に欠陥はなかったが、X社のずさんな商品管理により甲が劣化していたことが原因でAの頭皮がかぶれたときは、Aは、甲を販売したX社に対して製造物責任法に基づく損害賠償を請求することができる。

イ．Y社が甲を製造していた場合において、甲に欠陥はなかったが、X社のずさんな商品管理により甲が劣化していたことが原因でAの頭皮がかぶれたときは、Aは、甲を製造したY社に対して製造物責任法に基づく損害賠償を請求することができる。

ウ．甲を製造したのは外国の会社であり、Y社は、甲を業として輸入し、販売したものであった。この場合、甲の欠陥によりAの頭皮がかぶれたときは、Aは、Y社に対して製造物責任法に基づく損害賠償を請求することができる。

エ．Y社が甲を製造していた場合において、甲のラベルには、「体質によってはかゆみやかぶれなどを引き起こす可能性があり、皮膚に異常を生じた場合、使用を中止してください」との注意書きが明瞭に記載されていた。甲には欠陥がなく、Aの頭皮のかぶれがAの体質に起因するものである場合、Aは、Y社に対して製造物責任法に基づく損害賠償を請求することができない。

オ．Y社がAに対する製造物責任法上の損害賠償責任を負う場合、当該損害賠償責任については消滅時効が規定されていないため、Aは、期間の制限なくY社に対して製造物責任法に基づく損害賠償を請求することができる。

①　アイ　　②　アオ　　③　イウ　　④　ウエ　　⑤　エオ

解説

ア．**適切でない。**製造業者等は、その製造、加工、輸入等をした製造物であって、その引き渡したものの欠陥により他人の生命、身体又は財産を侵害したときは、これによって生じた損害を賠償する責任を負い、これを製造物責任という（製造物責任法3条本文）。販売をしただけでは、原則として、製造物責任を負担する製造業者等に当たらない。したがって、Y社が甲を製造していた場合において、甲に欠陥はなかったときは、X社のずさんな商品管理により甲が劣化していたことが原因でAの頭皮がかぶれたとしても、Aは、甲を販売したX社に対して製造物責任法に基づく損害賠償を請求することはできないから、本肢は適切でない。

イ．**適切でない。**製造物責任法上の欠陥とは、当該製造物の特性、その通常予見される使用形態、その製造業者等が当該製造物を引き渡した時期その他の当該製造物に係る事情を考慮して、当該製造物が通常有すべき安全性を欠いていることをいう（製造物責任法2条2項）。当該製造物を引き渡した時点で欠陥がなく、その後の流通過程における商品管理が原因で製造物が劣化したときは、製造業者に製造物責任が発生する欠陥があるとはいえない。したがって、Y社が甲を製造していた場合において、甲に欠陥はなかったときは、X社のずさんな商品管理により甲が劣化していたことが原因でAの頭皮がかぶれたとしても、Aは、甲を製造したY社に対して製造物責任法に基づく損害賠償を請求することはできないから、本肢は適切でない。

ウ．**適切である。**製造物責任法上の製造業者等には、当該製造物を業として製造、加工した者のほか、当該製造物を輸入した者も含まれる。また、自ら当該製造物の製造業者として当該製造物にその氏名、商号、商標その他の表示をした者又は当該製造物にその製造業者と誤認させるような氏名等の表示をした者や、当該製造物の製造、加工、輸入又は販売に係る形態その他の事情からみて、当該製造物にその実質的な製造業者と認めることができる氏名等の表示をした者も製造業者等に当たる（製造物責任法2条3項）。したがって、甲を製造したのは外国の会社であり、Y社は、甲を業として輸入し、販売したものであった場合、甲の欠陥によりAの頭皮がかぶれたときは、Aは、甲を業として輸入したY社に対して製造物責任法に基づく損害賠償を請求することができるから、本肢は適切である。

エ．**適切である。**欠陥には、製造上の欠陥だけでなく、指示・警告上の欠陥もある。したがって、Y社が甲を製造していた場合において、甲のラベルには、「体質によってはかゆみやかぶれなどを引き起こす可能性があり、皮膚に異常を生じた場合、使用を中止してください」との注意書きが明瞭に記載されていたとき、指示・警告上の欠陥も含め甲には欠陥がなく、Aの頭皮のかぶれがAの体質に起因するものである場合、Aは、Y社に対して製造物責任法に基づく損害賠償を請求することができないから、本肢は適切である。

オ．**適切でない。**人の生命又は身体を侵害した場合における損害賠償の請求権は、被害者又はその法定代理人が損害及び賠償義務者を知った時から5年間行わないときは、時効によって消滅する。その製造業者等が当該製造物を引き渡した時から10年を経過したときも、原則として、同様である（製造物責任法5条1項、2項）。したがって、製造物責任法上の損害賠償責任については、消滅時効が規定されているから、本肢は適切でない。

第

5 章

情報の管理と活用に
かかわる法規制

学習のポイント

ここでは、情報の管理と活用にかかわる法規制として、個人情報保護法、不正競争防止法上の営業秘密を学びます。

個人情報についての関心の高まりにより、ビジネスにおいて個人情報保護法の遵守が重要となっています。個人情報保護法の頻出問題を押さえるとともに、不正競争防止法上の「営業秘密」について理解をしましょう。

本章のキーワード

● 不正競争防止法　　● 個人情報保護法

個人情報保護法

　　個人情報保護法に関する次のア〜オの記述のうち、その内容が適切なものの組み合わせを①〜⑤の中から１つだけ選びなさい。（第46回第2問2-1）

ア．個人情報保護法上、死亡した個人の氏名および生年月日の情報は、当該死亡した者の個人情報として同法の適用を受けない。

イ．個人情報取扱事業者が、個人データの取扱いを第三者に委託する場合、その取扱いを委託された個人データの安全管理は当該第三者が行えば足り、当該個人情報取扱事業者が、当該第三者に対し、個人データの安全管理に関する監督を行う必要はない。

ウ．個人情報取扱事業者は、利用目的の達成に必要な範囲内において、個人データを正確かつ最新の内容に保つよう努めなければならない。

エ．個人情報取扱事業者は、その保有個人データから識別される本人から、当該保有個人データの利用の停止を請求された場合には、その理由のいかんを問わず、遅滞なく、当該保有個人データの利用を停止しなければならない。

オ．個人情報取扱事業者の従業者が、その業務に関して取り扱った個人情報データベース等の全部を複製し、自己の不正な利益を図る目的で提供した場合、個人情報保護法上のデータベース提供罪が成立し得る。

①　アイウ　　②　アイエ　　③　アウオ　　④　イエオ　　⑤　ウエオ

解 説

ア．適切である。個人情報とは、生存する個人に関する情報であって、当該情報に含まれる氏名、生年月日その他の記述等により特定の個人を識別することができるもの、又は、個人識別符号が含まれるものをいう（個人情報保護法2条1項）。したがって、死亡した個人の氏名及び生年月日の情報は、個人情報保護法の適用を受けないから、本肢は適切である。

イ．適切でない。個人情報取扱事業者は、個人データの取扱いの全部又は一部を委託する場合は、その取扱いを委託された個人データの安全管理が図られるよう、委託を受けた者に対する必要かつ適切な監督を行わなければならない（個人情報保護法25条）。したがって、個人情報取扱事業者は、個人データの取扱いの全部又は一部を第三者に委託する場合は、その取扱いを委託された個人データの安全管理が図られるよう、委託を受けた第三者に対する必要かつ適切な監督を行わなければならないから、本肢は適切でない。

ウ．適切である。個人情報取扱事業者は、利用目的の達成に必要な範囲内において、個人データを正確かつ最新の内容に保つとともに、利用する必要がなくなったときは、当該個人データを遅滞なく消去するよう努めなければならない（個人情報保護法22条）。したがって、個人情報取扱事業者は、利用目的の達成に必要な範囲内において、個人データを正確かつ最新の内容に保つよう努めなければならないから、本肢は適切である。

エ．適切でない。個人情報取扱事業者は、本人から、当該本人が識別される保有個人データが所定の利用目的の範囲を超えて取り扱われているという理由又は偽りその他不正の手段により個人情報を取得されたものであるという理由によって、当該保有個人データの利用の停止又は消去を請求された場合であって、その請求に理由があることが判明したときは、原則として、違反を是正するために必要な限度で、遅滞なく、当該保有個人データの利用停止等を行わなければならない（個人情報保護法35条1項、2項）。他にも不正に第三者提供されている場合や本人の権利又は正当な利益が害されるおそれがある場合なども同様である（同条3項、5項）。したがって、個人情報取扱事業者が、その保有個人データから識別される本人から、当該保有個人データの利用の停止を請求された場合であっても、当該保有個人データの利用を停止しなければならないのは、偽りその他不正の手段により個人情報を取得されたものである場合や、本人の権利又は正当な利益が害されるおそれがある場合等の所定の理由がある場合に限られるから、本肢は適切でない。

オ．適切である。個人情報取扱事業者（その者が法人である場合にあっては、その役員、代表者又は管理人）若しくはその従業者又はこれらであった者が、その業務に関して取り扱った個人情報データベース等を自己若しくは第三者の不正な利益を図る目的で提供し、又は盗用したときは、1年以下の懲役*又は50万円以下の罰金に処せられる可能性がある（個人情報保護法179条）。したがって、個人情報取扱事業者の従業者が、その業務に関して取り扱った個人情報データベース等の全部を複製し、自己の不正な利益を図る目的で提供した場合、個人情報保護法上のデータベース提供罪が成立し得るから、本肢は適切である。

＊ 法改正により「拘禁刑」となる。

個人情報保護法

　個人情報保護法に関する次の①〜⑤の記述のうち、その内容が最も適切なものを１つだけ選びなさい。（第43回第3問3-4）

① 　死亡した個人に関する情報は、当該死亡した個人を識別することができるものであるときは、個人情報保護法上、当該死亡した個人の個人情報に当たる。

② 　個人情報保護法上、匿名加工情報取扱事業者には、匿名加工情報の加工方法についての制限や、匿名加工情報を作成、提供等した際の公表義務が課されている。

③ 　個人情報取扱事業者は、個人情報を取得した場合には、その利用目的を当該個人情報によって識別される個人に通知したときであっても、別途利用目的を公表しなければならない。

④ 　個人情報取扱事業者は、その保有個人データについて、個人情報によって識別される個人から開示の請求を受けた場合であっても、当該請求に応じる必要はない。

⑤ 　個人情報取扱事業者が、事業の譲渡に伴って譲受会社に当該事業に関する個人データを提供しようとする場合には、当該個人データにより識別される個人から事前に同意を得なければ、提供をすることができない。

第 2 問 **解答** ②

解説

① 適切でない。個人情報とは、生存する個人に関する情報であって、当該情報に含まれる氏名、生年月日その他の記述等により特定の個人を識別することができるもの、又は、個人識別符号が含まれるものをいう（個人情報保護法2条1項）。したがって、死亡した個人に関する情報は、当該死亡した個人を識別することができるものであったとしても、個人情報保護法上の個人情報に当たらないから、本肢は適切でない。

② 最も適切である。個人情報取扱事業者は、匿名加工情報を作成するときは、特定の個人を識別すること及びその作成に用いる個人情報を復元することができないようにするために必要なものとして個人情報保護委員会規則で定める基準に従い、当該個人情報を加工しなければならない（個人情報保護法43条1項）。また、個人情報取扱事業者は、匿名加工情報を作成したときは、個人情報保護委員会規則で定めるところにより、当該匿名加工情報に含まれる個人に関する情報の項目を公表しなければならない（同条3項）。したがって、個人情報保護法上、匿名加工情報取扱事業者には、匿名加工情報の加工方法についての制限や、匿名加工情報を作成、提供等した際の公表義務が課されているから、本肢は適切である。

③ 適切でない。個人情報取扱事業者は、個人情報を取得した場合は、あらかじめその利用目的を公表している場合を除き、速やかに、その利用目的を、本人に通知し、又は公表しなければならない（個人情報保護法21条1項）。したがって、個人情報取扱事業者は、個人情報を取得した場合において、その利用目的を当該個人情報によって識別される個人に通知したときは、別途利用目的を公表する必要はないから、本肢は適切でない。

④ 適切でない。個人情報取扱事業者は、本人から当該本人が識別される保有個人データの開示の請求を受けたときは、本人に対し、原則として、所定の方法により、遅滞なく、当該保有個人データを開示しなければならない（個人情報保護法33条2項）。したがって、個人情報取扱事業者は、その保有個人データについて、個人情報によって識別される個人から開示の請求を受けた場合は、原則として、当該請求に応じなければならないから、本肢は適切でない。

⑤ 適切でない。個人情報取扱事業者は、原則として、あらかじめ本人の同意を得ないで、個人データを第三者に提供してはならない（個人情報保護法27条1項）。もっとも、合併その他の事由による事業の承継に伴って個人データが提供される場合には、同意が必要な第三者提供に当たらない（同条5項2号）。したがって、個人情報取扱事業者が、事業の譲渡に伴って譲受会社に当該事業に関する個人データを提供しようとする場合には、当該個人データにより識別される個人から事前に同意を得なくとも、提供することができるから、本肢は適切でない。

　　個人情報保護法に関する次のア〜オの記述のうち、その内容が適切なものの組み合わせを①〜⑤の中から１つだけ選びなさい。なお、本問におけるA社は、個人情報保護法上の個人情報取扱事業者に該当するものとする。（第48回第３問3-3）

ア．A社は、自社の保有する個人情報の利用目的を変更する場合、あらかじめ当該個人情報にかかる本人の同意を得ないで、従前の利用目的を一切考慮することなく、任意に、利用目的を変更することができる。

イ．A社は、営業活動を通じて顧客Bからその個人情報を取得したが、その利用目的を公表していなかった。この場合、個人情報保護法上、A社は、その利用目的をBに通知した上で、さらに公表しなければならない。

ウ．A社は、その従業者Cに個人データを取り扱わせるにあたっては、当該個人データの安全管理が図られるよう、Cに対する必要かつ適切な監督を行わなければならない。

エ．A社は、匿名加工情報データベース等を構成する匿名加工情報を作成するときは、特定の個人を識別することおよびその作成に用いる個人情報を復元することができないようにするために必要なものとして個人情報保護委員会規則で定める基準に従い、当該個人情報を加工しなければならない。

オ．A社の従業者Dは、その業務に関して取り扱ったA社の個人情報データベース等の全部を複製し、自己の不正な利益を図る目的で第三者に提供した。この場合、Dには個人情報保護法上のデータベース提供罪が成立し得る。

① アイエ　　② アイオ　　③ アウオ　　④ イウエ　　⑤ ウエオ

解 説

ア．適切でない。個人情報取扱事業者は、個人情報を取り扱うに当たっては、その利用の目的をできる限り特定しなければならない（個人情報保護法17条1項）。また、個人情報取扱事業者は、利用目的を変更する場合には、変更前の利用目的と関連性を有すると合理的に認められる範囲を超えて行ってはならない（同条2項）。したがって、A社は、自社の保有する個人情報の利用目的を変更する場合、変更前の利用目的と関連性を有すると合理的に認められる範囲を超えて行ってはならないから、本肢は適切でない。

イ．適切でない。個人情報取扱事業者は、個人情報を取得した場合は、あらかじめその利用目的を公表している場合を除き、速やかに、その利用目的を、本人に通知し、又は公表しなければならない（個人情報保護法21条1項）。したがって、A社は、営業活動を通じて顧客Bからその個人情報を取得したが、その利用目的を公表していなかった場合、個人情報保護法上、A社は、その利用目的をBに通知するか、又は公表しなければならないのであって、そのいずれかで足りるから、本肢は適切でない。

ウ．適切である。個人情報取扱事業者は、その従業者に個人データを取り扱わせるに当たっては、当該個人データの安全管理が図られるよう、当該従業者に対する必要かつ適切な監督を行わなければならない（個人情報保護法24条）。したがって、A社は、その従業者Cに個人データを取り扱わせるに当たっては、当該個人データの安全管理が図られるよう、Cに対する必要かつ適切な監督を行わなければならないから、本肢は適切である。

エ．適切である。個人情報取扱事業者は、匿名加工情報を作成するときは、特定の個人を識別すること及びその作成に用いる個人情報を復元することができないようにするために必要なものとして個人情報保護委員会規則で定める基準に従い、当該個人情報を加工しなければならない（個人情報保護法43条1項）。したがって、A社は、匿名加工情報データベース等を構成する匿名加工情報を作成するときは、特定の個人を識別すること及びその作成に用いる個人情報を復元することができないようにするために必要なものとして個人情報保護委員会規則で定める基準に従い、当該個人情報を加工しなければならないから、本肢は適切である。

オ．適切である。個人情報取扱事業者（その者が法人（法人でない団体で代表者又は管理人の定めのあるものを含む。）である場合にあっては、その役員、代表者又は管理人）若しくはその従業者又はこれらであった者が、その業務に関して取り扱った個人情報データベース等（その全部又は一部を複製し、又は加工したものを含む。）を自己若しくは第三者の不正な利益を図る目的で提供し、又は盗用したときは、1年以下の懲役*又は50万円以下の罰金に処せられる（個人情報保護法179条）。これを個人情報データベース等不正提供罪という。したがって、A社の従業者Dが、その業務に関して取り扱ったA社の個人情報データベース等の全部を複製し、自己の不正な利益を図る目的で第三者に提供した場合、Dには個人情報保護法上のデータベース提供罪が成立し得るから、本肢は適切である。

＊ 法改正により「拘禁刑」となる。

不正競争防止法（営業秘密）

第 4 問

難易度 ★★☆

　不正競争防止法上の営業秘密に関する次のア～オの記述のうち、その内容が適切なものの組み合わせを①～⑤の中から１つだけ選びなさい。（第45回第2問2-4）

ア．企業の保有する情報が営業秘密として不正競争防止法上の保護を受けるためには、当該情報が刊行物に記載されていないなど、公然と知られていないものであることが必要である。

イ．企業の保有する情報が営業秘密として不正競争防止法上の保護を受けるためには、当該情報によって財やサービスの生産、販売、研究開発に役立つなど、事業活動に有用なものであることが必要である。

ウ．企業の保有する情報が営業秘密として不正競争防止法上の保護を受けるためには、当該情報にアクセスできる者を制限することや、当該情報にマル秘マークを付すことなどにより、当該情報が秘密として管理されていることが必要である。

エ．商品の製造方法や設計図等の技術上の情報は不正競争防止法上の営業秘密に該当しないが、販売マニュアルなどの販売方法や顧客名簿等といった営業上の情報は不正競争防止法上の営業秘密に該当する。

オ．営業秘密の保有者から当該営業秘密を不正取得行為により取得した者が、第三者に当該営業秘密を譲渡した。その後、当該第三者は、当該保有者からの警告により、不正取得行為が介在したことを知った。この場合、当該第三者が当該営業秘密を事業活動に使用する行為は、不正競争に該当することはない。

① アイウ　　② アイエ　　③ アエオ　　④ イウオ　　⑤ ウエオ

第 **4** 問 **解答** ①

解説

ア．適切である。不正競争防止法上の営業秘密とは、秘密として管理されている生産方法、販売方法その他の事業活動に有用な技術上又は営業上の情報であって、公然と知られていないものをいう（不正競争防止法2条6項）。したがって、企業の保有する情報が営業秘密として不正競争防止法上の保護を受けるためには、当該情報が刊行物に記載されていないなど、公然と知られていないものであることが必要であるから、本肢は適切である。

イ．適切である。不正競争防止法上の営業秘密とは、秘密として管理されている生産方法、販売方法その他の事業活動に有用な技術上又は営業上の情報であって、公然と知られていないものをいう（不正競争防止法2条6項）。したがって、企業の保有する情報が営業秘密として不正競争防止法上の保護を受けるためには、当該情報によって財やサービスの生産、販売、研究開発に役立つなど、事業活動に有用なものであることが必要であるから、本肢は適切である。

ウ．適切である。不正競争防止法上の営業秘密とは、秘密として管理されている生産方法、販売方法その他の事業活動に有用な技術上又は営業上の情報であって、公然と知られていないものをいうところ（不正競争防止法2条6項）、秘密として管理しているといえるためには、「営業秘密保有企業の秘密管理意思（特定の情報を秘密として管理しようとする意思）が、具体的状況に応じた経済合理的な秘密管理措置によって、従業員に明確に示され、結果として、従業員が当該秘密管理意思を容易に認識できる（換言すれば、認識可能性が確保される）必要がある」とされている（経済産業省「営業秘密管理指針」平成15年1月30日（最終改訂：平成31年1月23日））。したがって、企業の保有する情報が営業秘密として不正競争防止法上の保護を受けるためには、当該情報にアクセスできる者を制限することや、当該情報にマル秘マークを付すことなどにより、当該情報が秘密として管理されていることが必要であるから、本肢は適切である。

エ．適切でない。不正競争防止法上の営業秘密とは、秘密として管理されている生産方法、販売方法その他の事業活動に有用な技術上又は営業上の情報であって、公然と知られていないものをいう（不正競争防止法2条6項）。したがって、販売マニュアルなどの販売方法や顧客名簿等といった営業上の情報のみならず、商品の製造方法や設計図等の技術上の情報も、不正競争防止法上の営業秘密に該当するから、本肢は適切でない。

オ．適切でない。その営業秘密について営業秘密不正取得行為が介在したことを知って、若しくは重大な過失により知らないで営業秘密を取得し、又はその取得した営業秘密を使用し、若しくは開示する行為は、不正競争防止法上の不正競争に当たる（不正競争防止法2条1項5号）。したがって、営業秘密の保有者から当該営業秘密を不正取得行為により取得した者が、第三者に当該営業秘密を譲渡した後、当該第三者が、当該保有者からの警告により、不正取得行為が介在したことを知った場合、当該第三者が当該営業秘密を事業活動に使用する行為は、不正競争に該当するから、本肢は適切でない。

第
6
章

デジタル社会と法律

学習のポイント

デジタル社会において、ECサイトを含め、ビジネス上、インターネット
の利用は避けて通れません。法規制を理解しておく重要性は高いといえ
ます。

試験との関係では、同じポイントが繰り返し出題されていますので、頻
出ポイントとしてよく押さえてください。

本章のキーワード

- 電子消費者契約法
- 迷惑メール防止法
- プロバイダ責任制限法
- 不正アクセス禁止法
- 電子署名法

電子商取引

第 1 問

難易度 ★★★

X社は、インターネット上の自社のホームページで自社の商品を販売するサイトを設けることにした。この場合に関する次のア～オの記述のうち、その内容が適切なものの組み合わせを①～⑤の中から1つだけ選びなさい。（第40回第5問 5-4）

ア．X社は、消費者Yから商品を購入する旨の申込みをホームページ上で受け、当該申込みに対し電子メールで承諾の意思表示を行ったが、その電子メールがX社の責めによらない事由でYに到達しなかった。この場合、X社とYとの間で当該商品の売買契約は成立しない。

イ．X社は、未成年者である消費者Yから商品を購入する旨の申込みをホームページ上で受け、これを承諾し商品を発送した。その後、Yは、X社に対し、自己は未成年者であり、売買契約を取り消したい旨の連絡をした。この場合、電子商取引には未成年者による契約の取消しは認められていないため、Yは、自己が未成年者であることを理由に、当該売買契約を取り消すことはできない。

ウ．消費者Yは、X社のホームページを通じて商品を購入したが、その後、当該商品は必要がないと考え、クーリング・オフをしたいと考えている。この場合、電子消費者契約法上、ホームページを通じた電子商取引についてはクーリング・オフの制度は設けられておらず、Yはクーリング・オフをすることはできない。

エ．消費者Yは、X社のホームページを通じて、重大な過失により、商品を2個購入するつもりで商品を3個購入する旨の意思表示をしたため、X社に対し、要素の錯誤を理由に当該意思表示の無効を主張した。この場合において、X社は、当該ホームページの商品購入画面上に購入者の商品購入の意思表示を行う意思の有無を確認するために必要な措置を講じていたときは、Yに対し、Yに重大な過失があったことを理由に、当該意思表示は無効ではない旨を主張することができる。

オ．X社は、顧客からの代金の支払いについて、1年間毎月の分割払いにも応じる旨の広告をホームページ上で行い、分割払い専用の画面も設けた。この場合、信販会社等の第三者を介入させることなく販売業者と消費者との間で直接行われる、いわゆる自社割賦には割賦販売法は適用されないため、X社は、当該広告において割賦販売法所定の事項を表示する必要はない。

① アイエ ② アウエ ③ アウオ ④ イウオ ⑤ イエオ

6 デジタル社会と法律

第1問 解答 ②

解説

ア．適切である。民法改正により、電子商取引に限らず、承諾の通知は、その通知が相手方に到達した時から効力を生じ、その時点で契約が成立することとなった（民法97条1項）。したがって、X社が、消費者Yから商品を購入する旨の申込みをホームページ上で受け、当該申込みに対し電子メールで承諾の意思表示を行ったが、その電子メールがX社の責めによらない事由でYに到達しなかった場合、X社とYとの間で当該商品の売買契約は成立しないから、本肢は適切である。

イ．適切でない。消費者と事業者との間でインターネットを利用して、コンピュータの画面を介して締結される契約であって、事業者がその画面に表示する手続に従って、消費者がその使用するコンピュータを用いて送信することによってその申込み又はその承諾の意思表示を行うものを「電子消費者契約」という（電子消費者契約に関する民法の特例に関する法律2条1項）。電子消費者契約であっても、民法の規定に従い、未成年者による契約の取消しが認められる（民法5条2項参照）。したがって、X社が、未成年者である消費者Yから商品を購入する旨の申込みをホームページ上で受け、これを承諾し商品を発送した後、Yが、X社に対し、自己は未成年者であり、売買契約を取り消したい旨の連絡をした場合、電子商取引であっても未成年者による契約の取消しが認められており、Yは、自己が未成年者であることを理由に、当該売買契約を取り消すことができるから、本肢は適切でない。

ウ．適切である。電子消費者契約法上、クーリング・オフの制度は認められていない。また、インターネット上のホームページでの商品の販売は、特定商取引法の通信販売に当たるところ、特定商取引法上の通信販売には、クーリング・オフの制度はない。したがって、消費者Yは、X社のホームページを通じて商品を購入した後、当該商品は必要がないと考え、クーリング・オフをしたいと考えている場合であっても、電子消費者契約法上、ホームページを通じた電子商取引についてはクーリング・オフの制度は設けられておらず、Yはクーリング・オフをすることはできないから、本肢は適切である。

なお、クーリング・オフに類似する特定商取引法上の制度として一定の場合の契約の解除等がある。すなわち、通信販売をする場合の商品の販売条件について広告をした販売業者が、売買契約の申込みの撤回又はその売買契約の解除についての特約を当該広告その他所定の方法で表示していない限り、当該商品の購入者は、その売買契約に係る商品の引渡しを受けた日から起算して8日を経過するまでの間は、その売買契約の申込みの撤回又はその売買契約の解除を行うことができる（特定商取引法15条の3第1項）。

エ．適切である。民法上、意思表示に法律行為の目的及び取引上の社会通念に照らして重要な錯誤があった場合でも、表意者に重大な過失があったときは、原則として、表意者はその取消しをすることができない（民法95条3項柱書）。一方、電子消費者契

約においては、表意者に重大な過失があったときでも、錯誤を主張し得るが（電子消費者契約に関する民法の特例に関する法律3条）、事業者がコンピュータの画面を介して、当該申込み又はその承諾の意思表示に際して、その消費者の申込み若しくはその承諾の意思表示を行う意思の有無について確認を求める措置を講じた場合等は、民法の原則に戻り、表意者に重大な過失があったときは、表意者はその取消しをすることができない（同条ただし書）。したがって、消費者Yが、X社のホームページを通じて、重大な過失により、商品を2個購入するつもりで商品を3個購入する旨の意思表示をしたため、X社に対し、要素の錯誤を理由に当該意思表示の無効を主張した場合、X社は、当該ホームページの商品購入画面上に購入者の商品購入の意思表示を行う意思の有無を確認するために必要な措置を講じていたときは、Yに対し、Yに重大な過失があったことを理由に、当該意思表示は無効ではない（取消しできない）旨を主張することができるから、本肢は適切である。

オ．**適切でない。** 購入者から商品の代金を、2ヶ月以上の期間にわたり、かつ、3回以上に分割して受領することを条件として指定商品を販売することは、割賦販売法上の「割賦販売」に当たる（割賦販売法2条1項1号）。いわゆる自社割賦についても割賦販売法が適用される。割賦販売を業とする者は、割賦販売の方法により、指定商品を販売しようとするときは、その相手方に対して、当該指定商品について、商品の現金販売価格及び割賦販売価格等の所定の事項を示さなければならない（同法3条1項参照）。したがって、X社が、顧客からの代金の支払について、1年間毎月の分割払にも応じる旨の広告をホームページ上で行い、分割払専用の画面も設けた場合、信販会社等の第三者を介入させることなく販売業者と消費者との間で直接行われる、いわゆる自社割賦にも割賦販売法は適用され、X社は、当該広告において割賦販売法所定の事項を表示する必要があるから、本肢は適切でない。

6 デジタル社会と法律

インターネットにかかわる法規制

　情報技術(IT)に関連する法律についての次のア〜オの記述のうち、その内容が適切なものを○、適切でないものを×とした場合の組み合わせを①〜⑤の中から1つだけ選びなさい。(第44回第9問9-2)

ア．コンピュータのアクセス管理者がコンピュータにアクセス制御機能を付加して第三者の不正な利用を制限している場合において、当該コンピュータの正当な管理・利用権限を有しない者が、インターネットを通じて、利用権者のIDやパスワードを利用権者に無断で当該コンピュータに入力して利用制限を解除し、当該コンピュータを利用できるようにする行為は、「不正アクセス行為の禁止等に関する法律」(不正アクセス禁止法)により禁止されている。

イ．不正アクセス禁止法上、都道府県公安委員会は、一定の場合、不正アクセス行為にかかるアクセス管理者からの申出に応じ、特定電子計算機を不正アクセス行為から防御するため必要な応急の措置が的確に講じられるよう、必要な援助を行うものとされている。

ウ．「特定電子メールの送信の適正化等に関する法律」(迷惑メール防止法)上、特定電子メールの送信者は、特定電子メールを送信する際に、当該送信者の氏名または名称その他の所定の事項を表示しさえすれば、あらかじめ特定電子メールを送信することに同意をした者に限らず、誰に対しても特定電子メールを送信することができる。

エ．「電子署名及び認証業務に関する法律」(電子署名法)上、一定の電磁的記録であって情報を表すために作成されたものは、当該電磁的記録に記録された情報について本人による所定の電子署名が行われているときは、原則として、真正に成立したものと推定される。

オ．インターネットを通じて不特定の者が利用できるウェブサイト上で、個人の名誉を毀損する情報が流通し、当該個人に損害が生じた。この場合、当該個人は、一定の要件を充たすときは、当該情報の流通に使用される特定電気通信設備を用いて他人の通信を媒介するプロバイダに対して、「特定電気通信役務提供者の損害賠償責任の制限及び発信者情報の開示に関する法律」(プロバイダ責任制限法)に基づく発信者情報の開示を請求することができ、開示請求を受けたプロバイダは、一定の場合を除き、開示について発信者の意見を聴かなければならない。

① ア－○　　イ－○　　ウ－○　　エ－○　　オ－×
② ア－○　　イ－○　　ウ－×　　エ－○　　オ－○
③ ア－○　　イ－×　　ウ－○　　エ－○　　オ－○
④ ア－×　　イ－○　　ウ－○　　エ－×　　オ－×
⑤ ア－×　　イ－×　　ウ－×　　エ－×　　オ－×

6 デジタル社会と法律

解説

ア．適切である。当該コンピュータの正当な管理・利用権限を有しない者が、インターネットを通じて、利用権者のIDやパスワードを利用権者に無断で当該コンピュータに入力して利用制限を解除し、当該コンピュータを利用できるようにする行為は、不正アクセス禁止法で禁止されている不正アクセスに当たる（「不正アクセス行為の禁止等に関する法律」（不正アクセス禁止法）2条4項、3条）。したがって、コンピュータのアクセス管理者がコンピュータにアクセス制御機能を付加して第三者の不正な利用を制限している場合において、当該コンピュータの正当な管理・利用権限を有しない者が、インターネットを通じて、利用権者のIDやパスワードを利用権者に無断で当該コンピュータに入力して利用制限を解除し、当該コンピュータを利用できるようにする行為は、不正アクセス禁止法により禁止されているから、本肢は適切である。

イ．適切である。都道府県公安委員会は、不正アクセス行為が行われたと認められる場合において、アクセス管理者から、その再発を防止するため、当該不正アクセス行為が行われた際のコンピュータの作動状況及び管理状況その他の参考となるべき事項に関する書類その他の物件を添えて、援助を受けたい旨の申出があり、その申出を相当と認めるときは、当該アクセス管理者に対し、当該不正アクセス行為の手口又はこれが行われた原因に応じ当該コンピュータを不正アクセス行為から防御するため必要な応急の措置が的確に講じられるよう、必要な資料の提供、助言、指導その他の援助を行うものとする（不正アクセス禁止法9条1項）。したがって、不正アクセス禁止法上、都道府県公安委員会は、一定の場合、不正アクセス行為にかかるアクセス管理者からの申出に応じ、特定電子計算機を不正アクセス行為から防御するため必要な応急の措置が的確に講じられるよう、必要な援助を行うものとされているから、本肢は適切である。

ウ．適切でない。「特定電子メールの送信の適正化等に関する法律」（迷惑メール防止法）上、送信者は、あらかじめ、特定電子メールの送信をするように求める旨又は送信をすることに同意する旨を送信者等に対し通知した者等一定の者以外の者に対し、特定電子メールの送信をしてはならない（迷惑メール防止法3条1項1号）。また、特定電子メールの送信に当たっては、送信者の表示義務として、その受信をする者が使用する通信端末機器の映像面に当該送信者の氏名又は名称その他一定の事項が正しく表示されるようにしなければならない（同法4条各号）。したがって、迷惑メール防止法上、特定電子メールの送信者は、あらかじめ特定電子メールを送信することに同意をした者以外の者に、特定電子メールを送信することはできないから、本肢は適切でない。

エ．適切である。公務員が職務上作成したものを除き、電磁的記録であって情報を表すために作成されたものは、当該電磁的記録に記録された情報について本人による電子署名が行われているときは、真正に成立したものと推定される（「電子署名及び認証

業務に関する法律」（電子署名法）3条）。したがって、電子署名法上、一定の電磁的記録であって情報を表すために作成されたものは、当該電磁的記録に記録された情報について本人による所定の電子署名が行われているときは、原則として、真正に成立したものと推定されるから、本肢は適切である。

オ．適切である。特定電気通信による情報の流通（掲示板やSNSなど）によって権利を侵害された者は、一定の場合、プロバイダに対し、当該プロバイダが保有する当該権利の侵害に係る発信者情報の開示を請求することができる（「特定電気通信役務提供者の損害賠償責任の制限及び発信者情報の開示に関する法律」（プロバイダ責任制限法）5条1項）。そして、この場合、プロバイダは、侵害情報の発信者と連絡することができない場合その他特別の事情がある場合を除き、情報を開示するかどうかについて当該発信者の意見を聴かなければならない（同法6条1項）。したがって、インターネットを通じて不特定の者が利用できるウェブサイト上で、個人の名誉を毀損する情報が流通し、当該個人に損害が生じた場合、当該個人は、一定の要件を充たすときは、当該情報の流通に使用される特定電気通信設備を用いて他人の通信を媒介するプロバイダに対して、プロバイダ責任制限法に基づく発信者情報の開示を請求することができ、開示請求を受けたプロバイダは、一定の場合を除き、開示について発信者の意見を聴かなければならないから、本肢は適切である。

　インターネットにかかわる法規制に関する次の①〜⑤の記述のうち、その内容が最も<u>適切でない</u>ものを１つだけ選びなさい。（第48回第6問6-3）

① 　個人事業主Aが、取引先との間で行ったインターネット上の取引に関する情報を表すために電磁的記録を作成した。当該電磁的記録に記録された情報についてAによる電子署名が行われているときは、「電子署名及び認証業務に関する法律」上、当該電磁的記録は、真正に成立したものと推定される。

② 　B社の従業員Cは、業務その他正当な理由がないのに、B社の同僚Dが使用している「不正アクセス行為の禁止等に関する法律」（不正アクセス禁止法）上のアクセス制御機能に係る他人の識別符号に該当するIDおよびパスワードを、当該アクセス制御機能に係るアクセス管理者およびD以外の第三者に提供した。Cの行為は、不正アクセス禁止法上、刑事罰の対象となる。

③ 　インターネットを通じて不特定の者が利用できるウェブサイト上で、Eの名誉を毀損する情報が流通し、Eに損害が生じたが、当該情報の不特定の者に対する送信を防止する措置を講ずることは技術的に不可能であった。この場合、当該情報の流通に使用された特定電気通信設備を他人の通信の用に供するプロバイダであるF社は、「特定電気通信役務提供者の損害賠償責任の制限及び発信者情報の開示に関する法律」（プロバイダ責任制限法）上、原則として、Eに対し、当該名誉の毀損につき損害賠償責任を負わない。

④ 　Gは、インターネットを通じて不特定の者が利用できるウェブサイト上で、自己の名誉を毀損する情報が流通し、Gに損害が生じたため、当該情報の流通に使用された特定電気通信設備を他人の通信の用に供するプロバイダであるH社に対して、プロバイダ責任制限法に基づく発信者情報の開示を請求したが、H社が当該請求に応じなかったことにより、Gに損害が生じた。この場合、H社は、プロバイダ責任制限法上、故意または過失の有無を問わず、Gに対し、H社が当該請求に応じないことによりGに生じた損害を賠償する責任を負う。

⑤ 　小売業を営むI社は、自社の営業につき広告を行うための手段として電子メールを送信する場合、「特定電子メールの送信の適正化等に関する法律」（迷惑メール防止法）上、あらかじめ当該電子メールの送信をすることに同意する旨をI社に対し通知した者など、迷惑メール防止法所定の者以外の者に対し、当該電子メールの送信をしてはならない。　　　　　　　（解答はP188にあります）

情報技術(IT)に関する次のア～オの記述のうち、その内容が適切なものの組み合わせを①～⑤の中から１つだけ選びなさい。(第46回第3問3-2)

ア．A社は、自社の運営する通信販売サイトにおいて、自社商品を消費者に販売しており、これを見た消費者BがA社商品を購入する旨の意思表示を電子メールにより行った。この場合、A社による通信販売サイトへの商品の掲載が契約の申込みの意思表示に当たり、Bからの電子メールによる購入する旨の意思表示が承諾の意思表示に当たる。

イ．C社は、その運営する通信販売サイトの商品購入ページにおいて、「未成年者が商品を購入するには、親権者の同意が必要である」旨を警告した上で、購入者の生年月日を入力する欄を設けていた。未成年者Dは、親権者の同意を得ずに、かつ、行為能力者であるとC社に誤信させるため偽りの生年月日を入力するなど詐術を用い、これを信じたC社との間で売買契約を締結した。この場合、民法上、Dは、未成年者であることを理由として、当該売買契約を取り消すことができない。

ウ．E社は、自社の運営する通信販売サイトにおいて、消費者による商品購入の申込みを受け、消費者に対し、自社商品を販売している。この場合、「特定電子メールの送信の適正化等に関する法律」(迷惑メール防止法)上、E社が、自社商品を購入した顧客に対して、広告または宣伝を行うための手段として、特定電子メールを送信することができるのは、あらかじめ、特定電子メールの送信をするように求める旨または送信をすることに同意する旨をE社に対し通知した者など、迷惑メール防止法所定の者に限られる。

エ．「特定電気通信役務提供者の損害賠償責任の制限及び発信者情報の開示に関する法律」(プロバイダ責任制限法)上の特定電気通信役務提供者であるF社は、Gから発信者情報の開示請求を受けたが、開示に応じなかったことによりGに損害が生じた。この場合、F社は、故意または過失の有無を問わず、常に、Gに対し、当該損害を賠償する責任を負う。

オ．電子署名及び認証業務に関する法律(電子署名法)上、電磁的記録であって情報を表すために個人事業主Hが作成したものは、当該電磁的記録に記録された情報についてHによる電子署名が行われているときは、真正に成立したものと推定される。

① アイエ ② アイオ ③ アウエ ④ イウオ ⑤ ウエオ

(解答はP190にあります)

第 3 問　解答　④

解説

① 適切である。公務員が職務上作成したものを除き、電磁的記録であって情報を表すために作成されたものは、当該電磁的記録に記録された情報について本人による電子署名が行われているときは、真正に成立したものと推定される（「電子署名及び認証業務に関する法律」（電子署名法）3条）。したがって、個人事業主Aが、取引先との間で行ったインターネット上の取引に関する情報を表すために電磁的記録を作成し、当該電磁的記録に記録された情報についてAによる電子署名が行われているときは、「電子署名及び認証業務に関する法律」上、当該電磁的記録は、真正に成立したものと推定されるから、本肢は適切である。

② 適切である。「不正アクセス行為の禁止等に関する法律」（不正アクセス禁止法）上、IDやパスワードなどの識別符号を管理者及び利用者以外の第三者に提供する行為は禁止されており、何人も、業務その他正当な理由による場合を除いては、アクセス制御機能に係る他人の識別符号を、当該アクセス制御機能に係るアクセス管理者及び当該識別符号に係る利用権者以外の者に提供してはならない（不正アクセス禁止法5条）。これに違反した場合、30万円以下の罰金に処せられる（同法13条）。したがって、B社の従業員Cが、業務その他正当な理由がないのに、B社の同僚Dが使用している不正アクセス禁止法上のアクセス制御機能に係る他人の識別符号に該当するID及びパスワードを、当該アクセス制御機能に係るアクセス管理者及びD以外の第三者に提供したとき、Cの行為は、不正アクセス禁止法上、刑事罰の対象となるから、本肢は適切である。

③ 適切である。「特定電気通信役務提供者の損害賠償責任の制限及び発信者情報の開示に関する法律」（プロバイダ責任制限法）上、情報の流通により他人の権利が侵害された場合でも、特定電気通信役務提供者は、これによって生じた損害については、権利を侵害した情報の不特定の者に対する送信を防止する措置を講ずることが技術的に可能な場合であって、(1)情報の流通によって他人の権利が侵害されていることを知っていたとき、又は、(2)情報の流通を知っていた場合であって、当該特定電気通信による情報の流通によって他人の権利が侵害されていることを知ることができたと認めるに足りる相当の理由があるときでなければ、原則として、損害賠償責任を負わない（プロバイダ責任制限法3条1項）。したがって、インターネットを通じて不特定の者が利用できるウェブサイト上で、Eの名誉を毀損する情報が流通し、Eに損害が生じたが、当該情報の不特定の者に対する送信を防止する措置を講ずることは技術的に不可能であった場合、当該情報の流通に使用された特定電気通信設備を他人の通信の用に供するプロバイダであるF社は、プロバイダ責任制限法上、原則として、Eに対し、当該名誉の毀損につき損害賠償責任を負わないから、本肢は適切である。

④ 最も適切でない。インターネット上での情報の流通によって自己の権利を侵害されたとする者は、所定の要件のもと、プロバイダに対し、当該プロバイダが保有する当

該権利の侵害に係る発信者情報の開示を請求することができる（プロバイダ責任制限法5条1項）。この際、プロバイダは、当該開示の請求に応じないことにより当該開示の請求をした者に生じた損害については、故意又は重大な過失がある場合でなければ、賠償の責任を負わない（同法6条4項）。したがって、Gが、インターネットを通じて不特定の者が利用できるウェブサイト上で、自己の名誉を毀損する情報が流通し、Gに損害が生じたため、当該情報の流通に使用された特定電気通信設備を他人の通信の用に供するプロバイダであるH社に対して、プロバイダ責任制限法に基づく発信者情報の開示を請求したが、H社が当該請求に応じなかったことにより、Gに損害が生じた場合、H社は、プロバイダ責任制限法上、故意又は重大な過失がある場合に限り、Gに対し、H社が当該請求に応じないことによりGに生じた損害を賠償する責任を負うから、本肢は適切でない。

⑤　適切である。「特定電子メールの送信の適正化等に関する法律」（迷惑メール防止法）上、送信者は、特定電子メールの送信をするように求める旨又は送信をすることに同意する旨を送信者等に対し通知した者などの所定の者以外の者に対し、特定電子メールの送信をしてはならない（迷惑メール防止法3条1項1号）。特定電子メールとは、送信者が自己又は他人の営業につき広告又は宣伝を行うための手段として送信をする電子メールをいう（同法2条2号）。したがって、小売業を営むI社が、自社の営業につき広告を行うための手段として電子メールを送信する場合、迷惑メール防止法上、あらかじめ当該電子メールの送信をすることに同意する旨をI社に対し通知した者など、迷惑メール防止法所定の者以外の者に対し、当該電子メールの送信をしてはならないから、本肢は適切である。

解 説

ア．適切でない。売買契約は、申込みの意思表示と承諾の意思表示が合致した時点で成立する。事業者が商品を販売するためにインターネットのホームページ上に商品を掲載している場合、その掲載は、申込みの意思表示ではなく、申込みの前にある、申込みの誘引に当たると解される。また、消費者からの電子メールによる購入する旨の意思表示は、申込みの意思表示と解される。したがって、A社が、自社の運営する通信販売サイトにおいて、自社商品を消費者に販売しており、これを見た消費者BがA社商品を購入する旨の意思表示を電子メールにより行った場合、A社による通信販売サイトへの商品の掲載は、申込みの誘引に当たり、Bからの電子メールによる購入する旨の意思表示は契約の申込みの意思表示に当たるから、本肢は適切でない。

イ．適切である。インターネットを利用した通信販売においても、未成年者の行為能力については、民法の定めに従う。民法上、未成年者が法律行為をするには、その法定代理人の同意を得なければならず、同意を得ない法律行為は、取り消すことができるのが原則である（民法5条1項、2項）。もっとも、未成年者が成年者であることを信じさせるため詐術を用いたときは、その行為を取り消すことができなくなる（同法21条）。未成年者であることを単に明示しなかっただけではなく、生年月日を入力する欄に、偽りの生年月日を入力したときは、詐術に当たり得る。したがって、C社が、その運営する通信販売サイトの商品購入ページにおいて、「未成年者が商品を購入するには、親権者の同意が必要である」旨を警告した上で、購入者の生年月日を入力する欄を設けていたにもかかわらず、未成年者Dが、親権者の同意を得ずに、かつ、行為能力者であるとC社に誤信させるため偽りの生年月日を入力するなど詐術を用い、これを信じたC社との間で売買契約を締結した場合、民法上、Dは、未成年者であることを理由として、当該売買契約を取り消すことができないから、本肢は適切である。

ウ．適切である。送信者が自己又は他人の営業につき広告又は宣伝を行うための手段として送信をする電子メールを特定電子メールという（「特定電子メールの送信の適正化等に関する法律」（迷惑メール防止法）2条2号）。送信者は、特定電子メールの送信をするように求める旨又は送信をすることに同意する旨を送信者等に対し通知した者などの所定の者以外の者に対し、特定電子メールの送信をしてはならない（同法3条1項1号）。したがって、E社が、自社の運営する通信販売サイトにおいて、消費者による商品購入の申込みを受け、消費者に対し、自社商品を販売している場合、迷惑メール防止法上、E社が、自社商品を購入した顧客に対して、広告又は宣伝を行うための手段として、特定電子メールを送信することができるのは、あらかじめ、特定電子メールの送信をするように求める旨又は送信をすることに同意する旨をE社に対し通知した者など、迷惑メール防止法所定の者に限られるから、本肢は適切である。

エ．適切でない。インターネット上での情報の流通によって自己の権利を侵害されたと

する者は、所定の要件のもと、プロバイダに対し、当該プロバイダが保有する当該権利の侵害に係る発信者情報の開示を請求することができる（「特定電気通信役務提供者の損害賠償責任の制限及び発信者情報の開示に関する法律」（プロバイダ責任制限法）5条1項）。この際、プロバイダは、当該開示の請求に応じないことにより当該開示の請求をした者に生じた損害については、故意又は重大な過失がある場合でなければ、賠償の責任を負わない（同法6条4項）。したがって、プロバイダ責任制限法上の特定電気通信役務提供者であるF社が、Gから発信者情報の開示請求を受けたが、開示に応じなかったことによりGに損害が生じた場合、F社は、故意又は重大な過失がある場合でなければ、Gに対し、当該損害を賠償する責任を負わないから、本肢は適切でない。

オ．適切である。公務員が職務上作成したものを除き、電磁的記録であって情報を表すために作成されたものは、当該電磁的記録に記録された情報について本人による電子署名が行われているときは、真正に成立したものと推定される（「電子署名及び認証業務に関する法律」（電子署名法）3条）。したがって、電子署名法上、電磁的記録であって情報を表すために個人事業主Hが作成したものは、当該電磁的記録に記録された情報についてHによる電子署名が行われているときは、真正に成立したものと推定されるから、本肢は適切である。

第7章

7

第 章

広告・表示等に
関する法規制

学習のポイント

ここでは、情報の管理と活用にかかわる法規制として、経済規制、消費者保護のための規制などを学びます。

いわゆるステルスマーケティングなど、広告についての形成の必要性が高まっています。景品表示法について、試験でよく出題されるポイントをまとめていますので、よく学習してください。

本章のキーワード

● 景品表示法

景品表示法

　景品表示法に関する次の①〜⑤の記述のうち、その内容が最も適切でないものを1つだけ選びなさい。（第41回第10問10-4）

① 景品表示法上、内閣総理大臣（消費者庁長官）は、事業者による景品表示法に違反する不当表示行為があるときは、当該事業者に対し、その行為の差止めまたはその行為が再び行われることを防止するために必要な事項を命ずることができる。

② 景品表示法上、事業者は、自己の供給する商品または役務の取引について、景品類の提供または表示により不当に顧客を誘引し、一般消費者による自主的かつ合理的な選択を阻害することのないよう、景品類の提供に関する事項および商品または役務の内容にかかる表示に関する事項を適正に管理するために必要な体制の整備その他の必要な措置を講じなければならず、これに違反すると、直ちに刑事罰を科される。

③ 消費者契約法上の適格消費者団体は、事業者が、不特定かつ多数の一般消費者に対して、著しく優良または有利であると誤認される一定の表示をするおそれがあるときは、当該事業者に対し、当該表示をする行為の予防に必要な措置をとることを請求することができる。

④ 景品表示法上の課徴金納付命令の対象となる不当表示行為（課徴金対象行為）は、景品表示法5条1号にいう優良誤認表示または同条2号にいう有利誤認表示に限られており、同条3号にいう商品または役務の取引に関する事項について一般消費者に誤認されるおそれがある表示であって、不当に顧客を誘引し、一般消費者による自主的かつ合理的な選択を阻害するおそれがあると認めて内閣総理大臣が指定するものは課徴金納付命令の対象外とされている。

⑤ 景品表示法上、事業者が課徴金対象行為に該当する事実を所定の方法により内閣総理大臣（消費者庁長官）に報告したときは、原則として、課徴金の額の2分の1が減額される旨の課徴金の減額制度が設けられている。

第 1 問　解答　②

解説

① 　適切である。商品又は役務の品質、規格その他の内容について、一般消費者に対し、実際のものよりも著しく優良であると示し、又は事実に相違して当該事業者と同種若しくは類似の商品若しくは役務を供給している他の事業者に係るものよりも著しく優良であると示す表示であって、不当に顧客を誘引し、一般消費者による自主的かつ合理的な選択を阻害するおそれがあると認められるものは、景品表示法上、不当な表示として禁止されている（景品表示法5条1号）。係る不当な表示について、内閣総理大臣は、当該事業者に対し、その行為の差止め若しくはその行為が再び行われることを防止するために必要な事項又はこれらの実施に関連する公示その他必要な事項を命ずることができる（同法7条1項）。したがって、景品表示法上、内閣総理大臣（消費者庁長官）は、事業者による景品表示法に違反する不当表示行為があるときは、当該事業者に対し、その行為の差止め又はその行為が再び行われることを防止するために必要な事項を命ずることができるから、本肢は適切である。

② 　最も適切でない。事業者は、自己の供給する商品又は役務の取引について、景品類の提供又は表示により不当に顧客を誘引し、一般消費者による自主的かつ合理的な選択を阻害することのないよう、景品類の価額の最高額、総額その他の景品類の提供に関する事項及び商品又は役務の品質、規格その他の内容に係る表示に関する事項を適正に管理するために必要な体制の整備その他の必要な措置を講じなければならない（景品表示法22条1項）。内閣総理大臣は、事業者が正当な理由がなくて上記事業者が講ずべき措置を講じていないと認めるときは、当該事業者に対し、景品類の提供又は表示の管理上必要な措置を講ずべき旨の勧告をすることができ（同法24条1項）、勧告を行った場合において当該事業者がその勧告に従わないときは、その旨を公表することができる（同条2項）。もっとも、必要な措置を講じなかったからといって刑事罰が科せられるわけではない。したがって、景品表示法上、事業者は、自己の供給する商品又は役務の取引について、景品類の提供又は表示により不当に顧客を誘引し、一般消費者による自主的かつ合理的な選択を阻害することのないよう、景品類の提供に関する事項及び商品又は役務の内容に係る表示に関する事項を適正に管理するために必要な体制の整備その他の必要な措置を講じなければならないが、これに違反したからといって、刑事罰が科せられるわけではないから、本肢は適切でない。

③ 　適切である。消費者契約法に規定する適格消費者団体は、事業者が、不特定かつ多数の一般消費者に対して、商品又は役務の品質、規格その他の内容について、実際のもの又は当該事業者と同種若しくは類似の商品若しくは役務を供給している他の事業者に係るものよりも著しく優良であると誤認される表示をし、又は表示をするおそれがあるときや、商品又は役務の価格その他の取引条件について、実際のもの又は当該事業者と同種若しくは類似の商品若しくは役務を供給している他の事業者に係るものよりも取引の相手方に著しく有利であると誤認される表示をし、又は表示をするおそ

れがあるときは、当該事業者に対し、当該行為の停止若しくは予防その他所定の必要な措置をとることを請求することができる（景品表示法34条１項）。したがって、消費者契約法上の適格消費者団体は、事業者が、不特定かつ多数の一般消費者に対して、著しく優良又は有利であると誤認される一定の表示をするおそれがあるときは、当該事業者に対し、当該表示をする行為の予防に必要な措置をとることを請求することができるから、本肢は適切である。

④　適切である。事業者が、景品表示法第５条の規定に違反する行為（同条第３号に該当する表示に係るものを除く。）をしたときは、内閣総理大臣は、当該事業者に対し、原則として、所定の課徴金を国庫に納付することを命じなければならない（景品表示法８条１項）。５条１号の表示とは、商品又は役務の品質、規格その他の内容について、一般消費者に対し、実際のものよりも著しく優良であると示し、又は事実に相違して当該事業者と同種若しくは類似の商品若しくは役務を供給している他の事業者に係るものよりも著しく優良であると示す表示であって、不当に顧客を誘引し、一般消費者による自主的かつ合理的な選択を阻害するおそれがあると認められるものであり、同条２号の表示とは、商品又は役務の価格その他の取引条件について、実際のもの又は当該事業者と同種若しくは類似の商品若しくは役務を供給している他の事業者に係るものよりも取引の相手方に著しく有利であると一般消費者に誤認される表示であって、不当に顧客を誘引し、一般消費者による自主的かつ合理的な選択を阻害するおそれがあると認められるものである。したがって、景品表示法上の課徴金納付命令の対象となる不当表示行為（課徴金対象行為）は、景品表示法５条１号にいう優良誤認表示又は同条２号にいう有利誤認表示に限られており、同条３号にいう商品又は役務の取引に関する事項について一般消費者に誤認されるおそれがある表示であって、不当に顧客を誘引し、一般消費者による自主的かつ合理的な選択を阻害するおそれがあると認めて内閣総理大臣が指定するものは課徴金納付命令の対象外とされているから、本肢は適切である。

⑤　適切である。景品表示法上、課徴金納付命令が出される場合において、内閣総理大臣は、当該事業者が課徴金対象行為に該当する事実を内閣総理大臣に報告したときは、原則として、規定により計算した課徴金の額に100分の50を乗じて得た額を当該課徴金の額から減額するものとする（景品表示法９条）。したがって、景品表示法上、事業者が課徴金対象行為に該当する事実を所定の方法により内閣総理大臣（消費者庁長官）に報告したときは、原則として、課徴金の額の２分の１が減額される旨の課徴金の減額制度が設けられているから、本肢は適切である。

景品表示法

第 2 問

難易度 ★★☆

景品表示法に関する次の①〜⑤の記述のうち、その内容が最も<u>適切でない</u>ものを1つだけ選びなさい。(第46回第9問9-2)

① インターネットのホームページ上で商品を販売する事業者は、そのホームページ上で、商品の価格その他の取引条件について、実際のものよりも取引の相手方に著しく有利であると一般消費者に誤認される表示であって、不当に顧客を誘引し、一般消費者による自主的かつ合理的な選択を阻害するおそれがあると認められるものを表示してはならない。

② 事業者は、自己の供給する商品または役務の取引について、景品類の提供または表示により不当に顧客を誘引し、一般消費者による自主的かつ合理的な選択を阻害することのないよう、景品類の提供に関する事項および商品または役務の内容にかかる表示に関する事項を適正に管理するために必要な体制の整備その他の必要な措置を講じなければならない。

③ 消費者契約法上の適格消費者団体は、事業者が、不特定かつ多数の一般消費者に対して、著しく優良または有利であると誤認される一定の表示をするおそれがあるときは、当該事業者に対し、当該表示をする行為の予防に必要な措置をとることを請求することができる。

④ 内閣総理大臣(消費者庁長官)は、事業者による景品表示法に違反する不当表示行為があるときは、当該事業者に対し、その行為の差止めまたはその行為が再び行われることを防止するために必要な事項を命ずることができる。

⑤ 事業者が課徴金対象行為に該当する事実を内閣総理大臣(消費者庁長官)に報告したとしても、課徴金の額が減額される旨の制度は設けられていない。

(解答はP200にあります)

景品表示法

　家庭用品メーカーであるX社は、新型の家庭用浄水器甲を発売した。この場合に関する次のア〜オの記述のうち、その内容が適切なものの組み合わせを①〜⑤の中から1つだけ選びなさい。（第44回第1問1-1）

ア．X社は、甲の販売促進のため、甲の購入者を対象として抽選を行い、当選した者に海外旅行（30万円相当）を提供することを企画した。この企画内容は、取引に付随して懸賞によって景品を提供するものであり、景品表示法の規制対象となる。

イ．X社は、甲の販売促進のため、甲の購入者全員に高級食器セットを提供した。内閣総理大臣（消費者庁長官）は、当該食器セットの提供が景品表示法による制限に違反する場合、当該制限に違反したことを理由としてX社に対し課徴金の納付を命じることができる。

ウ．X社は、インターネット上の自社のホームページで自社製品を消費者向けに販売している。X社は、当該ホームページ上で甲を販売するにあたり、「通常価格1万円のところ、キャンペーン期間中に限り5,000円で販売する」旨の表示をして販売したが、実際には甲を1万円以上で販売したことはなかった。当該表示は、景品表示法上の不当表示に当たらない。

エ．X社は、甲の広告用ポスターに、「甲は、Y社が製造する、甲と同等の家庭用浄水器乙に比べ、フィルターの価格は同程度であるが、その交換頻度が約3分の1である」旨の表示をしたが、実際には甲と乙のフィルターの交換頻度は同等であった。この場合、当該表示は、景品表示法上の不当表示に当たらない。

オ．X社は、甲のパンフレットに、「水道水に含まれる不純物を99％以上除去する機能がある」旨の表示をしたが、実際には、甲には水道水に含まれる不純物を除去する機能はほとんどなかった。X社が、この表示により、不当に顧客を誘引し、一般消費者による自主的かつ合理的な選択を阻害するおそれを生じさせた場合、当該表示は、景品表示法上の不当表示に当たる。

①　アエ　　②　アオ　　③　イウ　　④　イエ　　⑤　ウオ

7
広告・表示等に関する法規制

解説

① 適切である。商品又は役務の品質、規格その他の内容について、一般消費者に対し、実際のものよりも著しく優良であると示し、又は事実に相違して当該事業者と同種若しくは類似の商品若しくは役務を供給している他の事業者に係るものよりも著しく優良であると示す表示であって、不当に顧客を誘引し、一般消費者による自主的かつ合理的な選択を阻害するおそれがあると認められるものは、景品表示法上禁止される不当な表示に当たる（景品表示法5条1項1号）。したがって、インターネットのホームページ上で商品を販売する事業者は、そのホームページ上で、商品の価格その他の取引条件について、実際のものよりも取引の相手方に著しく有利であると一般消費者に誤認される表示であって、不当に顧客を誘引し、一般消費者による自主的かつ合理的な選択を阻害するおそれがあると認められるものを表示してはならないから、本肢は適切である。

② 適切である。事業者は、自己の供給する商品又は役務の取引について、景品類の提供又は表示により不当に顧客を誘引し、一般消費者による自主的かつ合理的な選択を阻害することのないよう、景品類の価額の最高額、総額その他の景品類の提供に関する事項及び商品又は役務の品質、規格その他の内容に係る表示に関する事項を適正に管理するために必要な体制の整備その他の必要な措置を講じなければならない（景品表示法22条1項）。したがって、事業者は、自己の供給する商品又は役務の取引について、景品類の提供又は表示により不当に顧客を誘引し、一般消費者による自主的かつ合理的な選択を阻害することのないよう、景品類の提供に関する事項及び商品又は役務の内容に係る表示に関する事項を適正に管理するために必要な体制の整備その他の必要な措置を講じなければならないから、本肢は適切である。

③ 適切である。消費者契約法に規定する適格消費者団体は、事業者が、不特定かつ多数の一般消費者に対して、商品又は役務の品質、規格その他の内容について、実際のもの又は当該事業者と同種若しくは類似の商品若しくは役務を供給している他の事業者に係るものよりも著しく優良であると誤認される表示をし、又は表示をするおそれがあるときや、商品又は役務の価格その他の取引条件について、実際のもの又は当該事業者と同種若しくは類似の商品若しくは役務を供給している他の事業者に係るものよりも取引の相手方に著しく有利であると誤認される表示をし、又は表示をするおそれがあるときは、当該事業者に対し、当該行為の停止若しくは予防その他所定の必要な措置をとることを請求することができる（景品表示法34条1項）。したがって、消費者契約法上の適格消費者団体は、事業者が、不特定かつ多数の一般消費者に対して、著しく優良又は有利であると誤認される一定の表示をするおそれがあるときは、当該事業者に対し、当該表示をする行為の予防に必要な措置をとることを請求することができるから、本肢は適切である。

④ 適切である。内閣総理大臣（消費者庁長官）は、所定の景品類の制限若しくは禁止又

は不当な表示の禁止に違反する行為があるときは、当該事業者に対し、その行為の差止め若しくはその行為が再び行われることを防止するために必要な事項又はこれらの実施に関連する公示その他必要な事項を命ずることができる（景品表示法7条1項）。したがって、内閣総理大臣は、事業者による景品表示法に違反する不当表示行為があるときは、当該事業者に対し、その行為の差止め又はその行為が再び行われることを防止するために必要な事項を命ずることができるから、本肢は適切である。

⑤　最も適切でない。景品表示法上、課徴金納付命令が出される場合において、内閣総理大臣（消費者庁長官）は、当該事業者が課徴金対象行為に該当する事実を内閣総理大臣に報告したときは、原則として、規定により計算した課徴金の額に100分の50を乗じて得た額を当該課徴金の額から減額するものとする（景品表示法9条）。したがって、事業者が課徴金対象行為に該当する事実を内閣総理大臣に報告したときは、課徴金の額が減額される旨の制度が設けられているから、本肢は適切でない。

解説

ア．適切である。景品表示法の規制対象となる「景品類」とは、顧客を誘引するための手段として、その方法が直接的であるか間接的であるかを問わず、くじの方法によるかどうかを問わず、事業者が自己の供給する商品又は役務の取引に付随して相手方に提供する物品、金銭その他の経済上の利益であって、内閣総理大臣が指定するもの（正常な商慣習に照らして値引又はアフターサービスと認められる経済上の利益及び正常な商慣習に照らして当該取引に係る商品又は役務に附属すると認められる経済上の利益は、含まないという趣旨）をいう（景品表示法2条3項、昭和37年公正取引委員会告示第3号：平成21年8月28日最終改正）。したがって、X社が、甲の販売促進のため、甲の購入者を対象として抽選を行い、当選した者に海外旅行（30万円相当）を提供することを企画した場合、この企画内容は、取引に付随して懸賞によって景品を提供するものであり、景品表示法の規制対象となるから、本肢は適切である。

イ．適切でない。事業者が、所定の禁止される表示行為をしたときは、内閣総理大臣は、当該事業者に対し、一定額の課徴金を国庫に納付することを命じなければならない（景品表示法8条1項1号参照）。しかし、景品規制に違反する景品の提供があった場合には、課徴金納付命令の対象とはならない。したがって、X社が、甲の販売促進のため、甲の購入者全員に提供した高級食器セットについて、当該食器セットの提供が景品表示法による制限に違反する場合であっても、内閣総理大臣（消費者庁長官）は当該制限に違反したことを理由としてX社に対し課徴金の納付を命じることはできないから、本肢は適切でない。

ウ．適切でない。商品又は役務の価格その他の取引条件について、実際のもの又は当該事業者と同種若しくは類似の商品若しくは役務を供給している他の事業者に係るものよりも取引の相手方に著しく有利であると一般消費者に誤認される表示であって、不当に顧客を誘引し、一般消費者による自主的かつ合理的な選択を阻害するおそれがあると認められるものは、不当表示として、景品表示法で禁止されている（景品表示法5条1項2号）。したがって、X社が、ホームページ上で甲を販売するに当たり、「通常価格1万円のところ、キャンペーン期間中に限り5,000円で販売する」旨の表示をして販売したが、実際には甲を1万円以上で販売したことはなかった場合、当該表示は、景品表示法上の不当表示に当たるから、本肢は適切でない。

エ．適切でない。商品又は役務の価格その他の取引条件について、実際のもの又は当該事業者と同種若しくは類似の商品若しくは役務を供給している他の事業者に係るものよりも取引の相手方に著しく有利であると一般消費者に誤認される表示であって、不当に顧客を誘引し、一般消費者による自主的かつ合理的な選択を阻害するおそれがあると認められるものは、不当表示として、景品表示法で禁止されている（景品表示法5条1項2号）。したがって、X社が、甲の広告用ポスターに、「甲は、Y社が製造する、甲と同等の家庭用浄水器乙に比べ、フィルターの価格は同程度であるが、その交換頻

度が約3分の1である」旨の表示をしたが、実際には甲と乙のフィルターの交換頻度
は同等であった場合、当該表示は、景品表示法上の不当表示に当たるから、本肢は適
切でない。

オ．適切である。商品又は役務の品質、規格その他の内容について、一般消費者に対
し、実際のものよりも著しく優良であると示し、又は事実に相違して当該事業者と同
種若しくは類似の商品若しくは役務を供給している他の事業者に係るものよりも著し
く優良であると示す表示であって、不当に顧客を誘引し、一般消費者による自主的か
つ合理的な選択を阻害するおそれがあると認められるものは、不当表示として、景品
表示法で禁止されている（景品表示法5条1号）。したがって、X社が、甲のパンフレッ
トに、「水道水に含まれる不純物を99％以上除去する機能がある」旨の表示をしたが、
実際には、甲には水道水に含まれる不純物を除去する機能はほとんどなかったとき
は、X社が、この表示により、不当に顧客を誘引し、一般消費者による自主的かつ合
理的な選択を阻害するおそれを生じさせた場合、当該表示は、景品表示法上の不当表
示に当たるから、本肢は適切である。

金融・証券業等に
関する法規制

学習のポイント

ここでは、企業活動に関する法規制として、経済規制などを学びます。

金融商品取引法は、株式市場の基礎となる法律ですが、試験では金融商品の取引に関し、金融商品販売法、貸金業法についても出題されますので、上場企業でのビジネスに限らず、ここでまとめている点を中心に学習を進めてください。

本章のキーワード

● 金融商品取引法　　● 貸金業法

金融商品販売法・金融商品取引法

第 1 問

難易度 ★★★

金融商品の取引に対する規制に関する次のア〜オの記述のうち、その内容が適切なものの組み合わせを①〜⑤の中から1つだけ選びなさい。（第43回第8問8-4）

ア．金融商品販売法上の金融商品販売業者等であるX社は、金融商品の販売等を業として行おうとするときは、当該金融商品の販売等に係る金融商品の販売が行われるまでの間に、顧客に対し、当該金融商品の販売に係る事項について、不確実な事項について断定的判断を提供し、または確実であると誤認させるおそれのあることを告げてはならない。

イ．金融商品販売法上の金融商品販売業者等であるX社が、顧客Yに対し、所定の重要事項について説明をしなかったことによってYに損害が生じた。この場合において、Yが、その損害の賠償を請求するときには、同法上、元本欠損額は、Yに生じた損害の額と推定される。

ウ．X社は、金融商品取引法に基づき有価証券報告書の提出が義務付けられているY社の経営権の取得を目的として、公開買付けの方法によりY社の株券を取得することとした。この場合、同法上、株券の買付価格は、すべての応募株主について均一である必要はない。

エ．金融商品取引法上の上場会社等に当たるX社と契約交渉をしているY社の従業員Aは、X社の役員Bから、当該契約の交渉に関し、X社の今後の新製品の概要と発表時期についての情報を得た。Aは、これによりX社の株価が上昇すると考え、X社の株券を購入した。この場合、Aは、X社の役員または従業員ではなく、単にBから情報を入手しただけであるから、AによるX社の株券の購入は、同法により禁止される、いわゆるインサイダー取引に該当しない。

オ．X社は、金融商品取引法に基づき有価証券報告書の提出が義務付けられているY社の経営権の取得を目的として、取引所金融商品市場外においてY社の株券を買い付けることとした。この場合、X社が買付けにより取得することとなるY社の株券の株券等所有割合が5％を超えるときは、同法上、X社は、原則として、公開買付けの方法によらなければならない。

① アイウ　　② アイオ　　③ アエオ　　④ イウエ　　⑤ ウエオ

解説

ア．適切である。金融商品販売業者等は、金融商品の販売等を業として行おうとするときは、当該金融商品の販売等に係る金融商品の販売が行われるまでの間に、顧客に対し、当該金融商品の販売に係る事項について、不確実な事項について断定的判断を提供し、又は確実であると誤認させるおそれのあることを告げる行為を行ってはならない（金融サービスの提供及び利用環境の整備等に関する法律（ここでは、「金融商品販売法」と呼ぶ。）5条）。したがって、金融商品販売法上の金融商品販売業者等であるX社は、金融商品の販売等を業として行おうとするときは、当該金融商品の販売等に係る金融商品の販売が行われるまでの間に、顧客に対し、当該金融商品の販売に係る事項について、不確実な事項について断定的判断を提供し、又は確実であると誤認させるおそれのあることを告げてはならないから、本肢は適切である。

イ．適切である。金融商品販売業者等は、顧客に対し重要事項についての必要な説明をしなかったとき、又は不確実な事項について断定的判断を提供し、確実であると誤認させるおそれのあることを告げる行為を行ったときは、これによって生じた当該顧客の損害を賠償する責任を負う（金融商品販売法6条）。この場合、元本欠損額は、金融商品販売業者等が重要事項について説明をしなかったこと又は断定的判断の提供等を行ったことによって当該顧客に生じた損害の額と推定される（同法7条1項）。したがって、金融商品販売法上の金融商品販売業者等であるX社が、顧客Yに対し、所定の重要事項について説明をしなかったことによってYに損害が生じた場合、Yが、その損害の賠償を請求するときには、同法上、元本欠損額は、Yに生じた損害の額と推定されるから、本肢は適切である。

ウ．適切でない。有価証券報告書を提出しなければならない発行者の株券等について、発行者以外の者が行う取引所金融商品市場外における株券等の買付け等であって、所定の株券等の買付け等は、公開買付けによらなければならない（金融商品取引法27条の2第1項）。この場合、買付け等の価格については、均一の条件によらなければならない（同条3項）。したがって、X社が、金融商品取引法に基づき有価証券報告書の提出が義務付けられているY社の経営権の取得を目的として、公開買付けの方法によりY社の株券を取得することとした場合、同法上、株券の買付価格は、全ての応募株主について均一である必要があるから、本肢は適切でない。

エ．適切でない。役員や従業者等の会社関係者であって、上場会社等に係る業務等に関する重要事実を一定の態様により知ったものは、当該業務等に関する重要事実の公表がされた後でなければ、当該上場会社等の特定有価証券等の売買をしてはならない（金融商品取引法166条1項）。いわゆるインサイダー取引規制である。規制の対象となる会社関係者には、当該上場会社等と契約を締結している者又は締結の交渉をしている者であって、当該上場会社等の役員等以外のものが、当該契約の締結若しくはその交渉又は履行に関し知ったときも含まれる（同項4号）。したがって、金融商品取引法上の上場会社等に当たるX社と契約交渉をしているY社の従業員Aが、X社の役員Bから、当該契約の交渉に関し、X社の今後の新製品の概要と発表時期についての情報を得た場合、Aが、X社の役員又は従業員ではなく、単にBから情報を入手しただけであったとしても、AによるX社の株券の購入は、同法により禁止される、いわゆるインサイダー取引に該当するから、本肢は適切でない。

オ．適切である。有価証券報告書を提出しなければならない発行者の株券等について、発行者以外の者が行う取引所金融商品市場外における株券等の買付け等であって、買付け等の後におけるその者の所有に係る株券等の株券等所有割合が5％を超える場合における当該株券等の買付け等は、公開買付けによらなければならない（金融商品取引法27条の2第1項1号）。したがって、X社が、金融商品取引法に基づき有価証券報告書の提出が義務付けられているY社の経営権の取得を目的として、取引所金融商品市場外においてY社の株券を買い付けることとした場合、X社が買付けにより取得することとなるY社の株券の株券等所有割合が5％を超えるときは、同法上、X社は、原則として、公開買付けの方法によらなければならないから、本肢は適切である。

金融商品取引法

第 2 問

難易度 ★★☆

　　金融商品取引法に関する次のア～オの記述のうち、その内容が適切なものの組み合わせを①～⑤の中から1つだけ選びなさい。（第48回第7問7-1）

ア．預金や保険は、銀行法や保険業法で規定されるほか、金融商品取引法による規制の対象となっている。

イ．会社の重要な情報に容易に接近し得る者が、重要事実を知って、それが未だ公表されていない段階で、その会社の株式等の売買を行う、インサイダー取引は、金融商品取引法により禁止されているが、インサイダー取引規制に違反した者が、課徴金の納付を命じられることはない。

ウ．取引所金融商品市場外において株券等を買い付ける場合、取得後の株券等所有割合が5％を超えるときは、原則として、公開買付けの方法によらなければならない。

エ．金融商品取引業者等は、一定の金融商品取引契約の締結の勧誘を受けた顧客が契約を締結しない旨の意思を表示した場合、それ以降当該勧誘を継続してはならないが、その勧誘に先立って、顧客に対し、その勧誘を受ける意思の有無を確認する必要はない。

オ．金融商品取引業者等は、顧客に対し、不確実な事項について断定的判断を提供し、または確実であると誤解させるおそれのあることを告げて、金融商品取引契約の締結の勧誘をしてはならない。

① アイ　　② アエ　　③ イウ　　④ ウオ　　⑤ エオ

解説

ア．適切でない。金融商品取引法による規制の対象となる金融商品取引業とは、有価証券の売買、有価証券の売買の媒介、取次ぎ又は代理、当事者の一方が相手方に対して有価証券の価値等に関し、口頭、文書その他の方法により助言を行うことを約し、相手方がそれに対し報酬を支払うことを約する契約（これを投資顧問契約という。）を締結し、当該投資顧問契約に基づき、助言を行うこと等をいい、有価証券とは、国債証券や株券又は新株予約権証券等をいう（金融商品取引法2条参照）。預金や保険は、銀行法や保険業法により規制されている。したがって、預金や保険は、銀行法や保険業法で規定されているが、金融商品取引法による規制の対象とはなっていないから、本肢は適切でない。

イ．適切でない。役員や従業者等の会社関係者であって、上場会社等に係る業務等に関する重要事実を一定の態様により知ったものは、当該業務等に関する重要事実の公表がされた後でなければ、当該上場会社等の特定有価証券等の売買等をしてはならない（金融商品取引法166条1項）。いわゆるインサイダー規制である。当該規制に違反した売買等をした者があるときは、内閣総理大臣は、所定の手続に従い、その者に対し、一定の課徴金を国庫に納付することを命じなければならない（同法175条1項）。したがって、会社の重要な情報に容易に接近し得る者が、重要事実を知って、それが未だ公表されていない段階で、その会社の株式等の売買を行う、インサイダー取引は、金融商品取引法により禁止されており、インサイダー取引規制に違反した者には、課徴金の納付が命じられるから、本肢は適切でない。

ウ．適切である。有価証券報告書を提出しなければならない株券等について、発行者以外の者が行う取引所金融商品市場外における株券等の買付け等であって、買付け等の後におけるその者の所有に係る株券等の株券等所有割合が5％を超える場合における当該株券等の買付け等は、公開買付けによらなければならない（金融商品取引法27条の2第1項1号）。したがって、取引所金融商品市場外において株券等を買い付ける場合、取得後の株券等所有割合が5％を超えるときは、原則として、公開買付けの方法によらなければならないから、本肢は適切である。

エ．適切でない。金融商品取引法上の禁止行為として、金融商品取引業者等は、金融商品取引契約の締結の勧誘を受けた顧客が当該金融商品取引契約を締結しない旨の意思を表示したにもかかわらず、当該勧誘を継続してはならない（金融商品取引法38条6号）。また、金融商品取引業者等は、金融商品取引契約の締結につき、その勧誘に先立って、顧客に対し、その勧誘を受ける意思の有無を確認することをしないで勧誘をしてはならない（同法38条5号）。したがって、金融商品取引業者等は、一定の金融商品取引契約の締結の勧誘を受けた顧客が契約を締結しない旨の意思を表示した場合、それ以降当該勧誘を継続してはならないとともに、その勧誘に先立って、顧客に対し、その勧誘を受ける意思の有無を確認しなければならないから、本肢は適切でない。

オ．適切である。金融商品取引法上の禁止行為として、金融商品取引業者等は、顧客に対し、不確実な事項について断定的判断を提供し、又は確実であると誤解させるおそれのあることを告げて金融商品取引契約の締結の勧誘をしてはならない（金融商品取引法38条2号）。したがって、金融商品取引業者等は、顧客に対し、不確実な事項について断定的判断を提供し、又は確実であると誤解させるおそれのあることを告げて、金融商品取引契約の締結の勧誘をしてはならないから、本肢は適切である。

消費貸借契約に関する次のア～オの記述のうち、その内容が適切なものの組み合わせを①～⑤の中から1つだけ選びなさい。（第48回第10問10-1）

ア．借主Aは、貸主B社との間で、年20％の割合による利息を約定して40万円を借り入れる旨の金銭消費貸借契約を締結し、貸主B社から40万円の交付を受けた。この場合、利息制限法上、年18％を超える部分の利息の約定は無効である。

イ．貸金業者C社は、借主Dとの間で貸付けの契約を締結しようとする場合、貸金業法上、借主Dの返済能力に関する事項を調査する必要はない。

ウ．貸金業者E社は、借主Fとの間で、貸付金に対し年110％の割合による利息の約定をして80万円を貸し付ける旨の金銭消費貸借契約を締結し、借主Fに80万円を交付した。この場合、貸金業法上、当該金銭消費貸借契約自体が無効となる。

エ．借主Gは、貸主H社との間で、半年後に全額を返済する旨の約定をして100万円を借り入れる旨の金銭消費貸借契約を締結し、貸主H社から100万円の交付を受けた。この場合において、借主Gおよび貸主H社が金銭消費貸借契約書を作成していないときは、当該金銭消費貸借契約の効力は生じない。

オ．問屋I社は、取引先である小売店J社との間で、小売店J社から50万円を借り入れる旨の金銭消費貸借契約を書面により締結した。当該金銭消費貸借契約において利息の約定をしていない場合、商法上、小売店J社は、問屋I社に対して利息を請求することができない。

① アウ ② アオ ③ イウ ④ イエ ⑤ エオ

第 **3** 問 **解答**　　①

解説

ア．適切である。金銭を目的とする消費貸借における利息の契約は、その利息が一定の利率（例えば、元本の額が10万円未満の場合は年2割、元本の額が10万円以上100万円未満の場合は年1割8分）により計算した金額を超えるときは、その超過部分について、無効となる（利息制限法1条各号）。したがって、借主Aは、貸主B社との間で、年20％の割合による利息を約定して40万円を借り入れる旨の金銭消費貸借契約を締結し、貸主B社から40万円の交付を受けた場合、利息制限法上、年18％を超える部分の利息の約定は無効であるから、本肢は適切である。

イ．適切でない。貸金業者は、貸付けの契約を締結しようとする場合には、顧客等の収入又は収益その他の資力、信用、借入れの状況、返済計画その他の返済能力に関する事項を調査しなければならない（貸金業法13条1項）。なお、貸金業者は、貸付けの契約を締結しようとする場合において、当該調査により、当該貸付けの契約が個人過剰貸付契約その他顧客等の返済能力を超える貸付けの契約と認められるときは、当該貸付けの契約を締結してはならない（同法13条の2第1項）。したがって、貸金業者C社が、借主Dとの間で貸付けの契約を締結しようとする場合、貸金業法上、借主Dの返済能力に関する事項を調査する必要があるから、本肢は適切でない。

ウ．適切である。貸金業法上、貸金業を営む者が業として行う金銭を目的とする消費貸借の契約（手形の割引、売渡担保その他これらに類する方法によって金銭を交付する契約を含む。）において、原則として、年109.5パーセントを超える割合による利息（債務の不履行について予定される賠償額を含む。）の契約をしたときは、当該消費貸借の契約は、無効となる（貸金業法42条1項）。したがって、貸金業者E社は、借主Fとの間で、貸付金に対し年110％の割合による利息の約定をして80万円を貸し付ける旨の金銭消費貸借契約を締結し、借主Fに80万円を交付した場合、貸金業法上、当該金銭消費貸借契約自体が無効となるから、本肢は適切である。

エ．適切でない。消費貸借は、当事者の一方が種類、品質及び数量の同じ物をもって返還をすることを約して相手方から金銭その他の物を受け取ることによって、その効力を生ずる（民法587条）。すなわち、契約書を作成しなくても、返還することを約束した上で金銭を受け取ることによって、金銭消費貸借契約は成立する。なお、書面でする消費貸借として、金銭を受け取らず、受け取る約束の上で、契約書を作成することによっても、金銭消費貸借契約は成立する（同法587条の2第1項参照）。したがって、借主Gが、貸主H社との間で、半年後に全額を返済する旨の約定をして100万円を借り入れる旨の金銭消費貸借契約を締結し、貸主H社から100万円の交付を受けた場合において、借主G及び貸主H社が金銭消費貸借契約書を作成していないとしても、当該金銭消費貸借契約の効力は生じるから、本肢は適切でない。

オ．適切でない。商人間において金銭の消費貸借をしたときは、貸主は、法定利息を請求することができる（商法513条1項）。したがって、問屋I社が、取引先である小売店J社との間で、小売店J社から50万円を借り入れる旨の金銭消費貸借契約を書面により締結し、当該金銭消費貸借契約において利息の約定をしていない場合であっても、商法上、小売店J社は、問屋I社に対して利息を請求することができるから、本肢は適切でない。

　貸金業および金融商品取引業に対する規制に関する次のア～エの記述のうち、その内容が適切なものの組み合わせを①～⑤の中から1つだけ選びなさい。（第40回第9問9-3）

ア．貸金業者であるX社は、消費者Aとの間で貸付けの契約を締結しようとする場合において、Aの収入または収益その他の資力、信用、借入れの状況、返済計画その他の返済能力に関する事項の調査により、当該貸付けの契約がAの返済能力を超えるものと認められるときは、当該貸付けの契約を締結してはならない。

イ．貸金業者であるX社は、消費者Aとの間で金銭消費貸借契約を締結したが、当該契約における利息の定めは利息制限法の規定する利率の上限を超過するものであった。この場合、利息制限法上、当該上限を超過する部分の利息の定めは無効であるが、当該上限を超えない範囲内の利息の定めは有効である。

ウ．X社は、上場会社であるY社の発行済株式のうち10分の1を保有しているが、今般、Y社の経営権を取得すべく、取引所有価証券市場外でY社の株式を取得してその株券等所有割合を発行済株式の3分の2を超えるものとすることを計画している。この場合、金融商品取引法上、X社は、Y社の株式を取得するためには、原則として公開買付けの方法によらなければならないが、買付けの価格については個々の応募株主ごとに合意することにより異なる価格を定めることができる。

エ．X社の取締役Aは、上場会社であるY社との契約締結交渉の過程で、Y社が数千億円規模の開発プロジェクトを計画しており、間もなくその計画が公表されることを知った。この場合において、当該計画が公表される前にAがY社の株式を取得しても、Aは、Y社の役職員ではないため、金融商品取引法違反とはならない。

①　アイ　　②　アエ　　③　イウ　　④　イエ　　⑤　ウエ

解説

ア．適切である。貸金業者は、貸付けの契約を締結しようとする場合には、顧客等の収入又は収益その他の資力、信用、借入れの状況、返済計画その他の返済能力に関する事項を調査しなければならない（貸金業法13条1項）。貸金業者は、貸付けの契約を締結しようとする場合において、当該調査により、当該貸付けの契約が個人過剰貸付契約その他顧客等の返済能力を超える貸付けの契約と認められるときは、当該貸付けの契約を締結してはならない（同法13条の2第1項）。個人過剰貸付契約とは、個人顧客を相手方とする貸付けに係る契約で、当該貸付けに係る契約を締結することにより、当該個人顧客に係る貸付けの合算額が基準額（おおよそ年収の3分の1）を超えることとなるものをいう（同条2項）。したがって、貸金業者であるX社は、消費者Aとの間で貸付けの契約を締結しようとする場合において、Aの収入又は収益その他の資力、信用、借入れの状況、返済計画その他の返済能力に関する事項の調査により、当該貸付けの契約がAの返済能力を超えるものと認められるときは、当該貸付けの契約を締結してはならないから、本肢は適切である。

イ．適切である。金銭を目的とする消費貸借における利息の契約は、その利息が一定の利率（例えば、元本の額が10万円未満の場合は、年2割）により計算した金額を超えるときは、その超過部分について、無効となる（利息制限法1条各号）。したがって、貸金業者であるX社が、消費者Aとの間で金銭消費貸借契約を締結したが、当該契約における利息の定めが利息制限法の規定する利率の上限を超過するものであった場合、利息制限法上、当該上限を超過する部分の利息の定めは無効であるが、当該上限を超えない範囲内の利息の定めは有効であるから、本肢は適切である。

ウ．適切でない。その株券について有価証券報告書を提出しなければならない発行者（上場会社等）の株券等につき、当該発行者以外の者が行う買付け等であって取引所金融商品市場外における株券等の買付け等の後におけるその者の所有に係る株券等の株券等所有割合が100分の5を超える場合には、当該株券等の買付け等は、公開買付けによらなければならない（金融商品取引法27条の2第1項1号）。そして、公開買付けによる株券等の買付け等を行う場合には、買付け等の価格については、均一の条件によらなければならない（同法27条の2第3項）。したがって、X社が、取引所有価証券市場外でY社の株式を取得してその株券等所有割合を発行済株式の3分の2を超えるものとすることを計画している場合、金融商品取引法上、X社は、Y社の株式を取得するためには、原則として公開買付けの方法によらなければならず、買付けの価格についても均一の条件によらなければならないのであって、個々の応募株主ごとに合意することにより異なる価格を定めることはできないから、本肢は適切でない。

エ．適切でない。当該上場会社等の役員や従業者等の会社関係者であって、上場会社等に係る業務等に関する重要事実を一定の態様により知ったものは、当該業務等に関する重要事実の公表がされた後でなければ、当該上場会社等の特定有価証券等の売買等

をしてはならない（金融商品取引法166条1項1号）。いわゆるインサイダー取引規制である。この規制に違反すると、5年以下の懲役*若しくは500万円以下の罰金に処せられ、又はこれを併科される可能性がある（同法197条の2第13号）。当該上場会社等と契約を締結している者又は締結の交渉をしている者であって、当該上場会社等の役員等以外のものであっても、当該契約の締結若しくはその交渉又は履行に関し重要事実を知ったときは、インサイダー取引規制の対象となる（同法166条1項4号）。したがって、X社の取締役Aが、上場会社であるY社との契約締結交渉の過程で、Y社が数千億円規模の開発プロジェクトを計画しており、間もなくその計画が公表されることを知った場合、Aは、Y社の役職員ではないとしても、当該計画が公表される前にAがY社の株式を取得したときは、金融商品取引法違反となるから、本肢は適切でない。

* 法改正により「拘禁刑」となる。

第 9 章

債権の担保

学習のポイント

ここでは、債権の担保のための処理手続について学習します。実務上、取引の相手方の財産状況が変化することは、常に想定されることであり、相手方の財産状況にかかわらず、担保についての知識を得ておくことはとても重要です。試験対策の面では、抵当権については頻出であり、細かな知識も問われていますので注意してください。

本章のキーワード

● 抵当権　　● 法定地上権　　● 根抵当権　　● 共同抵当

● 譲渡担保　　● 保証契約　　● 連帯保証

抵当権

　抵当権に関する次の①〜⑤の記述のうち、その内容が最も適切でないものを1つだけ選びなさい。（第48回第1問1-4）

① 　債権者は、債務者に金銭を貸し付けるにあたり、債務者所有の土地に抵当権の設定を受け、その旨の登記を経た。この場合、当該債務者が当該土地を第三者に売却するためには、民法上、当該債権者の同意を得なければならない。

② 　債権者は、債務者に金銭を貸し付けるにあたり、債務者所有の土地に抵当権の設定を受け、その旨の登記を経た。当該債権者は、当該債務者が返済期限を過ぎても返済しないため当該抵当権を実行する場合、民事執行法上、その前提として、本件貸付けについて民事訴訟を提起し債務名義を取得する必要はない。

③ 　債権者は、債務者に金銭を貸し付けるにあたり、債務者所有の土地に抵当権の設定を受け、その旨の登記を経た。その後、当該債務者は、当該土地上に建物を建築した。この場合、当該債権者は、民法上、当該抵当権を実行するに際し、当該土地とともに当該建物も競売に付すことができるが、当該土地の代価についてのみ、担保権を有しない一般債権者に優先して弁済を受けることができる。

④ 　債権者は、債務者に金銭を貸し付けるにあたり、債務者所有の甲土地および乙土地を共同抵当として抵当権の設定を受け、その旨の登記を経た。この場合、民法上、当該債権者は、抵当権を実行するに際し、甲土地および乙土地について、同時に両方の競売の申立てをすることも、いずれか一方のみについて競売の申立てをすることも、可能である。

⑤ 　債権者は、債務者に金銭を貸し付けるにあたり、債務者所有の土地に極度額7000万円の根抵当権の設定を受け、その旨の登記を経た。その後、当該根抵当権の実行により当該土地は競売に付され、8500万円で第三者に買い受けられた。この場合において、当該根抵当権の被担保債権の総額が8000万円であり、後順位抵当権者がいないときであっても、民法上、当該債権者は、7000万円を限度として配当を受けられるのみである。

解説

① **最も適切でない。** 抵当権設定契約で規定されている場合は別として、民法上、抵当権の目的となっている不動産を売却するに当たり、抵当権者の同意は不要である。抵当権者が当該不動産の第三取得者（新しく所有権を取得した第三者）に対し抵当権を主張することができるか否かは、抵当権の対抗関係の問題である。抵当権の設定も物権変動であるため、不動産登記法その他の登記に関する法律の定めるところに従いその登記をしなければ、第三者に対抗することができない（民法177条）。登記を経ていれば、第三取得者に抵当権を対抗し、抵当権を主張することができる。すなわち、抵当権者は登記を通じて保護されるため、当該不動産を売却するに当たり、抵当権者の同意は不要となる。したがって、債権者が、債務者に金銭を貸し付けるに当たり、債務者所有の土地に抵当権の設定を受け、その旨の登記を経た場合、当該債務者が当該土地を第三者に売却するために、民法上、当該債権者の同意を得なければならないわけではないから、本肢は適切でない。

② **適切である。** 不動産担保権の実行は、担保権の存在を証する確定判決のほか、担保権の登記（仮登記を除く。）がされた不動産についての不動産担保権の実行の申立てがあったときにも、開始される（民事執行法181条1項）。したがって、債権者が、債務者に金銭を貸し付けるに当たり、債務者所有の土地に抵当権の設定を受け、その旨の登記を経たときは、当該債権者は、当該債務者が返済期限を過ぎても返済しないため当該抵当権を実行する場合、民事執行法上、その前提として、必ずしも、本件貸付けについて民事訴訟を提起し債務名義を取得する必要はないから、本肢は適切である。

③ **適切である。** 抵当権の設定後に抵当地に建物が築造されたときは、抵当権者は、土地とともにその建物を競売することができる。ただし、その優先権は、土地の代価についてのみ行使することができる（民法389条1項）。したがって、債権者が、債務者に金銭を貸し付けるに当たり、債務者所有の土地に抵当権の設定を受け、その旨の登記を経た後、当該債務者が、当該土地上に建物を建築した場合、当該債権者は、民法上、当該抵当権を実行するに際し、当該土地とともに当該建物も競売に付すことができるが、当該土地の代価についてのみ、担保権を有しない一般債権者に優先して弁済を受けることができるから、本肢は適切である。

④ **適切である。** 債権者が同一の債権の担保として数個の不動産につき抵当権を有する場合（これを「共同抵当」という。）において、同時にその代価を配当すべきときは、その各不動産の価額に応じて、その債権の負担を按分する（民法392条1項）。これを同時配当という。また、債権者が同一の債権の担保として数個の不動産につき抵当権を有する場合において、ある不動産の代価のみを配当すべきときは、抵当権者は、その代価から債権の全部の弁済を受けることができる（同条2項）。これを異時配当という。複数の不動産について抵当権の設定を受けている抵当権者は、自身の判断に従い、同時に競売の申立てをすることも、別々に申立てをすることもできる。したがって、債権者が、債務者に金銭を貸し付けるに当たり、債務者所有の甲土地及び乙土地を共同抵当として抵当権の設定を受け、その旨の登記を経た場合、民法上、当該債権者は、抵当権を実行するに際し、甲土地及び乙土地について、同時に両方の競売の申立てをすることも、いずれか一方のみについて競売の申立てをすることも、可能であるから、本肢は適切である。

⑤ **適切である。** 根抵当権者は、確定した元本並びに利息その他の定期金及び債務の不履行によって生じた損害の賠償の全部について、極度額を限度として、その根抵当権を行使することができる（民法398条の3第1項）。したがって、債権者が、債務者に金銭を貸し付けるに当たり、債務者所有の土地に極度額7000万円の根抵当権の設定を受け、その旨の登記を経た後、当該根抵当権の実行により当該土地は競売に付され、8500万円で第三者に買い受けられた場合において、当該根抵当権の被担保債権の総額が8000万円であり、後順位抵当権者がいないときであっても、民法上、当該債権者は、7000万円を限度として配当を受けられるのみであるから、本肢は適切である。

根抵当権に関する次の①～⑤の記述のうち、民法に照らし、その内容が最も適切でないものを1つだけ選びなさい。（第46回第2問2-4）

① 根抵当権は、債務者との特定の継続的取引契約によって生ずる不特定の債権その他債務者との一定の種類の取引によって生ずる不特定の債権を担保するものであるが、手形上または小切手上の債権を根抵当権の担保すべき債権とすることはできない。

② 根抵当権につき元本確定期日の定めがない場合、根抵当権者は、いつでも、担保すべき元本の確定を請求することができる。この場合、担保すべき元本は、その請求の時に確定する。

③ 根抵当権者が根抵当権を実行するためには、被担保債権の元本が確定していなければならない。

④ 金銭消費貸借契約における貸主は、借主の所有する土地に極度額5000万円の根抵当権の設定を受け、その旨の登記を経た。その後、当該根抵当権の実行により当該土地は競売に付され、6000万円で買い受けられた。この場合において、当該根抵当権の被担保債権の総額が5500万円であり、後順位抵当権者がいないときであっても、当該貸主は、5000万円を限度として配当を受けられるのみである。

⑤ 元本の確定後において現に存する債務の額が根抵当権の極度額を超えるときは、当該根抵当権の目的物である不動産について所有権を取得した第三者は、当該極度額に相当する金額を払い渡しまたは供託して、当該根抵当権の消滅請求をすることができる。

9

債権の担保

解説

① **最も適切でない。** 抵当権は、設定行為で定めるところにより、一定の範囲に属する不特定の債権を極度額の限度において担保するためにも設定することができる（民法398条の2第1項）。これを根抵当権という。根抵当権の担保すべき不特定の債権の範囲は、原則として、債務者との特定の継続的取引契約によって生ずるものその他債務者との一定の種類の取引によって生ずるものに限定して、定めなければならないところ（同条2項）、特定の原因に基づいて債務者との間に継続して生ずる債権、手形上若しくは小切手上の請求権又は電子記録債権を被担保債権として設定することができる（同条3項）。したがって、根抵当権は、債務者との特定の継続的取引契約によって生ずる不特定の債権その他債務者との一定の種類の取引によって生ずる不特定の債権を担保するものであるが、手形上又は小切手上の債権を根抵当権の担保すべき債権とすることもできるから、本肢は適切でない。

② **適切である。** 根抵当権者は、元本確定期日の定めがない限り、いつでも、担保すべき元本の確定を請求することができる。この場合において、担保すべき元本は、その請求の時に確定する（民法398条の19第2項、第3項）。したがって、根抵当権につき元本確定期日の定めがない場合、根抵当権者は、いつでも、担保すべき元本の確定を請求することができる。この場合、担保すべき元本は、その請求の時に確定するから、本肢は適切である。

③ **適切である。** 根抵当権を実行するに当たっては、根抵当権の実行により担保される被担保債権の元本の確定によって、担保される債権の範囲を確定しておかなければならない。したがって、根抵当権者が根抵当権を実行するためには、被担保債権の元本が確定していなければならないから、本肢は適切である。

④ **適切である。** 根抵当権者は、確定した元本並びに利息その他の定期金及び債務の不履行によって生じた損害の賠償の全部について、極度額を限度として、その根抵当権を行使することができる（民法398条の3第1項）。したがって、金銭消費貸借契約における貸主が、借主の所有する土地に極度額5000万円の根抵当権の設定を受け、その旨の登記を経た後、当該根抵当権の実行により当該土地が競売に付され、6000万円で買い受けられた場合において、当該根抵当権の被担保債権の総額が5500万円であり、後順位抵当権者がいないときであっても、当該貸主は、極度額である5000万円を限度として配当を受けられるのみであるから、本肢は適切である。

⑤ **適切である。** 元本の確定後において現に存する債務の額が根抵当権の極度額を超えるときは、他人の債務を担保するためその根抵当権を設定した者又は抵当不動産について所有権、地上権、永小作権若しくは第三者に対抗することができる賃借権を取得した第三者は、その極度額に相当する金額を払い渡し又は供託して、その根抵当権の消滅請求をすることができる（民法398条の22第1項）。したがって、元本の確定後

において現に存する債務の額が根抵当権の極度額を超えるときは、当該根抵当権の目的物である不動産について所有権を取得した第三者は、当該極度額に相当する金額を払い渡し又は供託して、当該根抵当権の消滅請求をすることができるから、本肢は適切である。

　A銀行は、不動産業者であるB社に5億円を貸し付け、その際、A銀行がB社に対して有する当該貸付けに基づく貸金債権を被担保債権として、B社の所有する賃貸マンション（時価7億5000万円）に一番抵当権の設定を受け、その旨の登記を経た。A銀行がB社に対して有する貸金債権につき弁済期が到来し、A銀行が本件抵当権に基づき優先弁済を受ける場合に関する次のア〜オの記述のうち、その内容が適切なものの組み合わせを①〜⑤の中から1つだけ選びなさい。（第45回第7問7-2）

ア．A銀行が賃貸マンションに本件抵当権の設定を受けるより前に、Cは、B社との間で賃貸マンションの1室の賃貸借契約を締結し、その引渡しを受けて居住している。この場合、A銀行は、本件抵当権に基づく物上代位権を行使して、賃料がCからB社に支払われる前にB社の有する賃料債権を差し押さえ、当該賃料からB社に対して有する貸金債権の弁済を受けることができる。

イ．A銀行が賃貸マンションに本件抵当権の設定を受けるより前に、Dは、B社との間で賃貸マンションの1室の賃貸借契約を締結し、その引渡しを受けて居住している。その後、A銀行が本件抵当権の実行としての競売を申し立てた結果、E社が賃貸マンションの買受人となりその所有権移転登記を経た。この場合、E社は、賃貸マンションの新たな所有者となり、Dとの関係で新たな賃貸人となる。

ウ．A銀行が賃貸マンションに本件抵当権の設定を受け、その旨の登記を経た後に、Fは、B社との間で賃貸マンションの1室の賃貸借契約を締結し、その引渡しを受けて居住している。その後、A銀行が本件抵当権の実行としての競売を申し立てた結果、G社が賃貸マンションの買受人となりその所有権移転登記を経た。この場合であっても、Fは、賃貸マンションの競売におけるG社の買受けの時から一定の期間が経過するまでは、G社に対し、賃貸マンションの1室を明け渡す必要はない。

エ．A銀行は、約定の期日にB社に対して有する貸金債権の弁済を受けられなかった場合、裁判所の競売手続によらず私的に本件抵当権を実行し、賃貸マンションの所有権を取得することができる。この場合、賃貸マンションの価額と被担保債権額との間に差額が生じていれば、A銀行は、B社との間で差額を清算する必要がある。

オ．A銀行が本件抵当権の設定登記を経た後、H社は、B社に3億円を貸し付け、H社がB社に対して有する貸金債権を被担保債権として、賃貸マンションに二番抵当権の設定を受け、その旨の登記を経た。その後、A銀行は、約定の期日にB社に対して有する貸金債権の弁済を受けられなかったため、本件抵当権の実行としての競売を申し立てた。この場合、A銀行は、B社に対して有する貸金債権の元本のほか、すでに発生していた4年分の遅延損害金があるときは、当該競売の配当手続において、これらの全額について、H社に優先して売却代金から配当を受けることができる。

① アイウ　　② アイオ　　③ アウエ　　④ イエオ　　⑤ ウエオ

債権の担保

解説

ア．適切である。抵当権は、その目的物の売却、賃貸、滅失又は損傷によって債務者が受けるべき金銭その他の物に対しても、行使することができる（民法372条、304条1項本文）。これを物上代位という。もっとも、物上代位をするためには、抵当権者は、その払渡し又は引渡しの前に差押えをしなければならない（同法304条1項ただし書）。したがって、A銀行が賃貸マンションに本件抵当権の設定を受けるより前に、Cが、B社との間で賃貸マンションの1室の賃貸借契約を締結し、その引渡しを受けて居住している場合、A銀行は、本件抵当権に基づく物上代位権を行使して、賃料がCからB社に支払われる前にB社の有する賃料債権を差し押さえ、当該賃料からB社に対して有する貸金債権の弁済を受けることができるから、本肢は適切である。

イ．適切である。賃貸借契約における賃貸人の目的物を使用収益させるという債務は、所有者であれば誰でも履行することができる没個性的な債務であるから、賃貸借契約の賃貸人たる地位は、目的物の所有権とともに移転する。したがって、A銀行が賃貸マンションに本件抵当権の設定を受けるより前に、Dが、B社との間で賃貸マンションの1室の賃貸借契約を締結し、その引渡しを受けて居住を開始した後、A銀行が本件抵当権の実行としての競売を申し立てた結果、E社が賃貸マンションの買受人となりその所有権移転登記を経た場合、E社は、賃貸マンションの新たな所有者となり、Dとの関係で新たな賃貸人となるから、本肢は適切である。

ウ．適切である。抵当権者に対抗することができない賃貸借により抵当権の目的である建物の使用又は収益をする者であって、競売手続の開始前から使用又は収益をする者等は、その建物の競売における買受人の買受けの時から6ヶ月を経過するまでは、その建物を買受人に引き渡すことを要しない（民法395条1項）。したがって、A銀行が賃貸マンションに本件抵当権の設定を受け、その旨の登記を経た後に、Fが、B社との間で賃貸マンションの1室の賃貸借契約を締結し、その引渡しを受けて居住を開始した後、A銀行が本件抵当権の実行としての競売を申し立てた結果、G社が賃貸マンションの買受人となりその所有権移転登記を経た場合、Fは、賃貸マンションの競売におけるG社の買受けの時から一定の期間が経過するまでは、G社に対し、賃貸マンションの1室を明け渡す必要はないから、本肢は適切である。

エ．適切でない。抵当権は、私的実行は認められておらず、必ず裁判所の競売手続により実行しなければならない。したがって、A銀行は、約定の期日にB社に対して有する貸金債権の弁済を受けられなかった場合であっても、裁判所の競売手続によらず私的に本件抵当権を実行することはできないから、本肢は適切でない。

オ．適切でない。抵当権者は、利息その他の定期金を請求する権利を有するときは、原則として、その満期となった最後の2年分についてのみ、その抵当権を行使することができる（民法375条1項）。これは、抵当権は、同一の不動産について複数設定され

ることから（同法373条参照）、後順位抵当権者に対する配当の原資が目減りして、後順位抵当権者が不測の損害を被るという事態を避けるためである。したがって、A銀行が本件抵当権の設定登記を経た後、H社は、B社に3億円を貸し付け、H社がB社に対して有する貸金債権を被担保債権として、賃貸マンションに二番抵当権の設定を受け、その旨の登記を経た後、A銀行が、約定の期日にB社に対して有する貸金債権の弁済を受けられなかったため、本件抵当権の実行としての競売を申し立てた場合、A銀行は、B社に対して有する貸金債権の元本のほか、既に発生していた遅延損害金のうち2年分についてのみ、H社に優先して売却代金から配当を受けることができるにすぎないから、本肢は適切でない。

抵当権（法定地上権）

第 4 問

難易度 ★★☆

　A社は、現在A社が所有している土地Xの上に、建物Yを建築し所有している。B社は、建物Yの取得を検討しているところ、建物YにはC銀行を債権者として抵当権が設定されていることが判明した。次のア～オの記述は、本件に関し、B社内において法定地上権について話している甲と乙との会話の一部である。この会話における乙の発言のうち、その内容が適切なものの組み合わせを①～⑤の中から１つだけ選びなさい。（第43回第7問7-4）

ア．甲「本件抵当権が実行され、当社が建物Yの買受人となった場合、当社は土地Xを使用できますか。」

　　乙「競売で当社が建物Yの買受人となった場合に建物Yのために土地Xに法定地上権が成立すれば、当社は土地Xを使用することができます。そのためには、本件抵当権が設定された当時に、A社が土地Xと建物Yの双方を所有していたことが必要です。」

イ．甲「土地Xが、建物Yの建築されている部分のほか、その周囲の広大な空地を含んでいる場合において、当社が建物Yの買受人となり、土地Xに法定地上権が成立したときには、法定地上権はどの範囲で成立しますか。」

　　乙「法定地上権は、必ずしも建物の敷地部分に限定して成立するわけではなく、建物の利用に必要な土地の範囲についても成立します。」

ウ．甲「本件抵当権が実行され、当社が建物Yの買受人となり、土地Xに法定地上権が成立する場合、当社は、土地Xを利用するために地代を支払う必要がありますか。」

　　乙「法定地上権は民法に基づいて当然に認められる権利ですから、当社は、土地Xの利用の対価である地代を支払う必要はありません。」

エ．甲「本件抵当権が実行され、当社が建物Yの買受人となり、土地Xに法定地上権が成立する場合、当社は、当該法定地上権の取得を第三者に対抗するために登記が必要となりますか。」

　　乙「当社は、当該法定地上権の取得を第三者に対抗するために、建物Yの登記または土地Xの地上権の登記が必要となります。」

オ．甲「本件抵当権が設定された時点では、土地XはD社、建物YはA社がそれぞれ所有していた場合において、本件抵当権が実行され、当社が建物Yの買受人となったときには、土地Xの利用についてはどのように

なりますか。」

乙「本件抵当権設定当時に土地Xと建物Yを別々の者が所有していた場
　合、当社が建物Yの買受人となっても、法定地上権は成立しません。
　そこで、民法上、建物Yを買い受けようとする者には、その請求によ
　り、抵当権が設定されていない土地Xも同時に競売に付させ、建物Y
　と共に買い受けることができる権利が認められています。」

①　アイウ　　②　アイエ　　③　アエオ　　④　イウオ　　⑤　ウエオ

解説

ア．適切である。土地及びその上に存する建物が同一の所有者に属する場合において、その土地又は建物につき抵当権が設定され、その実行により所有者を異にするに至ったときは、その建物について、地上権が設定されたものとみなされる（民法388条）。これを法定地上権という。法定地上権が成立するための要件として、抵当権設定時に土地の上に同一の所有者に属する建物が存在することが必要である。したがって、本件抵当権が実行され、競売でB社が建物Yの買受人となった場合に建物Yのために土地Xに法定地上権が成立すれば、B社は土地Xを使用することができ、そのためには、本件抵当権が設定された当時に、A社が土地Xと建物Yの双方を所有していたことが必要であるから、乙の本発言は適切である。

イ．適切である。法定地上権は、相応に価値を有する建物を収去せざるを得ないという社会経済上の不合理を回避するための制度であり、建物が存立したとしても、全く利用できないとすれば意味がないから、建物の利用に必要な土地の範囲についても法定地上権は成立する。したがって、土地Xが、建物Yの建築されている部分のほか、その周囲の広大な空地を含んでいる場合において、土地Xに法定地上権が成立したときには、法定地上権は必ずしも建物の敷地部分に限定して成立するわけではなく、建物の利用に必要な土地の範囲についても成立するから、乙の本発言は適切である。

ウ．適切でない。法定地上権は、建物の収去を回避するための制度であり、競落人に無償の土地使用を認めるものではない。法定地上権が成立した場合、まずは、当事者で地代について話合いがなされ、合意できない場合は、当事者の請求により、裁判所が地代を定める（民法388条後段参照）。したがって、土地Xに法定地上権が成立する場合、B社は、土地Xの利用の対価である地代を支払う必要があるから、乙の本発言は適切でない。

エ．適切である。不動産に関する物権の得喪及び変更は、不動産登記法その他の登記に関する法律の定めるところに従いその登記をしなければ、第三者に対抗することができない（民法177条）。法定地上権の場合も、原則どおり、登記しなければ第三者に対抗することができない。もっとも、借地借家法により、登記をしていない場合でも、土地の上に法定地上権者が登記されている建物を所有するときは、これをもって第三者に対抗することができる（借地借家法10条1項）。したがって、B社が、当該法定地上権の取得を第三者に対抗するために、建物Yの登記又は土地Xの地上権の登記が必要となるから、乙の本発言は適切である。

オ．適切でない。抵当権設定当時に建物と土地の所有者が別々であれば、抵当権の設定に先立って建物のために土地利用権が設定されており、その後に抵当権が実行された場合でも、建物は既に設定された土地利用権を根拠に存続することができる。そのため、法定地上権を成立させる必要はなく、また、建物の競落人が建物とともに土地を競落する権利も認められていない。したがって、本件抵当権が設定された時点では、土地Xと建物Yを別々の者が所有していた場合、B社が建物Yの買受人となっても、法定地上権は成立せず、民法上、建物Yを買い受けようとする者が、抵当権が設定されていない土地Xを同時に競売に付させ、建物Yとともに買い受けることができる権利は認められていないから、本肢は適切でない。

譲渡担保

第5問

　甲社は、乙社に対して金銭を貸し付けるにあたり、貸金債権の担保として、乙社がその倉庫内に所有する原材料、乙社が所有する自走式産業用ロボットおよび乙社が丙社に対して有する請負代金債権のそれぞれに譲渡担保の設定を受けることを検討している。この場合に関する次のア～オの記述のうち、その内容が適切なものの組み合わせを①～⑤の中から1つだけ選びなさい。(第45回第1問1-3)

ア．乙社は、乙社倉庫内の複数の原材料の種類、所在場所および量的範囲を指定するなどの方法で目的物の範囲を特定することにより、甲社のために複数の原材料を1個の集合物として譲渡担保を設定することができる。

イ．甲社は、乙社の所有する自走式産業用ロボットに譲渡担保の設定を受ける場合、当該ロボットの引渡しを受けたとしても、「動産及び債権の譲渡の対抗要件に関する民法の特例等に関する法律」(動産・債権譲渡特例法)による動産譲渡登記を経なければ、譲渡担保の設定を第三者に対抗することができない。

ウ．甲社は、乙社の所有する自走式産業用ロボットに設定を受けた譲渡担保を実行する場合には、裁判所にその申立てをすることを要する。

エ．甲社が、乙社が丙社に対して有する請負代金債権に譲渡担保の設定を受ける場合、甲社、乙社および丙社の三者を契約当事者として譲渡担保設定契約を締結することを要する。

オ．甲社は、乙社が丙社に対して有する請負代金債権に譲渡担保の設定を受ける場合において、動産・債権譲渡特例法による債権譲渡登記がなされたときは、譲渡担保の設定を丙社以外の第三者に対抗することができる。

①　アイ　　②　アオ　　③　イウ　　④　ウエ　　⑤　エオ

解 説

ア．適切である。判例は、「構成部分の変動する集合動産についても、その種類、所在場所及び
量的範囲を指定するなどなんらかの方法で目的物の範囲が特定される場合には、一個の集合
物として譲渡担保の目的となりうる」として、集合物譲渡担保を認めている（最判昭和54年2
月15日民集33巻1号51頁）。したがって、乙社は、乙社倉庫内の複数の原材料の種類、所
在場所及び量的範囲を指定するなどの方法で目的物の範囲を特定することにより、甲社のた
めに複数の原材料を1個の集合物として譲渡担保を設定することができるから、本肢は適切
である。

イ．適切でない。動産を目的とする譲渡担保を第三者に対抗するためには、動産の譲渡につい
て対抗要件を具備しなければならない。動産に関する物権の譲渡の対抗要件は、引渡しであ
る（民法178条）。また、「動産及び債権の譲渡の対抗要件に関する民法の特例等に関する法
律」（動産・債権譲渡特例法）では、法人が動産を譲渡した場合において、当該動産の譲渡に
つき動産譲渡登記ファイルに譲渡の登記がされたときは、当該動産について、引渡しがあっ
たものとみなされる（動産・債権譲渡特例法3条1項）。したがって、甲社が、乙社の所有す
る自走式産業用ロボットに譲渡担保の設定を受ける場合、当該ロボットの引渡しを受けたと
きは、動産譲渡登記を経なくとも、譲渡担保の設定を第三者に対抗することができるから、
本肢は適切でない。

ウ．適切でない。譲渡担保権の内容は、当事者の契約により定まるが、一般に、譲渡担保権を
実行する場合、抵当権などの場合と異なり、裁判所の手続によらずに目的物を第三者に売却
するなどといった私的実行をすることができる。したがって、甲社は、乙社の所有する自走
式産業用ロボットに設定を受けた譲渡担保を実行する場合、必ずしも裁判所にその申立てを
することを要しないから、本肢は適切でない。

エ．適切でない。債権を目的とする譲渡担保設定契約を締結するには、債権者と担保に供する
債権の債権者（通常は、債務者）との合意があれば足りる。したがって、甲社が、乙社が丙社
に対して有する請負代金債権に譲渡担保の設定を受ける場合、甲社、乙社及び丙社の三者を
契約当事者としなくとも、甲社と乙社との契約で足りるから、本肢は適切でない。

　　もっとも、債権を目的とする譲渡担保権を担保に供する債権の債務者（第三債務者）に対抗
するためには、第三債務者への通知、又は承諾が必要である（民法467条1項）。

オ．適切である。債権を目的とする譲渡担保権を第三者に対抗するためには、債権譲渡の対抗
要件を具備しなければならない。民法上、債権譲渡を第三者に対抗するための対抗要件は、
確定日付のある証書による通知又は承諾である（民法467条2項）。もっとも、法人が債権を
譲渡した場合において、当該債権の譲渡につき債権譲渡登記ファイルに譲渡の登記がされた
ときは、当該債権の債務者以外の第三者については、確定日付のある証書による通知があっ
たものとみなされる（動産・債権譲渡特例法4条1項）。したがって、甲社は、乙社が丙社に
対して有する請負代金債権に譲渡担保の設定を受ける場合において、動産・債権譲渡特例法
による債権譲渡登記がなされたときは、譲渡担保の設定を丙社以外の第三者に対抗すること
ができるから、本肢は適切である。

譲渡担保に関する次のア〜オの記述のうち、その内容が適切なものの組み合わせを①〜⑤の中から１つだけ選びなさい。（第46回第5問5-3）

ア．A社は、B社との間で、B社に金銭を貸し付ける旨の金銭消費貸借契約を締結し、その貸金債権の担保としてB社が取引先C社に対して有する請負契約に基づく報酬債権に譲渡担保の設定を受けることとした。この場合、A社は、A社とB社との間の譲渡担保設定契約について契約書を作成することにより、当該譲渡担保の設定をC社に対抗することができる。

イ．A社は、B社に売却する燃料の売買代金債権の担保として、B社の倉庫内に存在する、構成部分の変動する原材料について、その種類、所在場所および量的範囲を指定する方法によって目的物の範囲を特定し、一個の集合物として譲渡担保の設定を受けた。この場合、当該譲渡担保の設定時に当該倉庫内に存在しなかった原材料については、当該譲渡担保の実行時にB社が所有し当該倉庫内に存在したとしても、当該譲渡担保の効力は及ばない。

ウ．A社は、B社に売却するA社製品の売買代金債権の担保として、B社の所有する有名芸術家の美術品1点に譲渡担保の設定を受けることとした。この場合、A社は、B社から当該美術品の占有改定ではなく現実の引渡しを受けなければ、当該譲渡担保の設定を第三者に対抗することはできない。

エ．A社は、B社に売却する燃料の売買代金債権の担保として、B社が所有する土地に譲渡担保の設定を受けた。B社が期限を徒過してもA社に売買代金を支払わない場合、A社は、譲渡担保を実行して当該土地を取得することができ、当該土地の適正評価額が売買代金債権の額を上回っているときは、B社に対しその差額を清算する義務を負う。

オ．A社は、B社との間で、B社に金銭を貸し付ける旨の金銭消費貸借契約を締結し、その貸金債権の担保としてB社が所有し使用しているビルに譲渡担保の設定を受けることとした。この場合、B社は、A社と合意することにより、引き続き当該ビルを使用することができる。

① アウ ② アエ ③ イウ ④ イオ ⑤ エオ

解説

ア．適切でない。譲渡担保権の設定契約は、債権者と債務者との間の契約により成立するが、譲渡する債権の債務者に対抗するためには、対抗要件を具備する必要がある。債権譲渡の対抗要件は、債務者に対する通知又は債務者による承諾であるから（民法467条1項）、譲渡担保権を債務者（本肢では、取引先C社）に対抗するためには、譲渡担保権を設定した旨の通知又は承諾が必要である。したがって、A社が、B社との間で、B社に金銭を貸し付ける旨の金銭消費貸借契約を締結し、その貸金債権の担保としてB社が取引先C社に対して有する請負契約に基づく報酬債権に譲渡担保の設定を受けることとした場合、A社が、当該譲渡担保の設定をC社に対抗するためには、C社に対する通知又はC社による承諾が必要であるから、本肢は適切でない。

イ．適切でない。判例は、「構成部分の変動する集合動産についても、その種類、所在場所及び量的範囲を指定するなどなんらかの方法で目的物の範囲が特定される場合には、一個の集合物として譲渡担保の目的となりうる」として、集合物譲渡担保を認めている（最判昭和54年2月15日民集33巻1号51頁）。構成部分の変動する集合動産を前提としており、譲渡担保設定時には存在せず、その後に集合動産の一部となった物も譲渡担保の対象となる。したがって、A社が、B社に売却する燃料の売買代金債権の担保として、B社の倉庫内に存在する、構成部分の変動する原材料について、その種類、所在場所及び量的範囲を指定する方法によって目的物の範囲を特定し、一個の集合物として譲渡担保の設定を受けた場合、当該譲渡担保の設定時に当該倉庫内に存在しなかった原材料についても、当該譲渡担保の実行時にB社が所有し当該倉庫内に存在したときは、当該譲渡担保の効力が及ぶから、本肢は適切でない。

ウ．適切でない。動産に関する物件の譲渡の対抗要件は、引渡しである（民法178条）。この引渡しには、観念上の引渡しである占有改定（同法183条）も含まれる。そのため、現実の引渡しがなくても、占有改定があれば、譲渡担保権を第三者に対抗することができる。したがって、A社が、B社に売却するA社製品の売買代金債権の担保として、B社の所有する有名芸術家の美術品1点に譲渡担保の設定を受けることとした場合、A社は、B社から当該美術品の占有改定を受けることにより、当該譲渡担保の設定を第三者に対抗することができるから、本肢は適切でない。

エ．適切である。判例は、譲渡担保権者の清算義務を認め、譲渡担保権者は、「債務者が弁済期に債務の弁済をしない場合においては、目的不動産（担保目的物）を換価処分し、またはこれを適正に評価することによつて具体化する右物件の価額から、自己の債権額を差し引き、なお残額があるときは、これに相当する金銭を清算金として債務者に支払うことを要する」としている（最判昭和46年3月25日民集25巻2号208頁）。したがって、A社が、B社に売却する燃料の売買代金債権の担保として、B社が所有する土地に譲渡担保の設定を受け、B社が期限を徒過してもA社に売買代金を支払わない場合、A社は、譲渡担保を実行して当該土地を取得することができ、当該土地の適正評価額が売買代金債権の額を上回っているときは、B社に対しその差額を清算する義務を負うから、本肢は適切である。

オ．適切である。譲渡担保権は、通常、目的物の占有を債務者に残し、債務者が当該目的物を使用することを認めながら、その担保価値を債権者が把握することを目的として締結される。したがって、A社が、B社との間で、B社に金銭を貸し付ける旨の金銭消費貸借契約を締結し、その貸金債権の担保としてB社が所有し使用しているビルに譲渡担保の設定を受けることとした場合、B社は、A社と合意することにより、引き続き当該ビルを使用することができるから、本肢は適切である。

　保証に関する次の①～⑤の記述のうち、民法の規定に照らし、その内容が最も適切なものを1つだけ選びなさい。（第45回第2問2-2）

① 　保証人とすることについて主たる債務者が反対の意思を表示した者を保証人とする保証契約は、無効である。

② 　債権者は、主たる債務の弁済期が到来したので、連帯保証人に対し、連帯保証債務の履行を請求した。この場合、連帯保証人は、債権者に対し、まず主たる債務者に催告すべき旨を請求することができる。

③ 　保証人は、主たる債務者の委託を受けて保証をした場合だけでなく、主たる債務者の委託を受けずに保証をした場合も、その保証債務を民法の規定に従い履行したときは、主たる債務者に対して、弁済した額のほか、弁済その他免責があった日以後の法定利息および避けることができなかった費用その他の損害賠償につき求償権を有する。

④ 　主たる債務につき、複数の連帯保証人が連帯保証債務を負う場合において、連帯保証人のうちの1人が当該連帯保証債務の全部を民法の規定に従い履行した。この場合、当該連帯保証債務を履行した連帯保証人は、主たる債務者に求償することはできるが、他の連帯保証人に求償することはできない。

⑤ 　主たる債務につき、複数の連帯保証人が連帯保証債務を負う場合であっても、連帯保証人は分別の利益を有しないため、債権者は、複数の連帯保証人のうちの1人に対して、主たる債務の全額について当該連帯保証債務を履行するよう請求することができる。

第 7 問　解答　⑤

解説

① 適切でない。保証契約は、債権者と保証人との契約であり、主たる債務者の意思に反しても締結することができる。したがって、保証人とすることについて主たる債務者が反対の意思を表示した者を保証人とする保証契約であっても、有効であるから、本肢は適切でない。

② 適切でない。債権者が保証人に債務の履行を請求したときは、保証人は、原則として、まず主たる債務者に催告をすべき旨を請求することができる（民法452条）。これを催告の抗弁権という。もっとも、連帯保証人は、催告の抗弁権を有しない（同法454条）。したがって、債権者が、主たる債務の弁済期が到来したので、連帯保証人に対し、連帯保証債務の履行を請求した場合、連帯保証人は、債権者に対し、まず主たる債務者に催告すべき旨を請求することはできないから、本肢は適切でない。

③ 適切でない。主たる債務者の委託を受けないで保証をした者が債務の消滅行為をした場合、主たる債務者がその当時利益を受けた限度において求償権を有する（民法462条1項、459条の2第1項）。したがって、保証人は、主たる債務者の委託を受けて保証をした場合だけでなく、主たる債務者の委託を受けずに保証をした場合も、その保証債務を民法の規定に従い履行したときは、主たる債務者に対して、求償権を有するが、その範囲は、主たる債務者がその当時利益を受けた限度であるから、本肢は適切でない。

④ 適切でない。連帯保証人のうち1人が主たる債務の全額につき弁済したときは、他の連帯保証人との関係では、連帯債務者の1人が弁済した場合と同様に考えられ、他の連帯保証人に対し、求償権を有する（民法465条1項、442条1項）。したがって、主たる債務につき、複数の連帯保証人が連帯保証債務を負う場合において、連帯保証人のうちの1人が当該連帯保証債務の全部を民法の規定に従い履行した場合、当該連帯保証債務を履行した連帯保証人は、主たる債務者のほか、他の連帯保証人に求償することができるから、本肢は適切でない。

⑤ 最も適切である。数人の保証人がある場合には、保証人の債務は保証人の頭数に応じて分割されるのが原則である（民法456条、427条）。これを分別の利益という。もっとも、連帯保証人には、分別の利益は認められず、各連帯保証人は全額について連帯保証債務を負う。したがって、主たる債務につき、複数の連帯保証人が連帯保証債務を負う場合であっても、連帯保証人は分別の利益を有しないため、債権者は、複数の連帯保証人のうちの1人に対して、主たる債務の全額について当該連帯保証債務を履行するよう請求することができるから、本肢は適切である。

保証

第 8 問

難易度 ★★☆

連帯保証および連帯保証ではない保証（通常の保証）に関する次のア～オの記述のうち、その内容が適切なものの組み合わせを①～⑤の中から１つだけ選びなさい。（第42回第２問2-3）

ア．民法上、連帯保証契約は書面によってなされることを要するが、通常の保証契約は書面によってなされる必要はない。

イ．民法上、通常の保証人も連帯保証人も、主たる債務者に代わって、債権者に対し、民法の規定に従って債務を弁済したときは、主たる債務者に求償することができる。

ウ．民法上、通常の保証人は催告の抗弁権を有するが、連帯保証人は催告の抗弁権を有しない。

エ．通常の保証人が複数いる場合において、そのうちの1人が主たる債務の全額につき弁済をしたときは、民法上、他の保証人に対して求償することができる。他方、連帯保証人が複数いる場合において、そのうちの1人が主たる債務の全額につき弁済したとしても、民法上、他の連帯保証人に対して求償することはできない。

オ．通常の保証人が複数いる場合、特約がない限り、各保証人が負う保証債務の額は、主たる債務の額を保証人の数に応じ等しい割合で分割した額となる。他方、連帯保証人が複数いる場合、民法上、連帯保証人には分別の利益は認められていないため、各保証人は、いずれも主たる債務の全額につき保証債務を負う。

① アイウ　　② アイエ　　③ アエオ　　④ イウオ　　⑤ ウエオ

解説

ア．適切でない。連帯保証契約も保証契約の一種であるが、保証契約は、書面でしなければ、その効力を生じない（民法446条2項）。保証契約がその内容を記録した電磁的記録によってされたときは、その保証契約は、書面によってされたものとみなされる（同条3項）。したがって、民法上、連帯保証契約と同様、通常の保証契約も書面によってなされる必要があるから、本肢は適切でない。

イ．適切である。保証人（連帯保証人を含む。以下同じ。）が、主たる債務者の委託を受けて保証をした場合において、主たる債務者に代わって弁済その他の財産をもって債権を消滅させる行為（以下「債務の消滅行為」という。）をしたときは、その保証人は、主たる債務者に対し、そのために支出した財産の額の求償権を有する（民法459条1項参照）。また、主たる債務者の委託を受けないで保証をした者が債務の消滅行為をした場合も、その保証人は、主たる債務者に対し求償権を有する（同法462条1項、459条の2第1項）。主たる債務者の意思に反して保証をした者は、主たる債務者が現に利益を受けている限度においてのみ求償権を有する（同法462条2項）。したがって、民法上、通常の保証人も連帯保証人も、主たる債務者に代わって、債権者に対し、民法の規定に従って債務を弁済したときは、主たる債務者に求償することができるから、本肢は適切である。

ウ．適切である。債権者が保証人に債務の履行を請求したときは、保証人は、原則として、まず主たる債務者に催告をすべき旨を請求することができる（民法452条）。これを催告の抗弁権という。もっとも、連帯保証人は、催告の抗弁権を有しない（同法454条）。したがって、民法上、通常の保証人は催告の抗弁権を有するが、連帯保証人は催告の抗弁権を有しないから、本肢は適切である。

エ．適切でない。保証人が複数いる場合を共同保証というが、互いに連帯しない保証人の1人が全額又は自己の負担部分を超える額を弁済したときは、他の保証人に対して求償権を有する（民法465条2項、462条）。また、連帯保証人が複数いる場合、連帯保証人のうち1人が主たる債務の全額につき弁済したときは、他の連帯保証人との関係では、連帯債務者の1人が弁済した場合と同様に考えられ、他の連帯保証人に対し、求償権を有する（同法465条1項、442条1項）。したがって、通常の保証人が複数いる場合において、そのうちの1人が主たる債務の全額につき弁済をしたときは、民法上、他の保証人に対して求償することができる一方、連帯保証人が複数いる場合においても、そのうちの1人が主たる債務の全額につき弁済したときは、民法上、他の連帯保証人に対して求償することができるから、本肢は適切でない。

オ．適切である。数人の保証人がある場合には、保証人の債務は保証人の頭数に応じて分割されるのが原則である（民法456条、427条）。これを分別の利益という。もっとも、連帯保証人には、分別の利益は認められず、各連帯保証人は全額について連帯保証債務を負う。したがって、通常の保証人が複数いる場合、特約がない限り、各保証人が負う保証債務の額は、主たる債務の額を保証人の数に応じ等しい割合で分割した額となる一方、連帯保証人が複数いる場合、民法上、連帯保証人には分別の利益は認められていないため、各保証人は、いずれも主たる債務の全額につき保証債務を負うから、本肢は適切である。

個人貸金等根保証契約

第 **9** 問

難易度 ★★☆

Aは、B銀行から継続的に融資を受けているCのために、CがB銀行に対して負う借入金債務を主たる債務として、B銀行との間で民法上の個人貸金等根保証契約を締結することとした。この場合に関する次の①～⑤の記述のうち、その内容が最も適切でないものを1つだけ選びなさい。なお、本件個人貸金等根保証契約は、事業のために負担した貸金等債務を主たる債務とする保証契約または主たる債務の範囲に事業のために負担する貸金等債務が含まれる根保証契約ではないものとする。（第48回第9問9-4）

① B銀行がAとの間で本件個人貸金等根保証契約を締結する際に極度額を定めなかった場合、本件個人貸金等根保証契約は、その効力を生じない。

② 本件個人貸金等根保証契約が書面または電磁的記録によって締結されない場合は、本件個人貸金等根保証契約は、その効力を生じない。

③ 本件個人貸金等根保証契約に基づきAが保証債務を弁済する場合、Aが保証債務を弁済する前および弁済した後にCに通知をしなかったとしても、AのCに対する求償権は制限されることはない。

④ 本件個人貸金等根保証契約が締結された場合、Aは、Cの主たる債務の元本、主たる債務に関する利息、違約金、損害賠償その他その債務に従たるすべてのものおよびその保証債務について約定された違約金または損害賠償金について、その全部にかかる極度額を限度として、履行する責任を負う。

⑤ Cが破産手続開始の決定を受けた場合、本件個人貸金等根保証契約における主たる債務の元本は確定する。

9

債権の担保

解説

① 適切である。一定の範囲に属する不特定の債務を主たる債務とする保証契約を根保証契約といい、このうち保証人が法人でないものを個人根保証契約という（民法465条の2第1項）。そして、個人根保証契約であってその主たる債務の範囲に金銭の貸渡し又は手形の割引を受けることによって負担する債務が含まれるものを個人貸金等根保証契約という（同法465条の3第1項）。個人根保証契約の保証人は、主たる債務の元本、主たる債務に関する利息、違約金、損害賠償その他その債務に従たる全てのもの及びその保証債務について約定された違約金又は損害賠償の額について、その全部に係る極度額を限度として、その履行をする責任を負い、個人根保証契約は、極度額を定めなければ、その効力を生じない（同法465条の2第1項、第2項）。したがって、B銀行がAとの間で本件個人貸金等根保証契約を締結する際に極度額を定めなかった場合、本件個人貸金等根保証契約は、その効力を生じないから、本肢は適切である。

② 適切である。個人貸金等根保証契約を含む保証契約は、書面でしなければ、その効力を生じない（民法446条2項）。保証契約の締結を慎重になさしめる趣旨である。また、保証契約がその内容を記録した電磁的記録によってされたときは、その保証契約は、書面によってされたものとみなされる（同条3項）。したがって、本件個人貸金等根保証契約が書面又は電磁的記録によって締結されない場合は、本件個人貸金等根保証契約は、その効力を生じないから、本肢は適切である。

③ 最も適切でない。保証人が主たる債務者の委託を受けて保証をした場合において、主たる債務者にあらかじめ通知しないで債務の消滅行為をしたときは、主たる債務者は、債権者に対抗することができた事由をもってその保証人に対抗することができる。この場合において、相殺をもってその保証人に対抗したときは、その保証人は、債権者に対し、相殺によって消滅すべきであった債務の履行を請求することができる（民法463条1項）。保証人が債務の消滅行為をした後に主たる債務者が債務の消滅行為をした場合においては、保証人が債務の消滅行為をしたことを主たる債務者に通知することを怠ったため、主たる債務者が善意で債務の消滅行為をしたときも、主たる債務者は、その債務の消滅行為を有効であったものとみなすことができ（同条3項）、保証人の求償権は制限される。したがって、本件個人貸金等根保証契約に基づきAが保証債務を弁済する場合、Aが保証債務を弁済する前及び弁済した後にCに通知をしなかったときは、AのCに対する求償権が制限されることがあるから、本肢は適切でない。

④ 適切である。個人根保証契約の保証人は、主たる債務の元本、主たる債務に関する利息、違約金、損害賠償その他その債務に従たる全てのもの及びその保証債務について約定された違約金又は損害賠償の額について、その全部に係る極度額を限度として、その履行をする責任を負う（民法465条の2第1項）。したがって、本件個人貸金等根保証契約が締結された場合、Aは、Cの主たる債務の元本、主たる債務に関する利息、違約金、損害賠償その他その債務に従たる全てのもの及びその保証債務について約定された違約金又は損害賠償金について、その全部にかかる極度額を限度として、履行する責任を負うから、本肢は適切である。

⑤ 適切である。個人貸金等根保証契約における主たる債務の元本は、債権者が、主たる債務者の財産について、金銭の支払を目的とする債権についての強制執行又は担保権の実行を申し立てたとき、主たる債務者が破産手続開始の決定を受けたときにも、原則として、確定する。したがって、Cが破産手続開始の決定を受けた場合、本件個人貸金等根保証契約における主たる債務の元本は確定するから、本肢は適切である。

　先取特権、留置権および質権に関する次のア～オの記述のうち、その内容が適切なものの組み合わせを①～⑤の中から１つだけ選びなさい。（第44回第9問9-1）

ア．土木機械の販売業者であるA社は、B社との間で、その所有する土木機械をB社に売却する旨の売買契約を締結し、これをB社に引き渡した。この場合、A社は、B社に対して有する売買代金債権について、動産売買の先取特権に基づく物上代位権を行使して、B社が当該土木機械を第三者に転売した代金債権から優先的に弁済を受けることができる。

イ．OA機器の修理業者であるC社は、D社との間で、D社の所有するパソコンの修理を行う旨の請負契約を締結し、当該パソコンの引渡しを受けた。この場合、C社は、D社に対し、当該パソコンの修理代金債権とは別に、既に修理を終えD社に引渡し済みのプリンターの修理代金債権を有しているときであっても、D社から当該パソコンの修理代金の支払いを受けたときは、当該パソコンについて留置権を主張することはできない。

ウ．自動車修理業者であるE社は、F社から自動車の修理の依頼を受け、当該自動車の引渡しを受けた。E社は、当該自動車の修理を完了したにもかかわらず、F社が修理代金を支払わない場合、留置権に基づいて当該自動車の競売を申し立てることができる。

エ．G社は、H社に対して有する貸金債権の担保として、H社所有の土地に質権の設定を受け、その旨の登記を経た。この場合であっても、G社は、当該土地を使用または収益することはできない。

オ．I社は、J社に対して有する売掛金債権の担保として、J社がK社に対して有する貸金債権に債権質の設定を受け、J社からK社に対し、その旨の通知がなされた。この場合、I社は、J社から当該売掛金債権の弁済を受けられないときであっても、K社から直接貸金を取り立てることはできない。

①　アウ　　②　アオ　　③　イエ　　④　イオ　　⑤　ウエ

第 10 問 **解答** ①

解説

ア．適切である。動産の売買の先取特権は、動産の代価及びその利息に関し、その動産について存在する（民法321条）。そして、先取特権には物上代位が認められており、先取特権は、その目的物の売却、賃貸、滅失又は損傷によって債務者が受けるべき金銭その他の物に対しても、行使することができる。ただし、先取特権者は、その払渡し又は引渡しの前に差押えをしなければならない（同法304条1項）。したがって、土木機械の販売業者であるA社が、B社との間で、その所有する土木機械をB社に売却する旨の売買契約を締結し、これをB社に引き渡した場合、A社は、B社に対して有する売買代金債権について、動産売買の先取特権に基づく物上代位権を行使して、B社が当該土木機械を第三者に転売した代金債権から優先的に弁済を受けることができるから、本肢は適切である。

イ．適切でない。商人間においてその双方のために商行為となる行為によって生じた債権が弁済期にあるときは、債権者は、その債権の弁済を受けるまで、原則として、その債務者との間における商行為によって自己の占有に属した債務者の所有する物又は有価証券を留置することができる（商法521条）。これを商事留置権という。したがって、OA機器の修理業者であるC社が、D社に対し、当該パソコンの修理代金債権とは別に、既に修理を終えD社に引渡し済みのプリンターの修理代金債権を有している場合、D社から当該パソコンの修理代金の支払を受けたときであっても、当該パソコンについて留置権を主張することができるから、本肢は適切でない。

ウ．適切である。留置権には、優先弁済的効力がないから、債権者は留置している物を競売、換価して被担保債権の弁済に充てることはできない。もっとも、留置権者には形式的競売が認められている。形式的競売とは、留置権者の留置物保存義務を免れるための競売であり、優先弁済に充てるための競売ではない（民事執行法195条参照）。したがって、自動車修理業者であるE社が、F社の自動車の修理を完了したにもかかわらず、F社が修理代金を支払わない場合、留置権に基づいて当該自動車の競売を申し立てることができるから、本肢は適切である。

エ．適切でない。不動産質権者は、質権の目的である不動産の用法に従い、その使用及び収益をすることができる（民法356条）。したがって、G社が、H社に対して有する貸金債権の担保として、H社所有の土地に質権の設定を受け、その旨の登記を経た場合、G社は、当該土地を使用又は収益することができるから、本肢は適切でない。

オ．適切でない。財産権を目的とする質権を権利質、債権質などという。権利質においては、質権者は、質権の目的である債権を直接に取り立てることができる（民法366条1項）。したがって、I社が、J社に対して有する売掛金債権の担保として、J社がK社に対して有する貸金債権に債権質の設定を受け、J社からK社に対し、その旨の通知がなされた場合、I社は、J社から当該売掛金債権の弁済を受けられないときは、K社から直接貸金を取り立てることができるから、本肢は適切でない。

債権の担保としての機能を有する諸制度に関する次の文章中の下線部①〜⑤の記述のうち、その内容が最も適切でないものを1つだけ選びなさい。（第45回第6問6-2）

債権の担保としての機能を有する制度として、次のようなものが挙げられる。

同時履行の抗弁権は、双務契約における一方当事者が自己の債務の履行を拒否することによって他方当事者の弁済を心理的に強制するものであり、この点で実質上担保としての機能を有している。①同時履行の抗弁権は、双務契約の一方当事者が他方当事者の債務の履行があるまで自らの債務の履行を拒否できるに留まるのであり、留置権とは異なり、誰に対しても行使できるものではない。

②買戻特約は、一般に、売主がその所有物を買主に売却するにあたり、売却する旨の売買契約を締結するのと同時に、将来売主が買主の支払った代金等を返還し、この売買契約を解除する旨を定める特約である。③再売買予約は、一般に、売主がその所有物をいったん買主に売却し、将来買主が売主にその物を再度売却することについての予約である。売買契約に付けられた買戻特約や再売買予約が債権担保の目的を有するときは、その売買契約は、譲渡担保契約であるとされる。

仮登記担保契約は、金銭債務を担保するため、その不履行があるときは債権者に債務者または第三者に属する所有権その他の権利を移転すること等を目的としてされた代物弁済の予約、停止条件付代物弁済契約その他の契約で、その契約による権利について仮登記または仮登録できるものである。④仮登記担保法上、仮登記担保権者は、仮登記担保を実行し仮登記担保の目的物の所有権を取得した場合において、当該目的物の価額が被担保債権等の額を超えたときは、その差額を債務者または第三者に清算金として支払わなければならない。

所有権留保は、売買において目的物を買主に引き渡した後も、代金全額の支払いを受けるまで所有権を売主に留保する旨を定めることである。⑤買主が売買代金全額を支払う前に所有権留保の目的物である動産を第三者に売却した場合は、当該動産が所有権留保の目的物であることが表示されていたとしても、当然に当該第三者が当該動産を即時取得する。また、所有権留保の実行の際、売主が有する残債権額と目的物の価額との間に差がある場合には、売主はその差額を買主に対して支払う清算義務を負う。

第 11 問 解答 ⑤

解説

① 適切である。双務契約の当事者の一方は、相手方がその債務の履行（債務の履行に代わる損害賠償の債務の履行を含む。）を提供するまでは、自己の債務の履行を拒むことができる（民法533条）。これを同時履行の抗弁権という。これは、双務契約の当事者の一方という地位に基づき認められるから、契約の相手方当事者に対して主張することができるにとどまる。一方で、留置権は物権であり、誰に対しても主張することができる。したがって、同時履行の抗弁権は、双務契約の一方当事者が他方当事者の債務の履行があるまで自らの債務の履行を拒否できるにとどまるのであり、留置権とは異なり、誰に対しても行使できるものではないから、本肢は適切である。

② 適切である。不動産の売主は、売買契約と同時にした買戻しの特約により、買主が支払った代金及び契約の費用を返還して、売買の解除をすることができる（民法579条）。これを買戻特約という。したがって、買戻特約は、一般に、売主がその所有物を買主に売却するに当たり、売却する旨の売買契約を締結するのと同時に、将来売主が買主の支払った代金等を返還し、この売買契約を解除する旨を定める特約であるから、本肢は適切である。

③ 適切である。売買の一方の予約は、相手方が売買を完結する意思を表示した時から、売買の効力を生ずる（民法556条1項）。売買契約は、当事者の意思表示の合致により成立するが、売買の予約をしておくと、当事者の一方が予約完結権を行使することにより、売買が成立する。売買の一方の予約という形式で、実質は貸金の担保として用いられる場合、これを再売買の予約という。したがって、再売買予約は、一般に、売主がその所有物をいったん買主に売却し、将来買主が売主にその物を再度売却することについての予約であるから、本肢は適切である。

④ 適切である。債権者は、清算期間が経過した時の土地等の価額がその時の債権等の額を超えるときは、その超える額に相当する金銭（これを清算金という。）を債務者等に支払わなければならない（仮登記担保法3条1項）。したがって、仮登記担保法上、仮登記担保権者は、仮登記担保を実行し仮登記担保の目的物の所有権を取得した場合において、当該目的物の価額が被担保債権等の額を超えたときは、その差額を債務者又は第三者に清算金として支払わなければならないから、本肢は適切である。

⑤ 最も適切でない。取引行為によって、平穏に、かつ、公然と動産の占有を始めた者は、善意であり、かつ、過失がないときは、即時にその動産について行使する権利を取得する（民法192条）。これを即時取得という。即時取得は、売主に売買目的物である動産の所有権があると信じた買主を保護する制度である。当該動産が所有権留保の目的物であることが表示されていたときは、表示を見れば、売主（所有権留保における買主）に所有権がいまだないことが判明することから、通常は、「善意であり、かつ、過失がない」といえず、即時取得が成立しない。したがって、買主が売買代金全額を支払う前に所有権留保の目的物である動産を第三者に売却した場合、当該動産が所有権留保の目的物であることが表示されていたときは、当然に当該第三者が当該動産を即時取得するとはいえないから、本肢は適切でない。

非典型担保に関する次の①〜⑤の記述のうち、その内容が最も適切でないものを1つだけ選びなさい。（第48回第5問5-4）

① A社は、B社に対して有する貸金債権を担保する目的でB社所有のX建物につき代物弁済の予約を行い、その仮登記を経た。その後、B社が破産手続開始の決定を受けた場合、A社は、破産法上の別除権者に当たる。

② A社は、B社に対して有する貸金債権を担保する目的でB社所有のX土地につき代物弁済の予約を行い、その仮登記を経た。その後、B社は、約定の期日までに借入金を弁済することができなくなった。この場合において、担保権を有しない他の債権者によりX土地が強制競売に付されたときは、仮登記担保法上、A社は、当該他の債権者に優先して弁済を受けることができる。

③ A社は、B社に対して有する貸金債権を担保する目的でB社所有の絵画Xに譲渡担保の設定を受ける場合、「動産及び債権の譲渡の対抗要件に関する民法の特例等に関する法律」（動産・債権譲渡特例法）に基づく動産譲渡登記を経ることで、絵画Xの譲渡担保権を第三者に対抗することができる。

④ A社は、B社に対して有する貸金債権を担保する目的でB社所有のX建物に譲渡担保の設定を受けた。A社は、当該譲渡担保を実行する場合、裁判所の競売手続を経ることなく、自らX建物を第三者に売却する方法をとることができる。

⑤ A社は、その所有する新車の乗用車XをB社に売却するに際し、売買契約において、B社が代金の全額を支払う前にA社が乗用車XをB社に引き渡すが、乗用車Xの所有権は代金全額の支払いが完了するまでA社に留保される旨の所有権留保の約定をした。この場合において、B社が、売買代金の支払いを完了する前に乗用車Xを第三者であるC社に売却したとしても、B社とC社との間の売買契約は、所有権留保の約定に基づき無効となる。

解説

① 適切である。破産手続開始の時において破産財団に属する財産につき特別の先取特権、質権又は抵当権を有する場合これを別除権という（破産法2条9項）。仮登記担保法では、破産財団に属する土地等についてされている担保仮登記の権利者については、破産法中破産財団に属する財産につき抵当権を有する者に関する規定を適用する（仮登記担保法19条1項）としており、仮登記担保法において仮登記担保権が別除権となることを規定している。したがって、A社が、B社に対して有する貸金債権を担保する目的でB社所有のX建物につき代物弁済の予約を行い、その仮登記を経た後、B社が破産手続開始の決定を受けた場合、A社は、破産法上の別除権者に当たるから、本肢は適切である。

② 適切である。仮登記担保法上、優先弁済請求権が認められており、代物弁済の予約として、債権者のために土地等の所有権を移転する仮登記を担保仮登記という（仮登記担保法4条1項）、担保仮登記がされている土地等に対する強制競売、担保権の実行としての競売又は企業担保権の実行手続においては、その担保仮登記の権利者は、他の債権者に先立って、その債権の弁済を受けることができる（同法13条1項）。したがって、A社が、B社に対して有する貸金債権を担保する目的でB社所有のX土地につき代物弁済の予約を行い、その仮登記を経た後、B社が、約定の期日までに借入金を弁済することができなくなった場合、担保権を有しない他の債権者によりX土地が強制競売に付されたときは、仮登記担保法上、A社は、当該他の債権者に優先して弁済を受けることができるから、本肢は適切である。

③ 適切である。民法上、動産に関する物権の譲渡の対抗要件は、引渡しである（民法178条）。もっとも、「動産及び債権の譲渡の対抗要件に関する民法の特例等に関する法律」（動産・債権譲渡特例法）では、法人が動産を譲渡した場合において、当該動産の譲渡につき動産譲渡登記ファイルに譲渡の登記がされたときは、当該動産について、民法178条の引渡しがあったものとみなされる（動産・債権譲渡特例法3条1項）。したがって、A社が、B社に対して有する貸金債権を担保する目的でB社所有の絵画Xに譲渡担保の設定を受ける場合、動産・債権譲渡特例法に基づく動産譲渡登記を経ることで、絵画Xの譲渡担保権を第三者に対抗することができるから、本肢は適切である。

④ 適切である。譲渡担保権の内容は、当事者の契約により定まるが、一般に、譲渡担保権を実行する場合、抵当権などの場合と異なり、裁判所の手続によらずに目的物を第三者に売却するなどといった私的実行をすることができる。したがって、A社が、B社に対して有する貸金債権を担保する目的でB社所有のX建物に譲渡担保の設定を受け、当該譲渡担保を実行する場合、A社は、裁判所の競売手続を経ることなく、自らX建物を第三者に売却する方法をとることができるから、本肢は適切である。

⑤ 最も適切でない。所有権留保とは、売買契約において、代金債権を担保するため、買主が代金の全額を弁済するまで、目的物の所有権を売主にとどめる場合をいう。買主が代金の全額を弁済するまで、買主は目的物の所有権を取得しない。もっとも、売買契約は、所有権を移転するという意思の合致であるため、その有効要件として、売主が目的物所有権を取得していることは必要ではなく、例えば、他人の物を売買することも（契約の実現可能性は別として）可能である。したがって、A社が、その所有する新車の乗用車XをB社に売却するに際し、売買契約において、B社が代金の全額を支払う前にA社が乗用車XをB社に引き渡すが、乗用車Xの所有権は代金全額の支払が完了するまでA社に留保される旨の所有権留保の約定をした場合であっても、B社が、売買代金の支払を完了する前に乗用車Xを第三者であるC社に売却したときは、B社とC社との間の売買契約は、有効であるから、本肢は適切でない。

　担保的性質が認められるものに関する次の①～⑤の記述のうち、その内容が最も適切なものを１つだけ選びなさい。（第40回第10問10-3）

① 　A社とB社は、A社の所有する土地をB社に売却する旨の売買契約を締結することとした。当該売買契約において、A社とB社が、契約成立後3年間はA社が売買代金を返還して契約を解除することができる旨の特約をしても、当該特約は無効である。

② 　A社は、B社に対して商品の売買代金債権を有している一方、B社に対して借入金債務を負っている。この場合において、当該売買代金債権についてB社がA社に対し同時履行の抗弁権を有していても、A社は、当該売買代金債権の履行期が到来すれば、当該売買代金債権を自働債権として、当該借入金債務を対当額で相殺することができる。

③ 　A社は、B社との間で金銭消費貸借契約を締結し、B社に金銭を引き渡すとともに、B社が債務の弁済を怠ったときは、弁済に代えて、B社が所有する本社ビルの所有権をA社に移転するという停止条件付代物弁済契約を締結し、その旨の仮登記を経た。その後、B社について破産手続開始決定がなされた場合、A社は、当該ビルにつき何らの権利を行使することもできず、破産手続に参加して配当を受けるほかない。

④ 　A社は、B社との間で金銭消費貸借契約を締結し、B社に金銭を引き渡すとともに、B社が債務の弁済を怠ったときは、弁済に代えて、B社が所有する本社ビルの所有権をA社に移転するという停止条件付代物弁済契約を締結し、その旨の仮登記を経た。その後、B社が弁済を怠った場合に、当該ビルの価額が債権等の額を上回っているときは、仮登記担保法上、B社は、原則として、A社がその差額をB社に支払うまでは、債権等の額に相当する金銭をA社に提供して、当該ビルの所有権を受け戻すことができる。

⑤ 　A社とB社は、A社の所有する大型発電機をB社に売却する旨の売買契約を締結する際に、B社がその代金の全額を支払うまでは当該発電機の所有権をA社に留保する旨を口頭で約定した。この場合、民法上、当該約定は書面でしなければ効力を生じないため、A社は、B社が代金の支払いを怠ったときであっても、B社に対し、所有権に基づき当該発電機の引渡しを請求することはできない。

解 説

① 適切でない。不動産の売主は、売買契約と同時にした買戻しの特約により、買主が支払った代金(別段の合意をした場合にあっては、その合意により定めた金額)及び契約の費用を返還して、売買の解除をすることができる(民法579条)。これを買戻特約という。したがって、A社とB社が、A社の所有する土地をB社に売却する旨の売買契約を締結することとし、当該売買契約において、A社とB社が、契約成立後3年間はA社が売買代金を返還して契約を解除することができる旨の特約をしたときは、当該特約は買戻特約として有効であるから、本肢は適切でない。

② 適切でない。相殺ができる状態であることを「相殺適状にある」という。相殺適状にあるための要件は、(1)対立する債権の存在、(2)双方の債権が同種の目的を有すること、(3)債務の性質上、相殺が許されること、(4)両債権の弁済期の到来である(民法505条1項)。相手方が同時履行の抗弁権を有しているときは、相手方はいまだ当該債務を弁済する必要がなく、(4)両債権の弁済期が到来したといえず相殺適状にない。したがって、A社が、B社に対して商品の売買代金債権を有している一方、B社に対して借入金債務を負っている場合において、当該売買代金債権についてB社がA社に対し同時履行の抗弁権を有しているときは、A社は、当該売買代金債権の履行期が到来しても、当該売買代金債権を自働債権として、当該借入金債務を対当額で相殺することはできないから、本肢は適切でない。

③ 適切でない。金銭債務を担保するため、その不履行があるときは債権者に債務者又は第三者に属する所有権その他の権利の移転等をすることを目的としてされた代物弁済の予約、停止条件付代物弁済契約その他の契約で、その契約による権利について仮登記又は仮登録のできるものを仮登記担保契約という(仮登記担保1条参照)。破産財団に属する土地等についてされている担保仮登記の権利者については、破産法中破産財団に属する財産につき抵当権を有する者に関する規定が適用される(同法19条1項)。抵当権は、別除権として、破産手続によらないで、行使することができるところ(破産法2条9項、65条1項)、担保仮登記の権利者も別除権者と同様に破産手続によらないで権利を行使することができる。したがって、A社が、B社との間で金銭消費貸借契約を締結し、B社に金銭を引き渡すとともに、B社が債務の弁済を怠ったときは、弁済に代えて、B社が所有する本社ビルの所有権をA社に移転するという停止条件付代物弁済契約を締結し、その旨の仮登記を経た後、B社について破産手続開始決定がなされた場合、A社は、別除権者として、当該ビルについて権利を行使することができるから、本肢は適切でない。

④ 最も適切である。債権者は、清算期間が経過した時の土地等の価額がその時の債権等の額を超えるときは、その超える額に相当する金銭(これを「清算金」という。)を債務者等に支払わなければならない(仮登記担保法3条1項)。債務者等は、原則として、清算金の支払の債務の弁済を受けるまでは、債権等の額に相当する金銭を債権者に提供して、土地等の所有権の受戻しを請求することができる(同法11条)。したがって、A社が、B社との間で、B社が債務の弁済を怠ったときは、弁済に代えて、B社が所有する本社ビルの所有権をA社に移転するという停止条件付代物弁済契約を締結し、その旨の仮登記を経た後、B社が弁済を怠った場合、当該ビルの価額が債権等の額を上回っているときは、仮登記担保法上、B社は、原則として、A社がその差額をB社に支払うまでは、債権等の額に相当する金銭をA社に提供して、当該ビルの所有権を受け戻すことができるから、本肢は適切である。

⑤ 適切でない。民法上、所有権留保は、書面でしなければ効力を生じないとする規定はなく、口頭の合意でも成立する。したがって、A社とB社が、A社の所有する大型発電機をB社に売却する旨の売買契約を締結する際に、B社がその代金の全額を支払うまでは当該発電機の所有権をA社に留保する旨を口頭で約定した場合、民法上、当該約定は書面でしなくとも口頭の合意でも成立するため、A社は、B社が代金の支払を怠ったときは、B社に対し、所有権に基づき当該発電機の引渡しを請求することができるから、本肢は適切でない。

債権の担保

第 **14** 問

難易度 ★★☆

　非典型担保に関する次のア〜オの記述のうち、その内容が適切なものの組み合わせを①〜⑤の中から１つだけ選びなさい。（第42回第９問9-4）

ア．X社は、その所有する機械甲をY社に売却するに際し、売買契約において、Y社が代金の全額を支払う前にX社が機械甲をY社に引き渡すが、機械甲の所有権は代金全額の支払いが完了するまでX社に留保される旨の所有権留保の約定をした。この場合において、Y社が、売買代金の支払いを完了する前に機械甲を第三者であるZ社に売却したときは、Y社とZ社との間の売買契約は、所有権留保の約定に基づき無効となる。

イ．X社は、Y社に対して有する貸金債権を担保する目的でY社所有の甲土地につき代物弁済の予約を行い、その仮登記を経た。その後、Y社は、約定の期日までに借入金を弁済することができなくなった。仮登記担保法上、X社は、仮登記担保権を実行し甲土地の所有権を取得する場合、甲土地の価額が被担保債権の額を超えるときであっても、その差額をY社に清算金として支払う義務を負わない。

ウ．X社は、Y社に対して有する貸金債権を担保する目的でY社所有の甲土地につき代物弁済の予約を行い、その仮登記を経た。その後、Y社は、約定の期日までに借入金を弁済することができなくなった。この場合において、担保権を有しない他の債権者により甲土地が強制競売に付されたときは、仮登記担保法上、X社は、当該他の債権者に優先して弁済を受けることができる。

エ．X社は、Y社に対して有する貸金債権を担保する目的でY社の所有する機械甲に譲渡担保の設定を受ける場合、「動産及び債権の譲渡の対抗要件に関する民法の特例等に関する法律」（動産・債権譲渡特例法）に基づく動産譲渡登記を経ることで、機械甲の譲渡担保権を第三者に対抗することができる。

オ．X社は、Y社に対して有する貸金債権を担保する目的でY社所有の甲土地に譲渡担保の設定を受けた。X社は、当該譲渡担保を実行する場合、裁判所の競売手続を経ることなく、自ら甲土地を第三者に売却するなどの任意の方法をとることができる。

① アイウ　　② アイエ　　③ アエオ　　④ イウオ　　⑤ ウエオ

第14問 解答 ⑤

解説

ア．適切でない。 所有権留保とは、売買契約において、代金債権を担保するため、買主が代金の全額を弁済するまで、目的物の所有権を売主にとどめる場合をいう。買主が代金の全額を弁済するまで、買主は目的物の所有権を取得しない。もっとも、売買契約は、所有権を移転するという意思の合致であるため、その有効要件として、売主が目的物所有権を取得していることは必要ではなく、例えば、他人の物を売買することも（契約の実現可能性は別として）可能である。したがって、X社が、その所有する機械甲をY社に売却するに際し、売買契約において、Y社が代金の全額を支払う前にX社が機械甲をY社に引き渡すが、機械甲の所有権は代金全額の支払が完了するまでX社に留保される旨の所有権留保の約定をした場合において、Y社が、売買代金の支払を完了する前に機械甲を第三者であるZ社に売却したときは、Y社とZ社との間の売買契約は、有効であるから、本肢は適切でない。

イ．適切でない。 債権者は、清算期間が経過した時の土地等の価額がその時の債権等の額を超えるときは、その超える額に相当する金銭（これを「清算金」という。）を債務者等に支払わなければならない（仮登記担保法3条1項）。したがって、X社が、Y社に対して有する貸金債権を担保する目的でY社所有の甲土地につき代物弁済の予約を行い、その仮登記を経た後、Y社が、約定の期日までに借入金を弁済することができなくなったときは、仮登記担保法上、X社が、仮登記担保権を実行し甲土地の所有権を取得する場合、甲土地の価額が被担保債権の額を超えるときは、その差額をY社に清算金として支払う義務を負うから、本肢は適切でない。

ウ．適切である。 仮登記担保法上、優先弁済請求権が認められており、代物弁済の予約として、債権者のために土地等の所有権を移転する仮登記を「担保仮登記」というが（仮登記担保法4条1項）、担保仮登記がされている土地等に対する強制競売、担保権の実行としての競売又は企業担保権の実行手続においては、その担保仮登記の権利者は、他の債権者に先立って、その債権の弁済を受けることができる（同法13条1項）。したがって、X社が、Y社に対して有する貸金債権を担保する目的でY社所有の甲土地につき代物弁済の予約を行い、その仮登記を経た後、Y社が、約定の期日までに借入金を弁済することができなくなった場合において、担保権を有しない他の債権者により甲土地が強制競売に付されたときは、仮登記担保法上、X社は、当該他の債権者に優先して弁済を受けることができるから、本肢は適切である。

エ．適切である。 民法上、動産に関する物権の譲渡の対抗要件は、引渡しである（民法178条）。もっとも、「動産及び債権の譲渡の対抗要件に関する民法の特例等に関する法律」（動産・債権譲渡特例法）では、法人が動産を譲渡した場合において、当該動産の譲渡につき動産譲渡登記ファイルに譲渡の登記がされたときは、当該動産について、民法178条の引渡しがあったものとみなされる（動産・債権譲渡特例法3条1項）。したがって、X社が、Y社に対して有する貸金債権を担保する目的でY社の所有する機械甲に譲渡担保の設定を受ける場合、動産・債権譲渡特例法に基づく動産譲渡登記を経ることで、機械甲の譲渡担保権を第三者に対抗することができるから、本肢は適切である。

オ．適切である。 譲渡担保権の内容は、当事者の契約により定まるが、一般に、譲渡担保権を実行する場合、抵当権などの場合と異なり、裁判所の手続によらずに目的物を第三者に売却するなどといった私的実行をすることができる。したがって、X社が、Y社所有の甲土地に設定を受けた譲渡担保を実行する場合、裁判所の競売手続を経ることなく、自ら甲土地を第三者に売却するなどの任意の方法をとることができるから、本肢は適切である。

第10章

債権の回収

学習のポイント

ここでは、債権回収のための処理手続について学習します。債権回収手段として、債権譲渡、相殺など種々の方法がありますが、これらが複合した問題が出されることがありますから、それぞれについての知識を正確にして、横断的な問題にも対応できるようにしてください。

本章のキーワード

- 債権譲渡　　● 相殺　　　　● 相殺適状　　● 債権者代位権
- 詐害行為取消権　　● 保全・仮差押え　　　● 強制執行

債権譲渡

第 1 問

　A社は、B社に対して、弁済期にある貸金債権を有し、B社は、C社に対して、弁済期にある売掛金債権を有している。B社は、A社に対する借入金債務の弁済に代えて、本件売掛金債権をA社に譲渡した。この場合に関する次の①〜⑤の記述のうち、その内容が最も適切なものを1つだけ選びなさい。（第45回第10問10-1）

① 　B社は、本件売掛金債権の譲渡につき、「動産及び債権の譲渡の対抗要件に関する民法の特例等に関する法律」に基づき債権譲渡登記ファイルにその旨の登記を行った。本件売掛金債権の譲渡については、登記事項証明書をC社に交付して行う通知はなされておらず、また、C社による承諾もなされていない。この場合、その後、本件売掛金債権について、C社がB社に弁済をしても、A社は、C社に対して、自社に対し再度弁済するよう請求することができる。

② 　B社は、本件売掛金債権をA社に譲渡した旨をC社に書面で通知したが、その通知は確定日付のある証書によるものではなかった。この場合、C社は、A社からの本件売掛金債権に基づく請求を拒絶することができる。

③ 　B社がA社に対し本件売掛金債権を譲渡した後、A社は、本件売掛金債権の譲受人として、C社に対して、確定日付のある証書によらずに本件売掛金債権を譲り受けた旨の通知を行った。この場合、A社は、本件売掛金債権の譲受けをC社に対抗することができない。

④ 　B社は、本件売掛金債権をA社に譲渡した後、D社に対しても二重に本件売掛金債権を譲渡した。その後、B社は、C社に対し、確定日付のある証書により、本件売掛金債権をA社に譲渡した旨の通知および本件売掛金債権をD社に譲渡した旨の通知を行った。これらの通知のうちC社に先に到達したのは、D社へ譲渡した旨の通知であった。この場合、A社は、B社からA社への本件売掛金債権の譲渡をD社に対抗することができる。

⑤ 　B社は、本件売掛金債権をA社に譲渡した後、D社に対しても二重に本件売掛金債権を譲渡した。その後、B社は、C社に対し、確定日付のある証書により、本件売掛金債権をA社に譲渡した旨の通知を行い、当該通知はC社に到達した。この場合において、その後、C社が、B社に対し、確定日付のある証書により、B社からD社への本件売掛金債権の譲渡を承諾したときは、A社は、B社からA社への本件売掛金債権の譲渡をD社に対抗することができない。

解説

① **適切でない。** 債権譲渡における第三者対抗要件は、確定日付のある証書による通知又は承諾である（民法467条2項）。法人が債権を譲渡した場合において、債権譲渡登記ファイルに譲渡の登記がされたときは、当該債権の債務者以外の第三者については、民法の規定による確定日付のある証書による通知があったものとみなされる（動産及び債権の譲渡の対抗要件に関する民法の特例等に関する法律4条1項）。また、債権譲渡登記がされた場合において、当該債権の譲渡及びその譲渡につき債権譲渡登記がされたことについて、譲渡人若しくは譲受人が登記事項証明書を交付して通知をし、又は当該債務者が承諾をしたときは、当該債務者についても、民法の規定による対抗要件が具備されたものとみなされる（同条2項）。したがって、B社が、本件売掛金債権の譲渡につき、「動産及び債権の譲渡の対抗要件に関する民法の特例等に関する法律」に基づき債権譲渡登記ファイルにその旨の登記を行ったとしても、本件売掛金債権の譲渡については、登記事項証明書をC社に交付して行う通知がなされておらず、また、C社による承諾もなされていない場合、債務者であるC社について対抗要件が具備されたとはいえず、その後、本件売掛金債権について、C社がB社に弁済をすると、A社は、C社に対して、自社に対し再度弁済するよう請求することはできないから、本肢は適切でない。

② **適切でない。** 債権の譲渡（現に発生していない債権の譲渡を含む。）は、譲渡人が債務者に通知をし、又は債務者が承諾をしなければ、債務者その他の第三者に対抗することができない（民法467条1項）。債務者についての債権譲渡の対抗要件は、債務者に対する通知又は債務者による承諾であり、必ずしも確定日付による必要はない。したがって、B社が、本件売掛金債権をA社に譲渡した旨をC社に書面で通知したが、その通知は確定日付のある証書によるものでなかった場合であっても、債務者についての対抗要件を具備しているといえ、C社は、A社からの本件売掛金債権に基づく請求を拒絶することができないから、本肢は適切でない。

③ **最も適切である。** 債務者についての債権譲渡の対抗要件は、譲渡人による通知、又は、債務者による承諾である（民法467条1項）。通知は譲渡人から債務者に対してされなければならない。したがって、B社がA社に対し本件売掛金債権を譲渡した後、A社が、本件売掛金債権の譲受人として、C社に対して、確定日付のある証書によらずに本件売掛金債権を譲り受けた旨の通知を行った場合、債務者についての債権譲渡の対抗要件を具備しているといえず、A社は、本件売掛金債権の譲受けをC社に対抗することができないから、本肢は適切である。

④ **適切でない。** 債権譲渡の第三者対抗要件は、確定日付のある書面による通知又は承諾である（民法467条2項）。本肢では、本件売掛金債権をA社に譲渡した旨の通知及び本件売掛金債権をD社に譲渡した旨の通知のうちC社に先に到達したのは、D社へ譲渡した旨の通知であったため、D社への譲渡につき先に対抗要件を具備している。し

たがって、B社が、本件売掛金債権をA社に譲渡した後、D社に対しても二重に本件売掛金債権を譲渡し、B社は、C社に対し、確定日付のある証書により、本件売掛金債権をA社に譲渡した旨の通知及び本件売掛金債権をD社に譲渡した旨の通知を行い、これらの通知のうちC社に先に到達したのは、D社へ譲渡した旨の通知であった場合、D社が優先し、A社は、B社からA社への本件売掛金債権の譲渡をD社に対抗することができないから、本肢は適切でない。

⑤ 適切でない。債権譲渡の第三者対抗要件は、確定日付のある書面による通知又は承諾である（民法467条1項、2項）。譲渡人による確定日付のある書面による通知又は確定日付ある書面による債務者の承諾の先後関係により、優劣を決する。したがって、B社が、本件売掛金債権をA社に譲渡した後、D社に対しても二重に本件売掛金債権を譲渡した後、B社が、C社に対し、確定日付のある証書により、本件売掛金債権をA社に譲渡した旨の通知を行い、当該通知がC社に到達した場合において、その後、C社が、B社に対し、確定日付のある証書により、B社からD社への本件売掛金債権の譲渡を承諾したときは、先に確定日付のある証書による本件売掛金債権をA社に譲渡した旨の通知がC社に到達しているため、A社は、B社からA社への本件売掛金債権の譲渡をD社に対抗することができるから、本肢は適切でない。

➡ 債権譲渡
- 債務者についての債権譲渡の対抗要件は、譲渡人による債務者に対する通知、又は、債務者による承諾である（民法467条1項）。必ずしも確定日付のある証書による必要はない。
- 第三者についての債権譲渡の対抗要件は、確定日付のある証書による通知又は承諾である（民法467条2項）。

➡ 債権者代位権
- 債権者は、自己の債権を保全するため必要があるときは、原則として、債務者に属する権利を行使することができる（民法423条1項）。
- 債権者は、民事訴訟を提起することなく行使できる。
- 原則として、債務者が無資力である場合に限って行使できる。
- 債務者が第三者に対する債権を行使しない場合に限って行使できる。

➡ 詐害行為取消権
- 債権者は、債務者が債権者を害することを知ってした行為の取消しを裁判所に請求することができる。ただし、その行為によって利益を受けた者（これを「受益者」という。）がその行為の時において債権者を害することを知らなかったときは、この限りでない（民法424条1項）。

➡ 仮差押え
- 仮差押えは、訴訟等により債務名義を取得する間に、債務者の責任財産が減少することを懸念して、債務者の責任財産を保全するために行う。
- 仮差押命令は、不動産、債権、動産を対象として申し立てることができる。
- 仮差押命令を取得したからといって他の債権者に優先して弁済を受けることはできない。

➡ 強制執行
- 強制執行の申立ては、債務名義に基づく必要がある。
- 確定判決、仮執行宣言付判決、和解調書、公証人が作成した（強制執行認諾文言付きの）公正証書は債務名義となる。

相殺

A社は、B社に対して有する貸金債権（本件貸金債権）の弁済期が到来したため、民法上の相殺により回収することを考えている。この場合に関する次の①〜⑤の記述のうち、その内容が最も適切なものを1つだけ選びなさい。なお、本問において、A社とB社との間に存する債権のいずれについても、A社とB社との間に相殺禁止特約はないものとする。（第46回第10問10-4）

① B社は、A社に対して、すでに弁済期の到来した請負契約に基づく報酬債権を有している。A社が、本件貸金債権と当該報酬債権を対当額で相殺するには、A社からB社に対する相殺の意思表示およびB社の承諾が必要である。
② B社は、A社に対して、弁済期の到来していない売掛金債権を有している。この場合、A社は、当該売掛金債権の弁済期が到来する前であっても、本件貸金債権と当該売掛金債権とを対当額で相殺することができる。
③ B社は、A社に対し、弁済期の到来している賃料債権を有している。当該賃料債権の弁済期が本件貸金債権の弁済期よりも後である場合、B社は、本件貸金債権と当該賃料債権とを対当額で相殺することができない。
④ B社は、A社との間の自動車1台の売買契約に基づき、A社に対して、当該自動車の売買代金を先払いし、すでに弁済期の到来した自動車の引渡債権を有している。この場合、B社は、当該自動車の引渡債権と本件貸金債権とを対当額で相殺することができる。
⑤ B社は、A社に対し、A社が引き受けたB社の募集株式についての出資の履行請求権を有している。この場合、A社は、本件貸金債権と当該募集株式についての出資の履行請求権とを対当額で相殺することができる。

解 説

① 適切でない。二人が互いに同種の目的を有する債務を負担する場合において、双方の債務が弁済期にあるときは、各債務者は、その対当額について相殺によってその債務を免れることができる。ただし、債務の性質がこれを許さないときは、この限りでない（民法505条1項）。相殺の意思表示は、単独行為といって、一方的な意思表示で足り、相手方の承諾は必要ではない。したがって、B社が、A社に対して、既に弁済期の到来した請負契約に基づく報酬債権を有している場合、A社が、本件貸金債権と当該報酬債権を対当額で相殺するには、A社からB社に対する相殺の意思表示のみで足り、B社の承諾は必要ないから、本肢は適切でない。

② 最も適切である。相殺ができる状態にあることを「相殺適状にある」というが、相殺適状に至るための要件は、（1）対立する債権の存在、（2）双方の債権が同種の目的を有すること、（3）相殺が許されること、（4）両債権の弁済期の到来である（民法505条1項）。本肢では、売掛金債権の弁済期が到来していないが、期限の利益は放棄することができるから（民法136条2項）、A社が売掛金債権の期限の利益を放棄することにより、両債権の弁済期が到来し、相殺適状となる。したがって、B社は、A社に対して、弁済期の到来していない売掛金債権を有している場合、A社は、当該売掛金債権の弁済期が到来する前であっても、本件貸金債権と当該売掛金債権とを対当額で相殺することができるから、本肢は適切である。

③ 適切でない。相殺適状にあるために②の解説のとおり（4）両債権の弁済期の到来が必要であるが、相殺に供する債権（自働債権）と相殺される債権（受働債権）の弁済期の先後は問わない。したがって、B社が、A社に対し、弁済期の到来している賃料債権を有しているとき、当該賃料債権の弁済期が本件貸金債権の弁済期よりも後である場合であっても、B社は、本件貸金債権と当該賃料債権とを対当額で相殺することができるから、本肢は適切でない。

④ 適切でない。A社のB社に対する貸金債権は金銭債権であるのに対し、B社のA社に対する債権は自動車の引渡請求権であるから、②の解説にいう（2）双方の債権が同種の目的を有することという要件を欠き、貸金債権と引渡請求権は相殺適状にない。したがって、B社が、A社との間の自動車1台の売買契約に基づき、A社に対して、当該自動車の売買代金を先払いし、既に弁済期の到来した自動車の引渡債権を有している場合であっても、B社は、当該自動車の引渡債権と本件貸金債権とを対当額で相殺することはできないから、本肢は適切でない。

⑤ 適切でない。募集株式の引受人は、募集株式の払込金の払込み又は現物出資による給付をする債務と株式会社に対する債権とを相殺することができない（会社法208条3項）。会社の財産的基盤を確保するためである。したがって、B社が、A社に対し、A社が引き受けたB社の募集株式についての出資の履行請求権を有している場合であっても、A社は、本件貸金債権と当該募集株式についての出資の履行請求権とを対当額で相殺することはできないから、本肢は適切でない。

第 3 問

難易度 ★★☆

債権回収のための法的手段に関する次の①～⑤の記述のうち、その内容が最も適切なものを１つだけ選びなさい。（第45回第4問4-3）

① 債権者は、債権者代位権を行使するには、裁判所に民事訴訟を提起しなければならず、民事訴訟を提起することなく債権者代位権を行使することはできない。

② 債権者が詐害行為取消権を行使するには、債務者の資力が不十分であり、債権者が債務者の行為を取り消さなければ自己の債権の完全な満足を得られないこと、すなわち債務者が無資力であることが必要である。

③ 強制執行の申立ては、確定判決、仮執行宣言付判決、和解調書等の裁判所が作成した債務名義に基づく必要があり、公証人が作成した公正証書は債務名義とはなり得ないため、これに基づく強制執行の申立てはなし得ない。

④ 債権者が他の債権者に先んじて債務者の財産につき仮差押えを申し立てた場合、仮差押えを申し立てた債権者は、当該財産から他の債権者に優先して債務の弁済を受けることができる。

⑤ 弁済期の到来した賃料債務を負う債務者が、当該賃料債務と、当該賃料債務の債権者が当該債務者に対して負う弁済期の到来した借入金債務とを対当額で相殺するには、民法上、当該債務者が当該債権者に対し相殺の意思表示をし、これを当該債権者が承諾することが必要である。

解 説

① 　適切でない。債権者は、自己の債権を保全するため必要があるときは、原則として、債務者に属する権利を行使することができる（民法423条1項）。これを債権者代位権という。その行使要件として、民事訴訟を提起しなければならないとする規定はない。したがって、債権者は、債権者代位権を行使するに当たり、民事訴訟を提起することなく債権者代位権を行使することができるから、本肢は適切でない。

② 　最も適切である。債権者は、債務者が債権者を害することを知ってした行為の取消しを裁判所に請求することができる（民法424条1項）。これを詐害行為取消権という。債権者を害するとは、その行為の結果、債務者の財産では債権者の債権の弁済を受けられなくなることをいう。したがって、債権者が詐害行為取消権を行使するには、債務者の資力が不十分であり、債権者が債務者の行為を取り消さなければ自己の債権の完全な満足を得られないこと、すなわち債務者が無資力であることが必要であるから、本肢は適切である。

③ 　適切でない。強制執行は、原則として、執行文の付された債務名義の正本に基づいて実施する（民事執行法25条）。確定判決や和解調書等のほか、金銭の一定の額の支払又はその他の代替物若しくは有価証券の一定の数量の給付を目的とする請求について公証人が作成した公正証書で、債務者が直ちに強制執行に服する旨の陳述（これを強制執行認諾文言という。）が記載されているもの（これを執行証書という。）も、債務名義である（同法22条各号）。したがって、強制執行の申立ては、債務名義に基づく必要があり、確定判決、仮執行宣言付判決、和解調書等のほか、公証人が作成した公正証書は債務名義となり、これに基づく強制執行の申立てをすることができるから、本肢は適切でない。

④ 　適切でない。仮差押命令は、債務名義を取得するまでの間、債務者の財産を保全するものであり、その目的は、将来の強制執行に備えて債務者が責任財産を処分してしまうことを禁止することにあって、他の債権者に優先して弁済を受けるものではない。したがって、債権者が他の債権者に先んじて債務者の財産につき仮差押えを申し立てた場合であっても、仮差押えを申し立てた債権者が、当該財産から他の債権者に優先して債務の弁済を受けることができるわけではないから、本肢は適切でない。

⑤ 　適切でない。二人が互いに同種の目的を有する債務を負担する場合において、双方の債務が弁済期にあるときは、各債務者は、その対当額について相殺によってその債務を免れることができる（民法505条1項）。相殺の意思表示は、単独行為といって、一方的な意思表示で足り、相手方の承諾は必要ではない。したがって、弁済期の到来した賃料債務を負う債務者が、当該賃料債務と、当該賃料債務の債権者が当該債務者に対して負う弁済期の到来した借入金債務とを対当額で相殺するに当たり、民法上、当該債務者が当該債権者に対し相殺の意思表示をすれば足り、これを当該債権者が承諾することは必要ではないから、本肢は適切でない。

債権者代位権・詐害行為取消権

第4問

難易度 ★★☆

　　甲社は、取引先である乙社に対し、1000万円の商品の売買代金債権を有しているが、履行期が到来しても乙社は甲社に対して売買代金を支払おうとしない。甲社が当該売買代金債権の回収のために乙社の有する資産の調査を行ったところ、乙社は、丙社との間の請負契約に基づき、履行期の到来した1000万円の報酬請求権を有するほかには、乙社の債務の引当てとなる資産を有しないことが判明した。この場合に関する次の①〜⑤の記述のうち、その内容が最も適切でないものを1つだけ選びなさい。(第48回第4問4-4)

①　甲社が本件報酬請求権につき債権者代位権を行使する場合、甲社は、丙社に対し、本件報酬を乙社に支払うよう請求できるだけでなく、甲社に直接支払うよう請求することもできる。

②　乙社が、丙社に対して本件報酬の支払いを求める訴えを裁判所に提起している場合、甲社は、本件報酬請求権につき債権者代位権を行使することができない。

③　丙社が、乙社からの本件報酬の請求について、その履行を拒絶することのできる抗弁権を有している場合であっても、甲社が本件報酬請求権につき債権者代位権を行使し、丙社に対し、本件報酬の支払いを請求したときには、丙社は、当該抗弁権を甲社に主張することはできない。

④　乙社は、第三者である丁社に本件報酬請求権を無償で贈与した。この場合、乙社が行った本件報酬請求権の贈与について、甲社が詐害行為取消権を行使するためには、乙社および丁社の両方が当該贈与によって乙社の債権者を害することを知っていることが必要である。

⑤　乙社は、第三者である丁社に本件報酬請求権を無償で贈与した。甲社は、当該贈与について、詐害行為としてその取消しを裁判所に請求し、甲社の詐害行為取消請求を認容する判決が確定した。この場合、詐害行為取消権の効果は乙社およびそのすべての債権者に対しても生じるため、当該判決は、乙社およびそのすべての債権者に対してもその効力を有する。

解 説

① **適切である。** 債権者代位権について、債権者は、被代位権利を行使する場合において、被代位権利が金銭の支払又は動産の引渡しを目的とするものであるときは、相手方に対し、その支払又は引渡しを自己に対してすることを求めることができる（民法423条の3）。したがって、甲社が本件報酬請求権につき債権者代位権を行使する場合、甲社は、丙社に対し、本件報酬を乙社に支払うよう請求できるだけでなく、甲社に直接支払うよう請求することもできるから、本肢は適切である。

② **適切である。** 債権者代位権は、債務者が第三者（これを第三債務者という）に対する債権を行使しない場合に限って、行使することができる。したがって、乙社が、丙社に対して本件報酬の支払を求める訴えを裁判所に提起している場合、甲社は、本件報酬請求権につき債権者代位権を行使することができないから、本肢は適切である。

③ **最も適切でない。** 債権者代位権について、債権者が被代位権利を行使したときは、相手方は、債務者に対して主張することができる抗弁をもって、債権者に対抗することができる（民法423条の4）。したがって、丙社が、乙社からの本件報酬の請求について、その履行を拒絶することのできる抗弁権を有している場合、甲社が本件報酬請求権につき債権者代位権を行使し、丙社に対し、本件報酬の支払を請求したときには、丙社は、当該抗弁権を甲社に主張することができるから、本肢は適切でない。

④ **適切である。** 債権者は、債務者が債権者を害することを知ってした行為の取消しを裁判所に請求することができる。ただし、その行為によって利益を受けた者（これを「受益者」という。）がその行為の時において債権者を害することを知らなかったときは、この限りでない（民法424条1項）。これを詐害行為取消権という。したがって、乙社が、第三者である丁社に本件報酬請求権を無償で贈与した場合、乙社が行った本件報酬請求権の贈与について、甲社が詐害行為取消権を行使するためには、乙社及び丁社の両方が当該贈与によって乙社の債権者を害することを知っていることが必要であるから、本肢は適切である。

⑤ **適切である。** 詐害行為取消請求を認容する確定判決は、債務者及びその全ての債権者に対してもその効力を有する（民法425条）。したがって、乙社が、第三者である丁社に本件報酬請求権を無償で贈与し、甲社が、当該贈与について、詐害行為としてその取消しを裁判所に請求し、甲社の詐害行為取消請求を認容する判決が確定した場合、詐害行為取消権の効果は乙社及びその全ての債権者に対しても生じるため、当該判決は、乙社及びその全ての債権者に対してもその効力を有するから、本肢は適切である。

債権回収

　債権の回収に関する次のア～オの記述のうち、その内容が適切なものの組み合わせを①～⑤の中から1つだけ選びなさい。（第39回第6問6-3）

ア．X社がY社に対して有する100万円の売掛金債権については弁済期が到来していないが、Y社がX社に対して有する40万円の貸金債権については弁済期が到来している。この場合、民法上、X社は、両債権を対当額で相殺することができる。

イ．X社がY社に対して有する100万円の貸金債権およびY社がX社に対して有する部品の引渡債権のいずれもが弁済期にある場合、民法上、X社は、両債権を対当額で相殺することができる。

ウ．X社は、Y社に対し、弁済期の到来した100万円の請負代金債権を有しており、Y社は、取引先であるZ社に対し、弁済期の到来した売掛金債権を有している。この場合において、Y社が無資力であるにもかかわらず当該売掛金債権の行使を怠っているときは、X社は、裁判上または裁判外で債権者代位権を行使して、Z社に対し、売掛金の支払いを請求することができる。

エ．X社は、Y社に対して有する100万円の売買代金債権について、Y社から、債務の本旨に従った弁済の提供を受けたが、その受領を拒んだ。この場合、Y社は、X社のために100万円を供託することにより売買代金債務を免れることができる。

オ．X社は、Y社との間で、X社の製品を100万円でY社に売却する旨の売買契約を締結した。売買代金債務および製品の引渡債務のいずれについても弁済期が到来した場合、民法上、Y社は、X社からの売買代金の請求に対し、同時履行の抗弁を主張して、X社が製品の引渡債務につき弁済の提供をするまで、売買代金債務の履行を拒むことができる。

①　アイエ　　②　アイオ　　③　アウオ　　④　イウエ　　⑤　ウエオ

解 説

ア．適切でない。相殺ができる状態であることを「相殺適状にある」という。相殺適状にあるための要件は、(1)対立する債権の存在、(2)双方の債権が同種の目的を有すること、(3)相殺が許されること、(4)両債権の弁済期の到来である（民法505条1項参照）。本肢では、X社がY社に対して有する売掛金債権の弁済期が到来していないから、両債権の弁済期が到来しているとはいえず、相殺適状にない。したがって、Y社がX社に対して有する40万円の貸金債権については弁済期が到来している場合であっても、X社がY社に対して有する100万円の売掛金債権については弁済期が到来していないため、民法上、X社は、両債権を対当額で相殺することはできないから、本肢は適切でない。

イ．適切でない。X社がY社に対して有するのは貸金債権であり、Y社がX社に対して有するのは部品の引渡債権であって、両債権は同種の目的を有するとはいえず、相殺適状にない。したがって、X社がY社に対して有する100万円の貸金債権及びY社がX社に対して有する部品の引渡債権のいずれもが弁済期にある場合であっても、両債権は相殺適状になく、民法上、X社は、両債権を対当額で相殺することはできないから、本肢は適切でない。

ウ．適切である。債権者は、自己の債権を保全するため必要があるときは、債務者の一身に専属する権利及び差押えを禁じられた権利を除き、債務者に属する権利を行使することができる（民法423条1項）。これを債権者代位権という。債権者は、その債権の期限が到来しない間は、被代位権利を行使することができない（同条2項）。したがって、X社は、Y社に対し、弁済期の到来した100万円の請負代金債権を有しており、Y社が、取引先であるZ社に対し、弁済期の到来した売掛金債権を有している場合、Y社が無資力であるにもかかわらず当該売掛金債権の行使を怠っているときは、X社は、裁判上又は裁判外で債権者代位権を行使して、Z社に対し、売掛金の支払を請求することができるから、本肢は適切である。

エ．適切である。弁済者が弁済の提供をした場合において、債権者がその受領を拒んだとき、又は、債権者が弁済を受領することができないときは、弁済者は、債権者のために弁済の目的物を供託することができる。そして弁済者が供託をした時に、その債権は消滅する（民法494条1項）。したがって、X社が、Y社に対して有する100万円の売買代金債権について、Y社から、債務の本旨に従った弁済の提供を受けたものの、その受領を拒んだ場合、Y社は、X社のために100万円を供託することにより売買代金債務を免れることができるから、本肢は適切である。

オ．適切である。双務契約の当事者の一方は、相手方がその債務の履行（債務の履行に代わる損害賠償の債務の履行を含む。）を提供するまでは、原則として、自己の債務の履行を拒むことができる（民法533条）。これを同時履行の抗弁権といい、公平の見地から認められる。したがって、X社が、Y社との間で、X社の製品を100万円でY社に売却する旨の売買契約を締結し、売買代金債務及び製品の引渡債務のいずれについても弁済期が到来した場合、民法上、Y社は、X社からの売買代金の請求に対し、同時履行の抗弁を主張して、X社が製品の引渡債務につき弁済の提供をするまで、売買代金債務の履行を拒むことができるから、本肢は適切である。

　X社は、Y社に対して有する貸金債権を保全するため、Y社の財産に対する仮差押えを行うことを検討している。この場合に関する次の①〜⑤の記述のうち、その内容が最も適切なものを1つだけ選びなさい。（第42回第1問1-3）

① 　民事保全法上、仮差押えの対象となるのは不動産および債権に限られているため、X社は、Y社の所有する機械等の動産を対象として仮差押えの申立てをすることはできない。

② 　X社は、当該貸金債権の弁済期が到来していない場合であっても、Y社の所有する土地を対象として仮差押えを申し立てることができる。

③ 　X社は、Y社が取引先Z社に対して有する売掛金債権を対象として仮差押えを申し立てるには、強制執行の申立てと同様に、当該貸金債権につき確定判決等の債務名義を有していなければならない。

④ 　X社は、仮差押命令を得るためには、裁判所における審理において、Y社に対して有する貸金債権の存在および仮差押えの必要性について、疎明をするだけでは足りず、証明をしなければならない。

⑤ 　X社は、他の債権者に先んじてY社の所有する建物を対象として仮差押えを申し立てた場合、他の債権者に優先して当該建物から債務の弁済を受けることができる。

10
債権の回収

第 **6** 問 解答 ②

解説

①　適切でない。仮差押命令は、不動産、債権、動産のいずれを目的としても申し立てることができる（民事保全法47条以下参照）。したがって、民事保全法上、仮差押えの対象となるのは不動産及び債権に限られているわけではなく、X社は、Y社の所有する機械等の動産を対象として仮差押えの申立てをすることができるから、本肢は適切でない。

②　最も適切である。仮差押命令は、金銭の支払を目的とする債権について、強制執行をすることができなくなるおそれがあるとき、又は強制執行をするのに著しい困難を生ずるおそれがあるときに発することができる（民事保全法20条1項）。仮差押命令は、被保全債権が条件付又は期限付である場合においても、これを発することができる（同条2項）。したがって、X社は、当該貸金債権の弁済期が到来していない場合であっても、Y社の所有する土地を対象として仮差押えを申し立てることができるから、本肢は適切である。

③　適切でない。債務名義とは、強制執行の根拠となる文書のことである。仮差押えは、訴訟等により債務名義を取得する間に、債務者の責任財産が減少することを懸念して、債務者の責任財産を保全するために行うものである。したがって、X社は、Y社が取引先Z社に対して有する売掛金債権を対象として仮差押えを申し立てるに当たり、当該貸金債権につき確定判決等の債務名義を有している必要はないから、本肢は適切でない。

④　適切でない。保全命令の申立ては、その趣旨並びに保全すべき権利又は権利関係及び保全の必要性を明らかにして、これをしなければならない（民事保全法13条1項）。そして、保全すべき権利又は権利関係及び保全の必要性は、疎明しなければならない（同条2項）。疎明とは、「一応確からしいとの推測を裁判官が得た状態、又はこの状態に達するように証拠を提出する当事者の行為」[1]をいう。したがって、X社は、仮差押命令を得るためには、裁判所における審理において、Y社に対して有する貸金債権の存在及び仮差押えの必要性について、疎明をすれば足り、証明をする必要はないから、本肢は適切でない。

⑤　適切でない。仮差押命令は、債務名義を取得するまでの間、債務者の財産を保全するものであり、その目的は、将来の強制執行に備えて債務者が責任財産を処分してしまうことを禁止することにあって、仮差押債権者は、他の債権者に優先して弁済を受けるものではない。したがって、X社は、他の債権者に先んじてY社の所有する建物を対象として仮差押えを申し立てた場合であっても、他の債権者に優先して当該建物から債務の弁済を受けることはできないから、本肢は適切でない。

*1　金子宏、新堂幸司、平井宜雄／編集代表『法律学小辞典 第4補訂版』有斐閣、2008年、640頁

　民事保全手続および強制執行手続に関する次の①〜⑤の記述のうち、その内容が最も適切なものを1つだけ選びなさい。（第39回第7問7-2）

① 　債権者の申立てに基づき、債務者の所有する物に対して仮差押えがなされた後、当該債権者は強制執行を申し立て、当該仮差押えの目的物について差押えがなされた。この場合、当該債権者は、差押えに先行して自らの仮差押えが存在することを根拠として、当該目的物を売却した価格から、配当に参加した他の債権者に優先して自己の債権の弁済を受けることができる。

② 　権利の保全のために行う仮処分は、目的物の処分や権利移転を禁止する等、後に本案判決の内容を実現するために必要な現状維持に関することについてのみ行うことができ、本案訴訟において争われるべき権利関係自体について仮の地位を定めることはできない。

③ 　強制執行の申立ては、確定判決、仮執行宣言付判決、和解調書等の裁判所が作成した債務名義に基づく必要があり、公証人が作成した公正証書を債務名義とする強制執行の申立てはなし得ない。

④ 　債権者は、債務者が第三債務者に対して有する金銭債権を目的として強制執行を申し立て、当該金銭債権の差押えがなされた場合であっても、自らが当該金銭債権を取り立てることは認められていない。

⑤ 　債務者の所有する不動産についてすでに債権者により差押えが行われている場合、当該債務者に対する債務名義を有する他の債権者は、当該差押えにかかる強制執行手続において配当要求を行って配当を受けることができるほか、当該不動産について自ら差押えを行うこともできる。

第 7 問　解答　⑤

解説

① 適切でない。仮差押命令は、金銭の支払を目的とする債権について、強制執行をすることができなくなるおそれがあるとき、又は強制執行をするのに著しい困難を生ずるおそれがあるときに発することができる（民事保全法20条1項）。仮差押命令は、債務名義を取得するまでの間、債務者の財産を保全するものであり、その目的は、将来の強制執行に備えて債務者が責任財産を処分してしまうことを禁止することにあって、仮差押債権者は、他の債権者に優先して弁済を受けるものではない。したがって、債権者の申立てに基づき、債務者の所有する物に対して仮差押えがなされた後、当該債権者は強制執行を申し立て、当該仮差押えの目的物について差押えがなされた場合であっても、当該債権者は、差押えに先行して自らの仮差押えが存在することを根拠として、当該目的物を売却した価格から、配当に参加した他の債権者に優先して自己の債権の弁済を受けることはできないから、本肢は適切でない。

② 適切でない。仮処分命令は、係争物の現状の変更により、債権者が権利を実行することができなくなるおそれがあるとき、又は権利を実行するのに著しい困難を生ずるおそれがあるときに、係争物に関する仮処分命令が発せられるほか、争いがある権利関係について債権者に生ずる著しい損害又は急迫の危険を避けるためこれを必要とするときは、仮の地位を定める仮処分命令が発せられることもある（民事保全法23条1項、2項）。したがって、権利の保全のために行う仮処分は、目的物の処分や権利移転を禁止する等、後に本案判決の内容を実現するために必要な現状維持に関することについて行うほか、本案訴訟において争われるべき権利関係自体について仮の地位を定める仮処分もあり得るから、本肢は適切でない。

③ 適切でない。強制執行は、原則として、執行文の付された債務名義の正本に基づいて実施する（民事執行法25条）。金銭の一定の額の支払又はその他の代替物若しくは有価証券の一定の数量の給付を目的とする請求について公証人が作成した公正証書で、債務者が直ちに強制執行に服する旨の陳述（これを「強制執行認諾文言」という。）が記載されているものを執行証書といい、債務名義の一つである（同法22条5号）。したがって、公証人が作成した公正証書は、債務者の強制執行認諾文言が記載されることによって、金銭の一定の額の支払又はその他の代替物若しくは有価証券の一定の数量の給付を目的とする請求について債務名義となり、公正証書に基づく強制執行の申立てをすることができるから、本肢は適切でない。

④ 適切でない。債権が差し押さえられると、債務者（差し押さえられた債権の債権者）は、債権（差し押さえられた債権）の取立てその他の処分が禁止され、かつ、第三債務者（差し押さえられた債権の債務者）に対し債務者（差し押さえられた債権の債権者）への弁済が禁止される（民事執行法145条1項）。そして、金銭債権を差し押さえた債権者は、債務者に対して差押命令が送達された日から差し押さえた債権の種類に応じて1週間ないし4週間を経過したときは、その債権を取り立てることができる（同法155条1項、2項）。したがって、債権者は、債務者が第三債務者に対して有する金銭債権を目的として強制執行を申し立て、当該金銭債権の差押えがなされた場合、自らが当該金銭債権を取り立てることもできるから、本肢は適切でない。

⑤ 最も適切である。執行力のある債務名義の正本を有する債権者は、不動産に対する強制競売について配当要求をすることができる（民事執行法51条1項）。また、不動産について、強制競売開始決定後も二重差押えが認められており、強制競売又は担保権の実行としての競売の開始決定がされた不動産について強制競売の申立てがあったときは、執行裁判所は、更に強制競売の開始決定をする（同法47条1項）。したがって、債務者の所有する不動産について既に債権者により差押えが行われている場合、当該債務者に対する債務名義を有する他の債権者は、当該差押えに係る強制執行手続において配当要求を行って配当を受けることができるほか、当該不動産について自ら差押えを行うこともできるから、本肢は適切である。

保全（仮差押え）

第 **8** 問　　　　　難易度 ★★☆

　A社は、取引先であるB社に対して1500万円の売掛金債権を有しているが、弁済期から3ヶ月が経過しているにもかかわらず、B社から支払いがなされていない。そこで、A社は、本件売掛金債権を保全するため、B社が所有する不動産あるいはB社がその取引銀行に対して有する預金債権につき、仮差押えの申立てをすることを検討している。この場合に関する次のア～オの記述のうち、その内容が適切なものの組み合わせを①～⑤の中から1つだけ選びなさい。（第46回第3問3-4）

ア．本件不動産に第三者Cが抵当権の設定を受け、その旨の登記がなされている場合、A社は、本件不動産につき仮差押命令を得てその旨の登記を経ることによって、Cが有する抵当権よりも優先して本件不動産から弁済を受けることができる。

イ．A社は、本件不動産を対象として仮差押えの申立てをする場合であっても、本件預金債権を対象として仮差押えの申立てをする場合であっても、仮差押えによってB社が被ることがあり得る損害を担保するために、仮差押命令の発令に際し、裁判所から保証金の供託を命じられることがある。

ウ．A社は、本件預金債権につき仮差押命令を得た。この場合、当該仮差押命令はその正本に執行文の付与を受けることで債務名義となり、A社は、強制執行の申立てをすることができる。

エ．A社は、仮差押えの申立てをした後でなければ、本件売掛金債権の支払いを求める売掛金請求訴訟を提起することができない。

オ．A社は、本件不動産につき仮差押えの申立てを行い、仮差押命令が発令されてその旨の登記を経た。その後、B社が破産手続開始の決定を受けた場合、当該仮差押命令は、破産財団との関係では、その効力を失う。

① アイ　　② アエ　　③ イオ　　④ ウエ　　⑤ ウオ

第 8 問　解答　③

解説

ア．適切でない。仮差押えの目的は、将来の強制執行に備えて債務者が責任財産を処分してしまうことを禁止することにあって、仮差押債権者が、他の債権者との関係で優先するわけでない。したがって、本件不動産に第三者Cが抵当権の設定を受け、その旨の登記がなされている場合、A社が、本件不動産につき仮差押命令を得てその旨の登記を経たとしても、Cが有する抵当権よりも優先して本件不動産から弁済を受けることはできないから、本肢は適切でない。

イ．適切である。仮差押命令や仮処分命令といった保全命令は、担保を立てさせて、若しくは相当と認める一定の期間内に担保を立てることを保全執行の実施の条件として、又は担保を立てさせないで発することができる（民事保全法14条1項）。したがって、A社が、本件不動産を対象として仮差押えの申立てをする場合であっても、本件預金債権を対象として仮差押えの申立てをする場合であっても、仮差押えによってB社が被ることがあり得る損害を担保するために、仮差押命令の発令に際し、裁判所から保証金の供託を命じられることがあるから、本肢は適切である。

ウ．適切でない。債務名義とは、強制執行の根拠となる文書のことであるが、仮差押命令は、債務名義ではない（民事執行法22条参照）。仮差押えは、訴訟等により債務名義を取得する間に、債務者の責任財産が減少することを懸念して、債務者の責任財産を保全するために行うものである。したがって、A社が、本件預金債権につき仮差押命令を得た場合であっても、当該仮差押命令は債務名義とならず、A社は、強制執行の申立てをすることはできないから、本肢は適切でない。

エ．適切でない。債権者が強制執行をする前段階として債務名義を取得するために訴訟をしている間に、債務者の責任財産が減少しないように仮差押えを申し立てることは多くあるが、必ずしも訴訟を提起するに当たり、仮差押えの申立てが必要なわけではない。したがって、A社は、仮差押えの申立てをすることなく、本件売掛金債権の支払を求める売掛金請求訴訟を提起することができるから、本肢は適切でない。

オ．適切である。破産手続開始の決定があった場合には、破産財団に属する財産に対する強制執行、仮差押え、仮処分、一般の先取特権の実行及び企業担保権の実行の手続並びに外国租税滞納処分で、破産財団に属する財産に対して既にされているものは、破産財団に対しては、原則として、その効力を失う（破産法42条2項）。したがって、A社が、本件不動産につき仮差押えの申立てを行い、仮差押命令が発令されてその旨の登記を経た後、B社が破産手続開始の決定を受けた場合、当該仮差押命令は、破産財団との関係では、その効力を失うから、本肢は適切である。

　A社は、個人事業主としてソフトウェアの開発を行っている甲に対し、ソフトウェア開発業の運転資金として貸し付けた500万円の返還を求める民事訴訟を提起し、その主張を認容する確定判決および執行文の付与を得た。この場合に関する次のア～オの記述のうち、その内容が適切なものの組み合わせを①～⑤の中から1つだけ選びなさい。(第48回第10問10-4)

ア．甲は、時価3000万円の土地を所有しているが、当該土地については、甲に対して貸金債権を有するB社が確定判決および執行文の付与を得てすでに差し押さえていた。この場合であっても、A社は、当該土地を差し押さえることができる。

イ．甲は、時価500万円の別荘を所有しているが、当該別荘については、甲に対して貸金債権を有するC社が確定判決および執行文の付与を得てすでに差し押さえていた。この場合、A社は、C社の差押えに基づく競売手続において配当要求をすることはできない。

ウ．甲は、時価1000万円のマンションを所有しているが、当該マンションについては、甲に対して貸金債権を有するD社が抵当権の設定を受けその登記を経ていた。この場合、D社が当該マンションにつき抵当権に基づいて競売開始の申立てをし、その開始決定がなされた後、A社が当該手続で配当要求をしたときは、その後にD社が競売開始の申立てを取り下げたとしても、A社の配当要求の手続は続行される。

エ．甲は、E社からソフトウェアの開発を受託し、E社との間で締結した請負契約に基づき500万円の報酬請求権を有している。この場合において、A社は、当該報酬請求権を差し押さえたときは、民事執行法上、甲に差押命令が送達された日から一定の期間を経過したときは、当該報酬請求権を取り立てることができる。

オ．甲は、F社、G社およびH社からそれぞれソフトウェアの開発を受託し、各社との間で締結した請負契約に基づき、F社に対し300万円、G社に対し400万円、H社に対し500万円の報酬請求権をそれぞれ有している。この場合において、A社は、甲に対して有する貸金債権および執行費用の額が合計550万円であるときは、甲の有する報酬請求権のうち、いずれか2つの報酬請求権しか差し押さえることができない。

①　アイウ　　②　アイエ　　③　アエオ　　④　イウオ　　⑤　ウエオ

第 9 問 解答 ③

解 説

ア．適切である。強制競売又は担保権の実行としての競売の開始決定がされた不動産について強制競売の申立てがあったときは、執行裁判所は、更に強制競売の開始決定をするものとする（民事執行法47条1項）。すなわち、既に差し押さえられている不動産を重ねて差し押さえることは可能である。したがって、甲が、時価3000万円の土地を所有しているが、当該土地については、甲に対して貸金債権を有するB社が確定判決及び執行文の付与を得て既に差し押さえていた場合であっても、A社は、当該土地を差し押さえることができるから、本肢は適切である。

イ．適切でない。強制執行を実施することができる債務名義の正本を有する債権者、強制競売の開始決定に係る差押えの登記後に登記された仮差押債権者、登記（仮登記を除く。）がされた一般の先取特権を有する債権者及び所定の文書又は電磁的記録により一般の先取特権を有することを証明した債権者は、配当要求をすることができる（民事執行法51条1項）。したがって、甲が、時価500万円の別荘を所有しているが、当該別荘については、甲に対して貸金債権を有するC社が確定判決及び執行文の付与を得て既に差し押さえていた場合、強制執行を実施することができる債務名義の正本を有するA社は、C社の差押えに基づく競売手続において配当要求をすることができるから、本肢は適切でない。

ウ．適切でない。配当要求とは、他の強制執行手続が先行していることを前提に、その手続において自らも配当を受けるために先行する強制執行手続に参加することである。したがって、甲が、時価1000万円のマンションを所有しているが、当該マンションについては、甲に対して貸金債権を有するD社が抵当権の設定を受けその登記を経ていた場合、D社が当該マンションにつき抵当権に基づいて競売開始の申立てをし、その開始決定がなされた後、A社が当該手続で配当要求をしたときは、その後にD社が競売開始の申立てを取り下げると、A社の配当要求の手続は続行されないから、本肢は適切でない。

エ．適切である。金銭債権を差し押さえた債権者は、原則として、債務者に対して差押命令が送達された日から差し押さえた債権の種類により1週間ないし4週間を経過したときは、その債権を取り立てることができる（民事執行法155条1項）。したがって、甲が、E社からソフトウェアの開発を受託し、E社との間で締結した請負契約に基づき500万円の報酬請求権を有している場合において、A社が、当該報酬請求権を差し押さえたときは、民事執行法上、甲に差押命令が送達された日から一定の期間を経過したときは、当該報酬請求権を取り立てることができるから、本肢は適切である。

オ．適切である。債権執行の差押えの範囲として、差し押さえた債権の価額が差押債権者の債権及び執行費用の額を超えるときは、執行裁判所は、他の債権を差し押さえてはならない（民事執行法146条2項）。したがって、甲が、F社、G社及びH社からそれぞれソフトウェアの開発を受託し、各社との間で締結した請負契約に基づき、F社に対し300万円、G社に対し400万円、H社に対し500万円の報酬請求権をそれぞれ有している場合において、A社は、甲に対して有する貸金債権及び執行費用の額が合計550万円であるときは、甲の有する報酬請求権のうち、いずれか2つの報酬請求権しか差し押さえることができないから、本肢は適切である。

第 **11** 章

債務者の
倒産への対応

学習のポイント

ここでは、債務者の倒産への対応について学習します。倒産の典型は、破産ですので、破産手続きについて、特に破産手続開始決定の効果についてよく注意してください。また、民事再生と会社更生は、破産と対比して出題されますので、ポイントを押さえて学習してください。

本章のキーワード

●破産　　　●民事再生　　●会社更生

第 **1** 問　　　　　　　難易度 ★★☆

　破産手続に関する次の①〜⑤の記述のうち、その内容が最も<u>適切でない</u>ものを1つだけ選びなさい。（第48回第3問3-2）

① 　債権者は、債務者の破産手続開始の申立てをする場合には、あらかじめ当該債務者の同意を得なければならない。

② 　債務者が支払不能、すなわち、支払能力を欠くために、その債務のうち弁済期にあるものにつき、一般的かつ継続的に弁済することができない状態にあるときは、裁判所は、原則として、申立てにより、決定で、破産手続を開始する。

③ 　裁判所は、破産手続開始の申立てがあった場合、必要があると認めるときは、利害関係人による申立てまたは職権により、破産手続開始の申立てについて決定があるまでの間、原則として、債務者の財産に対して行われている強制執行などの手続の中止を命じることができる。

④ 　裁判所は、一定の場合を除き、破産財団をもって破産手続の費用を支弁するのに不足すると認めるときは、破産手続開始の決定と同時に、破産手続廃止の決定をしなければならない。

⑤ 　破産手続開始決定後、破産者の取引先が破産管財人との間で取引を行ったことにより当該取引先が取得した債権は、財団債権となる。

解説

① 最も適切でない。債権者又は債務者は、破産手続開始の申立てをすることができる（破産法18条1項）。債権者が破産手続開始の申立てをするときは、その有する債権の存在及び破産手続開始の原因となる事実を疎明しなければならないが（同条2項）、債務者の同意を得る必要まではない。したがって、債権者は、債務者の破産手続開始の申立てをする場合に、あらかじめ当該債務者の同意を得る必要はないから、本肢は適切でない。

② 適切である。債務者が支払不能にあるときは、裁判所は、申立てにより、決定で、破産手続を開始する（破産法15条1項）。支払不能とは、債務者が、支払能力を欠くために、その債務のうち弁済期にあるものにつき、一般的かつ継続的に弁済することができない状態をいう（同法2条11項）。したがって、債務者が支払不能、すなわち、支払能力を欠くために、その債務のうち弁済期にあるものにつき、一般的かつ継続的に弁済することができない状態にあるときは、裁判所は、原則として、申立てにより、決定で、破産手続を開始するから、本肢は適切である。

③ 適切である。裁判所は、破産手続開始の申立てがあった場合において、必要があると認めるときは、利害関係人の申立てにより又は職権で、破産手続開始の申立てにつき決定があるまでの間、債務者の財産に対して既にされている強制執行、仮差押え、仮処分、債務者の財産関係の訴訟手続等の中止を命ずることができる（破産法24条1項）。したがって、裁判所は、破産手続開始の申立てがあった場合、必要があると認めるときは、利害関係人による申立て又は職権により、破産手続開始の申立てについて決定があるまでの間、原則として、債務者の財産に対して行われている強制執行などの手続の中止を命じることができるから、本肢は適切である。

④ 適切である。裁判所は、破産財団をもって破産手続の費用を支弁するのに不足すると認めるときは、破産手続開始の決定と同時に、破産手続廃止の決定をしなければならない（破産法216条1項）。これを同時廃止という。したがって、裁判所は、一定の場合を除き、破産財団をもって破産手続の費用を支弁するのに不足すると認めるときは、破産手続開始の決定と同時に、破産手続廃止の決定をしなければならないから、本肢は適切である。

⑤ 適切である。破産財団に関し破産管財人がした行為によって生じた請求権は財団債権となる（破産法148条1項4号）。財団債権は、破産手続によらないで破産財団から破産債権に先立って、随時弁済を受けることができる（同法2条7項、151条）。したがって、破産手続開始決定後、破産者の取引先が破産管財人との間で取引を行ったことにより当該取引先が取得した債権は、財団債権となるから、本肢は適切である。

破産

2 問

難易度 ★★☆

　破産法に関する次の①〜⑤の記述のうち、その内容が最も適切でないものを1つだけ選びなさい。（第45回第3問3-4）

① 債務超過は、法人については破産手続開始の原因となるが、自然人については破産手続開始の原因とはならない。

② 裁判所は、一定の場合を除き、破産財団をもって破産手続にかかる費用を支弁するのに不足すると認めるときは、破産手続開始の決定と同時に、破産手続廃止の決定をしなければならない。

③ 債務者について破産手続開始の申立てがなされた場合、その後破産手続開始決定がなされなかったとしても、当該債務者の財産についてなされている差押えは、当然にその効力を失う。

④ 双務契約について、破産者およびその相手方が破産手続開始の時に共にまだその履行を完了していない場合において、破産管財人が当該双務契約の解除を選択した。この場合において、破産者の受けた反対給付が破産財団中に現存しないときは、相手方は、その価額について財団債権者としてその権利を行使することができる。

⑤ 債務者について破産手続開始決定がなされた場合、破産手続開始決定の前に債務者所有の不動産に抵当権の設定を受けていた債権者は、原則として、破産手続によらずに当該抵当権を実行して債権の回収を図ることができる。

11

債務者の倒産への対応

解説

① 適切である。破産手続開始の原因は、法人の場合は、支払不能又は債務超過（債務者が、その債務につき、その財産をもって完済することができない状態をいう。）であるが、自然人の場合は、支払不能のみである（破産法15条1項、16条1項）。したがって、債務超過は、法人については破産手続開始の原因となるが、自然人については破産手続開始の原因とはならないから、本肢は適切である。

② 適切である。裁判所は、破産財団をもって破産手続の費用を支弁するのに不足すると認めるときは、破産手続開始の決定と同時に、破産手続廃止の決定をしなければならない（破産法216条1項）。これを同時廃止という。したがって、裁判所は、一定の場合を除き、破産財団をもって破産手続にかかる費用を支弁するのに不足すると認めるときは、破産手続開始の決定と同時に、破産手続廃止の決定をしなければならないから、本肢は適切である。

③ 最も適切でない。裁判所は、破産手続開始の申立てがあった場合において、必要があると認めるときは、利害関係人の申立てにより又は職権で、破産手続開始の申立てにつき決定があるまでの間、債務者の財産に対して既にされている強制執行、仮差押え、仮処分、債務者の財産関係の訴訟手続等の中止を命ずることができるが（破産法24条1項）、破産手続開始の申立てがあっただけでは、強制執行等の手続が当然に中止されるわけではない。したがって、債務者について破産手続開始の申立てがなされた場合でも、当該債務者の財産についてなされている差押えが、当然にその効力を失うわけではないから、本肢は適切でない。

④ 適切である。双務契約について破産者及びその相手方が破産手続開始の時において共にまだその履行を完了していないときは、破産管財人は、契約の解除をし、又は破産者の債務を履行して相手方の債務の履行を請求することができる（破産法53条1項）。破産管財人が破産者の債務を履行して相手方の債務の履行を請求したときは、相手方が有する請求権は、財団債権となり（同法148条1項7号）、破産手続によらないで破産財団から随時弁済を受けることができる（同法2条7項）。したがって、双務契約について、破産者及びその相手方が破産手続開始の時に共にまだその履行を完了していない場合において、破産管財人が当該双務契約の解除を選択した場合において、破産者の受けた反対給付が破産財団中に現存しないときは、相手方は、その価額について財団債権者としてその権利を行使することができるから、本肢は適切である。

⑤ 適切である。破産手続開始の時において破産財団に属する財産につき有する特別の先取特権、質権又は抵当権は、別除権として、破産手続によらないで、行使することができる（破産法2条9項、65条1項）。したがって、債務者について破産手続開始決定がなされた場合、破産手続開始決定の前に債務者所有の不動産に抵当権の設定を受けていた債権者は、原則として、破産手続によらずに当該抵当権を実行して債権の回収を図ることができるから、本肢は適切である。

　破産法に関する次のア〜オの記述のうち、その内容が適切なものの組み合わせを①〜⑤の中から１つだけ選びなさい。（第46回第１問1-3）

ア．A社が、その債務につき、その財産をもって完済することができない債務超過の状態にある場合において、A社の債権者であるB社が破産手続開始の申立てをするには、B社は、その有する債権の存在と破産手続開始の原因となる事実を裁判所に疎明すれば足り、これを証明する必要はない。

イ．A社に対して貸金返還請求権を有するB社が当該貸金返還請求権を認容する確定判決を取得した後に、A社について破産手続開始の決定がなされた。この場合、B社は、破産手続開始決定がなされた後であっても、A社の財産に対し強制執行の申立てをすることができる。

ウ．A社は、B社との間で、A社の所有する土地をB社に売却する旨の売買契約を締結したが、土地の引渡しも代金の支払いもなされないうちに、A社が破産手続開始の決定を受けた。この場合において、B社が、A社の破産管財人Cに対し、相当の期間を定め、本件売買契約に基づき土地を引き渡すか、または本件売買契約を解除するか、いずれを選択するかにつき確答を求めたのに対し、Cがその期間内に確答をしないときは、本件売買契約は、解除されたものとみなされる。

エ．A社に対して貸金債権を有するB社がA社所有の土地に抵当権の設定を受け、その旨の登記を経た後に、A社について破産手続開始の決定がなされた。この場合、B社は、当該抵当権を実行して当該貸金債権の回収を図ることができない。

オ．A社について破産手続開始の決定がなされ、Bが破産管財人に選任された。この場合、A社の代表取締役Cは、D社との間で新規にA社がD社の商品を購入する旨の売買契約を締結することができる。

①　アウ　　②　アオ　　③　イウ　　④　イエ　　⑤　エオ

解説

ア．適切である。債権者は、破産手続開始の申立てをすることができる。この場合、その有する債権の存在及び破産手続開始の原因となる事実を疎明しなければならない（破産法18条1項、2項）。したがって、A社が、その債務につき、その財産をもって完済することができない債務超過の状態にある場合において、A社の債権者であるB社が破産手続開始の申立てをするには、B社は、その有する債権の存在と破産手続開始の原因となる事実を裁判所に疎明すれば足り、これを証明する必要はないから、本肢は適切である。

イ．適切でない。破産手続開始の決定があった場合には、破産財団に属する財産に対する強制執行、仮差押え、仮処分、一般の先取特権の実行、企業担保権の実行又は外国租税滞納処分で、破産債権若しくは財団債権に基づくもの又は破産債権若しくは財団債権を被担保債権とするものは、することができない（破産法42条1項）。したがって、A社に対して貸金返還請求権を有するB社が当該貸金返還請求権を認容する確定判決を取得した後に、A社について破産手続開始の決定がなされた場合、B社は、破産手続開始決定がなされた後は、A社の財産に対し強制執行の申立てをすることができないから、本肢は適切でない。

ウ．適切である。双務契約について破産者及びその相手方が破産手続開始の時において共にまだその履行を完了していないときは、破産管財人は、契約の解除をし、又は破産者の債務を履行して相手方の債務の履行を請求することができる（破産法53条1項）。また、双務契約の相手方は、破産管財人に対し、相当の期間を定め、その期間内に契約の解除をするか、又は債務の履行を請求するかを確答すべき旨を催告することができる。この場合において、破産管財人がその期間内に確答をしないときは、契約の解除をしたものとみなされる（同条2項）。したがって、A社が、B社との間で、A社の所有する土地をB社に売却する旨の売買契約を締結したが、土地の引渡しも代金の支払もなされないうちに、A社が破産手続開始の決定を受けた場合において、B社が、A社の破産管財人Cに対し、相当の期間を定め、本件売買契約に基づき土地を引き渡すか、又は本件売買契約を解除するか、いずれを選択するかにつき確答を求めたのに対し、Cがその期間内に確答をしないときは、本件売買契約は、解除されたものとみなされるから、本肢は適切である。

エ．適切でない。破産手続開始の時において破産財団に属する財産につき有する特別の先取特権、質権又は抵当権は、別除権として、破産手続によらないで、行使することができる（破産法2条9項、65条1項）。したがって、A社に対して貸金債権を有するB社がA社所有の土地に抵当権の設定を受け、その旨の登記を経た後に、A社について破産手続開始の決定がなされた場合、B社は、別除権である当該抵当権を実行して当該貸金債権の回収を図ることができるから、本肢は適切でない。

オ．適切でない。破産手続開始の決定があった場合には、破産財団に属する財産の管理及び処分をする権利は、裁判所が選任した破産管財人に専属する（破産法78条1項）。したがって、A社について破産手続開始の決定がなされ、Bが破産管財人に選任された場合、A社の代表取締役CにはA社の財産について管理処分権がないため、D社との間で新規にA社がD社の商品を購入する旨の売買契約を締結することができないから、本肢は適切でない。

A社は、B建設会社との間で、A社の注文に基づき、B社が甲建物を建築する旨の請負契約を締結した。本件請負契約における請負代金は1億円であり、甲建物の引渡しと同時に支払うこととされていた。その後、B社は、資金繰りが悪化し、甲建物の建築工事の着手および請負代金の支払いのいずれもなされないうちに、破産手続開始決定を受け、その破産管財人としてCが選任された。この場合に関する次のア〜オの記述のうち、その内容が適切なものの組み合わせを①〜⑤の中から1つだけ選びなさい。（第42回第8問8-3）

ア．破産法上、A社は、相当の期間を定めて、Cに対し、本件請負契約の解除と甲建物の完成・引渡義務の履行のいずれを選択するかを確答するよう催告することができ、この期間内にCが確答をしないときは、甲建物の完成・引渡義務の履行を選択したものとみなされる。

イ．Cが破産法に基づき本件請負契約につき甲建物の完成・引渡義務の履行を選択して、A社に対し請負代金債務の履行を請求した場合であっても、破産法上、A社は、本件請負契約を解除して、Cからの当該請負代金債務の履行の請求を拒絶することができる。

ウ．Cが破産法に基づき本件請負契約につき甲建物の完成・引渡義務の履行を選択して、A社に対し請負代金債務の履行を請求した場合、A社は、引き続き本件請負契約に従って、甲建物の引渡しを受ける権利を有する。

エ．Cは、破産法に基づき本件請負契約の解除を選択する場合、破産法上、A社のために、本件請負契約に従って甲建物の建築を請け負う他の建築業者を指定しなければならない。

オ．Cが破産法に基づき本件請負契約を解除したことによりA社に損害が発生した場合、A社は、破産債権者として損害賠償請求権を行使することができる。

① アイ ② アウ ③ イエ ④ ウオ ⑤ エオ

11

債務者の倒産への対応

第 4 問　解答　④

解説

ア．適切でない。双務契約について破産者及びその相手方が破産手続開始の時において共にまだその履行を完了していないときは、相手方は、破産管財人に対し、相当の期間を定め、その期間内に契約の解除をするか、又は債務の履行を請求するかを確答すべき旨を催告することができる。この場合において、破産管財人がその期間内に確答をしないときは、契約の解除をしたものとみなされる（破産法53条1項、2項）。したがって、破産法上、A社は、相当の期間を定めて、Cに対し、本件請負契約の解除と甲建物の完成・引渡義務の履行のいずれを選択するかを確答するよう催告することができるが、この期間内にCが確答をしないときは、本件請負契約を解除したものとみなされるから、本肢は適切でない。

イ．適切でない。破産法上、共にまだ履行が完了していない双務契約について契約の解除又は債務の履行を選択できるのは、破産管財人に限られ、相手方は選択することはできない。相手方は、破産管財人に対し、相当の期間を定め、その期間内に契約の解除をするか、又は債務の履行を請求するかを確答すべき旨を催告することができるにとどまる（破産法53条1項、2項）。したがって、Cが破産法に基づき本件請負契約につき甲建物の完成・引渡義務の履行を選択して、A社に対し請負代金債務の履行を請求した場合、破産法上、A社は、本件請負契約を解除して、Cからの当該請負代金債務の履行の請求を拒絶することはできないから、本肢は適切でない。

ウ．適切である。双務契約について破産者及びその相手方が破産手続開始の時において共にまだその履行を完了していないときは、破産管財人は、契約の解除をし、又は破産者の債務を履行して相手方の債務の履行を請求することができる（破産法53条1項）。本条に従い、破産管財人が破産者の債務を履行して相手方の債務の履行を請求したときは、相手方が有する請求権は、財団債権となり（同法148条1項7号）、破産手続によらないで破産財団から随時弁済を受けることができる（同法2条7項）。したがって、Cが破産法に基づき本件請負契約につき甲建物の完成・引渡義務の履行を選択して、A社に対し請負代金債務の履行を請求した場合、A社は、引き続き本件請負契約に従って、甲建物の引渡しを受ける権利を有するから、本肢は適切である。

エ．適切でない。双務契約について破産者及びその相手方が破産手続開始の時において共にまだその履行を完了していないときは、破産管財人は、契約の解除をし、又は破産者の債務を履行して相手方の債務の履行を請求することができる（破産法53条1項）。契約の解除が選択されると、相手方は不測の損害を被る可能性があるが、当該損害を回避するために、破産管財人が特別の義務を負うということはない。したがって、Cが、破産法に基づき本件請負契約の解除を選択する場合、破産法上、A社のために、本件請負契約に従って甲建物の建築を請け負う他の建築業者を指定する必要はないから、本肢は適切でない。

オ．適切である。破産管財人が双務契約を解除した場合、相手方は、損害の賠償について破産債権者としてその権利を行使することができる（破産法54条1項）。破産債権は、原則として、破産手続によらなければ、行使することができない（同法100条1項）。したがって、Cが破産法に基づき本件請負契約を解除したことによりA社に損害が発生した場合、A社は、破産債権者として損害賠償請求権を行使することができるから、本肢は適切である。

X株式会社は、民事再生手続開始の申立てを行い、裁判所により、X社について再生手続開始の決定がなされた。この場合に関する次の①〜⑤の記述のうち、その内容が最も適切でないものを1つだけ選びなさい。（第40回第3問3-1）

① X社について民事再生手続が開始された後も、原則として、従前のX社の取締役らが、X社の業務を執行し、X社の財産を管理し処分する権利を有する。

② X社は、Y社に対して負う借入金債務の担保として、その所有する建物に抵当権を設定し、その旨の登記を経ている。当該建物がX社の事業継続に欠くことのできないものである場合、X社は、裁判所の許可を得て、当該建物の価額に相当する金銭を裁判所に納付して当該抵当権を消滅させることができる。

③ X社について民事再生手続が開始された後、X社は、取引先であるY社からX社の業務に要する資材を購入した。この場合、Y社のX社に対する当該資材の売買代金債権は、共益債権として随時弁済を受けられるものではなく、再生債権として再生計画に従って弁済される。

④ X社の民事再生手続において、再生計画認可決定がなされ確定したが、その後、X社は、Y社に対し、再生計画に基づく弁済を怠った。この場合、Y社は、別途債務名義を得ることなく、再生計画の条項が記載された再生債権者表の記載を債務名義として、X社の財産に対して強制執行を行うことができる。

⑤ X社の民事再生手続において、X社の事業の状態が想定よりも悪化し、再生計画の認可の見込みがない状況となった。この場合、裁判所は、再生手続廃止の決定をするとともに、その決定が確定した場合において、X社に破産手続開始の原因となる事実があると認めるときは、X社からの申立てがなくとも、職権でX社につき破産手続開始の決定をすることができる。

解 説

①　適切である。民事再生手続において、再生債務者の自己の財産に対する管理処分権は当然には失われない。もっとも、民事再生手続において、裁判所は、再生債務者(法人である場合に限る。)の財産の管理又は処分が失当であるとき、その他再生債務者の事業の再生のために特に必要があると認めるときは、利害関係人の申立てにより又は職権で、再生手続の開始の決定と同時に又はその決定後、再生債務者の業務及び財産に関し、管財人による管理を命ずる処分をすることができる(民事再生法64条1項)。これを管理命令といい、管理命令が発せられた場合には、再生債務者の業務の遂行並びに財産の管理及び処分をする権利は、裁判所が選任した管財人に専属する(同法66条)。したがって、X社について民事再生手続が開始された後も、原則として、従前のX社の取締役らが、X社の業務を執行し、X社の財産を管理し処分する権利を有するから、本肢は適切である。

②　適切である。再生手続開始の時において再生債務者の財産につき担保権が存する場合において、当該財産が再生債務者の事業の継続に欠くことのできないものであるときは、再生債務者等は、裁判所に対し、当該財産の価額に相当する金銭を裁判所に納付して当該財産につき存するすべての担保権を消滅させることについての許可の申立てをすることができる(民事再生法148条1項)。したがって、X社が、Y社に対して負う借入金債務の担保として、その所有する建物に抵当権を設定し、その旨の登記を経ており、当該建物がX社の事業継続に欠くことのできないものである場合、X社は、裁判所の許可を得て、当該建物の価額に相当する金銭を裁判所に納付して当該抵当権を消滅させることができるから、本肢は適切である。

③　最も適切でない。再生手続開始後の再生債務者の業務、生活並びに財産の管理及び処分に関する費用の請求権は、共益債権となる(民事再生法119条2号)。共益債権は、再生手続によらないで、随時弁済される(同法121条1項)。したがって、X社について民事再生手続が開始された後、X社は、取引先であるY社からX社の業務に要する資材を購入した場合、Y社のX社に対する当該資材の売買代金債権は、共益債権として随時弁済を受けられるから、本肢は適切でない。

④　適切である。再生計画認可の決定が確定したときは、裁判所書記官は、最高裁判所規則で定めるところにより、再生計画の条項を電子再生債権者表に記録しなければならない。再生債権に基づき再生計画の定めによって認められた権利については、その電子再生債権者表の記録は、再生債務者、再生債権者及び再生のために債務を負担し、又は担保を提供する者に対して、確定判決と同一の効力を有する(民事再生法180条1項、2項)。そして、確定判決と同一の効力を有するものは、債務名義となる(民事執行法22条7号)。したがって、X社の民事再生手続において、再生計画認可決定がなされ確定したが、その後、X社は、Y社に対し、再生計画に基づく弁済を怠った場合、Y社は、別途債務名義を得ることなく、再生計画の条項が記載された再生債権者表の記載を債務名義として、X社の財産に対して強制執行を行うことができるから、本肢は適切である。

⑤　適切である。民事再生手続において、破産手続開始前の再生債務者について再生手続開始の申立ての棄却、再生手続廃止、再生計画不認可又は再生計画取消しの決定が確定した場合において、裁判所は、当該再生債務者に破産手続開始の原因となる事実があると認めるときは、職権で、破産法に従い、破産手続開始の決定をすることができる(民事再生法250条1項)。したがって、X社の民事再生手続において、X社の事業の状態が想定よりも悪化し、再生計画の認可の見込みがない状況となった場合、裁判所は、再生手続廃止の決定をするとともに、その決定が確定した場合において、X社に破産手続開始の原因となる事実があると認めるときは、X社からの申立てがなくとも、職権でX社につき破産手続開始の決定をすることができるから、本肢は適切である。

民事再生

　民事再生法に関する次のア〜オの記述のうち、その内容が適切なものの組み合わせを①〜⑤の中から１つだけ選びなさい。（第43回第3問3-1）

ア．経済的な窮境に陥ったA社が民事再生法上の再生手続開始の申立てをするには、A社に破産手続開始の原因となる事実が生ずるおそれがあるときであること、または、A社が事業の継続に著しい支障を来すことなく弁済期にある債務を弁済することができないときであることが必要である。

イ．A社は、再生手続開始の申立てを行った後、その決定を受ける前に、取引先のB社から、A社の事業の継続に欠くことのできない原材料を購入した。購入に先立って、A社が当該原材料の代金債権を共益債権とする旨の裁判所の許可またはこれに代わる監督委員の承認を受けていた場合には、当該代金債権は共益債権となる。

ウ．裁判所によりA社に再生手続開始の決定がなされ、同時にCが管財人に選任された。この場合、A社の業務の遂行ならびに財産の管理および処分をする権利は、Cに専属する。

エ．A社が再生手続開始の申立てを行った後、A社に再生手続開始の決定がなされる前に、A社の債権者であるD社は、A社の財産に対して強制執行の申立てを行っていた。当該強制執行におけるD社の請求債権がA社の再生手続において再生債権として扱われるものである場合、進行中の当該強制執行の手続は、A社に再生手続開始の決定が出された後も続行される。

オ．A社は、E社から融資を受けるに際し、E社のために自社の工場およびその敷地に抵当権を設定し、その旨の登記を経たが、その後、再生手続開始の決定を受けた。この場合、E社は、原則として、当該抵当権を行使することができず、再生手続において作成される再生計画に従って、当該抵当権の被担保債権の弁済を受ける。

①　アイウ　　②　アイエ　　③　アウオ　　④　イエオ　　⑤　ウエオ

解説

ア．適切である。債務者に破産手続開始の原因となる事実の生ずるおそれがあるときは、債務者は、裁判所に対し、再生手続開始の申立てをすることができる。債務者が事業の継続に著しい支障を来すことなく弁済期にある債務を弁済することができないときも、同様とする（民事再生法21条1項）。したがって、経済的な窮境に陥ったA社が民事再生法上の再生手続開始の申立てをするには、A社に破産手続開始の原因となる事実が生ずるおそれがあるときであること、又は、A社が事業の継続に著しい支障を来すことなく弁済期にある債務を弁済することができないときであることが必要であるから、本肢は適切である。

イ．適切である。再生債務者が、再生手続開始の申立て後再生手続開始前に、資金の借入れ、原材料の購入その他再生債務者の事業の継続に欠くことができない行為をする場合には、裁判所の許可又は監督委員の承認により、その行為によって生ずべき相手方の請求権は共益債権となる（民事再生法120条1項、2項）。共益債権は、再生手続によらないで、再生債権に先立って、随時弁済される債権である（同法121条1項、2項）。したがって、A社が、再生手続開始の申立てを行った後、その決定を受ける前に、取引先のB社から、A社の事業の継続に欠くことのできない原材料を購入したときは、購入に先立って、A社が当該原材料の代金債権を共益債権とする旨の裁判所の許可又はこれに代わる監督委員の承認を受けていた場合、当該代金債権は共益債権となるから、本肢は適切である。

ウ．適切である。民事再生手続において、裁判所は、再生債務者（法人である場合に限る。）の財産の管理又は処分が失当であるとき、その他再生債務者の事業の再生のために特に必要があると認めるときは、利害関係人の申立てにより又は職権で、再生手続の開始の決定と同時に又はその決定後、再生債務者の業務及び財産に関し、管財人による管理を命ずる処分をすることができる（民事再生法64条1項）。これを管理命令といい、管理命令が発せられた場合には、再生債務者の業務の遂行並びに財産の管理及び処分をする権利は、裁判所が選任した管財人に専属する（同法66条）。したがって、裁判所によりA社に再生手続開始の決定がなされ、同時にCが管財人に選任された場合、A社の業務の遂行並びに財産の管理及び処分をする権利は、Cに専属するから、本肢は適切である。

エ．適切でない。再生手続開始の決定があったときは、破産手続開始、再生手続開始若しくは特別清算開始の申立て、再生債務者の財産に対する再生債権に基づく強制執行等若しくは再生債権に基づく外国租税滞納処分又は再生債権に基づく財産開示手続若しくは第三者からの情報取得手続の申立てはすることができず、破産手続、再生債務者の財産に対して既にされている再生債権に基づく強制執行等の手続及び再生債権に基づく外国租税滞納処分並びに再生債権に基づく財産開示手続及び第三者からの情報取得手続は中止され、特別清算手続はその効力を失う（民事再生法39条1項）。したがって、A社が再生手続開始の申立てを行った後、A社に再生手続開始の決定がなされる前に、A社の債権者であるD社が、A社の財産に対して強制執行の申立てを行っていたときは、当該強制執行におけるD社の請求債権がA社の再生手続において再生債権として扱われるものである場合、進行中の当該強制執行の手続は、A社に再生手続開始の決定が出された後は中止されるから、本肢は適切でない。

オ．適切でない。再生手続開始の時において再生債務者の財産につき存する担保権（特別の先取特権、質権、抵当権又は商法若しくは会社法の規定による留置権をいう。）を有する者は、その目的である財産について、別除権を有する。別除権は、再生手続によらないで、行使することができる（民事再生法53条1項、2項）。したがって、A社が、E社から融資を受けるに際し、E社のために自社の工場及びその敷地に抵当権を設定し、その旨の登記を経た後、再生手続開始の決定を受けた場合、E社は、原則として、再生手続開始後も、当該抵当権を行使することができるから、本肢は適切でない。

破産・民事再生

第 7 問

難易度 ★★☆

　破産手続および民事再生手続に関する次の①～⑤の記述のうち、その内容が最も適切なものを１つだけ選びなさい。（第39回第5問5-2）

① 　株式会社は、破産法の適用対象とされているが、民事再生法の適用対象とはされていない。
② 　破産手続開始決定がなされた場合、破産管財人が選任され、破産者の経営権および財産の管理処分権は破産管財人に属するが、民事再生手続開始決定がなされた場合、管財人が選任されることはなく、再生債務者が経営権や財産の管理処分権を失うことはない。
③ 　破産手続および民事再生手続のいずれにおいても、一定の条件の下で担保権の消滅を認める制度が設けられている。
④ 　破産手続では、破産債権者は、原則として、一定の期間内に債権を届け出なければならないのに対し、民事再生手続では、再生債権者が自己の有する債権の届出をする制度は存在しない。
⑤ 　民事再生手続において、民事再生手続開始の申立てが棄却され、または裁判所による再生計画認可決定がなされなかった場合、破産手続に移行することはなく、債務者は、任意整理手続によって自己の債権債務を整理するほかない。

解説

① 適切でない。破産法は、自然人及び法人のいずれをも適用対象としており、株式会社も破産法の適用対象である（破産法4条1項参照）。一方、民事再生法も、自然人及び法人を適用対象としており、株式会社についても適用される（民事再生法4条1項参照）。したがって、株式会社は、破産法のみならず、民事再生法の適用対象ともされているから、本肢は適切でない。

② 適切でない。破産手続において、裁判所は、破産手続開始の決定と同時に、1人又は数人の破産管財人を選任しなければならない（破産法31条1項）。破産手続開始の決定があった場合には、破産財団に属する財産の管理及び処分をする権利は、裁判所が選任した破産管財人に専属する（同法78条1項）。一方、民事再生手続において、裁判所は、再生債務者（法人である場合に限る。）の財産の管理又は処分が失当であるとき、その他再生債務者の事業の再生のために特に必要があると認めるときは、利害関係人の申立てにより又は職権で、再生手続の開始の決定と同時に又はその決定後、再生債務者の業務及び財産に関し、管財人による管理を命ずる処分をすることができる（民事再生法64条1項）。これを管理命令といい、管理命令が発せられた場合には、再生債務者の業務の遂行並びに財産の管理及び処分をする権利は、裁判所が選任した管財人に専属する（同法66条）。したがって、破産手続開始決定がなされた場合、破産管財人が選任され、破産者の経営権及び財産の管理処分権は破産管財人に属する一方、民事再生手続開始決定がなされた場合も、管財人が選任され、再生債務者が経営権や財産の管理処分権を失うことがあるから、本肢は適切でない。

③ 最も適切である。破産手続において、配当の原資となる破産財団を増やす目的で任意売却を可能にするため、担保権の消滅を認める制度が設けられている。破産手続開始の時において破産財団に属する財産につき担保権が存する場合において、当該財産を任意に売却して当該担保権を消滅させることが破産債権者の一般の利益に適合するときは、破産管財人は、裁判所に対し、当該財産を任意に売却し、所定の額の金銭が裁判所に納付されることにより当該財産につき存するすべての担保権を消滅させることについての許可の申立てをすることができる（破産法186条1項）。一方、民事再生手続においては、再生手続開始の時において再生債務者の財産につき担保権が存する場合において、当該財産が再生債務者の事業の継続に欠くことのできないものであるときは、再生債務者等は、裁判所に対し、当該財産の価額に相当する金銭を裁判所に納付して当該財産につき存するすべての担保権を消滅させることについての許可の申立てをすることができる（民事再生法148条1項）。したがって、破産手続及び民事再生手続のいずれにおいても、一定の条件の下で担保権の消滅を認める制度が設けられているから、本肢は適切である。

④ 適切でない。破産手続に参加しようとする破産債権者は、所定の債権届出期間内に、各破産債権の額及び原因等の事項を裁判所に届け出なければならない（破産法111条1項）。一方、再生手続に参加しようとする再生債権者は、所定の債権届出期間内に、各債権について、その内容及び原因等を裁判所に届け出なければならない（民事再生法94条1項）。したがって、破産手続では、破産債権者は、原則として、一定の期間内に債権を届け出なければならない一方、民事再生手続においても、再生債権者が自己の有する債権の届出をする制度が存在するから、本肢は適切でない。

⑤ 適切でない。民事再生手続において、破産手続開始前の再生債務者について再生手続開始の申立ての棄却、再生手続廃止、再生計画不認可又は再生計画取消しの決定が確定した場合において、裁判所は、当該再生債務者に破産手続開始の原因となる事実があると認めるときは、職権で、破産法に従い、破産手続開始の決定をすることができる（民事再生法250条1項）。したがって、民事再生手続において、民事再生手続開始の申立てが棄却され、又は裁判所による再生計画認可決定がなされなかった場合、破産手続に移行する可能性があるから、本肢は適切でない。

　民事再生法および会社更生法に関する次の①〜⑤の記述のうち、その内容が最も適切なものを１つだけ選びなさい。（第46回第6問6-4）

① 　民事再生法上、再生手続開始の決定がなされた後は、事業経営権や財産の管理処分権などは、再生債務者の帰属を離れ、監督委員に移る。

② 　民事再生法上、再生債権者が、再生手続開始当時、再生債務者に対して再生債権を有しているとともに債務も負担していた場合において、再生債権と当該債務とが債権届出期間の満了前に相殺適状となったときは、再生債権者は、原則として、当該債権届出期間内に限り、再生計画の定めるところによらないで、相殺をすることができる。

③ 　民事再生法上、小規模個人再生手続の適用対象は個人事業主に限定され、給与所得者は小規模個人再生手続を利用することができない。

④ 　会社更生法における更生会社となり得るのは、会社法上の株式会社、合名会社、合資会社および合同会社である。

⑤ 　会社更生法上、担保権者は、別除権者とされており、原則として、更生手続にかかわりなく、随時その権利を行使することができる。

解　説

① **適切でない。** 民事再生手続においては、再生債務者は、再生手続が開始された後も、原則として、その業務を遂行し、又はその財産を管理し、若しくは処分する権利を有する（民事再生法38条1項）。したがって、民事再生法上、再生手続開始の決定がなされた後も、事業経営権や財産の管理処分権などは、再生債務者に帰属するから、本肢は適切でない。

② **最も適切である。** 再生債権者が再生手続開始当時再生債務者に対して債務を負担する場合において、原則として、債権及び債務の双方が債権届出期間の満了前に相殺適状に達したときは、再生債権者は、当該債権届出期間内に限り、再生計画の定めるところによらないで、相殺をすることができる（民事再生法92条1項）。したがって、民事再生法上、再生債権者が、再生手続開始当時、再生債務者に対して再生債権を有しているとともに債務も負担していた場合において、再生債権と当該債務とが債権届出期間の満了前に相殺適状となったときは、再生債権者は、原則として、当該債権届出期間内に限り、再生計画の定めるところによらないで、相殺をすることができるから、本肢は適切である。

③ **適切でない。** 個人である債務者のうち、将来において継続的に又は反復して収入を得る見込みがあり、かつ、再生債権の総額（住宅資金貸付債権の額、別除権の行使によって弁済を受けることができると見込まれる再生債権の額及び再生手続開始前の罰金等の額を除く。）が5000万円を超えない場合、**小規模個人再生**という特別の再生手続を行うことを求めることができる（民事再生法221条1項）。主に、個人事業主である債務者を想定した手続であるが、給与所得者が利用できないわけではない。したがって、民事再生法上、小規模個人再生手続の適用対象は個人事業主に限定されているわけではなく、給与所得者も小規模個人再生手続を利用することができるから、本肢は適切でない。

④ **適切でない。** 会社更生手続は、株式会社のみを対象とする。再建型の法的整理手続の中でも、比較的大型の倒産事件を想定した手続である。したがって、会社更生法における更生会社となり得るのは、会社法上の株式会社に限られるから、本肢は適切でない。

⑤ **適切でない。** 更生債権等については、更生手続開始後は、会社更生法に特別の定めがある場合を除き、更生計画の定めるところによらなければ、弁済をし、弁済を受け、その他これを消滅させる行為（免除を除く。）をすることができない（会社更生法47条1項）。会社更生法には、破産法や民事再生法にあるような別除権の定めはない。したがって、会社更生法上、担保権者が、別除権者とされているわけではないから、本肢は適切でない。

民事再生・会社更生

第 9 問

難易度 ★★★

　民事再生手続および会社更生手続に関する次のア～オの記述のうち、その内容が適切なものの組み合わせを①～⑤の中から1つだけ選びなさい。（第42回第5問5-2）

ア．A株式会社について、民事再生法に基づき、再生手続開始の決定がなされた。この場合、原則として、従前のA社の取締役らが、A社の業務を執行し、A社の財産を管理し処分する権利を有する。

イ．A株式会社について、民事再生法に基づき、再生手続開始の決定がなされた。A社は、債権届出期間の満了後、裁判所の定める期間内に裁判所に再生計画を提出した。この場合、当該再生計画案については、一般に、債権者集会における決議または書面による決議がなされる。

ウ．A株式会社について、民事再生法に基づき、再生手続開始の決定がなされた。その後、A社が、取引先であるB社からA社の業務に要する部品を購入したときは、B社のA社に対する当該部品の売買代金債権は、共益債権として随時弁済を受けられるものではなく、再生債権として再生計画に従って弁済される。

エ．個人事業主Aは、弁済期にある債務を弁済することとすれば、その事業の継続に著しい支障を来すおそれがあるため、再建型の法的整理手続を利用して、その事業の維持更生を図ろうとしている。この場合、会社更生手続は株式会社のみを適用対象としているため、Aは、会社更生法に基づき、更生手続開始の申立てをすることはできない。

オ．A株式会社について、会社更生法に基づき、更生手続開始の決定がなされた。当該決定より前にA社所有の土地に抵当権の設定を受けその旨の登記を経ているB社は、更生手続によらずに当該抵当権を実行して債権の回収を図ることができる。

①　アイエ　　②　アイオ　　③　アウエ　　④　イウオ　　⑤　ウエオ

解説

ア． 適切である。民事再生手続においては、再生債務者は、再生手続が開始された後も、原則として、その業務を遂行し、又はその財産を管理し、若しくは処分する権利を有する（民事再生法38条1項）。したがって、A株式会社について、民事再生法に基づき、再生手続開始の決定がなされた場合、原則として、従前のA社の取締役らが、A社の業務を執行し、A社の財産を管理し処分する権利を有するから、本肢は適切である。

イ． 適切である。裁判所は、再生手続開始の決定と同時に、再生債権の届出をすべき期間及び再生債権の調査をするための期間を定めなければならない（民事再生法34条1項）。そして、再生債務者等は、債権届出期間の満了後裁判所の定める期間内に、再生計画案を作成して裁判所に提出しなければならない（同法163条1項）。再生計画案の提出があったときは、裁判所は、原則として、当該再生計画案を決議に付する（同法169条1項）。そして、議決権を有する再生債権者による決議によって再生計画案が可決された場合に、裁判所は、再生計画認可の決定をする（同法174条1項）。再生計画案を決議に付する場合、議決権行使の方法としては、債権者集会の期日において議決権を行使する方法、書面等投票により裁判所の定める期間内に議決権を行使する方法、並びにこれらの方法のうち議決権者が選択するものにより議決権を行使する方法がある（同法169条2項各号）。したがって、A株式会社が、債権届出期間の満了後、裁判所の定める期間内に裁判所に再生計画を提出した場合、当該再生計画案については、一般に、債権者集会における決議又は書面による決議がなされるから、本肢は適切である。

ウ． 適切でない。再生債務者財産に関し再生債務者などが再生手続開始後にした資金の借入れその他の行為によって生じた請求権は共益債権となる（民事再生法119条5号）。共益債権は、再生手続によらないで、再生債権に先立って、随時弁済される債権である（同法121条1項、2項）。したがって、A株式会社について、民事再生法に基づき、再生手続開始の決定がなされた後、A社が、取引先であるB社からA社の業務に要する部品を購入したときは、B社のA社に対する当該部品の売買代金債権は、共益債権として随時弁済を受けられるものとなるから、本肢は適切でない。

エ． 適切である。会社更生手続は、株式会社のみを対象とする。再建型の法的整理手続の中でも、比較的大型の倒産事件を想定した手続である。一方、民事再生手続は、株式会社のみならず、その他の法人や自然人も対象としている。したがって、会社更生手続は株式会社のみを適用対象としているため、個人事業主であるAは、会社更生法に基づき、更生手続開始の申立てをすることはできないから、本肢は適切である。

オ． 適切でない。更生債権等については、更生手続開始後は、会社更生法に特別の定めがある場合を除き、更生計画の定めるところによらなければ、弁済をし、弁済を受け、その他これを消滅させる行為（免除を除く。）をすることができない（会社更生法47条1項）。破産法や民事再生法にあるような別除権の定めはなく、抵当権を実行することもできない。したがって、A株式会社について、会社更生法に基づき、更生手続開始の決定がなされたときは、当該決定より前にA社所有の土地に抵当権の設定を受けその旨の登記を経ているB社は、更生手続によらずに当該抵当権を実行して債権の回収を図ることができないから、本肢は適切でない。

12

法的紛争等の
予防と対応

学習のポイント

ここでは、損害賠償、民事訴訟手続、ビジネスと犯罪について学習します。いずれも、繰り返し、同じポイントが出題されています。

民事訴訟については、強制的に紛争処理を図ることができる一方、手続が複雑で長期化しやすいという点が特徴です。そこで、最近では、少額訴訟・即決和解・支払督促など、簡易迅速に行える紛争処理手続が多く利用されています。まずは、民事訴訟独特の用語に慣れた上で、民事訴訟以外の手続が民事訴訟とどう異なるのかを意識して学習してください。

 本章のキーワード

- 土地工作物責任
- 使用者責任
- 運行供用者責任
- 陳述擬制
- 弁論主義
- 合意管轄
- 職権証拠調べの禁止
- 自由心証主義
- 証明責任
- 少額訴訟
- 支払督促
- 即決和解
- 和解調書
- 仲裁
- 調停
- 利益供与要求罪
- 背任罪

損害賠償責任

第 **1** 問　　　　難易度 ★★☆

　　不法行為に関する次のア～オの記述のうち、その内容が適切なものの組み合わせを①～⑤の中から１つだけ選びなさい。（第43回第3問3-2）

ア．土地の工作物の所有者が当該工作物を占有している場合において、当該工作物の設置に瑕疵があることによって他人に損害を生じたときは、当該工作物を占有している所有者は、損害の発生を防止するのに必要な注意をしたことを証明することができれば、民法上、当該他人に対してその損害を賠償する責任を負わない。

イ．ある事業のために他人を使用する使用者は、被用者がその事業の執行について第三者に加えた損害を賠償する責任を負う。この場合において、当該使用者は、当該第三者に対して損害賠償を行ったときであっても、民法上、当該被用者に対して求償することはできない。

ウ．自動車損害賠償保障法上、自動車の運行供用者が自己のための自動車の運行によって他人に損害を生じさせた場合であっても、その損害が生命または身体ではなく財産についてのみ生じたときは、当該損害は、同法に基づく損害賠償の対象とはならない。

エ．不法行為によって損害を被る一方で利益を受けている場合には、損益相殺により、その利益を損害額から控除して賠償額を算定することができるが、生命保険金は、この損益相殺の対象とはならない。

オ．不法行為に基づく損害賠償請求訴訟が提起された場合において、損害の発生につき被害者にも過失があるときは、民法上、裁判所は、これを考慮して損害賠償の額を定めることができる。

①　アイウ　　②　アイエ　　③　アエオ　　④　イウオ　　⑤　ウエオ

解説

ア．**適切でない。** 土地の工作物の設置又は保存に瑕疵があることによって他人に損害を生じたときは、その工作物の占有者は、被害者に対してその損害を賠償する責任を負う。ただし、占有者が損害の発生を防止するのに必要な注意をしたときは、所有者がその損害を賠償しなければならない（民法717条1項）。これを土地工作物責任という。したがって、土地の工作物の所有者が当該工作物を占有している場合において、当該工作物の設置に瑕疵があることによって他人に損害を生じたときは、当該工作物を占有している所有者は、所有者である以上、損害の発生を防止するのに必要な注意をしたことを証明したとしても、民法上、免責されず、当該他人に対してその損害を賠償する責任を負うから、本肢は適切でない。

イ．**適切でない。** ある事業のために他人を使用する者は、被用者がその事業の執行について第三者に加えた損害を賠償する責任を負う（民法715条1項）。これを使用者責任という。この場合、使用者又は監督者から被用者に対する求償権を行使することができる（同条3項参照）。したがって、ある事業のために他人を使用する使用者が、被用者がその事業の執行について第三者に加えた損害を賠償する責任を負う場合、当該使用者が、当該第三者に対して損害賠償を行ったときは、民法上、当該被用者に対して求償することができるから、本肢は適切でない。

ウ．**適切である。** 自動車損害賠償保障法上の運行供用者責任とは、自己のために自動車を運行の用に供する者が、その運行によって他人の生命又は身体を害したとき、これによって生じた損害を賠償する責任である（自動車損害賠償保障法3条）。その損害が生命又は身体に生じたものでなければ、運行供用者責任は生じない。したがって、自動車損害賠償保障法上、自動車の運行供用者が自己のための自動車の運行によって他人に損害を生じさせた場合であっても、その損害が生命又は身体ではなく財産についてのみ生じたときは、当該損害は、同法に基づく損害賠償の対象とはならないから、本肢は適切である。

エ．**適切である。** 損益相殺とは、不法行為と同一の原因によって、被害者が利益を得た場合、公平の見地から、これを損害額から控除しようとする考え方である。生命保険金は、一般に、保険料の対価であって、損益相殺の対象とはならないと解されている。したがって、不法行為によって損害を被る一方で利益を受けている場合には、損益相殺により、その利益を損害額から控除して賠償額を算定することができるが、生命保険金は、この損益相殺の対象とはならないから、本肢は適切である。

オ．**適切である。** 被害者に過失があったときは、裁判所は、これを考慮して、損害賠償の額を定めることができる（民法722条2項）。これを過失相殺という。したがって、不法行為に基づく損害賠償請求訴訟が提起された場合において、損害の発生につき被害者にも過失があるときは、民法上、裁判所は、これを考慮して損害賠償の額を定めることができるから、本肢は適切である。

損害賠償責任

　損害賠償責任に関する次のア〜オの記述のうち、その内容が適切なものの組み合わせを①〜⑤の中から1つだけ選びなさい。（第40回第1問1-4）

ア．交通事故について運行供用者が自動車損害賠償保障法に基づき負う損害賠償責任は、運行供用者が一定の要件を充たしていることを証明できれば、免除される。

イ．農林水産物であっても加工されたものであれば、製造物責任法上の製造物に該当し、加工された農林水産物に欠陥があり、その欠陥により人の生命、身体または財産に被害が生じた場合、製造物責任法に基づく損害賠償責任が生じ得る。

ウ．旅館が宿泊客から荷物の寄託を受け、当該荷物が損壊した場合、当該旅館は、善良な管理者の注意義務を果たしていたことを証明することができれば、商法上、損害賠償責任を免れる。

エ．労働者が業務上負傷し、または疾病にかかった場合、使用者は、原則として、その費用で必要な療養を行い、または必要な療養の費用を負担する義務を負う。

オ．民法上の土地工作物責任について、土地の工作物の占有者は、土地の工作物の設置または保存に瑕疵があることによって他人に損害が生じた場合、当該損害の発生を防止するのに必要な注意をしていたとしても、損害賠償責任を免れることはできない。

① アイエ　　② アイオ　　③ アウオ　　④ イウエ　　⑤ ウエオ

12

法的紛争等の予防と対応

解説

ア．適切である。自動車損害賠償保障法上の運行供用者責任とは、自己のために自動車を運行の用に供する者が、その運行によって他人の生命又は身体を害したときは、これによって生じた損害を賠償する責任である（自動車損害賠償保障法3条）。もっとも、自己及び運転者が自動車の運行に関し注意を怠らなかったこと、被害者又は運転者以外の第三者に故意又は過失があったこと並びに自動車に構造上の欠陥又は機能の障害がなかったことを証明したときは、免責される（同条ただし書）。したがって、交通事故について運行供用者が自動車損害賠償保障法に基づき負う損害賠償責任は、運行供用者が一定の要件を充たしていることを証明できれば、免除されるから、本肢は適切である。

イ．適切である。製造物責任法上の製造物責任とは、製造業者等が、その製造、加工、輸入等をした製造物であって、その引き渡したものの欠陥により他人の生命、身体又は財産を侵害したときに、これによって生じた損害を賠償する責任をいう（製造物責任法3条）。製造物責任の対象となる製造物とは、製造又は加工された動産をいう（同法2条1項）。したがって、農林水産物であっても加工されたものであれば、製造物責任法上の製造物に該当し、加工された農林水産物に欠陥があり、その欠陥により人の生命、身体又は財産に被害が生じた場合、製造物責任法に基づく損害賠償責任が生じ得るから、本肢は適切である。

ウ．適切でない。旅館、飲食店、浴場その他の客の来集を目的とする場屋における取引をすることを業とする者は、客から寄託を受けた物品の滅失又は損傷については、不可抗力によるものであったことを証明しなければ、損害賠償の責任を免れることができない（商法596条1項）。したがって、旅館が宿泊客から荷物の寄託を受け、当該荷物が損壊した場合、当該旅館は、善良な管理者の注意義務を果たしていたことを証明することでは足りず、不可抗力によることを証明できなければ、商法上、損害賠償責任を免れないから、本肢は適切でない。

エ．適切である。労働者が業務上負傷し、又は疾病にかかった場合においては、使用者は、その費用で必要な療養を行い、又は必要な療養の費用を負担しなければならない（労働基準法75条1項）。これを療養補償という。したがって、労働者が業務上負傷し、又は疾病にかかった場合、使用者は、原則として、その費用で必要な療養を行い、又は必要な療養の費用を負担する義務を負うから、本肢は適切である。

オ．適切でない。土地の工作物の設置又は保存に瑕疵があることによって他人に損害を生じたときは、その工作物の占有者は、被害者に対してその損害を賠償する責任を負う。ただし、占有者が損害の発生を防止するのに必要な注意をしたときは、所有者がその損害を賠償しなければならない（民法717条1項）。すなわち、土地工作物責任において、まず占有者が責任を負い、占有者が必要な注意をしたときは、所有者が責任

を負う。したがって、民法上の土地工作物責任について、土地の工作物の占有者は、土地の工作物の設置又は保存に瑕疵があることによって他人に損害が生じた場合、被害者に対してその損害を賠償する責任を負うが、当該損害の発生を防止するのに必要な注意をしていたときは、損害賠償責任を免れることができるから、本肢は適切でない。

12

法的紛争等の予防と対応

　次の①〜⑤の記述は、飲食店を全国展開しているX社において、同社の活動に際して発生し得る損害賠償責任について検討している甲と乙との会話の一部である。この会話における乙の発言のうち、その内容が最も適切でないものを1つだけ選びなさい。（第44回第4問4-2）

① 甲「当社の飲食店舗における事故で客に損害が生じた場合、不法行為に基づく損害賠償責任が生じます。例えば、当社の従業員が高温の料理を客に提供する際に、当該従業員の過失により客にその料理をかけて火傷を負わせた場合、当社と当該従業員にはどのような責任が生じますか。」

　　乙「被害者である客に対して、直接の行為者である当該従業員が不法行為責任を負いますが、その従業員を雇用している当社も、原則として、使用者責任を負います。」

② 甲「例えば、当社の店舗の看板が落下して客にけがを負わせた場合、当社にはいかなる責任が生じますか。」

　　乙「当社の土地工作物責任が問題となります。当社の店舗の看板の設置についての瑕疵があり、その瑕疵が原因で、第三者に損害が生じたときは、店舗の占有者である当社がその損害を賠償する責任を負います。しかし、損害の発生を防止するのに必要な注意をしなかったという過失が当社にある点については、被害者が立証する必要があります。」

③ 甲「当社は多くの営業用車両を保有しているため、交通事故のリスクがあります。例えば、当社が所有する自動車を当社の従業員が業務上運転していて第三者を負傷させた場合、当社はどのような責任を負いますか。」

　　乙「当社は、自動車損害賠償保障法上の損害賠償責任を負います。当社および当該従業員が自動車の運行に関し注意を怠らなかったことのみを、当社が証明できた場合であっても、当社が自動車損害賠償保障法上の損害賠償責任を免れることはできません。」

④ 甲「自動車損害賠償保障法上の損害賠償責任は、例えば、当社が所有する自動車を当社の従業員が業務上運転している際、誤ってガードレールに衝突してこれを破損させた場合にも発生するのですか。」

　　乙「自動車の運行により他人の財物について損害を生じさせたが、他人の生命または身体は害していない場合、自動車損害賠償保障法上の損害賠償責任は発生しませんが、民法上の不法行為責任は発生する可能性

があります。」

⑤　甲「当社が当社の従業員に対して損害賠償責任を負うことも考えられます。例えば、労災事故が生じた場合、当社はいかなる責任を負いますか。」

　　乙「労働者が業務上負傷し、または疾病にかかった場合には、労働基準法上、使用者は、当該労働者に対し所定の災害補償を行う責任を負います。この責任は無過失責任とされており、この責任を担保するために設けられているのが労働者災害補償保険（労災保険）です。労災保険法に基づき、災害補償に相当する給付が行われる場合には、使用者は、災害補償の責任を免れます。」

解説

① 適切である。故意又は過失によって他人の権利又は法律上保護される利益を侵害した者は、これによって生じた損害を賠償する責任を負う（民法709条）。これを不法行為責任という。また、ある事業のために他人を使用する者は、原則として、被用者がその事業の執行について第三者に加えた損害を賠償する責任を負う（同法715条1項）。これを使用者責任という。したがって、X社の飲食店舗における事故で客に損害が生じた場合、被害者である客に対して、直接の行為者である当該従業員が不法行為責任を負うとともに、その従業員を雇用しているX社も、原則として、使用者責任を負うから、乙の本発言は適切である。

② 最も適切でない。土地の工作物の設置又は保存に瑕疵があることによって他人に損害を生じたときは、その工作物の占有者は、被害者に対してその損害を賠償する責任を負う。ただし、占有者が損害の発生を防止するのに必要な注意をしたときは、所有者がその損害を賠償しなければならない（民法717条1項）。これを土地工作物責任という。占有者が損害の発生を防止するのに必要な注意をしたことは、占有者が免責されるための要件であり、必要な注意をしたことを占有者（加害者）において立証しなければならない。したがって、X社の店舗の看板が落下して客にけがを負わせた場合、土地工作物責任が問題となり、X社の店舗の看板の設置についての瑕疵があり、その瑕疵が原因で、第三者に損害が生じたときは、店舗の占有者であるX社がその損害を賠償する責任を負うが、X社が免責されるためには、加害者であるX社が損害の発生を防止するのに必要な注意をしたことを立証しなければならないから、乙の本発言は適切でない。

③ 適切である。自己のために自動車を運行の用に供する者は、その運行によって他人の生命又は身体を害したときは、これによって生じた損害を賠償する責任を負う（自動車損害賠償保障法3条本文）。これを自動車損害賠償保障法上の運行供用者責任という。もっとも、自己及び運転者が自動車の運行に関し注意を怠らなかったこと、被害者又は運転者以外の第三者に故意又は過失があったこと並びに自動車に構造上の欠陥又は機能の障害がなかったことの全てを証明したときは、免責される（同条ただし書）。したがって、X社が所有する自動車をX社の従業員が業務上運転していて第三者を負傷させた場合、X社は、自動車損害賠償保障法上の損害賠償責任を負い、X社及び当該従業員が自動車の運行に関し注意を怠らなかったことをX社が証明できた場合であっても、X社が自動車損害賠償保障法上の損害賠償責任を免れることはできないから、乙の本発言は適切である。

④ 適切である。自動車損害賠償保障法上の運行供用者責任とは、自己のために自動車を運行の用に供する者が、その運行によって他人の生命又は身体を害したときに、これによって生じた損害を賠償する責任である（自動車損害賠償保障法3条本文）。運行供用者責任は、他人の生命又は身体を害したときに生じるのであって、他人の財産を害したときには生じない。したがって、X社が所有する自動車をX社の従業員が業務上運転している際、誤ってガードレールに衝突してこれを破損させた場合、民法上の不法行為責任が発生する可能性はあるものの、他人の生命又は身体は害していないため、自動車損害賠償保障法上の損害賠償責任は発生しないから、乙の本発言は適切である。

⑤ 適切である。労働者が業務上負傷し、又は疾病にかかった場合においては、使用者は、その費用で必要な療養を行い、又は必要な療養の費用を負担しなければならない（労働基準法75条1項）。もっとも、労働基準法に規定する災害補償の事由について、労働者災害補償保険法（労災保険法）又は厚生労働省令で指定する法令に基づいて労働基準法の災害補償に相当する給付が行なわれるべきものである場合においては、使用者は、補償の責を免れる（同法84条1項）。したがって、労働者が業務上負傷し、又は疾病にかかった場合には、労働基準法上、使用者は、当該労働者に対し所定の災害補償を行う責任を負い、当該責任は無過失責任とされているが、労災保険法に基づき、災害補償に相当する給付が行われる場合には、使用者は、災害補償の責任を免れるから、乙の本発言は適切である。

民事訴訟手続

難易度 ★★☆

　民事訴訟手続に関する次の①〜⑤の記述のうち、その内容が最も適切でないものを1つだけ選びなさい。（第39回第10問10-4）

① 　法律上専属管轄の定めがある場合を除き、民事訴訟において当事者となるべき者は、第一審について、合意により管轄裁判所を定めることができる。

② 　被告が行方不明で訴状の送達場所が判明しないときは、訴状の送達をすることができない場合に当たるため、裁判長は、命令で、訴状を却下しなければならない。

③ 　原告または被告の一方が第1回口頭弁論期日に出頭しないときは、裁判所は、その者が提出した訴状または答弁書に記載した事項を陳述したものとみなし、出頭した相手方当事者に弁論をさせることができる。

④ 　判決の言渡しは、当事者の双方が出頭しない場合でも、行うことができる。

⑤ 　民事訴訟の第一審の判決に不服がある当事者は、原則として、第一審が地方裁判所の場合は高等裁判所に、第一審が簡易裁判所の場合には地方裁判所に対して控訴をすることができる。

解説

① 適切である。専属管轄の定めがある場合を除き、当事者は、第一審に限り、合意により管轄裁判所を定めることができる（民事訴訟法11条1項、13条1項参照）。これを合意管轄という。したがって、法律上専属管轄の定めがある場合を除き、民事訴訟において当事者となるべき者は、第一審について、合意により管轄裁判所を定めることができるから、本肢は適切である。

② 最も適切でない。当事者の住所、居所その他送達をすべき場所が知れない場合、裁判所書記官は、申立てにより、公示送達をすることができる（民事訴訟法110条1項1号）。公示送達は、裁判所書記官が送達すべき書類を保管し、いつでも送達を受けるべき者に交付することなどを、当該事項が記載された書面を裁判所の掲示場に掲示するなどの方法によってする送達方法であり（同法111条）、訴状を公示送達の方法で送達することにより、行方不明でありその所在が不明な相手方に対しても、訴えを提起することができる。したがって、被告が行方不明で訴状の送達場所が判明しないときであっても、公示送達の方法により訴状の送達をすることができるため、裁判長は、命令で、訴状を却下しなければならないとはいえず、本肢は適切でない。

③ 適切である。原告又は被告が最初にすべき口頭弁論の期日に出頭せず、又は出頭したが本案の弁論をしないときは、裁判所は、その者が提出した訴状又は答弁書その他の準備書面に記載した事項を陳述したものとみなし、出頭した相手方に弁論をさせることができる（民事訴訟法158条）。これを陳述擬制という。したがって、本肢は適切である。

④ 適切である。判決の言渡しは、当事者が在廷しない場合においても、することができる（民事訴訟法251条2項）。したがって、判決の言渡しは、当事者の双方が出頭しない場合でも、行うことができるから、本肢は適切である。

⑤ 適切である。控訴は、地方裁判所が第一審としてした終局判決又は簡易裁判所の終局判決に対してすることができる（民事訴訟281条1項）。地方裁判所の第一審判決に対する控訴は高等裁判所が、簡易裁判所の判決に対する控訴は、原則として、地方裁判所が、裁判権を有する（裁判所法16条1号、24条3号）。したがって、民事訴訟の第一審の判決に不服がある当事者は、原則として、第一審が地方裁判所の場合は高等裁判所に、第一審が簡易裁判所の場合には地方裁判所に対して控訴をすることができるから、本肢は適切である。

　民事訴訟手続に関する次のア〜オの記述のうち、その内容が適切なものの組み合わせを①〜⑤の中から１つだけ選びなさい。(第42回第3問3-3)

ア．原告が訴状を提出し訴えを提起した場合において、その訴状に民事訴訟法所定の記載事項につき不備があるときは、補正が命じられることなく、裁判長により直ちに訴状が却下される。

イ．当事者が証拠の申出をした場合であっても、裁判所は、その裁量により、当該証拠の証拠調べを実施しないことができる。

ウ．裁判所は、判決をするにあたり、口頭弁論の全趣旨および証拠調べの結果を斟酌して、自由な心証により事実認定を行う。

エ．裁判所は、口頭弁論が終結した後は、両当事者に対し、和解を試みることができない。

オ．原告および被告の双方が判決言渡期日に欠席すると、裁判所は、判決の言渡しをすることができない。

①　アイ　　②　アオ　　③　イウ　　④　ウエ　　⑤　エオ

解説

ア．適切でない。裁判長には訴状審査権が認められており、訴状に不備があれば、裁判長は、相当の期間を定め、その期間内に不備を補正すべきことを命じなければならない。そして、原告が不備を補正しないときは、裁判長は、命令で、訴状を却下しなければならない（民事訴訟法137条1項、2項）。したがって、原告が訴状を提出し訴えを提起した場合において、その訴状に民事訴訟法所定の記載事項につき不備があるときは、裁判長により補正が命じられ、直ちに訴状が却下されることはないから、本肢は適切でない。

イ．適切である。裁判所は、当事者が申し出た証拠で必要でないと認めるものは、取り調べることを要しない（民事訴訟法181条1項）。したがって、当事者が証拠の申出をした場合であっても、裁判所は、その裁量により、当該証拠の証拠調べを実施しないことができるから、本肢は適切である。

ウ．適切である。裁判所は、判決をするに当たり、口頭弁論の全趣旨及び証拠調べの結果をしん酌して、自由な心証により、事実についての主張を真実と認めるべきか否かを判断する（民事訴訟法247条）。これを自由心証主義という。したがって、裁判所は、判決をするに当たり、口頭弁論の全趣旨及び証拠調べの結果をしん酌して、自由な心証により事実認定を行うから、本肢は適切である。

エ．適切でない。裁判所は、訴訟がいかなる程度にあるかを問わず、和解を試み、又は受命裁判官若しくは受託裁判官に和解を試みさせることができる（民事訴訟法89条）。したがって、裁判所は、口頭弁論が終結した後も、両当事者に対し、和解を試みることができるから、本肢は適切でない。

オ．適切でない。判決は、言渡しによってその効力を生ずる（民事訴訟法250条）。判決の言渡しは、当事者が在廷しない場合においても、することができる（同法251条2項）。したがって、原告及び被告の双方が判決言渡期日に欠席した場合であっても、裁判所は、判決の言渡しをすることができるから、本肢は適切でない。

民事訴訟手続

　民事訴訟手続に関する次のア～オの記述のうち、その内容が適切なものの組み合わせを①～⑤の中から１つだけ選びなさい。（第43回第3問3-3）

ア．訴えを提起しようとする者は、その相手方となるべき者が行方不明でありその所在が不明なときは、訴えを提起することはできない。

イ．被告は、口頭弁論期日において、原告が主張する請求原因事実の1つについて知らない旨の答弁をした。この場合、被告は、当該請求原因事実を争ったものと推定される。

ウ．当事者は攻撃防御の方法を訴訟のいかなる時期に提出してもよく、時機に後れた攻撃防御方法であったとしても、裁判所はこれを却下することができない。

エ．裁判所は、証人および当事者本人の尋問を、できる限り、争点および証拠の整理が終了した後に集中して行わなければならない。

オ．裁判所は、判決をするにあたり、口頭弁論の全趣旨および証拠調べの結果を斟酌して、自由な心証により事実認定を行う。

① 　アイウ　　　② 　アイエ　　　③ 　アウオ　　　④ 　イエオ　　　⑤ 　ウエオ

解 説

ア．適切でない。当事者の住所、居所その他送達をすべき場所が知れない場合、裁判所書記官は、申立てにより、公示送達をすることができる（民事訴訟法110条1項1号）。公示送達は、裁判所書記官が送達すべき書類を保管し、いつでも送達を受けるべき者に交付することなどを、当該事項が記載された書面を裁判所の掲示場に掲示するなどの方法によってする送達方法であり（同法111条）、訴状を公示送達の方法で送達することにより、行方不明でありその所在が不明な相手方に対しても、訴えを提起することができる。したがって、訴えを提起しようとする者は、その相手方となるべき者が行方不明でありその所在が不明なときは、訴状を公示送達する方法により訴えを提起することができるから、本肢は適切でない。

イ．適切である。当事者が口頭弁論において相手方の主張した事実を争うことを明らかにしない場合には、原則として、その事実を自白したものとみなされる（民事訴訟法159条1項）。一方、相手方の主張した事実を知らない旨の陳述をした者は、その事実を争ったものと推定される（同条2項）。したがって、被告が、口頭弁論期日において、原告が主張する請求原因事実の1つについて知らない旨の答弁をした場合、被告は、当該請求原因事実を争ったものと推定されるから、本肢は適切である。

ウ．適切でない。攻撃又は防御の方法は、訴訟の進行状況に応じ適切な時期に提出しなければならない（民事訴訟法156条）。そして、当事者が故意又は重大な過失により時機に後れて提出した攻撃又は防御の方法については、これにより訴訟の完結を遅延させることとなると認めたときは、裁判所は、申立てにより又は職権で、却下の決定をすることができる（同法157条1項）。したがって、当事者は攻撃防御の方法を訴訟の進行状況に応じ適切な時期に提出しなければならず、時機に後れた攻撃防御方法については、裁判所はこれを却下することができるから、本肢は適切でない。

エ．適切である。証人及び当事者本人の尋問は、できる限り、争点及び証拠の整理が終了した後に集中して行わなければならない（民事訴訟法182条）。これを集中証拠調べという。したがって、裁判所は、証人及び当事者本人の尋問を、できる限り、争点及び証拠の整理が終了した後に集中して行わなければならないから、本肢は適切である。

オ．適切である。裁判所は、判決をするに当たり、口頭弁論の全趣旨及び証拠調べの結果をしん酌して、自由な心証により、事実についての主張を真実と認めるべきか否かを判断する（民事訴訟法247条）。これを自由心証主義という。したがって、裁判所は、判決をするに当たり、口頭弁論の全趣旨及び証拠調べの結果をしん酌して、自由な心証により事実認定を行うから、本肢は適切である。

　民事訴訟手続に関する次のア～オの記述のうち、その内容が適切なものの組み合わせを①～⑤の中から１つだけ選びなさい。（第46回第10問10-3）

ア．高等裁判所で言い渡された第二審判決に不服がある当事者Aは、最高裁判所に上告し、当該高等裁判所において適法に確定した事実認定の内容が誤っていることについて争うことができる。

イ．裁判所は、原告Aと被告Bとの間の民事訴訟の継続中に、訴訟上の和解を試みた。この場合、原告Aは、債務名義の取得を求めるのであれば、訴訟上の和解ではなく、判決を取得する必要がある。

ウ．アパートの賃貸人Aは、賃借人Bに対し建物明渡等請求訴訟を提起することとした。この場合、AとBとの間の賃貸借契約書においてX地方裁判所を合意管轄とする旨の定めがあるときは、賃借人Bの住所地の管轄裁判所がY地方裁判所であっても、Aは、第一審に限りX地方裁判所に当該訴訟を提起することができる。

エ．Aは、Bに対し貸金の返還を求める旨の民事訴訟を提起するため、訴状を裁判所に提出したが、当該訴状に不備があり、裁判長から相当の期間を定めた補正命令が発令された。Aが定められた期間内にこれに従わなかった場合、裁判長は、命令で、当該訴状を却下しなければならない。

オ．Aが原告となって提起した民事訴訟において、被告Bは、裁判所から第1回口頭弁論期日の呼出しと答弁書提出期限の指定を受けたが、これを無視して答弁書を提出せず第1回口頭弁論期日を欠席した。この場合、被告Bが反論を一度も行っていないので、裁判所は、口頭弁論を終結し、原告Aの請求を認容する旨の判決を下すことはできない。

① アイ　　② アオ　　③ イウ　　④ ウエ　　⑤ エオ

解説

ア．**適切でない。**上告は、原則として、判決に憲法の解釈の誤りがあることその他憲法の違反があることを理由とするときに、することができる（民事訴訟法312条1項）。判決の事実認定の内容が誤っていることを理由としては、原則として、上告することができない。したがって、当事者Aは高等裁判所で言い渡された第二審判決に不服がある場合であっても、最高裁判所に上告し、当該高等裁判所において適法に確定した事実認定の内容が誤っていることについて争うことはできないから、本肢は適切でない。

イ．**適切でない。**裁判上の和解を調書に記載したときは、その記載は*、確定判決と同一の効力を有し（民事訴訟法267条）、債務名義となる（民事執行法22条7号）。したがって、訴訟上の和解に際して作成される和解調書も債務名義となり、原告Aが、債務名義の取得を求めるに当たり、和解調書があれば、判決を取得する必要はないから、本肢は適切でない。

ウ．**適切である。**専属管轄の定めがある場合を除き、当事者は、第一審に限り、合意により管轄裁判所を定めることができる（民事訴訟法11条1項、13条1項参照）。これを合意管轄という。したがって、アパートの賃貸人Aが、賃借人Bに対し建物明渡等請求訴訟を提起することとした場合、AとBとの間の賃貸借契約書においてX地方裁判所を合意管轄とする旨の定めがあるときは、Bの住所地の管轄裁判所がY地方裁判所であっても、Aは、第一審に限りX地方裁判所に当該訴訟を提起することができるから、本肢は適切である。

エ．**適切である。**裁判長には訴状審査権が認められており、訴状に不備があれば、裁判長は、相当の期間を定め、その期間内に不備を補正すべきことを命じなければならない。そして、原告が不備を補正しないときは、裁判長は、命令で、訴状を却下しなければならない（民事訴訟法137条1項、2項）。したがって、Aが、Bに対し貸金の返還を求める旨の民事訴訟を提起するため、訴状を裁判所に提出したが、当該訴状に不備があり、裁判長から相当の期間を定めた補正命令が発令されたにもかかわらず、Aが定められた期間内にこれに従わなかった場合、裁判長は、命令で、当該訴状を却下しなければならないから、本肢は適切である。

オ．**適切でない。**当事者が口頭弁論において相手方の主張した事実を争うことを明らかにしない場合には、原則として、その事実を自白したものとみなす（民事訴訟法159条1項）。裁判所は、訴訟が裁判をするのに熟したときは、終局判決をするところ（同法243条1項）、原告の訴状が陳述され、被告が争うことを明らかにしない結果、被告は原告の主張する事実を自白したものとみなされ、終局判決がなされることがある。したがって、Aが原告となって提起した民事訴訟において、被告Bが、裁判所から第1回口頭弁論期日の呼出しと答弁書提出期限の指定を受けたが、これを無視して答弁書を提出せず第1回口頭弁論期日を欠席した場合、裁判所は、口頭弁論を終結し、原告Aの請求を認容する旨の判決を下すこともできるから、本肢は適切でない。

＊ 法改正により「裁判所書記官が、和解又は請求の放棄若しくは認諾について電子調書を作成し、これをファイルに記録したときは、その記録は」となる。

　　A社は、B社との間の金銭消費貸借契約に基づき、B社に500万円を貸し付けたが、B社がその弁済をしようとしないため、B社を被告として、500万円の返還および遅延利息の支払いを求める民事訴訟を提起することとした。この場合に関する次の①～⑤の記述のうち、その内容が最も適切なものを1つだけ選びなさい。（第43回第6問6-3）

①　民事訴訟法上、第一審の管轄裁判所となるのは、被告の住所地を管轄する裁判所に限られている。したがって、たとえA社およびB社が、本件金銭消費貸借契約において、本件金銭消費貸借契約に関する民事上の法的紛争の解決についてはA社の所在地を管轄する裁判所を管轄裁判所とする旨を合意していたとしても、A社は、B社の所在地を管轄する裁判所に本件訴訟を提起しなければならない。

②　A社がB社を被告として本件訴訟を提起した場合において、争点および証拠を整理するため、弁論準備手続が行われた。この場合、A社およびB社は、弁論準備手続の結果を訴訟資料とするために、口頭弁論において、弁論準備手続の結果を陳述する必要はない。

③　A社がB社を被告として本件訴訟を提起した場合において、B社は、第一回口頭弁論期日に欠席したが、請求の棄却を求める旨の答弁書を提出していた。この場合、本件訴訟では、B社がA社の請求を認めたものとして扱われ、A社の請求を認容する判決が下される。

④　A社がB社を被告として本件訴訟を提起した場合、裁判所は、A社およびB社の間で争いのある事実を認定するために、A社およびB社から申出のない証拠方法を職権で調べることができる。

⑤　A社がB社を被告として本件訴訟を提起した場合、裁判所は、A社およびB社の一方または双方が在廷していなくても、判決の言渡しをすることができる。

解説

① 適切でない。当事者は、第一審に限り、合意により管轄裁判所を定めることができる（民事訴訟法11条1項）。管轄裁判所として指定できる裁判所の所在地に、原則として、制限はない。したがって、民事訴訟法上、第一審の管轄裁判所となるのは、被告の住所地を管轄する裁判所に限られず、A社及びB社が、本件金銭消費貸借契約において、本件金銭消費貸借契約に関する民事上の法的紛争の解決についてはA社の所在地を管轄する裁判所を管轄裁判所とする旨を合意していたときは、A社は、B社の所在地ではなく、A社の所在地を管轄する裁判所に本件訴訟を提起することができるから、本肢は適切でない。

② 適切でない。当事者は、口頭弁論において、弁論準備手続の結果を陳述しなければならない（民事訴訟法173条）。弁論準備手続とは、口頭弁論手続と異なり、訴訟における争点及び証拠を整理するため、法廷を離れて弁論準備室などにおいて、原則非公開で行われる手続である。したがって、A社がB社を被告として本件訴訟を提起した場合において、争点及び証拠を整理するため、弁論準備手続が行われた場合、A社及びB社は、弁論準備手続の結果を訴訟資料とするために、口頭弁論において、弁論準備手続の結果を陳述する必要があるから、本肢は適切でない。

③ 適切でない。当事者が口頭弁論の期日に出頭しない場合、原則として、相手方の主張した事実を自白したものとみなされ、相手方の主張を認容する判決が下される（民事訴訟法159条1項、3項）。もっとも、原告又は被告が最初にすべき口頭弁論の期日に出頭せず、又は出頭したが本案の弁論をしないときは、裁判所は、その者が提出した訴状又は答弁書その他の準備書面に記載した事項を陳述したものとみなし、出頭した相手方に弁論をさせることができる（同法158条）。これを陳述擬制という。したがって、A社がB社を被告として本件訴訟を提起した場合において、B社が、第一回口頭弁論期日に欠席したが、請求の棄却を求める旨の答弁書を提出していた場合、陳述擬制により、本件訴訟では、B社がA社の請求の棄却を求める旨を答弁したものと扱われ、直ちにA社の請求を認容する判決が下されるわけではないから、本肢は適切でない。

④ 適切でない。民事訴訟の基本原則の一つに弁論主義があり、判決の基礎となる主張及び証拠の収集・提出は当事者の責任かつ権能である。その帰結として、職権証拠調べの禁止があり、原則として、裁判所は、争いのある事実を認定するに当たり、当事者が提出しない証拠を職権で取り調べることはできない。したがって、A社がB社を被告として本件訴訟を提起した場合、裁判所は、A社及びB社の間で争いのある事実を認定するために、A社及びB社から申出のない証拠方法を職権で調べることはできないから、本肢は適切でない。

⑤ 最も適切である。判決の言渡しは、当事者が在廷しない場合においても、することができる（民事訴訟法251条2項）。したがって、A社がB社を被告として本件訴訟を提起した場合、裁判所は、A社及びB社の一方又は双方が在廷していなくても、判決の言渡しをすることができるから、本肢は適切である。

　金銭消費貸借契約の貸主が借主を被告として提起した貸金返還請求訴訟における主張責任および証明責任に関する次の①〜⑤の記述のうち、その内容が最も<u>適切でない</u>ものを1つだけ選びなさい。（第45回第9問9-4）

① 　原告が被告に対して金銭を貸し渡したとの原告の主張に対し、被告がこれを認める場合、原告は、被告に対して金銭を貸し渡した事実を証明する必要はなく、裁判所は当該事実が存在しないとの認定をすることはできない。

② 　原告が被告に対して金銭を貸し渡したとの原告の主張に対し、被告は、原告との間で金銭を借り受けるという合意をした事実は認めつつも、当該合意に基づいて被告が金銭を受領した事実はない旨を主張した。この場合、原告の請求が認容されるためには、原告は、被告に金銭を交付した事実を証明しなければならない。

③ 　被告は、原告から借り入れた金銭についてはすでに原告に返済した旨の主張をした。この場合、原告の請求が認容されるためには、原告は、被告から弁済を受けていない旨の事実を証明しなければならない。

④ 　原告が被告に対して金銭を貸し渡したとの原告の主張に対し、被告が、金銭は確かに受け取ったがそれは原告から贈与を受けたものである旨を主張した。この場合、原告の請求が認容されるためには、原告は、被告に交付した金銭が金銭消費貸借契約に基づいて交付されたものである事実を証明しなければならない。

⑤ 　裁判所は、証拠調べの結果、原告が被告に対して有する貸金債権については、貸付けの後に原告と被告との間の合意により弁済期が延長されているとの心証を得ており、当該合意に基づく延長後の弁済期は未到来であった。この場合であっても、合意により弁済期が延長されている旨を当事者が主張しない限り、裁判所は、当該貸金債権の弁済期が延長されており未到来であると認定することはできない。

12

法的紛争等の予防と対応

313

解 説

① 適切である。民事訴訟の基本原則の一つに弁論主義があり、判決の基礎となる主張及び証拠の収集提出は当事者の責任かつ権能である。その帰結として、裁判所は、当事者に争いのない事実は判決の基礎としなければならない。したがって、原告が被告に対して金銭を貸し渡したとの原告の主張に対し、被告がこれを認める場合、原告は、被告に対して金銭を貸し渡した事実を証明する必要はなく、裁判所は当該事実が存在しないとの認定をすることはできないから、本肢は適切である。

② 適切である。貸金返還請求において、原告が主張しなければならない請求原因事実は、金銭の授受と返還の合意である。そして、原告が主張する請求原因事実を被告が争った場合、原告は証拠によって当該請求原因事実の存在を立証しなければならない。したがって被告が、原告との間で金銭を借り受けるという合意をした事実は認めつつも、当該合意に基づいて被告が金銭を受領した事実はない旨を主張した場合、原告の請求が認容されるためには、原告は、金銭の授受に当たる、被告に金銭を交付した事実を証明しなければならないから、本肢は適切である。

③ 最も適切でない。当事者のいずれが証明責任を負うかについては、民事訴訟実務では、ある法律効果を主張する者が、その効果の発生を基礎付ける事実について証明責任を負い、ある法律効果の発生を争う者が、その効果の発生の障害となる事実について証明責任を負い、ある法律効果の消滅を主張する者が、その効果を消滅させる事実について証明責任を負うと解されている。借り入れた金銭を弁済したとの主張は、貸金返還請求権が弁済により消滅したという効果を導く事実であるから、貸主の請求を争う借主が証明しなければならない。したがって、被告は、原告から借り入れた金銭については既に原告に返済した旨の主張をした場合、原告の請求が棄却されるために、被告が弁済した旨の事実を証明しなければならないから、本肢は適切でない。

④ 適切である。貸金返還請求において、原告が主張しなければならない請求原因事実は、金銭の授受と返還の合意である。原告が主張する請求原因事実を被告が争った場合、原告は証拠によって当該請求原因事実の存在を立証しなければならない。金銭の授受を認めつつも、贈与を受けたとの主張は、請求原因事実である返還の合意を否認しこれを争うものである。したがって、原告が被告に対して金銭を貸し渡したとの原告の主張に対し、被告が、金銭は確かに受け取ったがそれは原告から贈与を受けたものである旨を主張した場合、原告の請求が認容されるためには、原告は、被告に交付した金銭が金銭消費貸借契約に基づいて交付されたものである事実を証明しなければならないから、本肢は適切である。

⑤ 適切である。弁論主義の帰結として、裁判所は、判決をするに当たり、当事者の主張しない事実を裁判の基礎とすることはできない。したがって、裁判所が、証拠調べの結果、原告が被告に対して有する貸金債権については、貸付けの後に原告と被告との間の合意により弁済期が延長されているとの心証を得ており、当該合意に基づく延長後の弁済期は未到来であった場合であっても、合意により弁済期が延長されている旨を当事者が主張しない限り、裁判所は、当該貸金債権の弁済期が延長されており未到来であると認定することはできないから、本肢は適切である。

　民事訴訟における処分権主義および弁論主義に関する次の①〜⑤の記述のうち、その内容が最も適切なものを1つだけ選びなさい。（第46回第4問4-3）

① 　裁判上の自白が成立した場合であっても、裁判所は、当該自白と異なる事実が存在するとの心証を得たときは、当該自白と異なる事実を認定することができる。

② 　裁判所は、当事者が申し出た証拠について証拠調べを行い、当事者の申し出のない証拠を職権で調べることはできないのが原則である。

③ 　被告は、原告が証明責任を負う主要事実であっても、当該事実が存在しないとの認定を得るためには、被告においてその主要事実の不存在を証明しなければならない。

④ 　当事者が主要事実として主張していない事実であっても、裁判所は、証拠調べの結果その事実の存在について確信を抱くに至ったのであれば、主要事実として当該事実が存在することを判決の基礎とすることができる。

⑤ 　原告は、口頭弁論開始後は、相手方の同意を得た場合でも、口頭弁論終結前に訴えの取下げをすることはできない。

解説

① 適切でない。口頭弁論期日において、相手方が主張する自己に不利益な事実を認めることを裁判上の自白という。裁判所において当事者が自白した事実及び顕著な事実は、証明することを要しない（民事訴訟法179条）。また、自白の効果として自白の拘束力があり、当事者に争いのない事実は、裁判所は、そのまま判決の基礎としなければならない。したがって、裁判上の自白が成立した場合、裁判所は、当該自白をそのまま判決の基礎としなければならず、異なる事実が存在するとの心証を得たときであっても、当該自白と異なる事実を認定することはできないから、本肢は適切でない。

② 最も適切である。民事訴訟の基本原則の一つに弁論主義があり、判決の基礎となる事実及び証拠の収集提出は当事者の責任かつ権能である。その帰結として、職権証拠調べの禁止があり、原則として、裁判所は、争いのある事実を認定するに当たり、当事者が提出しない証拠を職権で取り調べることはできない。したがって、裁判所は、当事者が申し出た証拠について証拠調べを行い、当事者の申し出のない証拠を職権で調べることはできないのが原則であるから、本肢は適切である。

③ 適切でない。訴訟上、当該事実が証明された状態とは、裁判官が合理的な疑いをいれない程度に、その事実が存在すると確信を得た状態と考えられている。証明が不十分でその事実の存否が真偽不明となった場合に、証明すべき事実はなかったものとして扱われる。したがって、被告が、原告が証明責任を負う主要事実について、当該事実が存在しないとの認定を得るためには、被告においてその主要事実の不存在まで証明する必要はなく、主要事実の存在を争い、その事実が存在することについて、裁判官に合理的な疑いを抱かせれば足りるから、本肢は適切でない。

④ 適切でない。民事訴訟法の基本原則の一つとして、判決の基礎となる事実及び証拠の収集提出は当事者の責任かつ権能とされており、これを弁論主義という。すなわち、裁判所は、当事者の主張しない事実を判決の基礎としてはならない。請求認容判決を得るためには主要事実を主張する必要があり、当事者が主要事実を主張しない場合、たとえ裁判所が、当該事実が存在するとの心証を形成しても判決の基礎とすることはできない。したがって、当事者が主要事実として主張していない事実について、裁判所が、証拠調べの結果その事実の存在について確信を抱くに至ったとしても、当該事実が存在することを判決の基礎とすることはできないから、本肢は適切でない。

⑤ 適切でない。訴えは、判決が確定するまで、その全部又は一部を取り下げることができる（民事訴訟法261条1項）。訴えの取下げは、相手方が本案について準備書面を提出し、弁論準備手続において申述をし、又は口頭弁論をした後にあっては、原則として、相手方の同意を得なければならない（同条2項）。したがって、原告は、相手方の同意を得た場合、口頭弁論開始後であっても、判決が確定するまで訴えの取下げをすることができるから、本肢は適切でない。

　民事訴訟法上の少額訴訟に関する次の①〜⑤の記述のうち、その内容が最も適切なものを１つだけ選びなさい。(第43回第9問9-3)

①　訴訟の目的の価額が60万円を超える訴えであっても、当事者の合意があれば、当事者は簡易裁判所に対し少額訴訟による審理および裁判を求めることができる。

②　法人を原告とする少額訴訟は、提起することができない。

③　少額訴訟は、金銭の支払いの請求以外を目的とする場合であっても、提起することができる。

④　少額訴訟において、裁判所は、請求を認容する判決をする場合において、被告の資力その他の事情を考慮して特に必要があると認めるときは、認容する請求に係る金銭の支払いについて、支払時期の定めをして支払いの猶予を定めることができるが、分割払いの定めをすることはできない。

⑤　少額訴訟の判決に対しては、当事者は控訴をすることはできないが、その判決をした裁判所に異議を申し立てることができる。

解説

①　適切でない。少額訴訟とは、簡易裁判所においては、訴訟の目的の価額が60万円以下の金銭の支払の請求を目的とする訴えについて、簡易かつ迅速な審理及び裁判を実現する手続である（民事訴訟法368条1項）。したがって、訴訟の目的の価額が60万円を超える訴えは、当事者の合意があったとしても、少額訴訟による審理及び裁判を求めることはできないから、本肢は適切でない。

②　適切でない。少額訴訟は、訴訟の目的の価額が60万円以下の金銭の支払の請求を目的とする訴えである必要があるが、当事者に制限はない。したがって、法人を原告として、少額訴訟を提起することができるから、本肢は適切でない。

③　適切でない。少額訴訟は、訴訟の目的の価額が60万円以下の金銭の支払の請求を目的とする訴えである必要がある。したがって、少額訴訟は、金銭の支払の請求以外を目的として提起することはできないから、本肢は適切でない。

④　適切でない。裁判所は、請求を認容する判決をする場合において、被告の資力その他の事情を考慮して特に必要があると認めるときは、判決の言渡しの日から3年を超えない範囲内において、認容する請求に係る金銭の支払について、その時期の定め若しくは分割払の定めをし、又はこれと併せて、その時期の定めに従い支払をしたとき、若しくはその分割払の定めによる期限の利益を次項の規定による定めにより失うことなく支払をしたときは訴え提起後の遅延損害金の支払義務を免除する旨の定めをすることができる（民事訴訟法375条1項）。したがって、少額訴訟において、裁判所は、請求を認容する判決をする場合において、被告の資力その他の事情を考慮して特に必要があると認めるときは、認容する請求に係る金銭の支払について、支払時期の定めをして支払の猶予を定めることができる上、分割払の定めをすることもできるから、本肢は適切でない。

⑤　最も適切である。少額訴訟の終局判決に対しては、控訴をすることができない（民事訴訟法377条）。少額訴訟における不服申立方法としては、終局判決に対するその判決をした裁判所への異議の申立てがある（同法378条1項）。適法な異議があったときは、訴訟は、口頭弁論の終結前の程度に復し、通常の手続によりその審理及び裁判をすることになる（同法379条1項）。もっとも、この場合でも、終局判決に対しては、控訴をすることができない（同法380条1項）。したがって、少額訴訟の判決に対しては、当事者は控訴をすることはできないが、その判決をした裁判所に異議を申し立てることができるから、本肢は適切である。

　A社は、B社に対して、請負代金債権を有しているが、B社はその弁済をしようとしない。そこで、A社は、当該請負代金債権について支払督促の申立てをすることとした。この場合に関する次の①〜⑤の記述のうち、その内容が最も適切でないものを1つだけ選びなさい。（第44回第8問8-1）

① 　A社が本件請負代金債権について行う支払督促の申立ては、債務者であるB社の所在地ではなく、債権者であるA社の所在地を管轄する簡易裁判所の裁判所書記官に対して行う必要がある。

② 　A社からの支払督促の申立てを受理した裁判所書記官は、B社に対し審尋をすることなく、支払督促を発することができる。

③ 　B社は、A社からの申立てに基づく支払督促の送達を受けた。この場合において、B社は、当該支払督促に対する督促異議の申立てにつき、その理由を付す必要はない。

④ 　A社からの申立てに基づく支払督促に仮執行宣言が付され、これに対しB社から一定の期間内に督促異議の申立てがなかったときは、A社は、本件請負代金債権を回収するため、当該仮執行宣言付支払督促を債務名義として強制執行をすることができる。

⑤ 　A社からの申立てに基づく支払督促に対し、B社が督促異議の申立てをした場合、当該申立て時に所定の裁判所に民事訴訟を提起したものとみなされる。

第12問 解答 ①

解説

① 最も適切でない。支払督促は、金銭その他の代替物又は有価証券の一定の数量の給付を目的とする請求について、債権者の申立てにより、裁判所書記官によって発せられる督促の手続である（民事訴訟法382条）。支払督促の申立ては、債務者の普通裁判籍の所在地を管轄する簡易裁判所の裁判所書記官に対してする（同法383条1項）。したがって、A社が本件請負代金債権について行う支払督促の申立ては、債権者ではなく、債務者であるB社の所在地を管轄する簡易裁判所の裁判所書記官に対して行う必要があるから、本肢は適切でない。

② 適切である。支払督促は、債務者を審尋しないで発する（民事訴訟法386条1項）。実際に裁判を開いたり、債務者の主張を聞いたりする手続を経ないで発せられる点に、支払督促の特徴がある。したがって、A社からの支払督促の申立てを受理した裁判所書記官は、B社に対し審尋をすることなく、支払督促を発することができるから、本肢は適切である。

③ 適切である。債務者は、支払督促に対し、これを発した裁判所書記官の所属する簡易裁判所に督促異議の申立てをすることができる（民事訴訟法386条2項）。このとき督促異議に理由を付す必要はない。支払督促を発するに当たって、債務者を審尋していないためである。したがって、B社が、A社からの申立てに基づく支払督促の送達を受けた場合、B社は、当該支払督促に対する督促異議の申立てにつき、その理由を付す必要はないから、本肢は適切である。

④ 適切である。仮執行の宣言を付した支払督促に対し督促異議の申立てがないとき、又は督促異議の申立てを却下する決定が確定したときは、支払督促は、確定判決と同一の効力を有する（民事訴訟法396条）。仮執行の宣言を付した支払督促は、債務名義となる（民事執行法22条4号）。したがって、A社からの申立てに基づく支払督促に仮執行宣言が付され、これに対しB社から一定の期間内に督促異議の申立てがなかったときは、A社は、本件請負代金債権を回収するため、当該仮執行宣言付支払督促を債務名義として強制執行をすることができるから、本肢は適切である。

⑤ 適切である。適法な督促異議の申立てがあったときは、督促異議に係る請求については、その目的の価額に従い、支払督促の申立ての時に、支払督促を発した裁判所書記官の所属する簡易裁判所又はその所在地を管轄する地方裁判所に訴えの提起があったものとみなされ、訴訟に移行する（民事訴訟法395条）。したがって、A社からの申立てに基づく支払督促に対し、B社が督促異議の申立てをした場合、当該申立て時に所定の裁判所に民事訴訟を提起したものとみなされるから、本肢は適切である。

仲裁

第 **13** 問

仲裁法上の仲裁に関する次の①～⑤の記述のうち、その内容が最も<u>適切でないもの</u>を１つだけ選びなさい。（第45回第8問8-1）

① 仲裁手続による仲裁判断は、確定判決と同一の効力を有する。

② 仲裁合意は、原則として、当事者の全部が署名した文書、当事者が交換した書簡または電報その他の書面もしくは電磁的記録によってしなければならない。

③ 仲裁手続は、民事訴訟手続とは異なり、手続の公開を義務付けられていない。

④ 仲裁合意をした当事者の一方が仲裁合意を無視して民事訴訟を提起した場合、他方の当事者は、仲裁合意があることを主張して訴えの却下を求めることができる。

⑤ 仲裁手続の対象とされているのは、国際取引上の法的紛争に限られており、日本国内の民事上の法的紛争について仲裁を利用することはできない。

第13問 解答 ⑤

解説

① 適切である。仲裁とは、紛争当事者が、既に生じた民事上の紛争又は将来において生ずる一定の法律関係（契約に基づくものであるかどうかを問わない。）に関する民事上の紛争の全部又は一部の解決を1人又は2人以上の仲裁人にゆだね、かつ、その判断（これを仲裁判断という。）に服する旨の合意（これを仲裁合意という。）を形成し、その合意に基づいて紛争を解決する制度である（仲裁法2条1項参照）。仲裁判断には法的拘束力があり、仲裁判断は確定判決と同一の効力を有し（同法47条1項）、更に、確定した執行決定のある仲裁判断は債務名義となる（同法48条、民事執行法22条6号の2）。したがって、仲裁手続による仲裁判断は、確定判決と同一の効力を有するから、本肢は適切である。

② 適切である。仲裁合意は、当事者の全部が署名した文書、当事者が交換した書簡又は電報（ファクシミリ装置その他の隔地者間の通信手段で文字による通信内容の記録が受信者に提供されるものを用いて送信されたものを含む。）その他の書面によってしなければならない（仲裁法15条2項）。また、仲裁合意がその内容を記録した電磁的記録によってされたときは、その仲裁合意は、書面によってされたものとされる（同条4項）。したがって、仲裁合意は、原則として、当事者の全部が署名した文書、当事者が交換した書簡又は電報その他の書面若しくは電磁的記録によってしなければならないから、本肢は適切である。

③ 適切である。仲裁法上、仲裁手続を公開しなければならないという規定はない。日本の仲裁手続は一般的に非公開で行われる。非公開で行われることが仲裁手続の利点の一つである。したがって、仲裁手続は、民事訴訟手続とは異なり、手続の公開を義務付けられていないから、本肢は適切である。

④ 適切である。仲裁合意の対象となる民事上の紛争について訴えが提起されたときは、受訴裁判所は、被告の申立てにより、原則として、訴えを却下しなければならない（仲裁法16条1項）。したがって、仲裁合意をした当事者の一方が仲裁合意を無視して民事訴訟を提起した場合、他方の当事者は、仲裁合意があることを主張して訴えの却下を求めることができるから、本肢は適切である。

⑤ 最も適切でない。仲裁手続は、国際取引上の法的紛争の解決手段として、よく用いられるが、仲裁法上、既に生じた民事上の紛争又は将来において生ずる一定の法律関係（契約に基づくものであるかどうかを問わない）に関する民事上の紛争を対象としており、日本国内の民事上の法的紛争においても利用される。したがって、仲裁手続の対象は、国際取引上の法的紛争に限られておらず、日本国内の民事上の法的紛争について仲裁を利用することもできるから、本肢は適切でない。

　民事訴訟以外の法的紛争の解決手段に関する次の①〜⑤の記述のうち、その内容が最も適切なものを１つだけ選びなさい。（第46回第7問7-1）

① 　支払督促は、簡易裁判所を利用する紛争解決手続であるが、貸付金の回収のみに利用することができる手続であり、例えば、売掛金の回収には利用することができない。

② 　不動産の明渡しに関する当事者間の紛争について、当事者間に即決和解が成立し和解調書が作成されたとしても、当該和解調書を債務名義として当該不動産の明渡しの強制執行を申し立てることはできない。

③ 　民事調停手続においては、紛争の一方当事者が調停の申立てをしたのに対して、相手方当事者が調停の期日に出頭しなかった場合には、直ちに調停を申し立てた当事者の主張を認める内容の調停調書が作成される。

④ 　金銭消費貸借契約に基づく借入金の返済について、貸主と借主との間で借入金を分割して返済する旨の裁判外の和解が成立した場合において、貸主と借主が当該和解の内容について執行認諾文言付きの公正証書を作成するときは、借主が分割された借入金の返済を一度でも怠れば、貸主が当該公正証書を債務名義として残債務の全額について強制執行をすることができる旨を定めることができる。

⑤ 　「裁判外紛争解決手続の利用の促進に関する法律」（ADR基本法）上、民事上の法的紛争の当事者の一方が、認証紛争解決事業者との間で認証紛争解決手続に関する契約を締結すると、認証紛争解決手続が開始され、他方当事者は当該認証紛争解決手続の期日に出頭することを強制される。この場合において、当該他方当事者が当該期日に欠席したときには、直ちに、期日に出席した当事者の主張を認める執行証書が作成される。

12

法的紛争等の予防と対応

解 説

① **適切でない。** 支払督促は、金銭その他の代替物又は有価証券の一定の数量の給付を目的と
する請求について、債権者の申立てにより、裁判所書記官によって発せられる督促の手続で
ある（民事訴訟法382条）。金銭その他の代替物又は有価証券の一定の数量の給付を目的とす
る請求が対象であり、貸付金の回収に限られない。したがって、支払督促は、簡易裁判所を
利用する紛争解決手続であり、貸付金の回収のみならず、売掛金の回収にも利用することが
できる手続であるから、本肢は適切でない。

② **適切でない。** 即決和解とは、訴え提起前の和解であり、民事上の争いについて、簡易裁判
所においてなされる和解をいう（民事訴訟法275条1項参照）。当事者が和解に達した旨が記
載された調書を和解調書といい、和解調書は、確定判決と同一の効力を有し（同法267条）、
債務名義となる（民事執行法22条7号）。したがって、不動産の明渡しに関する当事者間の紛
争について、当事者間に即決和解が成立し和解調書が作成されたときは、当該和解調書を債
務名義として当該不動産の明渡しの強制執行を申し立てることができるから、本肢は適切で
ない。

③ **適切でない。** 調停は訴訟とは異なり、あくまで話し合いであって、一方当事者が出頭しな
かった場合に他方当事者の主張をそのまま認めるというものではない。当事者の一方が正当
な事由がなく出頭しないときは、5万円以下の過料に処せられる可能性はあるが（民事調停法
34条）、調停自体は不成立（いわゆる調停不調）となるにすぎず、訴訟のように直ちにその相
手方の主張を全面的に認める調停調書が作成されることはない。したがって、民事調停手続
において、紛争の一方当事者が調停の申立てをしたのに対して、相手方当事者が調停の期日
に出頭しなかった場合であっても、直ちに調停を申し立てた当事者の主張を認める内容の調
停調書が作成されるわけではないから、本肢は適切でない。

④ **最も適切である。** 金銭の一定の額の支払又はその他の代替物若しくは有価証券の一定の数
量の給付を目的とする請求について公証人が作成した公正証書で、債務者が直ちに強制執行
に服する旨の陳述が記載されているものを執行証書といい、債務名義となる（民事執行法22
条5号）。執行証書を作成するに当たり、期限の利益喪失条項、すなわち、借主が約定の分割
金の支払を怠った場合に、期限の利益を喪失し残金全額について支払わなければならないと
する条項を定めることは可能であり、よく利用される。したがって、金銭消費貸借契約に基
づく借入金の返済について、貸主と借主が執行認諾文言付きの公正証書を作成するときは、
借主が分割された借入金の返済を一度でも怠れば、貸主が当該公正証書を債務名義として残
債務の全額について強制執行をすることができる旨を定めることができるから、本肢は適切
である。

⑤ **適切でない。**「裁判外紛争解決手続の利用の促進に関する法律」（ADR基本法）上、法的紛争
の一方当事者が当該期日に欠席したときに、直ちに、期日に出席した当事者の主張を認める
執行証書が作成されるとの規定はない。したがって、ADR基本法上、当事者が期日に欠席し
たときには、直ちに、期日に出席した当事者の主張を認める執行証書が作成されるというわ
けではないから、本肢は適切でない。

ビジネスと犯罪

第 15 問

　次の①～⑤の記述は、X社における甲と乙との間でなされた企業活動にかかわる犯罪に関する会話の一部である。この会話における乙の発言のうち、その内容が最も適切なものを1つだけ選びなさい。（第40回第6問6-2）

① 甲「総会屋が株主の権利行使に関し当社に金銭の交付を要求してきた場合、当該総会屋にはどのような犯罪が成立する可能性がありますか。」

　 乙「刑法上の恐喝罪が成立する可能性がありますが、会社法上は、株主の権利行使に関し当社に金銭の交付を要求する行為を処罰する規定はありません。」

② 甲「当社の秘密文書を保管する権限を有する従業員には、どのような犯罪が成立する可能性がありますか。」

　 乙「秘密文書の保管権限を有する従業員が、その秘密文書を無断で社外に持ち出した場合には、業務上横領罪が成立する可能性があります。しかし、当該従業員が、文書は持ち出さず、文書に記載された秘密自体を他社に漏らした場合には、何ら犯罪は成立しません。」

③ 甲「当社の活動を妨害する目的で嘘の中傷ビラを配った者に対してはどのような犯罪が成立する可能性がありますか。」

　 乙「嘘の中傷ビラによって虚偽の風説を流布したことで当社の業務を妨害したとして偽計業務妨害罪が成立する可能性があり、また嘘の中傷ビラによって当社の経済的信用が傷つけられたとして信用毀損罪が成立する可能性があります。」

④ 甲「当社の従業員が当社の取締役の犯罪行為を公益通報した場合、そのことを理由に当該従業員の給料を減額することは、公益通報者保護法上禁止されていますか。」

　 乙「公益通報者保護法上、公益通報を行ったことを理由とする解雇は禁止されていますが、公益通報をしたことを理由とする公益通報者に対する減給は禁止されていません。」

⑤ 甲「当社の取締役が自己の利益を図る目的で任務に違反して当社に財産上の損害を生じさせた場合、この取締役にはどのような犯罪が成立する可能性がありますか。」

　 乙「自己の利益を図る目的で任務違反行為をした当該取締役には、特別背任罪が成立する可能性があります。ただし、当該任務違反行為が法令、定款、内規等に違反しない場合には、特別背任罪は成立しません。」

解説

① 適切でない。株主の権利、株式会社に係る適格旧株主の権利又は株式会社の最終完全親会社等の株主の権利の行使に関し、当該株式会社又はその子会社の計算において財産上の利益を自己又は第三者に供与することを取締役、会計参与、監査役又は執行役、支配人等に要求した者には、利益供与要求罪が成立し、3年以下の懲役*又は300万円以下の罰金に処せられる可能性がある（会社法970条3項）。したがって、会社法上、株主の権利行使に関しX社に金銭の交付を要求する行為を処罰する規定があるから、乙の本発言は適切でない。

② 適切でない。他人のためにその事務を処理する者が、自己若しくは第三者の利益を図り又は本人に損害を加える目的で、その任務に背く行為をし、本人に財産上の損害を加えたときは、背任罪が成立し、5年以下の懲役*又は50万円以下の罰金に処せられる可能性がある（刑法247条）。秘密文書の保管権限を有する従業員が、文書に記載された秘密自体を他社に漏らす行為は、会社のために事務を処理する者が、その任務に背く行為といえる。また、従業員の会社における立場によっては、会社法上の特別背任罪が成立する可能性もある（会社法960条1項参照）。したがって、秘密文書の保管権限を有する従業員が、その秘密文書を無断で社外に持ち出した場合には、業務上横領罪が成立する可能性があるとともに、当該従業員が、文書は持ち出さず、文書に記載された秘密自体を他社に漏らした場合には、背任罪又は特別背任罪が成立する可能性があるから、乙の本発言は適切でない。

③ 最も適切である。虚偽の風説を流布し、又は偽計を用いて、人の信用を毀損し、又はその業務を妨害した者には、信用毀損罪又は偽計業務妨害罪が成立し、3年以下の懲役*又は50万円以下の罰金に処せられる可能性がある（刑法233条）。虚偽の風説とは、客観的真実と反する噂のことをいう。したがって、X社の活動を妨害する目的で嘘の中傷ビラを配った者には、嘘の中傷ビラによって虚偽の風説を流布したことでX社の業務を妨害したとして偽計業務妨害罪が成立する可能性があり、また嘘の中傷ビラによってX社の経済的信用が傷つけられたとして信用毀損罪が成立する可能性があるから、乙の本発言は適切である。

④ 適切でない。公益通報者保護法で保護される公益通報とは、労働者等が、不正の利益を得る目的、他人に損害を加える目的その他の不正の目的でなく、その役務提供先、行政機関その他一定の者に通報対象事実について通報することをいう（公益通報者保護法2条1項）。ここで、公益通報者とは、公益通報をした者をいう（同条2項）。そして、公益通報者が所定の公益通報をしたことを理由として当該労働者を自ら使用する事業者が行った解雇は、無効となる（同法3条1項）。また、当該労働者を自ら使用する事業者は、その使用し、又は使用していた公益通報者が所定の公益通報をしたことを理由として、当該公益通報者に対して、降格、減給、退職金の不支給その他不利益な取扱いをしてはならない（同法5条1項）。したがって、公益通報者保護法上、

公益通報を行ったことを理由とする解雇が禁止されているとともに、公益通報をしたことを理由とする公益通報者に対する減給も禁止されているから、乙の本発言は適切でない。

⑤　適切でない。取締役ら所定の者が、自己若しくは第三者の利益を図り又は株式会社に損害を加える目的で、その任務に背く行為をし、当該株式会社に財産上の損害を加えたときは、会社法上の犯罪である特別背任罪が成立し、10年以下の懲役＊若しくは1000万円以下の罰金に処せられ、又はこれらを併科される可能性がある（会社法960条1項3号）。任務違背行為は、法令、定款、内規等に違反する行為に限られない。したがって、自己の利益を図る目的で任務違反行為をした当該取締役には、特別背任罪が成立する可能性があるところ、当該任務違反行為が、法令、定款、内規等に違反しない場合であっても、取締役としての任務に背く行為であれば、特別背任罪が成立する可能性があるから、乙の本発言は適切でない。

＊ 法改正により「拘禁刑」となる。

　企業活動にかかわる犯罪に関する次のア〜オの記述のうち、その内容が適切なものの組み合わせを①〜⑤の中から1つだけ選びなさい。（第45回第9問9-2）

ア．会社において公益通報者保護法で規定されている犯罪行為が行われている場合、当該会社に雇用されている労働者が当該犯罪行為について公益通報をすることができる相手方は、通報対象事実につき処分・勧告権限を有する行政機関に限られる。したがって、当該労働者は、当該行政機関以外の者に通報しても公益通報者保護法による保護を受けることはできない。

イ．会社の秘密文書を保管する権限を有する者が当該文書を会社から無断で持ち出し処分する行為には、業務上横領罪が成立し得る。

ウ．競争関係にある他人の営業上の信用を害するような虚偽の事実を告知または流布した場合、不正競争防止法上の不正競争に該当するが、犯罪が成立することはない。

エ．金融機関の融資担当役員が、当該金融機関に損害を加える目的で、回収不能となることを認識しながら十分な担保をとらずに融資をする等の不良貸付行為には、特別背任罪が成立し得る。

オ．株式会社の株主が、その権利行使に関し、当該株式会社の取締役に対し、当該株式会社の計算で、財産上の利益を自己に供与することを要求し、当該取締役はこれに応じた。この場合、当該株主の行為には犯罪が成立することはないが、当該取締役の行為には利益供与罪が成立し得る。

①　アイ　　②　アウ　　③　イエ　　④　ウオ　　⑤　エオ

（解答はP330にあります）

企業活動に関する犯罪および公益通報者の保護に関する次の①〜⑤の記述のうち、その内容が最も<u>適切でない</u>ものを1つだけ選びなさい。（第46回第4問4-4）

① 株主総会における議決権の行使に関し、株式会社の株主が、当該株式会社の取締役に対し、当該株式会社の計算において財産上の利益の供与を要求した場合、当該株主に刑事罰が科されることはない。

② 株式会社の取締役が、自己または第三者の利益を図り、または当該株式会社に損害を加える目的で、その任務に背く行為をし、当該株式会社に財産上の損害を加えたときは、当該取締役に刑事罰が科されることがある。

③ 競争関係にある他人の営業上の信用を害する虚偽の事実を告知し、または流布する行為は、刑法上の信用毀損罪または業務妨害罪の対象となり得る。

④ 労働者が公益通報者保護法上の公益通報をする場合、労務提供先等、行政機関または報道機関等のいずれを通報先とするかにより、当該労働者が公益通報者保護法により保護されるための要件が異なる。

⑤ 労働者派遣法上の派遣労働者が、派遣先である事業者において生じた通報対象事実につき公益通報を行った。この場合、当該派遣先である事業者は、当該派遣労働者が公益通報をしたことを理由として、派遣元事業主に当該派遣労働者の交代を求めるなど、当該派遣労働者に対して不利益な取扱いをしてはならない。

（解答はP332にあります）

12
法的紛争等の予防と対応

第16問 解答 ③

解説

ア．**適切でない。**公益通報者保護法により、一定の場合、事業者が行った解雇は無効となる。かかる保護が与えられる公益通報とは、通報対象事実が生じ、又はまさに生じようとしていると思料する場合には、当該役務提供先等に対する公益通報であり、通報対象事実が生じ、又はまさに生じようとしていると信ずるに足りる相当の理由がある場合等には、当該通報対象事実について処分又は勧告等をする権限を有する行政機関等に対する公益通報であり、通報対象事実が生じ、又はまさに生じようとしていると信ずるに足りる相当の理由があり、公益通報をすれば解雇その他不利益な取扱いを受けると信ずるに足りる相当の理由がある場合等には、その者に対し当該通報対象事実を通報することがその発生又はこれによる被害の拡大を防止するために必要であると認められる者に対する公益通報である（公益通報者保護法3条）。したがって、会社において公益通報者保護法で規定されている犯罪行為が行われている場合、当該会社に雇用されている労働者が当該犯罪行為について公益通報をすることができる相手方は、通報対象事実につき処分・勧告権限を有する行政機関に限られず、当該労働者が、当該行政機関以外の者に通報したときは、所定の要件のもと、公益通報者保護法による保護を受けることができるから、本肢は適切でない。

イ．**適切である。**業務上自己の占有する他人の物を横領した者には、業務上横領罪が成立し、10年以下の懲役＊に処せられる可能性がある（刑法253条）。会社の秘密文書を保管する権限を有する者は、業務上会社の秘密文書を占有しているといえ、これを会社から無断で持ち出す行為は、横領に当たる。したがって、会社の秘密文書を保管する権限を有する者が当該文書を会社から無断で持ち出し処分する行為には、業務上横領罪が成立し得るから、本肢は適切である。

ウ．**適切でない。**競争関係にある他人の営業上の信用を害する虚偽の事実を告知し、又は流布する行為は、不正競争防止法上の不正競争に当たる（不正競争防止法2条1項21号）。また、虚偽の風説を流布し、又は偽計を用いて、人の信用を毀損し、又はその業務を妨害した者には、信用毀損罪又は偽計業務妨害罪が成立し、3年以下の懲役＊又は50万円以下の罰金に処せられる可能性がある（刑法233条）。したがって、競争関係にある他人の営業上の信用を害するような虚偽の事実を告知又は流布した場合、不正競争防止法上の不正競争に該当する上、犯罪が成立する可能性もあるから、本肢は適切でない。

エ．**適切である。**株式会社の役員等は、その任務を怠ったときは、株式会社に対し、これによって生じた損害を賠償する責任を負う（会社法423条1項）。また、株式会社の取締役等が、自己若しくは第三者の利益を図り又は株式会社に損害を加える目的で、その任務に背く行為をし、当該株式会社に財産上の損害を加えたときは、会社法上の特別背任罪が成立し得る（同法960条1項3号）。金融機関の融資担当役員が融資をする場合には、十分な担保の設定を受けて融資をする義務があるといえ、回収の見込み

がないのに、そのことを認識しながら、十分な担保の設定を受けることなく顧客に融資を行うことは、その任務に背く行為に当たる。したがって、金融機関の融資担当役員が、当該金融機関に損害を加える目的で、回収不能となることを認識しながら十分な担保をとらずに融資をする等の不良貸付行為には、特別背任罪が成立し得るから、本肢は適切である。

オ．適切でない。株主の権利等の行使に関し、株式会社又はその子会社の計算において財産上の利益を自己又は第三者に供与することを取締役、会計参与、監査役又は執行役、支配人等に要求した者には、利益供与要求罪が成立し、3年以下の懲役*又は300万円以下の罰金に処せられる可能性がある（会社法970条3項）。したがって、株式会社の株主が、その権利行使に関し、当該株式会社の取締役に対し、当該株式会社の計算で、財産上の利益を自己に供与することを要求し、当該取締役はこれに応じた場合、当該株主の行為には利益供与要求罪が成立し得るから、本肢は適切でない。

* 法改正により「拘禁刑」となる。

解 説

① **最も適切でない。**株主の権利、株式会社に係る適格旧株主の権利又は株式会社の最終完全親会社等の株主の権利の行使に関し、当該株式会社又はその子会社の計算において財産上の利益を自己又は第三者に供与することを取締役ら所定の者に要求した者には、利益供与要求罪が成立し、3年以下の懲役*又は300万円以下の罰金に処せられる可能性がある（会社法970条3項）。実際に利益の供与を受けるまでは必要ではなく、利益を要求しただけで本罪が成立する。したがって、株主総会における議決権の行使に関し、株式会社の株主が、当該株式会社の取締役に対し、当該株式会社の計算において財産上の利益の供与を要求した場合、利益供与要求罪が成立し、当該株主に刑事罰が科される可能性があるから、本肢は適切でない。

② **適切である。**取締役ら所定の者が、自己若しくは第三者の利益を図り又は株式会社に損害を加える目的で、その任務に背く行為をし、当該株式会社に財産上の損害を加えたときは、特別背任罪が成立し、10年以下の懲役*若しくは1000万円以下の罰金に処せられ、又はこれを併科される可能性がある（会社法960条1項）。したがって、株式会社の取締役が、自己又は第三者の利益を図り、又は当該株式会社に損害を加える目的で、その任務に背く行為をし、当該株式会社に財産上の損害を加えたときは、当該取締役に刑事罰が科されることがあるから、本肢は適切である。

③ **適切である。**虚偽の風説を流布し、又は偽計を用いて、人の信用を毀損し、又はその業務を妨害した者には、信用毀損罪又は偽計業務妨害罪が成立し、3年以下の懲役*又は50万円以下の罰金に処せられる可能性がある（刑法233条）。虚偽の風説とは、客観的真実と反する噂のことをいう。したがって、競争関係にある他人の営業上の信用を害する虚偽の事実を告知し、又は流布する行為は、刑法上の信用毀損罪又は（偽計）業務妨害罪の対象となり得るから、本肢は適切である。

④ **適切である。**公益通報者保護法により、一定の場合、事業者が行った解雇は無効となる。かかる保護が与えられる公益通報と認められるためには、通報の対象となる事実によって、それぞれ定められた要件を充足する必要がある。例えば、通報対象事実が生じ、又はまさに生じようとしていると思料する場合には、当該役務提供先等に対する通報であり、通報対象事実が生じ、又はまさに生じようとしていると信ずるに足りる相当の理由がある場合等には、当該通報対象事実について処分又は勧告等をする権限を有する行政機関等に対する通報であり、通報対象事実が生じ、又はまさに生じようとしていると信ずるに足りる相当の理由があり、公益通報をすれば解雇その他不利益な取扱いを受けると信ずるに足りる相当の理由がある場合等には、その者に対し当該通報対象事実を通報することがその発生又はこれによる被害の拡大を防止するために必要であると認められる者に対する通報であることが要件となる（公益通報者保護法3条）。したがって、労働者が公益通報者保護法上の公益通報をする場合、労務提供先等、行政機関又は報道機関等のいずれを通報先とするかにより、当該労働者が

公益通報者保護法により保護されるための要件が異なるから、本肢は適切である。

⑤　適切である。公益通報者とは、公益通報をした者をいうのであって、必ずしも事業者が自ら使用する労働者に限られず、派遣労働者であっても一定の場合には、公益通報者に該当する（公益通報者保護法2条1項2号、2項）。そして、当該派遣労働者に係る労働者派遣の役務の提供を受け、又は当該通報の日前1年以内に受けていた事業者は、その指揮命令の下に労働する派遣労働者である公益通報者が所定の公益通報をしたことを理由として、当該公益通報者に対して、当該公益通報者に係る労働者派遣をする事業者に派遣労働者の交代を求めることその他不利益な取扱いをしてはならない（同法5条2項）。したがって、労働者派遣法上の派遣労働者が、派遣先である事業者において生じた通報対象事実につき公益通報を行った場合、当該派遣先である事業者は、当該派遣労働者が公益通報をしたことを理由として、派遣元事業主に当該派遣労働者の交代を求めるなど、当該派遣労働者に対して不利益な取扱いをしてはならないから、本肢は適切である。

＊　法改正により「拘禁刑」となる。

第 **18** 問

難易度 ★★☆

　次のア～オの記述は、X社内において、X社がY社に対して有する200万円の売掛金の回収について検討している甲と乙との会話の一部である。この会話における乙の発言のうち、その内容が適切なものの組み合わせを①～⑤の中から1つだけ選びなさい。（第42回第6問6-2）

ア．甲「Y社に対する売掛金200万円が未回収のままとなっています。売掛金の弁済を催告してはいますが、Y社は一向に支払おうとしません。Y社との間の紛争を解決するために、当社はどのような手段をとることができますか。」

　　乙「当社とY社との間の話合いによる解決、すなわち、当社がY社と裁判外の和解をすることが考えられます。裁判外の和解をする際の注意事項としては、合意が成立したことおよびその内容について、書面を作成することが挙げられます。また、合意の内容を公正証書にすれば、一定の場合には、公正証書自体が債務名義となります。」

イ．甲「これまでのY社との交渉の経緯から考えると、当社とY社以外の第三者にも関与してもらった方がいいように思いますが、そのような紛争解決手続はありますか。」

　　乙「裁判所において中立な第三者である調停委員が関与した上で行う話合いの手続である調停があります。もっとも、調停が成立しても、調停調書は債務名義とならず、直ちに強制執行ができないのが難点です。」

ウ．甲「民事上の法的紛争の解決方法として、仲裁という手続があると聞いたことがありますが、どのような手続なのでしょうか。」

　　乙「仲裁手続において仲裁判断がなされれば、確定判決と同一の効力が認められるため、強制執行は可能です。ただし、仲裁手続をするためには、紛争が生じる前に仲裁合意をしておく必要があります。当社とY社との間の売買契約では仲裁条項を設けておらず、かつ、契約締結後、本件紛争が生じる前に仲裁合意をしていないため、本件売掛金の回収については仲裁手続を利用することはできません。」

エ．甲「これらのほかに、売掛金を回収するための手続として、どのようなものが考えられますか。」

　　乙「支払督促は、請求金額の制限もなく、確定すれば債務名義となるので、強制執行も可能です。もっとも、Y社が督促異議を申し立てると、

民事訴訟手続に移行します。」

オ．甲「裁判所における少額訴訟手続により売掛金を回収することはできますか。」

　　乙「少額訴訟は、原則として1回の審理で終了する訴訟手続ですが、60万円以下の金銭の支払いをめぐるトラブルに限り利用できます。本件売掛金は200万円ですので、少額訴訟では、その全額を請求することができません。」

① アイウ　　② アイエ　　③ アエオ　　④ イウオ　　⑤ ウエオ

第 **18** 問 解答 ③

解 説

ア．適切である。紛争を解決するための話合いが合意に至ったときは、後日、再び紛争になることを避けるため、合意が成立したこと及び合意の内容を書面にすることは重要である。また、裁判外の和解について債務名義を得るためには、公正証書である執行証書を作成する方法がある。執行証書とは、金銭の一定の額の支払又はその他の代替物若しくは有価証券の一定の数量の給付を目的とする請求について公証人が作成した公正証書で、債務者が直ちに強制執行に服する旨の陳述が記載されているものをいう（民事執行法22条5号）。したがって、裁判外の和解をする際の注意事項としては、合意が成立したこと及びその内容について、書面を作成することが挙げられ、金銭債権について合意の内容を公正証書にすれば、所定の要件の下、公正証書自体が債務名義となるから、乙の本発言は適切である。

イ．適切でない。調停は、裁判所が間に入る形で、当事者間の話合いにより紛争を解決する手続である。調停において当事者間に合意が成立した場合において、その合意について電子調書を作成し、これをファイルに記録したときは、調停が成立したものとし、その記録は、裁判上の和解と同一の効力を有する（民事調停法16条1項）。裁判所書記官が、和解又は請求の放棄若しくは認諾について電子調書を作成し、これをファイルに記録したときは、その記録は、確定判決と同一の効力を有し（民事訴訟法267条）、債務名義となる（民事執行法22条7号）。したがって、裁判所において中立な第三者である調停委員が関与した上で行う話合いの手続である調停があり、調停が成立して作成される調停調書は債務名義となるから、乙の本発言は適切でない。

ウ．適切でない。仲裁合意とは、既に生じた民事上の紛争又は将来において生ずる一定の法律関係に関する民事上の紛争の全部又は一部の解決を1人又は2人以上の仲裁人にゆだね、かつ、その判断に服する旨の合意をいう（仲裁法2条1項）。仲裁合意は紛争が生じる前でも、紛争が生じた後でもすることができる。なお、仲裁判断は、確定判決と同一の効力を有する。もっとも、当該仲裁判断に基づく民事執行をするには、所定の執行決定がなければならない（同法45条1項）。したがって、仲裁手続において仲裁判断がなされれば、確定判決と同一の効力が認められ、執行決定を経て強制執行をすることは可能であり、X社は、本件紛争が生じた後であっても、Y社と仲裁合意をすることにより、本件売掛金の回収について仲裁手続を利用することができるから、乙の本発言は適切でない。

エ．適切である。支払督促は、金銭その他の代替物又は有価証券の一定の数量の給付を目的とする請求について、債権者の申立てにより、裁判所書記官によって発せられる督促の手続である（民事訴訟法382条）。仮執行の宣言を付した支払督促は、債務名義となる（民事執行法22条4号）。一方で、適法な督促異議の申立てがあったときは、督促異議に係る請求については、その目的の価額に従い、支払督促の申立ての時に、支払督促を発した裁判所書記官の所属する簡易裁判所又はその所在地を管轄する地方裁判所に訴えの提起があったものとみなされ、訴訟に移行する（民事訴訟法395条）。したがって、支払督促は、請求金額の制限もなく、確定すれば債務名義となり、強制執行も可能である一方、Y社が督促異議を申し立てると、民事訴訟手続に移行するから、乙の本発言は適切である。

オ．適切である。少額訴訟とは、簡易裁判所において、訴えの目的の価額が60万円以下の金銭の支払の請求を目的とする訴えについて、簡易かつ迅速な審理及び裁判を実現する手続である（民事訴訟法368条1項）。したがって、少額訴訟は、原則として1回の審理で終了する訴訟手続であるが、60万円以下の金銭の支払をめぐるトラブルに限り利用できるのであって、本件売掛金は200万円であるため、少額訴訟では、その全額を請求することができないから、乙の本発言は適切である。

株式会社の組織と運営

学習のポイント

この章においては、株式会社のしくみと株式会社の運営について学びます。この分野からの出題数は比較的多く、中には非常に難しい問題も出題されています。現代社会における取引の大部分は、会社、特に株式会社を通じて行われており、会社法の理解はビジネスパーソンにとって、とても重要です。学習のポイントとしては、最初は、大きく各機関の関係を捉えましょう。会社・取締役会・株主（株主総会）の相互の関係を理解した後に、それぞれの権限、特に株式会社の役員である取締役や監査役、代表取締役の権限と責任について理解することが重要です。

本章のキーワード

- 会社設立
- 出資の履行
- 株主の権利
- 株式の譲渡
- 議決権制限株式
- 譲渡制限株式
- 自己株式
- 株主総会
- 配当
- 取締役・取締役会・代表取締役
- 取締役会設置会社
- 監査役・会計監査人・会計参与
- 任務懈怠責任
- 競業取引の規制
- 事業譲渡・合併・会社分割
- 募集株式の発行
- 株式交換
- 株式移転
- 解散・清算
- 指名委員会等設置会社

　株式会社の設立に関する次のア～オの記述のうち、会社法の規定に照らし、その内容が適切なものの組み合わせを①～⑤の中から1つだけ選びなさい。（第44回第5問5-3）

ア．株式会社の設立に際して作成される定款に、定款の記載事項として会社法に定められていない事項である定時株主総会の招集時期や取締役の定員を記載した場合、当該定款は、全体として無効となる。

イ．株式会社の設立に際し、株式の払込みを仮装する目的で、発起人と払込銀行が通謀して預合いを行った場合、預合いの当事者に刑事罰は科されないが、当該払込みは無効とされる。

ウ．発起人は、株式会社の設立に際し、設立時発行株式を1株以上引き受けなければならない。

エ．会社は、発起人が作成した定款について、公証人の認証を受けた時に成立する。

オ．株式会社が成立しなかったときは、発起人は、連帯して、株式会社の設立に関してした行為についてその責任を負い、株式会社の設立に関して支出した費用を負担する。

① アイ　　② アエ　　③ イオ　　④ ウエ　　⑤ ウオ

第 1 問 解答 ⑤

解説

ア．適切でない。株式会社の定款には、目的、商号、本店の所在地、設立に際して出資される財産の価額又はその最低額、発起人の氏名又は名称及び住所、発行可能株式総数は必ず記載しなければならず、この記載を欠くと定款として無効となる（会社法27条、37条1項）。定時株主総会の招集時期や取締役の定員など、定款に必ず記載しなければならない事項以外の事項については、法律の規定に反しない限り、記載することができ、実際に記載されている例も多い。したがって、株式会社の設立に際して作成される定款に、定款の記載事項として会社法に定められていない事項である定時株主総会の招集時期や取締役の定員を記載した場合であっても、当該定款は、無効とならないから、本肢は適切でない。

イ．適切でない。預合いは、会社法上の犯罪であり、発起人らが、株式の発行に係る払込みを仮装するため預合いを行ったときは、5年以下の懲役*若しくは500万円以下の罰金に処せられ、又は併科される可能性がある。預合いに応じた者も、同様である（会社法965条）。したがって、株式会社の設立に際し、株式の払込みを仮装する目的で、発起人と払込銀行が通謀して預合いを行った場合、預合いの当事者に刑事罰が科される可能性があるから、本肢は適切でない。

ウ．適切である。各発起人は、株式会社の設立に際し、設立時発行株式を1株以上引き受けなければならない（会社法25条2項）。したがって、本肢は適切である。

エ．適切でない。株式会社は、その本店の所在地において設立の登記をすることによって成立する（会社法49条）。したがって、会社は、発起人が作成した定款について、公証人の認証を受けた時ではなく、本店所在地において設立の登記をした時点で成立するから、本肢は適切でない。

オ．適切である。株式会社が成立しなかったときは、発起人は、連帯して、株式会社の設立に関してした行為についてその責任を負い、株式会社の設立に関して支出した費用を負担する（会社法56条）。したがって、本肢は適切である。

＊ 法改正により「拘禁刑」となる。

株式会社の設立

　株式会社の設立に関する次のア〜オの記述のうち、その内容が適切なものの組み合わせを①〜⑤の中から１つだけ選びなさい。（第48回第4問4-3）

ア．会社法上、株式会社の商号は、株式会社の設立時に作成される原始定款の絶対的記載事項とはされていないため、設立登記の時までに商号を決定すれば足りる。

イ．株式会社の設立に際し、設立時発行株式がすべて引き受けられるのであれば、発起人は、必ずしも設立時発行株式を引き受ける必要はない。

ウ．金銭以外の財産を出資の対象とする現物出資をする場合には、定款に会社法で定められた事項を記載し、原則として、裁判所の選任する検査役の調査を受けなければならない。

エ．株式会社は、その本店所在地において設立の登記をすることによって成立する。

オ．発起人は、株式会社の設立についてその任務を怠った場合、株式会社に対し、これによって生じた損害を賠償する責任を負う。

①　アイウ　　②　アイオ　　③　アウエ　　④　イエオ　　⑤　ウエオ

解説

ア．適切でない。株式会社の定款には、目的、商号、本店の所在地等、必ず記載しなければならない事項を記載しなければ定款が無効となる（会社法27条）。これらを定款の絶対的記載事項という。したがって、会社法上、株式会社の商号は、株式会社の設立時に作成される原始定款の絶対的記載事項とされているから、本肢は適切でない。

イ．適切でない。各発起人は、株式会社の設立に際し、設立時発行株式を1株以上引き受けなければならない（会社法25条2項）。したがって、株式会社の設立に際し、設立時発行株式が全て引き受けられるとしても、発起人は、必ず設立時発行株式を1株以上引き受けなければならないから、本肢は適切でない。

ウ．適切である。発起人は、金銭以外の財産を出資の目的とすることができる（会社法28条1号、34条1項参照）。金銭以外の財産を目的とする出資を現物出資という。現物出資をするためには、会社設立時に作成される定款に記載しなければ、その効力を生じない（同法28条1号）。その上、公証人による定款の認証の後、裁判所により選任される検査役による調査を受けなければならない（同法33条1項）。したがって、金銭以外の財産を出資の対象とする現物出資をする場合には、定款に会社法で定められた事項を記載し、原則として、裁判所の選任する検査役の調査を受けなければならないから、本肢は適切である。

エ．適切である。株式会社は、その本店の所在地において設立の登記をすることによって成立する（会社法49条）。会社設立の登記をすることが、会社の成立要件である。したがって、株式会社は、その本店所在地において設立の登記をすることによって成立するから、本肢は適切である。

オ．適切である。発起人、設立時取締役又は設立時監査役は、株式会社の設立についてその任務を怠ったときは、当該株式会社に対し、これによって生じた損害を賠償する責任を負う（会社法53条1項）。したがって、発起人は、株式会社の設立についてその任務を怠った場合、株式会社に対し、これによって生じた損害を賠償する責任を負うから、本肢は適切である。

株式会社の設立

　株式会社の設立に関する次のア～オの記述のうち、会社法の規定に照らし、その内容が適切なものの組み合わせを①～⑤の中から１つだけ選びなさい。（第45回第10問10-2）

ア．甲株式会社の設立に際し、複数の発起人のうちの1人であるAが甲社を設立するための手続を進めたが、会社が成立しなかった。この場合、会社設立に関してAがした行為については、当該行為をしたAのみがその責任を負い、当該行為に関与していないA以外の発起人は責任を負わない。

イ．甲株式会社の設立に際し、BおよびCは、甲社の株式を引き受けることを考えている。この場合、株式会社の設立に際し当該株式会社の株式を引き受ける者は発起人となることを義務付けられているため、BおよびCは、甲社の発起人となる必要がある。

ウ．DとEは発起人となって甲株式会社を設立することとしたが、Dは所定の期日までに一切の出資の履行をしなかった。この場合、Dは、設立時発行株式の株主となる権利を失う。

エ．甲株式会社の設立に際し、発起人Fは、会社法所定の事項を記載して書面により定款を作成し、これに記名押印した。この場合、当該定款は、公証人の認証を受けなくてもその効力を生じる。

オ．甲株式会社の発起人Gは、設立中の甲社の株式の発行にかかる払込みについて、払込取扱銀行である乙銀行から金銭を借り入れ、その借入金を完済するまでは払込金の引出しをしない旨を約束した上で、借入金により払込みをするという、いわゆる預合いによる払込みの仮装を行った。この場合、Gだけでなく、乙銀行も刑事罰の対象となる。

①　アイ　　②　アエ　　③　イウ　　④　ウオ　　⑤　エオ

解 説

ア．適切でない。株式会社が成立しなかったときは、発起人は、連帯して、株式会社の設立に関してした行為についてその責任を負い、株式会社の設立に関して支出した費用を負担する（会社法56条）。したがって、甲株式会社の設立に際し、複数の発起人のうちの1人であるAが甲社を設立するための手続を進めたが、会社が成立しなかった場合、会社設立に関してAがした行為については、当該行為をしたAのみならず、当該行為に関与していないA以外の発起人も連帯して責任を負うから、本肢は適切でない。

イ．適切でない。株式会社を設立する方法として、発起人が設立時発行株式の全部を引き受ける方法と、発起人が設立時発行株式を引き受けるほか、設立時発行株式を引き受ける者の募集をする方法がある（会社法25条1項各号）。前者を発起設立、後者を募集設立という。募集設立の方法によれば、設立に際し発起人となることなく株式を引き受けることができる。したがって、甲株式会社の設立に際し、B及びCは、甲社の株式を引き受けることを考えている場合、株式会社の設立に際し当該株式会社の株式を引き受ける者は発起人となることを義務付けられているわけではなく、募集設立の方法によれば、B及びCは、甲社の発起人となる必要はないから、本肢は適切でない。

ウ．適切である。発起人は、原則として、設立時発行株式の引受け後遅滞なく、その引き受けた設立時発行株式につき、その出資に係る金銭の全額を払い込み、又はその出資に係る金銭以外の財産の全部を給付しなければならない（会社法34条1項）。そして、発起人のうち出資の履行をしていないものがある場合には、発起人は、当該出資の履行をしていない発起人に対して、期日を定め、その期日までに当該出資の履行をしなければならない旨を通知しなければならない（同法36条1項）。この通知を受けた発起人は、定められた期日までに出資の履行をしないときは、当該出資の履行をすることにより設立時発行株式の株主となる権利を失う（同条3項）。したがって、DとEは発起人となって甲株式会社を設立することとしたが、Dが所定の期日までに一切の出資の履行をしなかった場合、Dは、設立時発行株式の株主となる権利を失うから、本肢は適切である。

エ．適切でない。株式会社の設立時に作成される定款（これを原始定款ということがある。）は、公証人の認証を受けなければ、その効力を生じない（会社法30条1項）。したがって、甲株式会社の設立に際し、発起人Fが、会社法所定の事項を記載して書面により定款を作成し、これに記名押印した場合であっても、当該定款は、公証人の認証を受けなければその効力を生じないから、本肢は適切でない。

オ．適切である。発起人、設立時取締役又は設立時監査役などが株式の発行に係る払込みを仮装するため預合いを行ったときは、刑事罰として5年以下の懲役*若しくは500万円以下の罰金に処せられ、又はこれを併科される可能性がある（会社法965条）。したがって、甲株式会社の発起人Gが、設立中の甲社の株式の発行にかかる払込みについて、払込取扱銀行である乙銀行から金銭を借り入れ、その借入金を完済するまでは払込金の引出しをしない旨を約束した上で、借入金により払込みをするという、いわゆる預合いによる払込みの仮装を行った場合、Gだけでなく、乙銀行も刑事罰の対象となるから、本肢は適切である。

＊法改正により「拘禁刑」となる。

株式

　　甲社は、会社法上の公開会社でない株式会社である。甲社における株主の権利、株式および株主名簿に関する次の①〜⑤の記述のうち、会社法の規定に照らし、その内容が最も<u>適切でない</u>ものを1つだけ選びなさい。（第45回第4問4-1）

①　株主総会における議決権は、株主が株式会社の意思決定に参加するための権利であるから、甲社は、その取得した自己株式について議決権を有する。

②　甲社は、定款で定めることにより、剰余金の配当について株主ごとに異なる取扱いをすることができる。

③　甲社は、その発行する株式について、一定の数の株式をもって株主が株主総会において1個の議決権を行使することができる一単元の株式とする旨を定款で定めることができる。

④　甲社の株主が有する権利のうち、甲社の取締役に対する責任追及等の訴えの提起を甲社に請求する権利は、1株のみを保有する株主であっても行使することのできる、単独株主権である。

⑤　甲社の株主名簿が電磁的記録によって作成されている場合において、甲社は、株主に対し株主総会の招集等の通知を行うときは、株主名簿の記録に基づき通知を行えば足り、その通知は、発信されれば、通常到達すべきであった時に到達したものとみなされる。

第 **4** 問 解答 ① ①

解説

① 最も適切でない。株式会社は、自己株式については、議決権を有しない（会社法308条2項）。したがって、甲社は、その取得した自己株式について議決権を有しないから、本肢は適切でない。

② 適切である。公開会社でない株式会社は、剰余金の配当を受ける権利、残余財産の分配を受ける権利、株主総会における議決権に関する事項について、株主ごとに異なる取扱いを行う旨を定款で定めることができる（会社法109条2項、105条1項）。したがって、甲社は、定款で定めることにより、剰余金の配当について株主ごとに異なる取扱いをすることができるから、本肢は適切である。

③ 適切である。株式会社は、その発行する株式について、一定の数の株式をもって株主が株主総会又は種類株主総会において1個の議決権を行使することができる1単元の株式とする旨を定款で定めることができる（会社法188条1項）。単元株式の数は、1,000及び発行済株式の総数の200分の1に当たる数を超えることはできない（同条2項、会社法施行規則34条）。したがって、甲社は、その発行する株式について、一定の数の株式をもって株主が株主総会において1個の議決権を行使することができる1単元の株式とする旨を定款で定めることができるから、本肢は適切である。

④ 適切である。株主は、原則として、責任追及等の訴えの提起を請求できる権利を有し、総株主の議決権の一定割合又は一定数の議決権を有することは、要件となっていない（会社法847条1項）。したがって、甲社の株主が有する権利のうち、甲社の取締役に対する責任追及等の訴えの提起を甲社に請求する権利は、1株のみを保有する株主であっても行使することのできる、単独株主権であるから、本肢は適切である。

⑤ 適切である。株式会社が株主に対してする通知又は催告は、原則として、株主名簿に記載し、又は記録した当該株主の住所にあてて発すれば足りる（会社法126条1項）。この通知又は催告は、その通知又は催告が通常到達すべきであった時に、到達したものとみなされる（同条2項）。したがって、甲社の株主名簿が電磁的記録によって作成されている場合において、甲社が、株主に対し株主総会の招集等の通知を行うときは、株主名簿の記録に基づき通知を行えば足り、その通知は、発信されれば、通常到達すべきであった時に到達したものとみなされるから、本肢は適切である。

　株式に関する次のア〜オの記述のうち、その内容が適切なものの組み合わせを①〜⑤の中から1つだけ選びなさい。（第41回第3問3-4）

ア．株式会社は、株主総会において議決権を行使することができる事項について制限のある株式（議決権制限株式）を発行することができるが、会社法上の公開会社においては、議決権制限株式の数が発行済株式総数の2分の1を超えたときは、直ちに、議決権制限株式の数を発行済株式総数の2分の1以下にするための必要な措置をとらなければならない。

イ．株式会社は、その発行する全部の株式の内容として、当該株式会社が一定の事由が生じたことを条件として当該株式を取得することができる旨を定款に定めることができる。

ウ．会社法上、株式会社は、その発行する株式について、一定の数（単元株式数）の株式をもって株主が株主総会において1個の議決権を行使することができる1単元の株式とする旨を定めることができる。この単元株式数の上限についての規制はないため、任意の数を単元株式数と定めることができる。

エ．株式会社は、一定の日（基準日）を定めて、基準日において株主名簿に記載されている株主を、株主として権利を行使することができる者と定めることができる。

オ．会社法上、株式会社は、その発行する株式について、原則として株券を発行するものと定められているが、定款において株券を発行しない旨を定めた場合に限り、株券を発行しないことができる。

①　アイエ　　②　アイオ　　③　アウエ　　④　イウオ　　⑤　ウエオ

解説

ア．適切である。株式会社は、株主総会において議決権を行使することができる事項について異なる定めをした内容の異なる2以上の種類の株式を発行することができる（会社法108条1項3号）。株主総会において議決権を行使することができる事項について制限のある種類の株式を議決権制限株式という。種類株式発行会社が公開会社である場合において、議決権制限株式の数が発行済株式の総数の2分の1を超えるに至ったときは、株式会社は、直ちに、議決権制限株式の数を発行済株式の総数の2分の1以下にするための必要な措置をとらなければならない（同法115条）。したがって、株式会社は、議決権制限株式を発行することができるが、会社法上の公開会社においては、議決権制限株式の数が発行済株式総数の2分の1を超えたときは、直ちに、議決権制限株式の数を発行済株式総数の2分の1以下にするための必要な措置をとらなければならないから、本肢は適切である。

イ．適切である。株式会社は、その発行する全部の株式の内容として、当該株式について、当該株式会社が一定の事由が生じたことを条件としてこれを取得することができることを定めることができる（会社法107条1項3号）。これを取得条項付株式という。したがって、株式会社は、その発行する全部の株式の内容として、当該株式会社が一定の事由が生じたことを条件として当該株式を取得することができる旨を定款に定めることができるから、本肢は適切である。

ウ．適切でない。株式会社は、その発行する株式について、一定の数の株式をもって株主が株主総会又は種類株主総会において1個の議決権を行使することができる1単元の株式とする旨を定款で定めることができる（会社法188条1項）。当該一定の数に満たない株式を単元未満株式というが、単元株式の数は、1,000及び発行済株式の総数の200分の1に当たる数を超えることはできない（同条2項、会社法施行規則34条）。したがって、会社法上、株式会社は、その発行する株式について、一定の数（単元株式数）の株式をもって株主が株主総会において1個の議決権を行使することができる1単元の株式とする旨を定めることができるが、この単元株式数の上限について、会社法並びに会社法施行規則により規制されているから、本肢は適切でない。

エ．適切である。株式会社は、一定の日（これを基準日という。）を定めて、基準日において株主名簿に記載され、又は記録されている株主をその権利を行使することができる者と定めることができる（会社法124条1項）。したがって、株式会社は、一定の日（基準日）を定めて、基準日において株主名簿に記載されている株主を、株主として権利を行使することができる者と定めることができるから、本肢は適切である。

オ．適切でない。株式会社は、その株式（種類株式発行会社にあっては、全部の種類の株式）に係る株券を発行する旨を定款で定めることができる（会社法214条）。したがって、会社法上、株式会社は、その発行する株式について、原則として株券を発行しないものと定められており、定款において株券を発行する旨を定めた場合に限り、株券を発行することができるから、本肢は適切でない。

　株式に関する次の①～⑤の記述のうち、その内容が最も適切でないものを1つだけ選びなさい。なお、本問中のX株式会社は、会社法上の公開会社ではないものとする。（第43回第8問8-1）

① 　X株式会社は、定款に定めを設けることにより、剰余金の配当を受ける権利および残余財産の分配を受ける権利の全部を株主に与えないとすることができる。

② 　X株式会社は、定款に定めを設けることにより、剰余金の配当について、株主の持株数の多寡にかかわりなく、株主の人数に従い均等に配当するものとすることができる。

③ 　X株式会社は、単元株式数を設定する場合、単元株式数が所定の上限を超えない数となる限り、定款で任意の数を単元株式数として定めることができる。

④ 　X株式会社の株主Aは、第三者Bから500万円を借り受けたが、約定の返済期日までに返済することができなかった。この場合、Bは、Aに対して有する貸金債権を被保全債権、Aが保有するX社の株式を目的物件として仮差押えをすることができる。

⑤ 　X株式会社は、例えば3月31日を基準日と定め、当該基準日において株主名簿に記録されている株主を、所定の期間内に開催されるX社の定時株主総会において議決権を行使することができる者と定めることができる。

13
株式会社の組織と運営

解説

① **最も適切でない。**株主は、その有する株式につき、株主総会における議決権その他の権利を有する(会社法105条1項)。このうち、株主に剰余金の配当を受ける権利、残余財産の分配を受ける権利の全部を与えない旨の定款の定めは、その効力を有しない(同条2項)。したがって、X株式会社は、定款に定めを設けることによっても、剰余金の配当を受ける権利及び残余財産の分配を受ける権利の全部を株主に与えないとすることはできないから、本肢は適切でない。

② **適切である。**原則として、株式会社は、株主を、その有する株式の内容及び数に応じて、平等に取り扱わなければならない(会社法109条1項)。これを株主平等の原則という。もっとも、公開会社でない株式会社は、剰余金の配当を受ける権利、残余財産の分配を受ける権利、株主総会における議決権に関する事項について、株主ごとに異なる取扱いを行う旨を定款で定めることができる(同条2項、105条1項)。したがって、X株式会社は、定款に定めを設けることにより、剰余金の配当について、株主の持株数の多寡にかかわりなく、株主の人数に従い均等に配当するものとすることができるから、本肢は適切である。

③ **適切である。**株式会社は、その発行する株式について、一定の数の株式をもって株主が株主総会又は種類株主総会において1個の議決権を行使することができる1単元の株式とする旨を定款で定めることができる(会社法188条1項)。当該一定の数に満たない株式を単元未満株式というが、単元株式の数は、1,000及び発行済株式の総数の200分の1に当たる数を超えることはできない(同条2項、会社法施行規則34条)。したがって、X株式会社は、単元株式数を設定する場合、単元株式数が所定の上限を超えない数となる限り、定款で任意の数を単元株式数として定めることができるから、本肢は適切である。

④ **適切である。**仮差押命令は、金銭の支払を目的とする債権について、強制執行をすることができなくなるおそれがあるとき、又は強制執行をするのに著しい困難を生ずるおそれがあるときに発することができる(民事保全法20条1項)。仮差押命令は、将来の強制執行に備えて発するものであるから、強制執行が可能なものを対象に発せられることとなる。強制執行は、差押禁止財産を除き不動産・動産・債権のいずれを目的としても申し立てることができ、株式もその対象となる。したがって、X株式会社の株主Aが、第三者Bから500万円を借り受けたが、約定の返済期日までに返済することができなかった場合、Bは、Aに対して有する貸金債権を被保全債権、Aが保有するX社の株式を目的物件として仮差押えをすることができるから、本肢は適切である。

⑤ **適切である。**株式会社は、一定の日(これを基準日という。)を定めて、基準日において株主名簿に記載され、又は記録されている株主をその権利を行使することができる者と定めることができる(会社法124条1項)。したがって、X株式会社は、例えば3月31日を基準日と定め、当該基準日において株主名簿に記録されている株主を、所定の期間内に開催されるX社の定時株主総会において議決権を行使することができる者と定めることができるから、本肢は適切である。

　株式の譲渡に関する次のア～オの記述のうち、会社法に照らし、その内容が適切なものの組み合わせを①～⑤の中から１つだけ選びなさい。（第46回第7問7-3）

ア．株式の譲渡が行われたが株主名簿の名義書換が行われていない場合、株式会社は、株主に対してする通知または催告を、当該株式の譲受人ではなく、当該株式の譲渡人に宛てて発すれば足りる。

イ．株式の譲渡を制限する旨の規定は、会社設立時の定款（原始定款）で定めておかなければならない。したがって、原始定款で株式譲渡制限について定めていない場合には、会社設立後に定款を変更し、株式の譲渡制限に関する規定を設けても、株式の譲渡制限を行うことはできない。

ウ．株券発行会社における株式の譲渡は、原則として意思表示のみで発生し、株主名簿への記載または記録が第三者に対する対抗要件である。

エ．株式会社の成立前に行った株式引受人の地位の譲渡は、当該会社の成立後には当該会社に対抗することができる。

オ．株券を発行しない株式会社の譲渡制限株式を売買により譲り受けた者は、当該譲渡制限株式の譲渡人と共同で、株式会社に対し、当該譲渡制限株式を取得したことについて承認をするか否かの決定をすることを請求することができる。

①　アウ　　②　アオ　　③　イウ　　④　イエ　　⑤　エオ

13

株式会社の組織と運営

解説

ア．適切である。株式会社が株主に対してする通知又は催告は、原則として、株主名簿に記載し、又は記録した当該株主の住所にあてて発すれば足りる（会社法126条1項）。株式の譲渡について株主名簿の名義書換が行われていない場合、株主名簿上の株主は、依然として株式の譲渡人である。したがって、株式の譲渡が行われたが株主名簿の名義書換が行われていない場合、株式会社は、株主に対してする通知又は催告を、当該株式の譲受人ではなく、当該株式の譲渡人にあてて発すれば足りるから、本肢は適切である。

イ．適切でない。株式会社は、全部の株式の内容として、譲渡による当該株式の取得について当該株式会社の承認を要することを定めるときは、所定の事項を定款で定めなければならない（会社法107条2項）。すなわち、株式会社は、定款の定めにより、株式の譲渡を制限することができる。そして、株式会社は、その成立後、株主総会の決議によって、定款を変更することができる（同法466条）。したがって、原始定款で株式譲渡制限について定めていない場合であっても、会社設立後に定款を変更し、株式の譲渡制限に関する規定を設けて、株式の譲渡制限を行うことができるから、本肢は適切でない。

ウ．適切でない。株券発行会社における株式の譲渡は、当該株式に係る株券を交付しなければ、その効力を生じない（会社法128条1項）。そして、株式の譲渡は、その株式を取得した者の氏名又は名称及び住所を株主名簿に記載し、又は記録しなければ、株式会社に対抗することができない（同法130条1項、2項）。したがって、株券発行会社における株式の譲渡は、意思表示だけではなく、株券の交付が必要であり、株主名簿への記載又は記録は、株式会社に対する対抗要件であるから、本肢は適切でない。

エ．適切でない。発起人は、設立時発行株式の引受け後遅滞なく、その引き受けた設立時発行株式につき、その出資に係る金銭の全額を払い込み、又はその出資に係る金銭以外の財産の全部を給付しなければならないところ、出資の履行をすることにより設立時発行株式の株主となる権利の譲渡は、成立後の株式会社に対抗することができない（会社法35条）。また、設立時募集株式の引受人は、所定の期日又は期間内に、発起人が定めた銀行等の払込みの取扱いの場所において、それぞれの設立時募集株式の払込金額の全額の払込みをし、設立時発行株式の株主となるが（同法63条1項）、この払込みをすることにより設立時発行株式の株主となる権利の譲渡は、成立後の株式会社に対抗することができない（同条2項）。したがって、株式会社の成立前に行った株式引受人の地位の譲渡は、当該会社の成立後には当該会社に対抗することができないから、本肢は適切でない。

オ．適切である。譲渡制限株式を取得した株式取得者は、株式会社に対し、当該譲渡制限株式を取得したことについて承認をするか否かの決定をすることを請求することができる（会社法137条1項）。この請求は、原則として、その取得した株式の株主として株主名簿に記載され、若しくは記録された者又はその相続人その他の一般承継人と共同してしなければならない（同条2項）。したがって、株券を発行しない株式会社の譲渡制限株式を売買により譲り受けた者は、当該譲渡制限株式の譲渡人と共同で、株式会社に対し、当該譲渡制限株式を取得したことについて承認をするか否かの決定をすることを請求することができるから、本肢は適切である。

株式の譲渡

第 **8** 問

　XとYとの間におけるA株式会社の株式の譲渡等に関する次の①～⑤の記述のうち、その内容が最も適切でないものを1つだけ選びなさい。なお、A社は、株券発行会社ではないものとする。（第40回第2問2-4）

① 　A社の株主Xは、Yとの間で、その保有するA社の株式100株を代金1000万円でYに譲渡する旨の売買契約を締結した。この場合、当該株式の譲渡の効力は意思表示のみで発生し、A社の株主名簿へのYの氏名および住所の記載はA社および第三者への対抗要件である。

② 　A社の株主Xは、Yとの間で、その保有するA社の株式100株を代金1000万円でYに譲渡する旨の売買契約を締結した。Yは、Xに代金1000万円を支払い、A社の株主名簿にYの氏名および住所が記載された。この場合において、A社が株主総会の招集通知を発するときは、A社は、Yに対する当該通知を株主名簿に記載されたYの住所にあてて発すれば足り、当該通知がYに到達しなかったとしても、当該通知は、通常到達すべきであった時に、Yに到達したものとみなされる。

③ 　A社が会社法上の公開会社でない場合において、A社の株主Xが死亡し、その相続人YがXの保有していたA社の株式を単独で相続したため、A社では、株主総会の特別決議を経た上でYから当該株式（自己株式）を取得することを検討している。この場合、A社の他の株主は、原則として、A社に対し、自己株式の取得の対象となる特定の株主に自己をも加えたものを当該株主総会の議案とすることを請求することはできない。

④ 　A社が会社法上の公開会社でない場合において、A社の株主Xは、その保有するA社の株式をYに譲渡することを検討している。この場合、Xは、A社に対し、Yが当該株式を取得することについて承認をするか否かの決定を請求することができるが、この請求の際に、A社が譲渡を承認しない場合には当該株式をA社またはA社の指定する者において買い取るべき旨の請求を必ず付帯しなければならないわけではない。

⑤ 　A社が会社法上の公開会社でない場合において、A社の株主Xは、その保有するA社の株式をYに譲渡したが、あらかじめ当該譲渡についてA社の承認を得ていなかった。この場合、Yは、A社に対して、Yが当該株式を取得することについて承認をするか否かの決定を請求することができるが、A社が譲渡を承認しない場合には、A社またはA社の指定する者において買い取るべき旨の請求をすることはできない。

解説

① 適切である。株券発行会社でない株式会社においては、当事者の意思表示の合致のみによって、株式を譲渡することができる。この場合、その株式を取得した者の氏名又は名称及び住所を株主名簿に記載し、又は記録することは、株式会社その他の第三者に対する対抗要件であって、効力発生要件ではない（会社法130条1項参照）。したがって、株券発行会社でないA社の株主Xが、Yとの間で、その保有するA社の株式100株を代金1000万円でYに譲渡する旨の売買契約を締結した場合、当該株式の譲渡の効力は意思表示のみで発生し、A社の株主名簿へのYの氏名及び住所の記載はA社及び第三者への対抗要件であるから、本肢は適切である。

② 適切である。株式会社が株主に対してする通知又は催告は、原則として、株主名簿に記載し、又は記録した当該株主の住所にあてて発すれば足りる（会社法126条1項）。この通知又は催告は、その通知又は催告が通常到達すべきであった時に、到達したものとみなされる（同条2項）。したがって、A社が株主総会の招集通知を発するときは、A社は、Yに対する当該通知を株主名簿に記載されたYの住所にあてて発すれば足り、当該通知がYに到達しなかったとしても、当該通知は、通常到達すべきであった時に、Yに到達したものとみなされるから、本肢は適切である。

③ 適切である。株式会社は、株主総会の決議によって、自己株式の取得の相手方となる株主を特定の株主とすることができる（会社法160条1項参照）。このとき、当該特定の株主以外の株主は、自己株式の取得の相手方となる特定の株主に自己をも加えたものを株主総会の議案とすることを、請求することができる（同条3項参照）。もっとも、公開会社ではない株式会社が株主の相続人からその相続により取得した当該株式会社の株式を取得する場合には、他の株主は当該請求をすることができない（同法162条1号）。したがって、A社が会社法上の公開会社でない場合において、A社が株主総会の特別決議を経た上でXの相続人であるYから当該株式（自己株式）を取得する場合、A社の他の株主は、原則として、A社に対し、自己株式の取得の対象となる特定の株主に自己をも加えたものを当該株主総会の議案とすることを請求することができないから、本肢は適切である。

④ 適切である。譲渡制限株式の株主は、その有する譲渡制限株式を他人に譲り渡そうとするときは、当該株式会社に対し、当該他人が当該譲渡制限株式を取得することについて承認をするか否かの決定をすることを請求することができる（会社法136条）。この場合、株式会社が譲渡制限株式の譲渡の承認をしない旨の決定をする場合には、当該株式会社又は指定買取人が当該譲渡制限株式を買い取ることを請求することができる（同法138条1号ハ参照）。買い取ることを請求することができるのであって、請求しなければならないわけではない。したがって、A社が会社法上の公開会社でない場合において、A社の株主Xが、A社に対し、Yが当該株式を取得することについて承認をするか否かの決定を請求する際、A社が譲渡を承認しない場合には当該株式をA社又はA社の指定する者において買い取るべき旨の請求をすることができるが、係る請求を必ず付帯しなければならないわけではないから、本肢は適切である。

⑤ 最も適切でない。譲渡制限株式を取得した株式取得者は、株式会社に対し、当該譲渡制限株式を取得したことについて承認をするか否かの決定をすることを請求することができる（会社法137条1項）。この場合、株式会社が譲渡制限株式の譲渡の承認をしない旨の決定をする場合には、当該株式会社又は指定買取人に当該譲渡制限株式を買い取ることを請求することができる（同法138条2号ハ参照）。したがって、A社が会社法上の公開会社でない場合において、A社の株主Xが、その保有するA社の株式をYに譲渡したが、あらかじめ当該譲渡についてA社の承認を得ていなかった場合、Yは、A社に対して、Yが当該株式を取得することについて承認をするか否かの決定を請求することができるとともに、A社が譲渡を承認しない場合には、A社又はA社の指定する者において買い取るべき旨の請求をすることもできるから、本肢は適切でない。

　株式の譲渡および取得に関する次の①～⑤の記述のうち、その内容が最も適切なものを1つだけ選びなさい。（第42回第7問7-4）

① 　会社法上、子会社による親会社の株式の取得について制限は設けられていないため、X株式会社は、その会社法上の親会社に該当するY株式会社の株式を自由に取得することができる。

② 　取締役会設置会社であるX株式会社の株主Yは、その保有するX社の譲渡制限株式をZに譲渡した。この場合、会社法上、X社において当該譲渡を承認する機関は、株主総会である。

③ 　株券を発行していないX株式会社の株主Yは、その保有するX社の株式をZに譲渡した。この場合、当該株式の譲渡は、YとZとの間の株式を譲渡する旨の意思表示でその効力を生じ、株主名簿への記載または記録は、X社その他の第三者に対する対抗要件である。

④ 　X株式会社は、自己株式を取得した場合において、その保有する自己株式が発行済株式総数の一定割合を超えているときは、会社法上、自己株式の処分を義務付けられる。

⑤ 　X株式会社は、X社の株主との間の合意により、有償で自己株式を取得する場合、会社法上、X社の株主総会の特別決議による授権決議を経なければならず、株主総会の普通決議や取締役会決議による授権決議を経て自己株式を取得することは認められていない。

解説

① 適切でない。子会社は、原則として、その親会社である株式会社の株式を取得してはならない（会社法135条1項）。したがって、会社法上、子会社による親会社の株式の取得は禁止されているため、X株式会社は、原則として、その会社法上の親会社に該当するY株式会社の株式を取得することはできないから、本肢は適切でない。

② 適切でない。取締役会設置会社において、譲渡制限株式について譲渡の承認をするか否かの決定をするには、原則として、取締役会の決議によらなければならない（会社法139条1項）。したがって、取締役会設置会社であるX株式会社の株主Yが、その保有するX社の譲渡制限株式をZに譲渡した場合、会社法上、X社において当該譲渡を承認する機関は、株主総会ではなく、取締役会であるから、本肢は適切でない。

③ 最も適切である。株券を発行していない株式会社において、株式の譲渡は、その株式を取得した者の氏名又は名称及び住所を株主名簿に記載し、又は記録しなければ、株式会社その他の第三者に対抗することができない（会社法130条1項）。株主名簿への記載又は記録は、株式会社その他の第三者に対抗するための要件である。一方、譲渡制限株式を取得した株式取得者は、株式会社に対し、当該譲渡制限株式を取得したことについて承認をするか否かの決定をすることを請求することができると定められていることからも（同法137条1項）、譲渡当事者間では、意思表示により譲渡の効力が生じると解されている。したがって、株券を発行していないX株式会社の株主Yが、その保有するX社の株式をZに譲渡した場合、当該株式の譲渡は、YとZとの間の株式を譲渡する旨の意思表示でその効力を生じ、株主名簿への記載又は記録は、X社その他の第三者に対する対抗要件であるから、本肢は適切である。

④ 適切でない。会社法上、株式会社が発行済株式総数の一定割合を超えて自己株式を取得した場合、自己株式を処分しなければならないという規定はない。会社は、自己株式を処分することなくこれを保有することができる一方、自己株式を消却することもできる（会社法178条1項）。また、新株発行と同様に、募集株式の発行等として、自己株式を処分して資金調達をすることもできる（同法199条1項参照）。したがって、X株式会社は、自己株式を取得した場合において、その保有する自己株式が発行済株式総数の一定割合を超えているときであっても、会社法上、自己株式の処分を義務付けられることはないから、本肢は適切でない。

⑤ 適切でない。株式会社が株主との合意により当該株式会社の株式を有償で取得するには、あらかじめ、株主総会の決議によって、取得する株式の数、株式を取得するのと引換えに交付する金銭等の内容及びその総額、株式を取得することができる期間を定めなければならない（会社法156条1項）。この場合に必要となる株主総会決議は、原則として、普通決議である（同法309条1項）。また、会計監査人設置会社は、株主との合意により当該株式会社の株式を有償で取得する際に定めるべき事項を取締役会が定めることができる旨を定款で定めることができる（同法459条1項1号）。したがって、X株式会社が、X社の株主との間の合意により、有償で自己株式を取得する場合、会社法上、X社の株主総会の普通決議による授権決議を経て自己株式を取得することや、取締役会決議による授権決議を経て自己株式を取得することも認められているから、本肢は適切でない。

X株式会社では、自己株式を取得することを検討している。次のア〜オの記述は、X社内において、本件自己株式の取得について話している甲と乙との会話の一部である。この会話における乙の発言のうち、その内容が適切なものの組み合わせを①〜⑤の中から1つだけ選びなさい。なお、X社は、取締役会設置会社であり、種類株式発行会社ではないものとする。また、X社には、会社法上の子会社は存在しないものとする。（第39回第8問8-4）

ア．甲「当社は、特定の株主から自己株式を有償で取得する場合、株主総会において、どのような事項を定めなければならないのでしょうか。」

　　乙「当社は、特定の株主から自己株式を有償で取得する場合、株主総会において、取得株式数、取得の対価の内容およびその総額、取得可能期間および特定の株主に対して取得条件を通知する旨を定める必要があります。」

イ．甲「当社は、株主総会の決議を経ることなく、特定の株主から自己株式を有償で取得することはできますか。」

　　乙「当社は、取締役会設置会社ですから、取締役会が株主総会に代わって決議等を行うことにより、特定の株主から自己株式を取得する旨の決定をすることができます。」

ウ．甲「当社が自己株式を取得する際に株主に支払う対価について、財源に関する規制はありますか。」

　　乙「当社は、自己株式取得の際に株主に対価を支払うことになりますが、一方で自社の株式を取得するのですから、損害を被るおそれはありません。したがって、会社法上、自己株式取得の対価について、財源に関する規制は設けられていません。」

エ．甲「当社が市場取引または金融商品取引法上の公開買付けにより自己株式を取得する場合、どのような手続が必要となりますか。」

　　乙「当社が市場取引または金融商品取引法上の公開買付けにより自己株式を取得する場合、株主平等原則に違反するおそれは生じないので、会社法上、自己株式の他の取得方法に比べ、自己株式を取得する際の手続上の要件は緩和されています。」

オ．甲「当社は、当社の株主総会において、取得した自己株式に基づく議決権を行使することはできますか。」

　　乙「会社法上、株式会社は、自己株式については、議決権を有しないとされています。したがって、当社は、取得した自己株式について、当社の株主総会において議決権を行使することはできません。」

① アイウ　　② アウオ　　③ アエオ　　④ イウエ　　⑤ イエオ

解説

ア．適切である。株式会社が株主との合意により当該株式会社の株式を有償で取得するには、あらかじめ、株主総会の決議によって、取得する株式の数、株式を取得するのと引換えに交付する金銭等の内容及びその総額、株式を取得することができる期間を定めなければならない(会社法156条1項)。また、取得に当たって、株式会社は、株主に対し、取得条件を通知しなければならないところ(同法158条1項)、株式会社は、株式取得内容を決定する株主総会の決議によって、取得条件の通知を特定の株主に対して行う旨を定めることができる(同法160条1項)。したがって、X社は、特定の株主から自己株式を有償で取得する場合、株主総会において、取得株式数、取得の対価の内容及びその総額、取得可能期間及び特定の株主に対して取得条件を通知する旨を定める必要があるから、乙の本発言は適切である。

イ．適切でない。株式会社が株主との合意により当該株式会社の株式を有償で取得するには、あらかじめ、株主総会の決議によって、所定の事項を定めなければならない(会社法156条1項)。特定の株主から自己株式を取得する場合、取締役会設置会社においても、株主総会決議は必要であり、取締役会決議に代えることはできない。したがって、X社が、取締役会設置会社であるとしても、取締役会が株主総会に代わって決議等を行うことにより、特定の株主から自己株式を取得する旨の決定をすることはできないから、乙の本発言は適切でない。

ウ．適切でない。自己株式の取得に当たっては、財源規制が設けられている。株式会社が自己株式の取得に当たり株主に対して交付する金銭等の帳簿価額の総額は、自己株式の取得がその効力を生ずる日における分配可能額を超えてはならない(会社法461条1項2号参照)。したがって、会社法上、自己株式取得の対価について、財源に関する規制が設けられているから、乙の本発言は適切でない。

エ．適切である。株式会社が市場において行う取引又は金融商品取引法に規定する公開買付けの方法により当該株式会社の株式を取得する場合には、会社法上の手続規定の一部が適用されない(会社法165条1項)。したがって、X社が市場取引又は金融商品取引法上の公開買付けにより自己株式を取得する場合、会社法上、自己株式の他の取得方法に比べ、自己株式を取得する際の手続上の要件は緩和されているから、乙の本発言は適切である。

オ．適切である。株式会社は、自己株式については、議決権を有しない(会社法308条2項)。したがって、会社法上、株式会社は、自己株式については、議決権を有しないとされているから、乙の本発言は適切である。

　株主総会に関する次の①〜⑤の記述のうち、会社法の規定に照らし、その内容が最も適切なものを1つだけ選びなさい。（第48回第2問2-1）

① 　株主総会の招集請求権および招集権は、すべての株主に認められている。

② 　株主総会は、株主全員の同意があるときには、原則として、株主に対する招集手続を経ることなく開催することができる。

③ 　株主総会における議決権は、株主が株式会社の意思決定に参加するための権利であるから、株式会社は、その取得した自己株式について議決権を有する。

④ 　株式会社は、種類株式として、株主総会において議決権を行使することができる事項について制限を設けた株式を発行することはできない。

⑤ 　株式会社は、株主との間の合意により有償で自己株式を取得する場合、株主総会の特別決議による授権決議を経なければならず、株主総会の普通決議や取締役会決議による授権決議を経て自己株式を取得することは認められていない。

解説

① 　適切でない。総株主の議決権の100分の3(これを下回る割合を定款で定めた場合にあっては、その割合)以上の議決権を6ヶ月(これを下回る期間を定款で定めた場合にあっては、その期間)前から引き続き有する株主(公開会社でない株式会社においては、株式保有期間の制限はなし)は、取締役に対し、株主総会の目的である事項(当該株主が議決権を行使することができる事項に限る。)及び招集の理由を示して、株主総会の招集を請求することができる(会社法297条1項、2項)。これを株主総会招集請求権という。更に、招集請求にもかかわらず招集手続が行われないような場合には、株主総会の招集の請求をした株主は、裁判所の許可を得て、株主総会を招集することができる(同条4項)。したがって、株主総会の招集請求権及び招集権は、全ての株主ではなく、保有する議決権割合やその保有期間等の一定の要件を充たした株主に認められているから、本肢は適切でない。

② 　最も適切である。書面決議又は電磁的方法による決議を定めたときを除き、株主総会は、株主の全員の同意があるときは、招集の手続を経ることなく開催することができる(会社法300条)。したがって、株主総会は、株主全員の同意があるときには、原則として、株主に対する招集手続を経ることなく開催することができるから、本肢は適切である。

③ 　適切でない。株式会社は、自己株式については、議決権を有しない(会社法308条2項)。したがって、株式会社は、その取得した自己株式について議決権を有しないから、本肢は適切でない。

④ 　適切でない。株式会社は、株主総会において議決権を行使することができる事項について異なる定めをした内容の異なる2以上の種類の株式を発行することができる(会社法108条1項3号)。したがって、株式会社は、種類株式として、株主総会において議決権を行使することができる事項について制限を設けた株式を発行することができるから、本肢は適切でない。

⑤ 　適切でない。株式会社が株主との合意により当該株式会社の株式を有償で取得するには、あらかじめ、株主総会の決議によって、所定の事項を定めなければならない(会社法156条1項)。このとき、特定の株主との合意により取得する場合には株主総会の特別決議が必要であるが(同法309条2項2号)、株主全員に会社による自己株式の取得を勧誘する場合には、株主総会の普通決議で足りる。また、会計監査人設置会社(取締役(監査等委員会設置会社にあっては、監査等委員である取締役以外の取締役)の任期の末日が選任後1年以内に終了する事業年度のうち最終のものに関する定時株主総会の終結の日後の日であるもの及び監査役設置会社であって監査役会設置会社でないものを除く。)は、株主総会に代わり取締役会が上記の所定の事項を定めることができる旨を定款で定めることができる(同法459条1項1号)。したがって、株式会社は、株主との間の合意により有償で自己株式を取得する場合であっても、必ずしも株主総会の特別決議による授権決議を経なければならないわけではなく、株主総会の普通決議や取締役会決議による授権決議を経て自己株式を取得することが認められているから、本肢は適切でない。

　株主総会の招集に関する次の①〜⑤の記述のうち、会社法の規定に照らし、その内容が最も<u>適切でない</u>ものを1つだけ選びなさい。（第44回第1問1-4）

①　株主総会の招集権を有する者は、必要がある場合には、いつでも、株主総会を招集することができる。

②　監査役会設置会社の取締役会は、定時株主総会を招集しようとするときは、定時株主総会の日時、場所、会議の目的たる事項等を決定するにあたり、そのすべてにつき監査役会の同意を得なければならない。

③　取締役会設置会社において、株主総会の招集権者である取締役は、定時株主総会を招集するため招集通知を発する場合、その招集通知を書面またはこれに代わる電磁的方法により行わなければならない。

④　公開会社においては、総株主の議決権の100分の3以上の議決権を6ヶ月前から引き続き有する株主は、原則として、取締役に対し、株主総会の目的である事項および招集の理由を示して、株主総会の招集を請求することができる。

⑤　公開会社ではない株式会社において、株主総会の招集権者である取締役は、定時株主総会を招集しようとする場合、原則として、当該定時株主総会の日の1週間前までに、株主に対して招集通知を発しなければならない。

解説

① 適切である。株主総会は、必要がある場合には、いつでも、招集することができる（会社法296条2項）。定時株主総会は、毎事業年度の終了後一定の時期に招集しなければならない一方（同条1項）、定時株主総会以外にも、必要があれば、いつでも株主総会を招集することができる。したがって、株主総会の招集権を有する者は、必要がある場合には、いつでも、株主総会を招集することができるから、本肢は適切である。

② 最も適切でない。取締役は、監査役がある場合において、監査役の選任に関する議案を株主総会に提出するには、監査役会の同意を得なければならない（会社法343条1項、3項）。もっとも、株主総会の招集の決定に当たっては、株主総会の日時及び場所、株主総会の目的である事項等を取締役会決議において決定するのであって（同法298条1項、4項）、その決定につき監査役会の同意を得る必要はない。したがって、監査役会設置会社の取締役会が、定時株主総会を招集しようとするとき、会社法上、定時株主総会の日時、場所、会議の目的たる事項等を決定するに当たり、その全てにつき監査役会の同意を得なければならないわけではないから、本肢は適切でない。

③ 適切である。株主総会を招集するには、取締役は、株主に対して所定の通知を発しなければならない。株式会社が取締役会設置会社である場合、この通知は、書面でしなければならない（会社法299条1項、2項2号）。また、取締役は、この書面による通知の発出に代えて、株主の承諾を得て、電磁的方法により通知を発することができる。この場合において、当該取締役は、当該書面による通知を発したものとみなされる（同条3項）。したがって、取締役会設置会社において、株主総会の招集権者である取締役は、定時株主総会を招集するため招集通知を発する場合、その招集通知を書面又はこれに代わる電磁的方法により行わなければならないから、本肢は適切である。

④ 適切である。総株主の議決権の100分の3（これを下回る割合を定款で定めた場合にあっては、その割合）以上の議決権を6ヶ月（これを下回る期間を定款で定めた場合にあっては、その期間）前から引き続き有する株主（公開会社でない株式会社においては、保有期間の制限はない。）は、取締役に対し、株主総会の目的である事項（当該株主が議決権を行使することができる事項に限る。）及び招集の理由を示して、株主総会の招集を請求することができる（会社法297条1項、2項）。これを株主総会招集請求権という。更に、招集請求の後遅滞なく招集の手続が行われない場合などには、株主総会の招集の請求をした株主は、裁判所の許可を得て、株主総会を招集することができる（同条4項）。したがって、公開会社においては、総株主の議決権の100分の3以上の議決権を6ヶ月前から引き続き有する株主は、原則として、取締役に対し、株主総会の目的である事項及び招集の理由を示して、株主総会の招集を請求することができるから、本肢は適切である。

⑤ 適切である。株主総会を招集するには、取締役は、株主総会の日の2週間（書面決議又は電磁的方法による決議を定めたときを除き、公開会社でない株式会社にあっては、1週間（当該株式会社が取締役会設置会社以外の株式会社である場合において、これを下回る期間を定款で定めた場合にあっては、その期間））前までに、株主に対してその通知を発しなければならない（会社法299条1項）。したがって、公開会社ではない株式会社において、株主総会の招集権者である取締役は、定時株主総会を招集しようとする場合、原則として、当該定時株主総会の日の1週間前までに、株主に対して招集通知を発しなければならないから、本肢は適切である。

　株式会社の取締役および取締役会に関する次のア～オの記述のうち、会社法の規定に照らし、その内容が適切なものの組み合わせを①～⑤の中から1つだけ選びなさい。なお、本問における取締役会設置会社には、監査役が置かれているものとし、かつ、会計参与は置かれていないものとする。(第45回第1問1-4)

ア．取締役会設置会社においては、取締役会決議により、取締役の中から代表取締役を選定しなければならない。

イ．取締役会設置会社において、取締役会は、取締役および監査役全員の同意があるときは、招集の手続を経ることなく開催することができる。

ウ．株式会社が代表取締役以外の取締役に「社長」など会社を代表する権限を有するものと認められる名称を付している場合において、当該取締役が、当該名称を示して、当該取締役が代表権を有すると誤信した第三者との間で契約を締結した。この場合、当該株式会社は、当該第三者に対して、当該契約につき責任を負うことはない。

エ．取締役会設置会社の代表取締役は、任期満了、辞任などにより取締役の地位を喪失した場合であっても、取締役会の決議により解職されなければ、代表取締役の地位を喪失しない。

オ．取締役は、その職務を行うについて第三者に損害を生じさせた場合、過失の有無にかかわらず、当該第三者に対して損害賠償責任を負う。

①　アイ　　　②　アエ　　　③　イオ　　　④　ウエ　　　⑤　ウオ

解説

ア．適切である。取締役会は、取締役の中から代表取締役を選定しなければならない（会社法362条3項）。したがって、取締役会設置会社においては、取締役会決議により、取締役の中から代表取締役を選定しなければならないから、本肢は適切である。

イ．適切である。取締役会を招集する者は、取締役会の日の1週間前までに、各取締役及び各監査役に対してその通知を発しなければならない（会社法368条1項）。もっとも、取締役会は、取締役及び監査役の全員の同意があるときは、招集の手続を経ることなく開催することができる（同条2項）。したがって、取締役会設置会社において、取締役会は、取締役及び監査役全員の同意があるときは、招集の手続を経ることなく開催することができるから、本肢は適切である。

ウ．適切でない。株式会社は、代表取締役以外の取締役に社長、副社長その他株式会社を代表する権限を有するものと認められる名称を付した場合には、当該取締役がした行為について、善意の第三者に対してその責任を負う（会社法354条）。このように、真実、代表権限を有しない取締役で、代表権限を有するものと認められる名称を付した取締役を、表見代表取締役という。表見代表取締役の制度は、商業登記を確認しないで取引した者であっても保護する制度である。したがって、株式会社が代表取締役以外の取締役に「社長」など会社を代表する権限を有するものと認められる名称を付している場合において、当該取締役が、当該名称を示して、当該取締役が代表権を有すると誤信した第三者との間で契約を締結した場合、当該株式会社は、誤信した善意の当該第三者に対して、当該契約につき責任を負うから、本肢は適切でない。

エ．適切でない。代表取締役は取締役の中から選定されるから（会社法362条3項）、代表取締役が取締役の資格を喪失した場合には、当然に、代表取締役の地位も喪失する。したがって、取締役会設置会社の代表取締役は、任期満了、辞任などにより取締役の地位を喪失した場合、当然に、代表取締役の地位を喪失するから、本肢は適切でない。

オ．適切でない。役員等がその職務を行うについて悪意又は重大な過失があったときは、当該役員等は、これによって第三者に生じた損害を賠償する責任を負う（会社法429条1項）。したがって、取締役が、その職務を行うについて第三者に損害を生じさせた場合、当該第三者に対して損害賠償責任を負うのは、悪意又は重大な過失があったときであるから、本肢は適切でない。

　株式会社の取締役に関する次のア～オの記述のうち、その内容が適切なものの組み合わせを①～⑤の中から1つだけ選びなさい。なお、本問における取締役会設置会社は、監査等委員会設置会社ではなく、かつ、指名委員会等設置会社でもないものとする。（第43回第1問1-4）

ア．会社法上、取締役会設置会社において、取締役は、競業避止義務を負うが、競業について事前に取締役会の承認を受ければ、当該競業により会社に損害が生じたとしても、会社に対する損害賠償責任を免除される。

イ．会社法上、取締役会設置会社では、取締役会決議により、取締役の中から代表取締役を選定しなければならない。

ウ．会社法上、取締役会設置会社の取締役会は、重要な財産の処分および譲受け、多額の借財その他の重要な業務執行の決定を取締役に委任することができない。

エ．取締役会設置会社において、取締役会の決議に参加した取締役であって取締役会議事録に異議をとどめないものは、会社法上、その決議に賛成したものと推定される。

オ．取締役は、利益相反取引を行い会社に損害を与えた場合であっても、会社法上、総株主の過半数の同意があれば、会社に対する損害賠償責任を免除される。

①　アイオ　　②　アウエ　　③　アウオ　　④　イウエ　　⑤　イエオ

解説

ア．**適切でない。** 取締役会設置会社の取締役が自己又は第三者のために株式会社の事業の部類に属する取引をしようとするときは、取締役会において、当該取引につき重要な事実を開示し、その承認を受けなければならない（会社法356条1項1号、365条1項）。また、当該取引後、遅滞なく、当該取引についての重要な事実を取締役会に報告しなければならない（同法365条2項）。もっとも、取締役会の承認を得ても、競業取引により会社に損害が生じた場合には、取締役は会社に対する損害賠償責任を負う（同法423条1項参照）。したがって、会社法上、取締役会設置会社において、取締役は、競業避止義務を負い、競業について事前に取締役会の承認を受けた場合であっても、当該競業により会社に損害が生じたときは、会社に対する損害賠償責任を負うから、本肢は適切でない。

イ．**適切である。** 取締役会は、取締役の中から代表取締役を選定しなければならない（会社法362条3項）。したがって、会社法上、取締役会設置会社では、取締役会決議により、取締役の中から代表取締役を選定しなければならないから、本肢は適切である。なお、代表取締役は、取締役会設置会社の業務を執行する（同法363条1項1号）。

ウ．**適切である。** 取締役会は、重要な財産の処分及び譲受け、多額の借財その他の重要な業務執行の決定を取締役に委任することができない（会社法362条4項）。したがって、会社法上、取締役会設置会社の取締役会は、重要な財産の処分及び譲受け、多額の借財その他の重要な業務執行の決定を取締役に委任することができないから、本肢は適切である。

エ．**適切である。** 取締役会の議事については、所定の議事録を作成し、議事録が書面をもって作成されているときは、出席した取締役及び監査役は、これに署名し、又は記名押印しなければならない（会社法369条3項）。そして、取締役会の決議に参加した取締役であって議事録に異議をとどめないものは、その決議に賛成したものと推定される（同条5項）。したがって、取締役会設置会社において、取締役会の決議に参加した取締役であって取締役会議事録に異議をとどめないものは、会社法上、その決議に賛成したものと推定されるから、本肢は適切である。

オ．**適切でない。** 取締役、会計参与、監査役、執行役又は会計監査人は、その任務を怠ったときは、株式会社に対し、これによって生じた損害を賠償する責任を負う（会社法423条1項）。利益相反取引を行い会社に損害を与えた場合も、これに含まれるところ、この責任は、総株主の同意がなければ、免除することができない（同法424条）。したがって、取締役が、利益相反取引を行い会社に損害を与えた場合、会社法上、会社に対する損害賠償責任を免除されるためには、総株主の同意が必要であり、過半数の同意では足りないから、本肢は適切でない。

取締役

　　取締役会設置会社であり、代表取締役が選定されている株式会社における取締役会および取締役の役割と責任に関する次の①〜⑤の記述のうち、会社法の規定に照らし、その内容が最も適切でないものを1つだけ選びなさい。なお、本問における取締役会設置会社は、監査等委員会設置会社ではなく、かつ、指名委員会等設置会社でもないものとする。（第42回第6問6-3）

①　会社法所定の手続に基づき、取締役が自己のために会社との間で利益相反取引を行ったところ、当該取引により会社に損害が生じた。この場合、当該取締役だけではなく、当該取引に関する取締役会の承認決議に賛成した取締役や会社が当該取引をすることを決定した取締役も、会社に対し損害賠償責任を負うことがある。

②　取締役は、個人として会社の事業の部類に属する取引を行う場合、事前に取締役会において、当該取引につき重要な事実を開示し、その承認を受けるか、または、当該取引後、遅滞なく、当該取引についての重要な事実を取締役会に報告するか、いずれかをしなければならない。

③　取締役会は、その権限とされている多額の借財および支配人その他の重要な使用人の選任および解任の決定を代表取締役に委任することができない。

④　取締役会の決議要件は、会社法所定の割合を上回る割合を定款で定めることにより、加重することができる。

⑤　取締役会設置会社は、取締役会の議事について所定の事項を記載した議事録を作成した。この場合、当該会社は、当該議事録を、取締役会の日から10年間、その本店に備え置かなければならない。

解説

① 適切である。取締役、会計参与、監査役、執行役又は会計監査人は、その任務を怠ったときは、株式会社に対し、これによって生じた損害を賠償する責任を負う(会社法423条1項)。利益相反取引によって株式会社に損害が生じたときは、当該取締役のほか、株式会社が当該取引をすることを決定した取締役や当該取引に関する取締役会の承認の決議に賛成した取締役は、その任務を怠ったものと推定される(同条3項)。したがって、会社法所定の手続に基づき、取締役が自己のために会社との間で利益相反取引を行ったところ、当該取引により会社に損害が生じた場合、当該取締役だけではなく、当該取引に関する取締役会の承認決議に賛成した取締役や会社が当該取引をすることを決定した取締役も、会社に対し損害賠償責任を負うことがあるから、本肢は適切である。

② 最も適切でない。取締役会設置会社の取締役が自己又は第三者のために株式会社の事業の部類に属する取引をしようとするときは、取締役は、事前に、取締役会において、当該取引につき重要な事実を開示し、その承認を受けなければならない(会社法356条1項1号、365条1項)。そして、事後に、当該取引後、遅滞なく、当該取引についての重要な事実を取締役会に報告しなければならない(同法365条2項)。これを競業取引の規制という。したがって、取締役は、個人として会社の事業の部類に属する取引を行う場合、事前に取締役会において、当該取引につき重要な事実を開示し、その承認を受けるとともに、当該取引後、遅滞なく、当該取引についての重要な事実を取締役会に報告する、そのいずれもしなければならないから、本肢は適切でない。

③ 適切である。取締役会設置会社において、多額の借財や支配人その他の重要な使用人の選任及び解任は、重要な業務執行として、取締役会の決議事項であって、取締役に委任することができない(会社法362条4項2号、3号)。したがって、取締役会は、その権限とされている多額の借財及び支配人その他の重要な使用人の選任及び解任の決定を代表取締役に委任することができないから、本肢は適切である。

④ 適切である。取締役会の決議は、議決に加わることができる取締役の過半数(これを上回る割合を定款で定めた場合にあっては、その割合以上)が出席し、その過半数(これを上回る割合を定款で定めた場合にあっては、その割合以上)をもって行う(会社法369条1項)。したがって、取締役会の決議要件は、会社法所定の割合を上回る割合を定款で定めることにより、加重することができるから、本肢は適切である。

⑤ 適切である。取締役会の議事については、法務省令で定めるところにより、議事録を作成し、議事録が書面をもって作成されているときは、出席した取締役及び監査役は、これに署名し、又は記名押印しなければならない(会社法369条3項)。取締役会設置会社は、取締役会の日から10年間、所定の議事録をその本店に備え置かなければならない。(同法371条1項)。したがって、取締役会設置会社が、取締役会の議事について所定の事項を記載した議事録を作成した場合、当該会社は、当該議事録を、取締役会の日から10年間、その本店に備え置かなければならないから、本肢は適切である。

　株式会社における取締役の業務執行の監督に関する次の①〜⑤の記述のうち、その内容が最も<u>適切でない</u>ものを1つだけ選びなさい。（第48回第6問6-2）

① 　A株式会社は、会社法上の公開会社でなく、かつ、監査役会または会計監査人を設置していない。この場合、A社は、定款の定めにより、監査役の権限を会計監査に限定することができる。

② 　会社法上の公開会社であるB株式会社において監査役Cが選任されている場合、監査役Cの業務監査の権限は、B社の取締役の行為が法令・定款に違反するかという適法性の監査のみであって、取締役の行為の当不当についての妥当性の監査には及ばない。

③ 　会社法上の公開会社であるD株式会社の監査役Eは、いつでも、D社の取締役および会計参与ならびに支配人その他の使用人に対して事業の報告を求め、また、D社の業務および財産の状況を調査することができる。

④ 　会社法上の公開会社であるF株式会社の取締役Gが、F社の目的の範囲外の行為その他法令もしくは定款に違反する行為をし、またはこれらの行為をするおそれがある場合において、当該行為によってF社に著しい損害が生ずるおそれがあるときであっても、F社の監査役Hは、取締役Gに対し、当該行為をやめることを請求することができない。

⑤ 　I株式会社は、指名委員会等設置会社である。この場合、I社の指名委員会は、株主総会に提出する取締役の選任および解任に関する議案の内容を決定することができる。

解説

① 適切である。監査役の監査は業務監査と会計監査に区分することができるが、公開会社でない株式会社（監査役会設置会社及び会計監査人設置会社を除く。）は、その監査役の監査の範囲を会計に関するものに限定する旨を定款で定めることができる（会社法389条1項）。したがって、A株式会社が、会社法上の公開会社でなく、かつ、監査役会又は会計監査人を設置していない場合、A社は、定款の定めにより、監査役の権限を会計監査に限定することができるから、本肢は適切である。

② 適切である。監査役は、取締役（会計参与設置会社にあっては、取締役及び会計参与）の職務の執行を監査する（会社法381条1項）。もっとも、会社法上、取締役会の決議は、原則として議決に加わることができる取締役の過半数が出席し、その過半数をもって行うのであって（同法369条1項）、監査役は取締役会の議決に加わることができない。そのため、監査役の監査権限は、取締役の行為の妥当性には及ばない。したがって、会社法上の公開会社であるB株式会社において監査役Cが選任されている場合、監査役Cの業務監査の権限は、B社の取締役の行為が法令・定款に違反するかという適法性の監査のみであって、取締役の行為の当不当についての妥当性の監査には及ばないから、本肢は適切である。

③ 適切である。監査役は、いつでも、取締役及び会計参与並びに支配人その他の使用人に対して事業の報告を求め、又は監査役設置会社の業務及び財産の状況の調査をすることができる（会社法381条2項）。したがって、会社法上の公開会社であるD株式会社の監査役Eは、いつでも、D社の取締役及び会計参与並びに支配人その他の使用人に対して事業の報告を求め、また、D社の業務及び財産の状況を調査することができるから、本肢は適切である。

④ 最も適切でない。監査役による取締役の行為の差止めが認められており、監査役は、取締役が監査役設置会社の目的の範囲外の行為その他法令若しくは定款に違反する行為をし、又はこれらの行為をするおそれがある場合において、当該行為によって当該監査役設置会社に著しい損害が生ずるおそれがあるときは、当該取締役に対し、当該行為をやめることを請求することができる（会社法385条1項）。したがって、会社法上の公開会社であるF株式会社の取締役Gが、F社の目的の範囲外の行為その他法令若しくは定款に違反する行為をし、又はこれらの行為をするおそれがある場合において、当該行為によってF社に著しい損害が生ずるおそれがあるときは、F社の監査役Hは、取締役Gに対し、当該行為をやめることを請求することができるから、本肢は適切でない。

⑤ 適切である。指名委員会、監査委員会及び報酬委員会を置く株式会社を指名委員会等設置会社という（会社法2条12号）。そして、指名委員会は、株主総会に提出する取締役（会計参与設置会社にあっては、取締役及び会計参与）の選任及び解任に関する議案の内容を決定する（同法404条1項）。したがって、I株式会社が、指名委員会等設置会社である場合、I社の指名委員会は、株主総会に提出する取締役の選任及び解任に関する議案の内容を決定することができるから、本肢は適切である。

取締役

難易度 ★★☆

　取締役会設置会社であるX株式会社における取締役の役割および責任に関する次のア～オの記述のうち、会社法の規定に照らし、その内容が適切なものの組み合わせを①～⑤の中から１つだけ選びなさい。なお、X社は、監査等委員会設置会社ではなく、かつ、指名委員会等設置会社でもないものとする。（第44回第8問8-3）

ア．X社の取締役は、社外取締役を含め、その全員がX社の業務を執行しなければならない。

イ．X社の取締役Aの任務懈怠によりX社に損害が生じ、AがX社に対して損害賠償責任を負う場合、X社は、X社の総株主の同意があれば、当該損害賠償責任を免除することができる。

ウ．X社の取締役Bがその職務を行うについて重大な過失があったことによりX社の債権者Cに損害が生じた。この場合、Bは、Cに生じた損害を賠償する責任を負う。

エ．X社の代表取締役Dは、Y社との取引においてその任務を懈怠し、これによりX社に損害が生じた。この場合、X社の取締役Eは、Dの監視につき任務を懈怠していなかったとしても、会社法上、X社に対する損害賠償責任を負う。

オ．X社の代表取締役Dは、Y社との取引においてその任務を懈怠し、これによりX社に損害が生じた。X社が、取締役会の決定により、取締役の職務の執行が法令および定款に適合することを確保するための体制等（いわゆる内部統制システム）の整備についての定めを置いている場合であっても、会社法上、Dは、原則として、X社に対し、損害を賠償する責任を負う。

①　アイウ　　②　アイエ　　③　アエオ　　④　イウオ　　⑤　ウエオ

株式会社の組織と運営

371

解説

ア．適切でない。取締役会設置会社においては、代表取締役並びに代表取締役以外の取締役であって、取締役会の決議によって取締役会設置会社の業務を執行する取締役として選定されたものが、取締役会設置会社の業務を執行する（会社法363条1項）。なお、当該株式会社の業務を執行する取締役は、社外取締役ではない（同法2条15号参照）。したがって、X社においては、代表取締役又は業務執行取締役がX社の業務を執行するのであって、社外取締役が業務を執行するわけではないから、本肢は適切でない。

イ．適切である。取締役ら役員は、その任務を怠ったときは、株式会社に対し、これによって生じた損害を賠償する責任を負う（会社法423条1項）。もっとも、この任務懈怠に基づく損害賠償責任については、総株主の同意により免除することができる（同法424条）。したがって、X社の取締役Aの任務懈怠によりX社に損害が生じ、AがX社に対して損害賠償責任を負う場合、X社は、X社の総株主の同意があれば、当該損害賠償責任を免除することができるから、本肢は適切である。

ウ．適切である。取締役などの役員等がその職務を行うについて悪意又は重大な過失があったときは、当該役員等は、これによって第三者に生じた損害を賠償する責任を負う（会社法429条1項）。第三者には、債権者も含まれると解される。したがって、X社の取締役Bがその職務を行うについて重大な過失があったことによりX社の債権者Cに損害が生じた場合、Bは、Cに生じた損害を賠償する責任を負うから、本肢は適切である。

エ．適切でない。取締役会設置会社では、原則として、代表取締役が業務を執行し、その他の取締役は、取締役会の構成員として、業務の執行の決定を行う（会社法362条2項1号、363条1項）。すなわち、代表取締役の業務執行につき、その他の取締役が監視することとなる。ところで、取締役、会計参与、監査役、執行役又は会計監査人は、その任務を怠ったときは、株式会社に対し、これによって生じた損害を賠償する責任を負う（会社法423条1項）。任務懈怠責任は、結果責任ではなく過失責任であって、連帯責任ではなく個人責任であるから、過失がない取締役は任務懈怠責任を負わない。したがって、X社の代表取締役Dが、Y社との取引においてその任務を懈怠し、これによりX社に損害が生じた場合であっても、X社の取締役Eが、Dの監視につき任務を懈怠していなかったときは、Eは、会社法上、X社に対する損害賠償責任を負わないから、本肢は適切でない。

オ．適切である。いわゆる内部統制システムについて、大会社、監査等委員会設置会社並びに指名委員会等設置会社では、その整備が義務付けられており、その他の株式会社においても整備することは可能である（会社法348条4項、362条5項、399条の13第2項、416条2項）。もっとも、内部統制システムの整備によって、当然に取締役の責任が軽減されるわけではなく、取締役に任務懈怠があれば損害賠償責任が発生する。したがって、X社の代表取締役Dが、Y社との取引においてその任務を懈怠し、これによりX社に損害が生じたときは、X社が、取締役会の決定により、取締役の職務の執行が法令及び定款に適合することを確保するための体制等（いわゆる内部統制システム）の整備についての定めを置いている場合であっても、会社法上、Dは、原則として、X社に対し、損害を賠償する責任を負うから、本肢は適切である。

　X株式会社は、その主力事業である甲事業に加え、新たに乙事業を開始することを計画している。X社は取締役会設置会社であり、その取締役としてA、BおよびCが選任されており、そのうちAが代表取締役に選定されている。また、唯一の監査役としてDが選任されている。この場合に関する次のア〜オの記述のうち、その内容が適切なものの組み合わせを①〜⑤の中から1つだけ選びなさい。なお、X社は、監査等委員会設置会社および指名委員会等設置会社のいずれでもないものとする。（第48回第8問8-4）

ア．X社は、その取締役会において乙事業の開始を検討するにあたり、取締役会の招集通知をA、B、CおよびDに発しなくても、A、B、CおよびDの全員の同意があるときは、招集の手続を経ることなく、取締役会を開催することができる。

イ．乙事業の開始に関し、X社において実際に取締役会を招集することなく、Aが取締役会の決議の目的である事項について提案をし、当該提案につきBおよびCが書面により同意の意思表示をした。この場合、会社法上、X社は、いわゆる持ち回り決議を認める旨の定款の定めの有無にかかわらず、当該提案を可決する旨の取締役会の決議があったものとみなすことができる。

ウ．X社は、乙事業の開始に必要な資金を調達するため、Y銀行からの借入れを検討している。この場合、当該借入れは、その金額の多寡にかかわらず、X社の取締役会で決議すべき事項には当たらず、Aが単独で決定することができる。

エ．X社の取締役会において、A、B、CおよびDの全員が出席し、AおよびBの賛成により乙事業の開始を決定する旨の決議が行われ、その議事録が作成された。この場合、Cは、当該議事録に異議をとどめなかったときは、当該決議に賛成したものと推定される。

オ．Bは、個人として甲事業の部類に属する取引を行う場合、事前にX社の取締役会において、当該取引につき重要な事実を開示し、その承認を受けるか、または、当該取引後、遅滞なく、当該取引についての重要な事実をX社の取締役会に報告するか、いずれかをしなければならない。

①　アイ　　②　アエ　　③　イウ　　④　ウオ　　⑤　エオ

解説

ア．適切である。取締役会を招集する者は、原則として、取締役会の日の1週間前までに、各取締役(監査役設置会社にあっては、各取締役及び各監査役)に対してその通知を発しなければならない(会社法368条1項)。もっとも、取締役会は、取締役(監査役設置会社にあっては、取締役及び監査役)の全員の同意があるときは、招集の手続を経ることなく開催することができる(同条2項)。したがって、X社は、その取締役会において乙事業の開始を検討するに当たり、取締役会の招集通知をA、B、C及びDに発しなくても、A、B、C及びDの全員の同意があるときは、招集の手続を経ることなく、取締役会を開催することができるから、本肢は適切である。

イ．適切でない。取締役会設置会社は、取締役が取締役会の決議の目的である事項について提案をした場合において、当該提案につき取締役(当該事項について議決に加わることができるものに限る。)の全員が書面又は電磁的記録により同意の意思表示をしたとき(監査役設置会社にあっては、監査役が当該提案について異議を述べたときを除く。)は、当該提案を可決する旨の取締役会の決議があったものとみなす旨を定款で定めることができる(会社法370条)。すなわち、取締役会決議について、制度としての持ち回り決議は認められているが、持ち回り決議をする場合には、あらかじめ定款で定めておく必要がある。したがって、乙事業の開始に関し、X社において実際に取締役会を招集することなく、Aが取締役会の決議の目的である事項について提案をし、当該提案につきB及びCが書面により同意の意思表示をした場合であっても、会社法上、X社は、いわゆる持ち回り決議を認める旨の定款の定めがなければ、当該提案を可決する旨の取締役会の決議があったものとみなすことはできないから、本肢は適切でない。

ウ．適切でない。取締役会は、重要な財産の処分及び譲受け、多額の借財その他の重要な業務執行の決定を取締役に委任することができない(会社法362条4項)。したがって、X社が、乙事業の開始に必要な資金を調達するため、Y銀行からの借入れを検討している場合、当該借入れが、多額の借財に当たるときは、X社の取締役会で決議すべき事項に当たり、Aが単独で決定することができないから、本肢は適切でない。

エ．適切である。取締役会の議事については、所定の議事録を作成し、議事録が書面をもって作成されているときは、出席した取締役及び監査役は、これに署名し、又は記名押印しなければならない(会社法369条3項)。そして、取締役会の決議に参加した取締役であって議事録に異議をとどめないものは、その決議に賛成したものと推定される(同条5項)。したがって、X社の取締役会において、A、B、C及びDの全員が出席し、A及びBの賛成により乙事業の開始を決定する旨の決議が行われ、その議事録が作成された場合、Cが、当該議事録に異議をとどめなかったときは、当該決議に賛成したものと推定されるから、本肢は適切である。

オ．適切でない。取締役会設置会社の取締役が自己又は第三者のために株式会社の事業の部類に属する取引をしようとするときは、取締役は、事前に、取締役会において、当該取引につき重要な事実を開示し、その承認を受けなければならない(会社法356条1項1号、365条1項)。そして、事後に、当該取引後、遅滞なく、当該取引についての重要な事実を取締役会に報告しなければならない(同法365条2項)。これを競業取引の規制という。したがって、Bは、個人として甲事業の部類に属する取引を行う場合、事前にX社の取締役会において、当該取引につき重要な事実を開示し、その承認を受けた上で、更に、当該取引後、遅滞なく、当該取引についての重要な事実をX社の取締役会に報告する、そのいずれもしなければならないから、本肢は適切でない。

　会社法上の公開会社であるX株式会社では、唯一の監査役としてAが選任されている。この場合に関する次のア〜オの記述のうち、会社法の規定に照らし、その内容が適切なものの組み合わせを①〜⑤の中から1つだけ選びなさい。（第45回第6問6-3）

ア．Aは、X社の取締役Bが、X社の目的の範囲外の行為をしている場合において、その行為によってX社に著しい損害が生ずるおそれがあるときは、Bに対し、その行為をやめることを請求することができる。

イ．X社は、Aの監査の範囲を会計に関するもの（会計監査）に限定する旨を定款で定めることができる。

ウ．X社は、Aが適切にその職務を行っていない場合、取締役会の決議により、Aを解任することができる。

エ．Aは、その職務を行うため必要があるときであっても、X社の会社法上の子会社であるY社の財産の状況を調査することはできない。

オ．X社は、監査役会を設置しようとする場合、Aの他に少なくとも2名の監査役を選任しなければならず、全監査役のうち、半数以上を社外監査役としなければならない。

①　アイ　　②　アオ　　③　イウ　　④　ウエ　　⑤　エオ

第19問 解答 ②

解説

ア．適切である。監査役は、取締役が監査役設置会社の目的の範囲外の行為その他法令若しくは定款に違反する行為をし、又はこれらの行為をするおそれがある場合において、当該行為によって当該監査役設置会社に著しい損害が生ずるおそれがあるときは、当該取締役に対し、当該行為をやめることを請求することができる（会社法385条1項）。したがって、Aは、X社の取締役Bが、X社の目的の範囲外の行為をしている場合において、その行為によってX社に著しい損害が生ずるおそれがあるときは、Bに対し、その行為をやめることを請求することができるから、本肢は適切である。

イ．適切でない。公開会社でない株式会社（監査役会設置会社及び会計監査人設置会社を除く。）は、その監査役の監査の範囲を会計に関するものに限定する旨を定款で定めることができる（会社法389条1項）。したがって、X社は、公開会社であるため、Aの監査の範囲を会計に関するもの（会計監査）に限定する旨を定款で定めることはできないから、本肢は適切でない。

ウ．適切でない。監査役は、会社法上の役員であるところ（会社法423条1項）、役員及び会計監査人は、いつでも、株主総会の決議によって解任することができる（同法339条1項）。すなわち、監査役を解任することができるのは、株主総会である。したがって、X社は、Aが適切にその職務を行っていない場合であっても、取締役会の決議によっては、Aを解任することができないから、本肢は適切でない。

エ．適切でない。監査役は、その職務を行うため必要があるときは、監査役設置会社の子会社に対して事業の報告を求め、又はその子会社の業務及び財産の状況の調査をすることができる（会社法381条3項）。したがって、Aは、その職務を行うため必要があるときは、X社の会社法上の子会社であるY社の財産の状況を調査することができるから、本肢は適切でない。

オ．適切である。監査役会設置会社においては、監査役は、3人以上で、そのうち半数以上は、社外監査役でなければならない（会社法335条3項）。したがって、X社は、監査役会を設置しようとする場合、Aの他に少なくとも2名の監査役を選任しなければならず、全監査役のうち、半数以上を社外監査役としなければならないから、本肢は適切である。

　X株式会社における取締役の職務執行の監督に関する次のア～オの記述のうち、その内容が適切なものを○、適切でないものを×とした場合の組み合わせを①～⑤の中から１つだけ選びなさい。（第40回第7問7-2）

ア．X社が会社法上の公開会社である場合において、X社の監査役Aは、X社の取締役BがX社の目的の範囲外の行為をするおそれがあるときは、当該行為によってX社に損害が生じるおそれがあるか否かにかかわらず、Bに対し、当該行為をやめることを請求することができる。

イ．X社は、会社法上の公開会社である場合であっても、X社の監査役Aの職務権限を会計監査に限定することができる。

ウ．X社が取締役会設置会社である場合、X社の監査役Aは、原則として、X社の取締役会に出席し、必要があると認めるときは、意見を述べなければならない。

エ．X社が監査役会設置会社である場合において、X社の監査役の選任に関する議案を株主総会に提出するときは、X社の取締役は、X社の監査役会の同意を得なければならない。

オ．X社が監査等委員会設置会社である場合、現在X社の取締役である者または過去においてX社の取締役となったことがある者は、X社の監査等委員になることはできない。

① 　ア－○　　イ－○　　ウ－○　　エ－○　　オ－○
② 　ア－○　　イ－○　　ウ－×　　エ－×　　オ－○
③ 　ア－○　　イ－×　　ウ－×　　エ－○　　オ－×
④ 　ア－×　　イ－×　　ウ－○　　エ－○　　オ－×
⑤ 　ア－×　　イ－×　　ウ－○　　エ－×　　オ－×

13

株式会社の組織と運営

第**20**問 解答　④

解説

ア．適切でない。監査役は、取締役が監査役設置会社の目的の範囲外の行為その他法令
若しくは定款に違反する行為をし、又はこれらの行為をするおそれがある場合におい
て、当該行為によって当該監査役設置会社に著しい損害が生ずるおそれがあるとき
は、当該取締役に対し、当該行為をやめることを請求することができる（会社法385
条1項）。したがって、X社が会社法上の公開会社である場合において、X社の監査役
Aは、X社の取締役BがX社の目的の範囲外の行為をするおそれがあるときであって
も、当該行為によってX社に著しい損害が生じるおそれがあるときに限り、Bに対し、
当該行為をやめることを請求することができるのであるから、本肢は適切でない。

イ．適切でない。監査役の監査は業務監査と会計監査に区分することができるが、公開
会社でない株式会社（監査役会設置会社及び会計監査人設置会社を除く。）は、その監
査役の監査の範囲を会計に関するものに限定する旨を定款で定めることができる（会
社法389条1項）。したがって、X社は、会社法上の公開会社である場合には、X社の
監査役Aの職務権限を会計監査に限定することができないから、本肢は適切でない。

ウ．適切である。監査役は、原則として、取締役会に出席し、必要があると認めるとき
は、意見を述べなければならない（会社法383条1項）。したがって、X社が取締役会
設置会社である場合、X社の監査役Aは、原則として、X社の取締役会に出席し、必要
があると認めるときは、意見を述べなければならないから、本肢は適切である。

エ．適切である。取締役は、監査役がある場合において、監査役の選任に関する議案を
株主総会に提出するには、監査役（監査役が二人以上ある場合にあっては、その過半
数）の同意、監査役会設置会社においては監査役会の同意を得なければならない（会社
法343条1項、3項）。したがって、X社が監査役会設置会社である場合において、X
社の監査役の選任に関する議案を株主総会に提出するときは、X社の取締役は、X社
の監査役会の同意を得なければならないから、本肢は適切である。

オ．適切でない。監査等委員である取締役は、監査等委員会設置会社若しくはその子会
社の業務執行取締役若しくは支配人その他の使用人又は当該子会社の会計参与（会計
参与が法人であるときは、その職務を行うべき社員）若しくは執行役を兼ねることが
できない（会社法331条3項）。もっとも、必ずしも、過去において取締役であった者
まで、監査等委員になることができないわけではない。したがって、X社が監査等委
員会設置会社である場合、現在X社の取締役である者はX社の監査等委員になること
はできないが、過去においてX社の取締役となったことがある者は、X社の監査等委
員になることができるから、本肢は適切でない。

株式会社の会計参与および会計監査人に関する次の文章中の下線部(a)〜(e)の記述のうち、その内容が適切なものの組み合わせを①〜⑤の中から1つだけ選びなさい。（第43回第9問9-1）

　会計参与と会計監査人は、ともに株式会社の会計に関与する機関である。

　取締役については就任にあたって特定の資格を有していることがその要件とされていないのに対し、会計参与と会計監査人の職務は専門的であることから、(a)会計参与および会計監査人には、公認会計士の資格を有する者に限り就任することができる。

　(b)会計参与は、会社法上、会社の役員であり、取締役または執行役と共同して、会社の計算書類およびその附属明細書等を作成することをその主たる職責とする。他方、(c)会計監査人は、会社法上、会社の役員ではなく、その主たる職責は、会社の計算書類およびその附属明細書等の監査をすることである。

　(d)会計参与は、定款で定めることにより、すべての株式会社において任意に設置することができる。他方、(e)会社法上、大会社など一定の会社では、会計監査人の設置が義務づけられており、設置を義務づけられていない会社では、会計監査人を設置することはできない。

① a b c　② a b e　③ a d e　④ b c d　⑤ c d e

第**21**問 解答 ④

解 説

a. 適切でない。会計参与は、公認会計士若しくは監査法人又は税理士若しくは税理士法人でなければならない(会社法333条1項)。一方、会計監査人は、公認会計士又は監査法人でなければならない(同法337条1項)。したがって、会計監査人には、公認会計士の資格を有する者に限り就任することができるが、会計参与の資格は、公認会計士又は税理士とされているから、本肢は適切でない。

b. 適切である。会社法上、役員とは、取締役、会計参与及び監査役をいう(会社法329条1項)。会計参与は、取締役又は執行役と共同して、計算書類及びその附属明細書、臨時計算書類並びに連結計算書類を作成する。この場合において、会計参与は、法務省令で定めるところにより、会計参与報告を作成しなければならない(会社法374条1項、6項)。したがって、会計参与は、会社法上、会社の役員であり、取締役又は執行役と共同して、会社の計算書類及びその附属明細書等を作成することをその主たる職責とするから、本肢は適切である。

c. 適切である。会社法上、役員とは、取締役、会計参与及び監査役をいう(会社法329条1項)。会計監査人は、会社法上の役員ではない。会計監査人は、会社法の定めるところにより、株式会社の計算書類及びその附属明細書、臨時計算書類並びに連結計算書類を監査する。この場合において、会計監査人は、法務省令で定めるところにより、会計監査報告を作成しなければならない(同法396条1項)。したがって、会計監査人は、会社法上、会社の役員ではなく、その主たる職責は、会社の計算書類及びその附属明細書等の監査をすることであるから、本肢は適切である。

d. 適切である。株式会社は、定款の定めによって、取締役会、会計参与、監査役、監査役会、会計監査人、監査等委員会又は指名委員会等を置くことができる(会社法326条2項)。したがって、会計参与は、定款で定めることにより、全ての株式会社において任意に設置することができるから、本肢は適切である。

e. 適切でない。株式会社は、定款の定めによって、取締役会、会計参与、監査役、監査役会、会計監査人、監査等委員会又は指名委員会等を置くことができる(会社法326条2項)。すなわち、全ての株式会社で会計監査人を設置することができる。一方、監査等委員会設置会社及び指名委員会等設置会社を除き、大会社は、会計監査人を置かなければならない(同法328条)。したがって、会社法上、大会社など一定の会社では、会計監査人の設置が義務付けられているが、設置を義務付けられていない会社であっても、会計監査人を設置することができるから、本肢は適切でない。

　会社法上の指名委員会等設置会社および監査等委員会設置会社に関する次の①〜⑤の記述のうち、その内容が最も適切なものを1つだけ選びなさい。（第44回第4問4-3）

① 　指名委員会等設置会社においては、業務を執行する機関は執行役であり、取締役を設置してはならない。

② 　指名委員会等設置会社では、指名委員会を設置しなければならないが、監査委員会および報酬委員会を設置する必要はない。

③ 　監査等委員会設置会社においては、業務を執行する機関は執行役であり、取締役を設置してはならない。

④ 　監査等委員会設置会社においては、執行機関の職務執行を監査する機関は監査等委員会であり、監査役を設置してはならない。

⑤ 　指名委員会等設置会社および監査等委員会設置会社は、会計監査人を設置してはならない。

第22問 **解答** ④

解説

① 適切でない。指名委員会等設置会社の業務の執行は、執行役の職務である（会社法418条2号）。指名委員会等設置会社の取締役は、原則として、指名委員会等設置会社の業務を執行することができない（同法415条）。もっとも、指名委員会等設置会社の指名委員会、監査委員会又は報酬委員会の各委員会の委員は、取締役の中から、取締役会の決議によって選定する（同法400条1項、2項）。したがって、指名委員会等設置会社においては、業務を執行する機関は執行役であるが、指名委員会等設置会社においても、取締役を設置しなければならないから、本肢は適切でない。

② 適切でない。指名委員会等設置会社とは、指名委員会、監査委員会及び報酬委員会を置く株式会社をいう（会社法2条12号）。指名委員会等設置会社では、これらの三委員会の全てを設置しなければならない。したがって、指名委員会等設置会社では、指名委員会のほか、監査委員会及び報酬委員会を設置する必要があるから、本肢は適切でない。

③ 適切でない。監査等委員会設置会社とは、監査等委員会を置く株式会社をいう（会社法2条11号の2）。監査等委員会設置会社は、取締役会を置かなければならず（同法327条1項3号）、監査等委員会設置会社の取締役会は、取締役（監査等委員である取締役を除く。）の中から代表取締役を選定しなければならない（同法399条の13第3項）。取締役会設置会社においては、原則として、代表取締役が業務を執行する（同法363条1項）。したがって、監査等委員会設置会社においては、業務を執行する機関は代表取締役であり、取締役を設置しなければならないから、本肢は適切でない。

④ 最も適切である。監査等委員会設置会社は、監査役を置いてはならない（会社法327条4項）。監査等委員会設置会社においては、監査等委員会が、取締役等の職務の執行の監査及び監査報告の作成を行う（同法399条の2第3項）。したがって、監査等委員会設置会社においては、執行機関の職務執行を監査する機関は監査等委員会であり、監査役を設置してはならないから、本肢は適切である。

⑤ 適切でない。監査等委員会設置会社及び指名委員会等設置会社は、会計監査人を置かなければならない（会社法327条5項）。会計監査人は、計算書類及びその附属明細書の監査を行う（同法436条2項1号）。したがって、指名委員会等設置会社及び監査等委員会設置会社は、会計監査人を設置しなければならないから、本肢は適切でない。

A株式会社は、コーポレートガバナンスを強化するため、同社に設置する会社法上の機関の変更を検討している。この場合に関する次のア～オの記述のうち、会社法の規定に照らし、その内容が適切なものの組み合わせを①～⑤の中から1つだけ選びなさい。（第45回第9問9-1）

ア．A社が監査等委員会を設置する場合、監査等委員である取締役は、3人以上で、その過半数は社外取締役でなければならない。

イ．A社が監査等委員会を設置する場合、過去においてA社の取締役となったことがある者は、A社の監査等委員になることはできない。

ウ．A社は、指名委員会等を設置する場合、指名委員会、監査委員会および報酬委員会の三委員会を一括して設置しなければならず、例えば、報酬委員会は設置せず、指名委員会および監査委員会のみを設置することはできない。

エ．A社は、指名委員会等を設置する場合、その業務執行を執行役に行わせることとなるため、A社の取締役は解任され、取締役を置くことはできなくなる。

オ．A社が指名委員会等設置会社となった場合、A社の執行役が法令または定款に違反する行為をし、当該行為によりA社に著しい損害が生ずるおそれがあったとしても、A社の監査委員は、当該執行役に対し、当該行為をやめることを請求することはできない。

① アイ　　② アウ　　③ イオ　　④ ウエ　　⑤ エオ

解説

ア．適切である。監査等委員会設置会社においては、監査等委員である取締役は、3人以上で、その過半数は、社外取締役でなければならない（会社法331条6項）。したがって、A社が監査等委員会を設置する場合、監査等委員である取締役は、3人以上で、その過半数は社外取締役でなければならないから、本肢は適切である。

イ．適切でない。監査等委員である取締役は、監査等委員会設置会社若しくはその子会社の業務執行取締役若しくは支配人その他の使用人又は当該子会社の会計参与（会計参与が法人であるときは、その職務を行うべき社員）若しくは執行役を兼ねることができない（会社法331条3項）。したがって、A社が監査等委員会を設置する場合、過去においてA社の取締役となったことがある者であっても、現にA社若しくはその子会社の業務執行取締役若しくは支配人その他の使用人又は当該子会社の会計参与若しくは執行役でなければ、A社の監査等委員になることができるから、本肢は適切でない。

ウ．適切である。指名委員会等設置会社とは、指名委員会、監査委員会及び報酬委員会を置く株式会社をいう（会社法2条12号）。指名委員会等設置会社と監査等委員会設置会社とは異なるから注意を要する。したがって、A社が、指名委員会等を設置する場合、指名委員会、監査委員会及び報酬委員会の三委員会を一括して設置しなければならず、例えば、報酬委員会は設置せず、指名委員会及び監査委員会のみを設置することはできないから、本肢は適切である。

エ．適切でない。指名委員会等設置会社の取締役は、会社法又は会社法に基づく命令に別段の定めがある場合を除き、指名委員会等設置会社の業務を執行することができない（会社法415条）。指名委員会等設置会社の業務の執行は、執行役の職務である（同法418条2号）。一方で、指名委員会、監査委員会又は報酬委員会の各委員会の委員は、取締役の中から、取締役会の決議によって選定する（同法400条2項）。したがって、A社が、指名委員会等を設置する場合、その業務執行を執行役に行わせることとしても、A社は、引き続き取締役を置く必要があるから、本肢は適切でない。

オ．適切でない。監査委員は、執行役又は取締役が指名委員会等設置会社の目的の範囲外の行為その他法令若しくは定款に違反する行為をし、又はこれらの行為をするおそれがある場合において、当該行為によって当該指名委員会等設置会社に著しい損害が生ずるおそれがあるときは、当該執行役又は取締役に対し、当該行為をやめることを請求することができる（会社法407条1項）。したがって、A社が指名委員会等設置会社となった場合、A社の執行役が法令又は定款に違反する行為をし、当該行為によりA社に著しい損害が生ずるおそれがあったときは、A社の監査委員は、当該執行役に対し、当該行為をやめることを請求することができるから、本肢は適切でない。

　株式会社における剰余金の配当に関する次のア〜オの記述のうち、会社法に照らし、その内容が適切なものの組み合わせを①〜⑤の中から１つだけ選びなさい。なお、本問においては、剰余金の配当について内容の異なる種類の株式は存在しないものとする。また、本問における違法配当とは、株式会社が行う剰余金の配当のうち、当該剰余金の配当により株主に対して交付する金銭等（当該株式会社の株式を除く）の帳簿価額の総額が、当該剰余金の配当がその効力を生ずる日における分配可能額を超えているものをいうものとする。（第46回第10問10-1）

ア．株式会社は、その純資産額が300万円を下回る場合には、剰余金の配当をすることができない。

イ．剰余金の配当における株主に対する配当財産の割当てに関する事項についての定めは、株主の有する株式の数に応じて配当財産を割り当てることを内容とするものでなければならない。

ウ．株式会社は、配当財産が金銭以外の財産である場合において、株主に対して当該配当財産に代えて金銭を交付することを株式会社に対して請求する権利（金銭分配請求権）を与えないときは、株主総会の特別決議によらなければ剰余金の配当を行うことができない。

エ．株式会社が違法配当を行った場合、株主は、自ら積極的に違法配当に加担をしたような特別の場合を除き、会社に対し、違法配当により交付を受けた金銭等の帳簿価額に相当する金銭を支払う義務を負わない。

オ．株式会社が違法配当を行った場合、当該株式会社の債権者は、当該違法配当により金銭等の交付を受けた株主に対し、当該債権者が当該株式会社に対して有する債権額にかかわらず、当該株主が交付を受けた金銭等の帳簿価額に相当する金銭の全額を支払わせることができる。

① アイウ　　② アイオ　　③ アウエ　　④ イエオ　　⑤ ウエオ

第**24**問 解答 ①

解説

ア．適切である。株式会社は、その純資産額が300万円を下回る場合には、剰余金の配当をすることができない（会社法458条、453条）。会社の財産が無制限に流出することを防止する趣旨である。したがって、株式会社は、その純資産額が300万円を下回る場合には、剰余金の配当をすることができないから、本肢は適切である。

イ．適切である。株主に対する配当財産の割当てに関する事項についての定めは、株主の有する株式の数に応じて配当財産を割り当てることを内容とするものでなければならない（会社法454条3項）。したがって、剰余金の配当における株主に対する配当財産の割当てに関する事項についての定めは、株主の有する株式の数に応じて配当財産を割り当てることを内容とするものでなければならないから、本肢は適切である。

ウ．適切である。配当財産が金銭以外の財産であって、株主に金銭分配請求権を与えない配当をするときは、株主総会の特別決議（原則として当該株主総会において議決権を行使することができる株主の議決権の過半数を有する株主が出席し、出席した当該株主の議決権の3分の2以上に当たる多数をもって行う決議）によって所定の事項を定めなければならない（会社法454条4項、309条2項10号）。したがって、株式会社は、配当財産が金銭以外の財産である場合において、株主に対して当該配当財産に代えて金銭を交付することを株式会社に対して請求する権利（金銭分配請求権）を与えないときは、株主総会の特別決議によらなければ剰余金の配当を行うことができないから、本肢は適切である。

エ．適切でない。違法配当があった場合に、業務執行者等のほか、当該行為により金銭等の交付を受けた株主は、連帯して交付された金銭等の帳簿価額に相当する金銭を支払う義務を負う（会社法462条1項6号）。したがって、株式会社が違法配当を行った場合、株主は、自ら積極的に違法配当に加担をしたような場合でなくても、会社に対し、違法配当により交付を受けた金銭等の帳簿価額に相当する金銭を支払う義務を負うから、本肢は適切でない。

オ．適切でない。分配可能額を超える剰余金の配当があった場合、株式会社の債権者は、当該配当により金銭等の交付を受けた株主に対し、その交付を受けた金銭等の帳簿価額（当該額が当該債権者の株式会社に対して有する債権額を超える場合にあっては、当該債権額）に相当する金銭を支払わせることができる（会社法463条2項）。したがって、株式会社が違法配当を行った場合、当該株式会社の債権者は、当該違法配当により金銭等の交付を受けた株主に対し、当該株主が交付を受けた金銭等の帳簿価額に相当する金銭の全額を支払わせることができるが、当該債権者が当該株式会社に対して有する債権額が上限となるから、本肢は適切でない。

第 **25** 問

　株式会社間における事業譲渡に関する次のア〜オの記述のうち、その内容が適切なものの組み合わせを①〜⑤の中から１つだけ選びなさい。（第44回第10問10-1）

ア．会社法上、事業譲渡にかかる契約の内容は、取締役会決議により決定しなければならない事項に含まれないため、取締役会設置会社においても、事業譲渡にかかる契約の内容の決定を特定の1人の取締役に委任することができる。

イ．会社法上、事業譲渡によって、譲渡の対象となる事業において譲渡会社が債権者に対し負っていた債務は当然に譲受会社に移転し、譲受会社は、当該債務を弁済する責任を負う。

ウ．譲渡の対象となる事業に従事している従業員と譲渡会社との間の雇用関係は、民法上、事業譲渡によって当然に譲受会社に承継され、雇用関係を移転するために当該従業員の承諾を得る必要はない。

エ．会社法上、譲受会社が譲渡会社の発行済株式のすべてを保有する特別支配会社である場合には、譲渡の対象となる事業が譲渡会社の事業の重要な一部であっても、譲渡会社は、事業譲渡につき、株主総会の特別決議による承認を受ける必要はない。

オ．会社法上、譲受会社は、事業の譲受けによってその事業目的に変更を生じる場合、株主総会の特別決議による定款の変更が必要となることがある。

① 　アイ　　② 　アウ　　③ 　イエ　　④ 　ウオ　　⑤ 　エオ

13

解説

ア．適切でない。取締役会は、重要な財産の処分及び譲受けその他の重要な業務執行の決定を取締役に委任することができない（会社法362条4項1号）。会社の一連の財産の移転を伴う事業譲渡は、重要な財産の処分に当たると考えられ、取締役会の専決事項であるから、取締役の1人に委任することはできない。したがって、会社法上、事業譲渡にかかる契約の内容は、取締役会決議により決定しなければならない事項に含まれるため、取締役会設置会社において、事業譲渡にかかる契約の内容の決定を特定の1人の取締役に委任することはできないから、本肢は適切でない。

イ．適切でない。事業譲渡は取引的行為であって、合併や会社分割のような組織法的行為ではなく、事業譲渡によって、個々の財産や契約関係は当然には移転しない。会社が有している債権や会社が負担している債務を移転するためには、別途、移転のための手続が必要である。したがって、会社法上、事業譲渡によって、譲渡の対象となる事業において譲渡会社が債権者に対し負っていた債務は、別途債務引受けがなければ、当然に譲受会社に移転することはないから、本肢は適切でない。

ウ．適切でない。事業譲渡によって、個々の財産や契約関係は当然には移転しないため、労働者と雇用主との雇用関係は、当然には、譲渡先の会社に移転しない。民法上、使用者は、労働者の承諾を得なければ、その権利を第三者に譲り渡すことができない（民法625条1項）。したがって、譲渡の対象となる事業に従事している従業員と譲渡会社との間の雇用関係は、民法上、当該従業員の承諾を得なければ、事業譲渡によって譲受会社に承継されないから、本肢は適切でない。

エ．適切である。事業の重要な一部の譲渡をする場合には、原則として、株主総会の特別決議によって、当該行為に係る契約の承認を受けなければならない（会社法467条1項2号、309条2項11号）。もっとも、事業譲渡等に係る契約の相手方が特別支配会社である場合には、株主総会による契約の承認は不要である。特別支配会社とは、ある株式会社の総株主の議決権の10分の9（これを上回る割合を当該株式会社の定款で定めた場合にあっては、その割合）以上を他の会社及び当該他の会社が発行済株式の全部を有する株式会社等が有している場合における当該他の会社をいう（同法468条1項）。したがって、会社法上、譲受会社が譲渡会社の発行済株式の全てを保有する特別支配会社である場合には、譲渡の対象となる事業が譲渡会社の事業の重要な一部であっても、譲渡会社は、事業譲渡につき、株主総会の特別決議による承認を受ける必要はないから、本肢は適切である。

オ．適切である。事業譲渡に伴い、当然に定款が変更されるわけではなく、事業目的を変更する場合には、別途定款変更の手続が必要である。株式会社は、その成立後、株主総会の決議によって、定款を変更することができ（会社法466条）、定款を変更するに当たっては、株主総会の特別決議が必要である（同法309条2項11号）。したがって、会社法上、譲受会社は、事業の譲受けによってその事業目的に変更を生じる場合、株主総会の特別決議による定款の変更が必要となることがあるから、本肢は適切である。

　A株式会社は、金属食器の製造および金属部品の表面加工を事業内容としており、A社の売上および資産について両部門が占める割合もおおよそ50％ずつとなっている。A社では、事業譲渡による事業の再編を検討している。この場合に関する次のア～オの記述のうち、その内容が適切なものの組み合わせを①～⑤の中から１つだけ選びなさい。（第40回第5問5-2）

ア．A社は、金属部品の表面加工事業をB社に譲渡し、金属食器の製造に事業を集約することとした。この場合、金属部品の表面加工事業によりA社が負っている債務は、当該事業の譲渡によって当然にはB社に移転せず、当該債務を移転させるには、別途債務引受け等の方法による必要がある。

イ．A社は、その事業のすべてをC社に譲渡し、その後清算手続に入ることとした。この場合において、原則として当該事業の譲渡の対価としてC社がA社に交付する財産の帳簿価額の合計額がC社の純資産額の5分の1を超えないときは、C社においては、当該事業の譲渡について株主総会の承認を得る必要はない。

ウ．A社は、金属食器の製造事業をD社に譲渡し、金属部品の表面加工に事業を集約することとした。この場合、A社およびD社は、それぞれ、当該事業の譲渡について株主総会の特別決議による承認を得なければならない。

エ．A社は、金属食器の製造事業を、金属食器の製造事業を行っていないE社に譲渡し、金属部品の表面加工に事業を集約することとした。この場合、E社は、当該事業の譲渡に伴い、E社の定款における事業目的に金属食器の製造事業が追加されたものとみなされるため、別途定款変更の手続をとる必要はない。

オ．A社は、金属部品の表面加工事業を、A社との関係で会社法上の特別支配会社に当たるF社に譲渡することとした。この場合、A社においては、当該事業の譲渡について株主総会の承認を得る必要はない。

① アイオ　　② アウエ　　③ アウオ　　④ イウエ　　⑤ イエオ

13

株式会社の組織と運営

解説

ア．適切である。 事業譲渡は取引的行為であって、合併や会社分割のような組織法的行為ではなく、事業譲渡によって、個々の財産や契約関係は当然には移転しない。会社が有している債権や会社が負担している債務を移転するためには、別途、移転のための手続が必要である。したがって、A社が、金属部品の表面加工事業をB社に譲渡し、金属食器の製造に事業を集約することとした場合、金属部品の表面加工事業によりA社が負っている債務は、当該事業の譲渡によって当然にはB社に移転せず、当該債務を移転させるには、別途債務引受け等の方法による必要があるから、本肢は適切である。

イ．適切である。 他の会社の事業の全部の譲受けをする場合、原則として、株主総会の特別決議により、事業の譲受けに係る契約の承認を受けなければならない（会社法467条1項3号、309条2項11号）。もっとも、事業の譲受けの対価として交付する財産の帳簿価額の合計額の、当該株式会社の純資産額に対する割合が5分の1（これを下回る割合を定款で定めた場合にあっては、その割合）を超えないときは、株主総会決議は不要である（同法468条2項）。したがって、A社が、その事業の全てをC社に譲渡し、その後清算手続に入ることとした場合において、原則として当該事業の譲渡の対価としてC社がA社に交付する財産の帳簿価額の合計額がC社の純資産額の5分の1を超えないときは、C社においては、当該事業の譲渡について株主総会の承認を得る必要はないから、本肢は適切である。

ウ．適切でない。 事業の「重要な一部の譲渡」については、株主総会の特別決議によって、当該行為に係る契約の承認を受けなければならないが（会社法467条1項2号、309条2項11号）、他の会社の事業を譲り受ける場合、それが他の会社の事業の「一部の譲受け」であるときは、株主総会の承認を受ける必要はない。したがって、A社が、金属食器の製造事業をD社に譲渡し、金属部品の表面加工に事業を集約することとした場合、A社は事業の重要な一部の譲渡として、当該事業の譲渡について株主総会の特別決議による承認を得なければならないが、D社は、事業の一部の譲受けであって、当該事業の譲渡について株主総会決議による承認を得る必要はないから、本肢は適切でない。

エ．適切でない。 株式会社は、その成立後、株主総会の決議によって、定款を変更することができるが、定款を変更するに当たっては、株主総会の特別決議が必要である（会社法466条、同法309条2項11号）。もっとも、事業譲渡に伴い、当然に定款が変更されるわけではなく、事業目的の変更の必要に応じて、定款を変更することとなる。したがって、A社が、金属食器の製造事業を、金属食器の製造事業を行っていないE社に譲渡し、金属部品の表面加工に事業を集約する場合、当該事業の譲渡に伴い、E社の定款における事業目的に金属食器の製造事業が追加されたものとみなされることはなく、E社は別途定款変更の手続をとる必要があるから、本肢は適切でない。

オ．適切である。 事業の重要な一部の譲渡をする場合には、原則として、株主総会の特別決議によって、当該行為に係る契約の承認を受けなければならない（会社法467条1項2号、309条2項11号）。もっとも、事業譲渡等に係る契約の相手方が特別支配会社である場合には、株主総会による契約の承認は不要である。特別支配会社とは、ある株式会社の総株主の議決権の10分の9（これを上回る割合を当該株式会社の定款で定めた場合にあっては、その割合）以上を他の会社及び当該他の会社が発行済株式の全部を有する株式会社等が有している場合における当該他の会社をいう（同法468条1項）。したがって、A社が、金属部品の表面加工事業を、A社との関係で会社法上の特別支配会社に当たるF社に譲渡する場合、A社においては、当該事業の譲渡について株主総会の承認を得る必要はないから、本肢は適切である。

合併

　会社法上の合併に関する次の①〜⑤の記述のうち、その内容が最も適切なものを1つだけ選びなさい。（第41回第1問1-3）

①　合併は同種の会社の間でのみ行うことができ、合同会社と株式会社のように異なる種類の会社は、合併することはできない。
②　株式会社間の合併において、合併当事会社の債権者は、合併について異議を述べる機会を与えられるが、異議を述べたとしても、これにより合併を中止させることはできない。
③　株式会社間の合併において、合併に反対する反対株主は、合併当事会社が会社法上の公開会社でない場合に限り、自己の株式を当該合併当事会社に公正な価格で買い取ることを請求することができる。
④　株式会社間において吸収合併をする場合、合併後に存続する会社の資本金の額は、合併により消滅する会社の資本金の額より多くなければならない。
⑤　株式会社間における新設合併により株式会社を設立する場合、合併により消滅する会社は、新設合併契約について、その総株主の同意を得なければならない。

第27問 解答 ②

解説

① **適切でない。**合併は、異なる種類の会社（株式会社と持分会社）の間ですることができる（会社法749条1項等参照）。したがって、合併は合同会社と株式会社のように、異なる種類の間ですることができるから、本肢は適切でない。

② **最も適切である。**例えば、吸収合併消滅株式会社の債権者は、消滅株式会社等に対し、また、吸収合併存続株式会社の債権者は、存続株式会社等に対し、それぞれ吸収合併について異議を述べることができる（会社法789条1項1号、799条1項1号）。債権者が異議を述べたときは、消滅株式会社等又は存続株式会社等は、当該債権者に対し、弁済し、若しくは相当の担保を提供し、又は当該債権者に弁済を受けさせることを目的として信託会社等に相当の財産を信託しなければならない（同法789条5項、799条5項）。すなわち、債権者が異議を述べたときは、弁済若しくは担保の提供をしなければならないのであって、合併が中止されるわけではない。したがって、株式会社間の合併において、合併当事会社の債権者は、合併について異議を述べる機会を与えられるが、異議を述べたとしても、これにより合併を中止させることはできないから、本肢は適切である。

③ **適切でない。**合併をする場合には、会社が公開会社であるか否かにかかわらず、反対株主は、原則として、会社に対し、自己の有する株式を公正な価格で買い取ることを請求することができる（会社法785条1項、797条1項、806条1項）。したがって、株式会社間の合併において、合併に反対する反対株主は、合併当事会社が会社法上の公開会社であるか否かにかかわらず、自己の株式を当該合併当事会社に公正な価格で買い取ることを請求することができるから、本肢は適切でない。

④ **適切でない。**会社が吸収合併をする場合において、吸収合併後存続する会社を吸収合併存続会社といい、吸収合併により消滅する会社を吸収合併消滅会社というが、吸収合併存続会社の資本金の金額が、吸収合併消滅会社より多くなければならないとする規定はない。いずれの会社を吸収合併存続会社とするかについては、合併当事会社の協議により決定される。したがって、株式会社間において吸収合併をする場合、合併後に存続する会社の資本金の額が、合併により消滅する会社の資本金の額より多くなければならないわけではないから、本肢は適切でない。

⑤ **適切でない。**新設合併により消滅する消滅株式会社等は、株主総会の決議によって、新設合併契約等の承認を受けなければならない（会社法804条1項）。必要となる株主総会決議は、原則として、当該株主総会において議決権を行使することができる株主の議決権の過半数を有する株主が出席し、出席した当該株主の議決権の3分の2以上に当たる多数をもって行う決議（特別決議）である（同法309条2項12号）。したがって、株式会社間における新設合併により株式会社を設立する場合、合併により消滅する会社は、新設合併契約について、株主総会の特別決議による承認を受けなければならないのであって、総株主の同意が必要なわけではないから、本肢は適切でない。

　A株式会社は、B株式会社との間で、存続会社をA社、消滅会社をB社とする吸収合併を行うこととした。この場合に関する次の①〜⑤の記述のうち、会社法の規定に照らし、その内容が最も適切なものを1つだけ選びなさい。（第45回第7問7-4）

① 　本件吸収合併により、B社の財産は包括的にA社に移転し、B社の従業員は原則としてA社に雇用されることとなり、B社は清算手続を経ることによって消滅する。

② 　A社がB社の株主に交付する本件吸収合併の対価は、A社の株式でなければならず、金銭を本件吸収合併の対価とすることはできない。

③ 　B社に対して売掛金債権を有するC株式会社は、本件吸収合併について、会社法所定の方法により異議を述べた。この場合、B社は、原則として、C社に対し、弁済または相当の担保の提供等をしなければならない。

④ 　株式会社間において吸収合併をする場合、合併後に存続する会社の資本金の額は、合併により消滅する会社の資本金の額より多くなければならないため、A社の資本金の額がB社の資本金の額以下であるときは、A社は、本件吸収合併をすることができない。

⑤ 　本件吸収合併に反対するA社における反対株主は、A社に対して自己の株式を公正な価格で買い取るよう請求することができる。しかし、本件吸収合併に反対するB社における反対株主は、B社に対して自己の株式を公正な価格で買い取るよう請求することができない。

13

株式会社の組織と運営

第**28**問 **解答** ③

解説

① 適切でない。吸収合併とは、会社が他の会社とする合併であって、合併により消滅する会社の権利義務の全部を合併後存続する会社に承継させるものをいう（会社法2条27号）。吸収合併存続株式会社は、効力発生日に、吸収合併消滅会社の権利義務を承継する（同法750条1項）。すなわち、吸収合併消滅会社の権利義務は、清算手続を経ることなく、吸収合併の効力発生日に、吸収合併存続会社に承継され、吸収合併消滅会社は消滅する。したがって、本件吸収合併により、B社の財産は包括的にA社に移転し、B社の従業員は原則としてA社に雇用されることとなるが、B社は清算手続を経ることなく、吸収合併の効力によって消滅するから、本肢は適切でない。

② 適切でない。吸収合併の場合、吸収合併の対価として吸収合併消滅会社の株主に交付されるのは、吸収合併存続会社の株式に限られず、金銭その他の財産でもよいとされている（会社法749条2項、151条1項参照）。したがって、A社がB社の株主に交付する本件吸収合併の対価は、A社の株式に限られず、金銭を本件吸収合併の対価とすることもできるから、本肢は適切でない。

③ 最も適切である。吸収合併をする場合には、吸収合併消滅株式会社の債権者は、消滅株式会社等に対し、吸収合併等について異議を述べることができる（会社法789条1項）。債権者が所定の期間内に異議を述べたときは、原則として、消滅株式会社等は、当該債権者に対し、弁済し、若しくは相当の担保を提供し、又は当該債権者に弁済を受けさせることを目的として信託会社等に相当の財産を信託しなければならない（同条5項）。したがって、B社に対して売掛金債権を有するC株式会社が、本件吸収合併について、会社法所定の方法により異議を述べた場合、B社は、原則として、C社に対し、弁済又は相当の担保の提供等をしなければならないから、本肢は適切である。

④ 適切でない。会社法上、吸収合併存続会社の資本金の金額が、吸収合併消滅会社より多くなければならないとする規定はない。いずれの会社を吸収合併存続会社とするかについては、合併当事会社の協議により決定される。したがって、株式会社間において吸収合併をする場合、合併後に存続する会社の資本金の額が、合併により消滅する会社の資本金の額より多くなければならないわけではなく、A社の資本金の額がB社の資本金の額以下であるときであっても、A社は、本件吸収合併をすることができるから、本肢は適切でない。

⑤ 適切でない。吸収合併によって消滅する会社又は存続する会社の株主であって、合併に反対する株主は、一定の要件を満たせば、消滅株式会社等又は存続株式会社等に対し、自己の有する株式を公正な価格で買い取ることを請求することができる（会社法785条1項、797条1項）。したがって、本件吸収合併に反対するA社における反対株主のみならず、B社における反対株主も、A社又はB社に対して自己の株式を公正な価格で買い取るよう請求することができるから、本肢は適切でない。

　会社法上の会社分割に関する次のア〜オの記述のうち、その内容が適切なものの組み合わせを①〜⑤の中から１つだけ選びなさい。（第43回第10問10-4）

ア．株式会社が会社分割をする場合、分割契約または分割計画について、事前に開示していれば、株主総会における特別決議による承認を受けることを要しない。

イ．吸収分割会社が、吸収分割承継株式会社に承継されない債務の債権者（残存債権者）を害することを知って吸収分割をした場合には、残存債権者は、原則として、吸収分割承継株式会社に対して、承継した財産の価額を限度として、当該債務の履行を請求することができる。

ウ．吸収分割に際し、吸収分割承継会社が吸収分割株式会社の特別支配会社である場合には、吸収分割株式会社において、株主総会決議により吸収分割契約の承認を受けることを要しない。

エ．会社法上、株式会社や合同会社に限らず、合名会社と合資会社も、会社分割における分割会社となることができる。

オ．会社分割における分割会社は、承継の対象となる事業に主として従事するものとして厚生労働省令で定める労働者について、分割契約または分割計画に労働契約を承継する旨の定めがない場合は、当該労働者に対し、「会社分割に伴う労働契約の承継等に関する法律」に基づいて一定の事項を通知する必要はない。

①　アイ　　②　アオ　　③　イウ　　④　ウエ　　⑤　エオ

13
株式会社の組織と運営

解説

ア．適切でない。会社分割をする場合、株式会社は、原則として、株主総会の特別決議によって、分割契約又は分割計画について承認を受けなければならない（会社法795条1項、804条1項、309条2項12号）。その前提として、株式会社は、所定の期間、分割契約又は分割計画を備え置いて、開示しなければならない（同法794条1項、803条1項）。したがって、株式会社が会社分割をする場合、分割契約又は分割計画について、事前に開示していても、株主総会における特別決議による承認を受けることを要するから、本肢は適切でない。

イ．適切である。吸収分割会社が吸収分割承継株式会社に承継されない債務の債権者（これを残存債権者という。）を害することを知って吸収分割をした場合には、残存債権者は、吸収分割承継株式会社に対して、承継した財産の価額を限度として、当該債務の履行を請求することができる。ただし、吸収分割承継株式会社が吸収分割の効力が生じた時において残存債権者を害することを知らなかったときは、この限りでない（会社法759条4項）。したがって、吸収分割会社が、吸収分割承継株式会社に承継されない債務の債権者（残存債権者）を害することを知って吸収分割をした場合には、残存債権者は、原則として、吸収分割承継株式会社に対して、承継した財産の価額を限度として、当該債務の履行を請求することができるから、本肢は適切である。

ウ．適切である。吸収分割に際し、吸収分割承継株式会社の株主総会の特別決議によって、分割契約の承認を受けなければならないとする規定は、原則として、吸収分割承継会社が吸収分割株式会社の特別支配会社である場合には、適用されない（会社法796条1項）。したがって、吸収分割に際し、吸収分割承継会社が吸収分割株式会社の特別支配会社である場合には、吸収分割株式会社において、株主総会決議により吸収分割契約の承認を受けることを要しないから、本肢は適切である。

エ．適切でない。会社分割には、吸収分割と新設分割があるが、いずれの場合も分割会社になることができるのは、株式会社又は合同会社に限られる（会社法757条、762条1項参照）。したがって、会社法上、会社分割における分割会社となることができるのは、株式会社と合同会社に限られるから、本肢は適切でない。

オ．適切でない。会社は、吸収分割又は新設分割をするときは、所定の労働者に対し、通知期限日までに、当該分割に関し、当該会社が当該労働者との間で締結している労働契約を当該分割に係る承継会社等が承継する旨の分割契約等における定めの有無、異議申出期限日その他の事項を書面により通知しなければならない。この通知の対象となる労働者は、当該会社が雇用する労働者であって、承継会社等に承継される事業に主として従事するもの及び、当該会社が雇用する労働者であって当該分割契約等にその者が当該会社との間で締結している労働契約を承継会社等が承継する旨の定めがあるものである（会社分割に伴う労働契約の承継等に関する法律2条1項）。したがって、会社分割における分割会社は、承継の対象となる事業に主として従事するものとして厚生労働省令で定める労働者については、分割契約又は分割計画に労働契約を承継する旨の定めがない場合であっても、当該労働者に対し、「会社分割に伴う労働契約の承継等に関する法律」に基づいて一定の事項を通知する必要があるから、本肢は適切でない。

　会社設立時の株式の発行および募集株式の発行に関する次の①～⑤の記述の
うち、会社法の規定に照らし、その内容が最も適切でないものを１つだけ選び
なさい。なお、本問における会社は、会社法上の公開会社であるものとする。
（第43回第７問7-1）

①　会社は、その設立時には、発行可能株式総数の範囲内であればその多寡を
　問わず、自由に株式を発行することができる。

②　会社は、一定の要件の下で発行可能株式総数を増加させることができる
　が、増加後の発行可能株式総数は、増加前の発行済株式総数の4倍を超える
　ことはできない。

③　会社が株主に募集株式の割当てを受ける権利を与える株主割当ての方法に
　より募集株式を発行する場合、株主は、原則として、その有する株式の数に
　応じて割当てを受ける権利を有する。

④　会社が募集株式を発行するにあたり、募集株式の引受人が、当該会社の取
　締役と通じて、著しく不公正な払込金額で募集株式を引き受けた。この場
　合、当該引受人は、当該会社に対し、当該払込金額と当該募集株式の公正な
　価額との差額に相当する金額を支払う義務を負う。

⑤　株主は、募集株式の発行が法令または定款に違反する場合、または、募集
　株式の発行が著しく不公正な方法により行われる場合において、不利益を受
　けるおそれがあるときは、会社に対し、当該募集株式の発行をやめることを
　請求することができる。

解説

① 最も適切でない。発起人は、株式会社が発行することができる株式の総数を定款で定めていない場合には、株式会社の成立の時までに、その全員の同意によって、定款を変更して発行可能株式総数の定めを設けなければならない（会社法37条1項）。そして、公開会社においては、設立時発行株式の総数は、発行可能株式総数の4分の1を下ることができない（同条3項）。したがって、会社は、その設立時に、発行可能株式総数の4分の1以上の株式を発行している必要があり、発行可能株式総数の範囲内で自由に株式を発行することができるわけではないから、本肢は適切でない。

② 適切である。株式会社は、定款を変更して発行可能株式総数についての定めを廃止することができない（会社法113条1項）。そして、公開会社が定款を変更して発行可能株式総数を増加する場合、当該定款の変更後の発行可能株式総数は、当該定款の変更が効力を生じた時における発行済株式の総数の4倍を超えることができない（同条3項）。したがって、会社は、一定の要件の下で発行可能株式総数を増加させることができるが、増加後の発行可能株式総数は、増加前の発行済株式総数の4倍を超えることはできないから、本肢は適切である。

③ 適切である。公開会社が株主割当てにより募集株式を発行する場合、株主は、原則として、その有する株式の数に応じて募集株式の割当てを受ける権利を有する（会社法202条2項）。したがって、会社が株主に募集株式の割当てを受ける権利を与える株主割当ての方法により募集株式を発行する場合、株主は、原則として、その有する株式の数に応じて割当てを受ける権利を有するから、本肢は適切である。

④ 適切である。募集株式の引受人は、取締役（指名委員会等設置会社にあっては、取締役又は執行役）と通じて著しく不公正な払込金額で募集株式を引き受けた場合には、株式会社に対し、当該払込金額と当該募集株式の公正な価額との差額に相当する金額を支払う義務を負う（会社法212条1項1号）。したがって、会社が募集株式を発行するに当たり、募集株式の引受人が、当該会社の取締役と通じて、著しく不公正な払込金額で募集株式を引き受けた場合、当該引受人は、当該会社に対し、当該払込金額と当該募集株式の公正な価額との差額に相当する金額を支払う義務を負うから、本肢は適切である。

⑤ 適切である。当該株式の発行又は自己株式の処分が、法令又は定款に違反する場合、又は著しく不公正な方法により行われる場合において、株主が不利益を受けるおそれがあるときは、株主は、株式会社に対し、募集株式の発行をやめることを請求することができる（会社法210条1号、2号）。したがって、株主は、募集株式の発行が法令又は定款に違反する場合、又は、募集株式の発行が著しく不公正な方法により行われる場合において、不利益を受けるおそれがあるときは、会社に対し、当該募集株式の発行をやめることを請求することができるから、本肢は適切である。

株式の発行

　X株式会社は、資金調達のため、募集株式を発行することを検討している。この場合に関する次のア～オの記述のうち、その内容が適切なものの組み合わせを①～⑤の中から１つだけ選びなさい。（第40回第9問9-2）

ア．X社は、会社法上の公開会社である場合、株主割当てにより募集株式を発行するに際し、取締役会決議により募集事項を決定することができる。

イ．株式会社が発行する株式数の上限について、会社法および定款の定めによる制限はないため、X社が発行する募集株式の数については何ら制限されない。

ウ．X社が募集株式の発行を行った場合において、募集株式の引受人のうちに出資の履行をしない者がいる場合、X社の募集株式の発行手続自体は無効とならず、当該出資の履行をしない者は募集株式の株主となる権利を失う。

エ．X社が、会社法の規定に違反して募集株式の発行を行おうとしており、これによりX社の株主が不利益を受けるおそれがある場合、X社の株主は、X社に対し、事前に募集株式の発行の差止めを請求することができる。

オ．X社の株主は、X社が募集株式を発行した後は、募集株式の発行につきいかなる法的瑕疵があっても、これを無効とすることはできない。

① アイウ　　② アイオ　　③ アウエ　　④ イエオ　　⑤ ウエオ

解説

ア．適切である。公開会社の場合、株主割当てにより募集株式を発行するには、引き受ける者に特に有利な払込金額で発行する場合等を除き、募集株式の数や払込金額その他所定の事項を、原則として取締役会の決議により定めなければならない（会社法202条1項、3項3号）。したがって、X社が、会社法上の公開会社である場合、株主割当てにより募集株式を発行するに際し、取締役会決議により募集事項を決定することができるから、本肢は適切である。

イ．適切でない。会社設立の場面において、発起人は、株式会社が発行することができる株式の総数（これを「発行可能株式総数」という。）を定款で定めていない場合には、株式会社の成立の時までに、その全員の同意によって、定款を変更して発行可能株式総数の定めを設けなければならない（会社法37条1項）。設立後、株式会社は、定款を変更して発行可能株式総数についての定めを廃止することができない（同法113条1項）。取締役らが、株式会社が発行することができる株式の総数を超えて株式を発行したときは、株式の超過発行の罪が成立し、5年以下の懲役＊又は500万円以下の罰金に処せられる可能性がある（同法966条）。したがって、株式会社が発行する株式数の上限について、会社法及び定款の定めによる制限があるから、本肢は適切でない。

ウ．適切である。募集株式の引受人は、所定の期間内に、株式会社が定めた銀行等の払込みの取扱いの場所において、それぞれの募集株式の払込金額の全額を払い込まなければならない（会社法208条1項）。募集株式の引受人は、出資の履行をしないときは、当該出資の履行をすることにより募集株式の株主となる権利を失う（同条5項）。したがって、X社が募集株式の発行を行った場合において、募集株式の引受人のうちに出資の履行をしない者がいる場合、X社の募集株式の発行手続自体は無効とならず、当該出資の履行をしない者は募集株式の株主となる権利を失うから、本肢は適切である。

エ．適切である。当該株式の発行又は自己株式の処分が法令又は定款に違反する場合において、株主が不利益を受けるおそれがあるときは、株主は、株式会社に対し、募集株式の発行をやめることを請求することができる（会社法210条1号）。したがって、X社が、会社法の規定に違反して募集株式の発行を行おうとしており、これによりX社の株主が不利益を受けるおそれがある場合、X社の株主は、X社に対し、事前に募集株式の発行の差止めを請求することができるから、本肢は適切である。

オ．適切でない。株式会社の成立後における株式の発行の無効については、募集株式の発行等無効の訴えにより主張することができる（会社法828条1項2号等参照）。したがって、X社の株主は、X社が募集株式を発行した後に、募集株式の発行につき瑕疵が一定程度重大である場合には、訴訟をもって募集株式の発行を無効とすることができるから、本肢は適切でない。

＊ 法改正により「拘禁刑」となる。

　株式会社の解散に関する次のア～オの記述のうち、会社法に照らし、その内容が適切なものの組み合わせを①～⑤の中から1つだけ選びなさい。（第46回第5問5-2）

ア．取締役は、定款の定めや株主総会決議により取締役以外の者が清算人となる場合を除き、清算人となる。

イ．清算株式会社の複数の清算人全員で清算人会が組織される場合、原則として、清算人の中から代表清算人が選定され、当該代表清算人が清算株式会社を代表する。

ウ．清算人は、清算事務として、現務の結了、債権の取立ておよび債務の弁済、残余財産の分配を行う。

エ．清算株式会社は、株主総会を開催し、株主に清算事務等の報告等を行う必要はない。

オ．株式会社は、いったん株主総会において解散決議をしたときは、株主総会の特別決議によっても会社を継続することはできない。

① アイウ　　② アイエ　　③ アエオ　　④ イウオ　　⑤ ウエオ

第32問 解答 ①

解 説

ア．適切である。定款で定める者がないときは、株主総会の決議によって清算人が選任されない限り、取締役が、清算株式会社の清算人となる（会社法478条1項1号）。したがって、取締役は、定款の定めや株主総会決議により取締役以外の者が清算人となる場合を除き、清算人となるから、本肢は適切である。

イ．適切である。清算人会は、清算人の中から清算株式会社を代表する清算人である代表清算人を選定しなければならない（会社法489条3項、483条1項）。したがって、清算株式会社の複数の清算人全員で清算人会が組織される場合、原則として、清算人の中から代表清算人が選定され、当該代表清算人が清算株式会社を代表するから、本肢は適切である。

ウ．適切である。清算人は、現務の結了、債権の取立て及び債務の弁済、残余財産の分配の職務を行う（会社法481条）。したがって、清算人は、清算事務として、現務の結了、債権の取立て及び債務の弁済、残余財産の分配を行うから、本肢は適切である。

エ．適切でない。清算株式会社においては、清算人は、所定の貸借対照表及び事務報告を定時株主総会に提出し、又は提供しなければならない（会社法497条1項）。そして、清算人は事務報告の内容を定時株主総会に報告しなければならない（同条3項）。したがって、清算株式会社は、株主総会を開催し、株主に清算事務等の報告等を行う必要があるから、本肢は適切でない。

オ．適切でない。株式会社は、株主総会における解散の決議によって解散した場合には、原則として、清算が結了するまで、株主総会の決議によって、株式会社を継続することができる（会社法473条）。このとき必要とされる株主総会決議は特別決議である（同法309条2項11号）。したがって、株式会社は、いったん株主総会において解散決議をしたときであっても、株主総会の特別決議によって会社を継続することができるから、本肢は適切でない。

　会社法上の株式移転および株式交換に関する次の①〜⑤の記述のうち、その内容が最も適切なものを１つだけ選びなさい。（第46回第6問6-2）

① 　株式移転とは、完全子会社となる株式会社の発行済株式のすべてを完全親会社となる既存の株式会社または合同会社に取得させる手続である。

② 　株式移転を行うためには、株式移転完全子会社は、その取締役会の承認を受ければ足り、その株主総会の承認を受ける必要はない。

③ 　株式交換は、株式交換契約の締結日に効力が発生する。

④ 　株式交換を行うためには、株式交換完全親会社および株式交換完全子会社の株主全員の承認または社員全員の同意が必要である。

⑤ 　株式交換をする場合には、株式交換完全子会社において株式交換に反対する反対株主は、原則として、株式交換完全子会社に対し、自己の有する株式を公正な価格で買い取ることを請求することができる。

第33問 解答 ⑤

解説

① 適切でない。1又は2以上の株式会社がその発行済株式の全部を新たに設立する株式会社に取得させることを株式移転という(会社法2条32号)。株式会社は、株式移転の方法により新たに完全親会社を設立することができる(同法772条1項参照)。したがって、株式移転とは、完全子会社となる株式会社の発行済株式の全てを完全親会社となる新たに設立する株式会社に取得させる手続であって、既存の株式会社又は合同会社に取得させる手続ではないから、本肢は適切でない。

② 適切でない。株式移転完全子会社は、株主総会の決議によって、株式移転計画の承認を受けなければならない(会社法804条1項)。したがって、株式移転を行うためには、株式移転完全子会社は、その株主総会の承認を受ける必要があるから、本肢は適切でない。

③ 適切でない。株式交換とは、株式会社がその発行済株式の全部を他の株式会社又は合同会社に取得させることをいう(会社法2条31号)。株式会社が株式交換をする場合において、株式交換完全親会社が株式会社であるときは、株式交換契約において、株式交換がその効力を生ずる日を定めなければならない(同法768条1項6号)。すなわち、別に効力発生日を定めて株式交換契約を締結することになる。したがって、株式交換は、株式交換契約の締結日に効力が発生するわけではないから、本肢は適切でない。

④ 適切でない。株式交換完全親株式会社は、効力発生日の前日までに、株主総会の決議によって、株式交換契約の承認を受けなければならない(会社法795条1項)。このとき必要となる株主総会決議は、特別決議(当該株主総会において議決権を行使することができる株主の議決権の過半数を有する株主が出席し、出席した当該株主の議決権の3分の2以上に当たる多数をもって行われる決議)である(同法309条2項12号)。同様に、株式交換完全子会社においても、効力発生日の前日までに、株主総会の特別決議によって、吸収合併契約等の承認を受けなければならない(同法783条1項)。したがって、株式交換を行うためには、株式交換完全親会社及び株式交換完全子会社の株主総会特別決議があれば足り、株主全員の承認又は社員全員の同意は不要であるから、本肢は適切でない。

⑤ 最も適切である。株式交換をする場合には、原則として、反対株主は、株式交換完全子会社に対し、自己の有する株式を公正な価格で買い取ることを請求することができる(会社法785条1項)。したがって、株式交換をする場合には、株式交換完全子会社において株式交換に反対する反対株主は、原則として、株式交換完全子会社に対し、自己の有する株式を公正な価格で買い取ることを請求することができるから、本肢は適切である。

　会社法上の親会社および子会社に関する次の①～⑤の記述のうち、その内容が最も適切なものを１つだけ選びなさい。（第42回第10問10-1）

① 　X株式会社は、Y株式会社との間で株式交換を行い、Y社の完全親会社となることとした。この場合、X社は、Y社の株主に対し、Y社の株式に代わる対価として、X社の株式を交付することができるが、金銭を対価として交付することはできない。

② 　X株式会社は、Y株式会社との間で株式交換を行い、Y社の完全親会社となることとした。この場合において、X社およびY社のいずれもが取締役会設置会社であるときは、株式交換契約の承認は、X社およびY社の取締役会決議で行うことができ、株主総会の決議を経る必要はない。

③ 　X株式会社は、Y株式会社との間で株式交換を行い、Y社の完全親会社となることとした。この場合、会社法上、X社の債権者を保護する手続は設けられていないため、X社の債権者は、当該株式交換について異議を述べることはできない。

④ 　X株式会社は、株式移転により新たにY株式会社を設立し、Y社をX社の完全親会社とすることとした。この場合、当該株式移転に反対する反対株主は、原則として、X社に対し、自己の有するX社株式を公正な価格で買い取ることを請求することができる。

⑤ 　X株式会社は、株式移転により新たにY株式会社を設立し、Y社をX社の完全親会社とする場合、株式移転計画につき、X社ではなくY社の株主総会の特別決議による承認を得る必要がある。

解説

① **適切でない。** 株式交換とは、株式会社がその発行済株式の全部を他の株式会社又は合同会社に取得させることをいう（会社法2条31号）。株式交換をすると、当該株式会社は、発行済株式の全部を取得した他の会社の完全子会社となる。株式交換をした会社の元の株主は、発行済株式の全部を取得し完全親会社となる会社から、株式の対価を受け取ることができるが、当該対価が完全親会社の株式であれば、株式交換をした会社の元の株主は、株式交換の効力発生日に、完全親会社の株主となる（同法769条3項1号、768条1項2号イ）。株式会社が株式交換をする場合において、株式交換完全親会社が株式会社であるときは、株式交換契約において、株式交換完全親株式会社が株式交換に際して株式交換完全子会社の株主に対してその株式に代わる金銭等を交付するときは、当該金銭等について所定の事項を定めなければならない（同法768条1項2号）。金銭等とは、金銭その他の財産をいう（同法151条1項）。したがって、X株式会社が、Y株式会社との間で株式交換を行い、Y社の完全親会社となることとした場合、X社は、Y社の株主に対し、Y社の株式に代わる対価として、X社の株式を交付することができるとともに、金銭を対価として交付することもできるから、本肢は適切でない。

　なお、株式交換と異なり、株式全部を移転させるのではなく、その子会社とその子会社とするために当該他の株式会社の株式を譲り受け、当該株式の譲渡人に対して当該株式の対価として当該株式会社の株式を交付することを株式交付という（同法2条32号の2）。

② **適切でない。** 株式交換完全親株式会社は、効力発生日の前日までに、株主総会の決議によって、株式交換契約の承認を受けなければならない（会社法795条1項）。また、株式交換完全子会社は、効力発生日の前日までに、株主総会の決議によって、株式交換契約の承認を受けなければならない（同法783条1項）。取締役会設置会社であっても株主総会決議による承認が必要である。したがって、X株式会社が、Y株式会社との間で株式交換を行い、Y社の完全親会社となることとした場合、X社及びY社のいずれもが取締役会設置会社であっても、株式交換契約の承認は、X社及びY社の株主総会の決議を経る必要があるから、本肢は適切でない。

③ **適切でない。** 株式交換をする場合において、株式交換完全子会社の株主に対して交付する金銭等が株式交換完全親株式会社の株式の金銭等を交付する場合など所定の場合、株式交換完全親株式会社の債権者は、株式交換完全親株式会社に対し、株式交換について異議を述べることができる（会社法799条1項）。したがって、X株式会社が、Y株式会社との間で株式交換を行い、Y社の完全親会社となることとした場合、会社法上、X社の債権者を保護する手続は設けられており、X社の債権者は、当該株式交換について異議を述べることができるから、本肢は適切でない。

④ **最も適切である。** 株式移転とは、一又は二以上の株式会社がその発行済株式の全部

を新たに設立する株式会社に取得させることをいう（会社法2条32号）。株式移転を
すると、株式移転設立完全親会社は、その成立の日に、株式移転完全子会社の発行済
株式の全部を取得し、当該株式会社は、新たに設立された他の会社の完全子会社とな
る（同法774条1項）。株式移転をする場合には、反対株主は、原則として、株式移転
完全子会社に対し、自己の有する株式を公正な価格で買い取ることを請求することが
できる（同法806条1項）。したがって、X株式会社が、株式移転により新たにY株式
会社を設立し、Y社をX社の完全親会社とすることとした場合、当該株式移転に反対
する反対株主は、原則として、X社に対し、自己の有するX社株式を公正な価格で買
い取ることを請求することができるから、本肢は適切である。

⑤　適切でない。株式移転完全子会社は、株主総会の決議によって、株式移転計画の承
認を受けなければならない（会社法804条1項）。一方、株式移転設立完全親会社は、
その成立の日に、株式移転完全子会社の発行済株式の全部を取得し、株式移転完全子
会社の親会社となるのであって、株式移転計画の承認が予定されていない。株式移転
完全子会社で必要となる株主総会の決議は、原則として、当該株主総会において議決
権を行使することができる株主の議決権の過半数を有する株主が出席し、出席した当
該株主の議決権の3分の2以上に当たる多数をもって行う特別決議である（同法309
条2項11号）。したがって、X株式会社が、株式移転により新たにY株式会社を設立
し、Y社をX社の完全親会社とする場合、株式移転計画につき、Y社ではなくX社の株
主総会の特別決議による承認を得る必要があるから、本肢は適切でない。

第

14

章

企業と従業員の関係

学習のポイント

ここでは、労働組合と使用者との関係、及び労災保険等について学習します。労働組合法に関しては、労働協約の理解を中心に問われます。労災保険は、一見すると複雑ですが、どういう場合に労災保険の保険給付がなされるのかがポイントとなりますので、その点を中心に学習してください。

本章のキーワード

- 労働組合
- 不当労働行為
- 労働協約
- 就業規則
- 労災保険
- 業務災害
- 通勤災害

労働組合と使用者の関係に関する次のア～オの記述のうち、その内容が適切なものの組み合わせを①～⑤の中から１つだけ選びなさい。(第39回第4問4-4)

ア．使用者は、労働組合に対して、労働組合の運営のための経費の支払いにつき援助を行わなければならない。

イ．労働者が労働組合に加入せずまたは労働組合から脱退することを雇用条件とすることは、不当労働行為に当たる。

ウ．労働者は、使用者が不当労働行為に該当する行為をした場合、その旨を労働委員会に申し立てることができる。

エ．労働協約の適用を受けるのは、使用者との間で労働協約を締結した労働組合の組合員に限られ、いかなる場合であっても当該労働組合の組合員でない労働者に労働協約が適用されることはない。

オ．就業規則の定めに反する労働協約は、無効である。

① アイ ② アオ ③ イウ ④ ウエ ⑤ エオ

解説

ア．適切でない。使用者が、労働組合の運営のための経費の支払につき経理上の援助を与えることは、原則として不当労働行為に当たり、労働組合法上、禁止されている（労働組合法7条3号）。したがって、使用者が、労働組合に対して、労働組合の運営のための経費の支払につき援助を行うことは、労働組合法上禁止されているから、本肢は適切でない。

イ．適切である。労働者が労働組合の組合員であること、労働組合に加入し、若しくはこれを結成しようとしたこと若しくは労働組合の正当な行為をしたことの故をもって、その労働者を解雇し、その他これに対して不利益な取扱いをすること又は労働者が労働組合に加入せず、若しくは労働組合から脱退することを雇用条件とすることは、不当労働行為に当たり、労働組合法上、禁止されている（労働組合法7条1号）。したがって、労働者が労働組合に加入せず又は労働組合から脱退することを雇用条件とすることは、不当労働行為に当たるから、本肢は適切である。

ウ．適切である。労働委員会は、使用者が不当労働行為を行った旨の申立てを受けたときは、遅滞なく調査を行い、必要があると認めたときは、当該申立てが理由があるかどうかについて審問を行わなければならない（労働組合法27条1項）。したがって、労働者は、使用者が不当労働行為に該当する行為をした場合、その旨を労働委員会に申し立てることができるから、本肢は適切である。

エ．適切でない。労働協約は使用者と労働組合の間の契約であって、原則として、当該労働協約を締結した組合に加入している組合員についてのみ効力を生ずる。もっとも、同一の工場事業場に常時使用される同種の労働者の4分の3以上の数の労働者が同一の労働協約の適用を受けるに至ったときは、当該工場事業場に使用される他の同種の労働者に関しても、当該労働協約が適用されるなどの例外がある（労働組合法17条、18条）。したがって、労働協約の適用を受けるのは、使用者との間で労働協約を締結した労働組合の組合員に限られるのが原則であるが、一定の要件の下、当該労働組合の組合員でない労働者に労働協約が適用されることがあるから、本肢は適切でない。

オ．適切でない。就業規則は、法令又は当該事業場について適用される労働協約に反してはならない。そして、所轄労働基準監督署長は、法令又は労働協約に牴触する就業規則の変更を命ずることができる（労働基準法92条1項、2項、労働基準法施行規則50条）。すなわち、就業規則よりも労働協約の規定が優先されるため、就業規則の定めに反するという理由で労働協約が無効となることはない。したがって、就業規則の定めに反する労働協約は、無効とはいえないから、本肢は適切でない。

　X社では常時100名の労働者を使用しており、その過半数である60名の労働者で組織するY労働組合が存在する。この場合に関する次のア〜オの記述のうち、労働基準法および労働組合法の規定に照らし、その内容が適切なものの組み合わせを①〜⑤の中から1つだけ選びなさい。（第45回第4問4-4）

ア．X社で作成した就業規則が、X社について適用される労働協約に牴触する場合、所轄労働基準監督署長は、その就業規則の変更を命じることができる。

イ．X社とY労働組合との間の労働協約は、合意事項を書面に作成し、X社およびY労働組合が署名または記名押印することによってその効力を生ずる。

ウ．X社とY労働組合との間で労働協約が締結された場合、Y労働組合に加入していない労働者も含め、X社に使用されるすべての労働者が直ちに当該労働協約の適用を受ける。

エ．X社とY労働組合との間の労働協約の有効期間は、3年以下としなければならず、有効期間の定めのない労働協約や3年を超える期間を定めた労働協約は、労働協約自体が無効となる。

オ．X社は、Y労働組合の運営のための経費の支払いにつき、Y労働組合に対し経理上の援助をしなければならない。

① アイ　　② アオ　　③ イウ　　④ ウエ　　⑤ エオ

解 説

ア．適切である。就業規則は、法令又は当該事業場について適用される労働協約に反してはならない。所轄労働基準監督署長は、法令又は労働協約に牴触する就業規則の変更を命ずることができる（労働基準法92条1項、2項、労働基準法施行規則50条）。したがって、X社で作成した就業規則が、X社について適用される労働協約に牴触する場合、所轄労働基準監督署長は、その就業規則の変更を命じることができるから、本肢は適切である。

イ．適切である。労働組合と使用者又はその団体との間の労働条件その他に関する労働協約は、書面に作成し、両当事者が署名し、又は記名押印することによってその効力を生ずる。（労働組合法14条）。したがって、X社とY労働組合との間の労働協約は、合意事項を書面に作成し、X社及びY労働組合が署名又は記名押印することによってその効力を生ずるから、本肢は適切である。

ウ．適切でない。労働協約は使用者と労働組合の間の契約であって、原則として、労働協約の適用を受けるのは、当該組合の組合員である。もっとも、同一の工場事業場に常時使用される同種の労働者の4分の3以上の数の労働者が同一の労働協約の適用を受けるに至ったときは、当該工場事業場に使用される他の同種の労働者に関しても、当該労働協約が適用されるなどの例外がある（労働組合法17条、18条）。したがって、X社とY労働組合との間で労働協約が締結された場合、当該労働協約の適用を受けるのは、原則として、Y労働組合に加入している労働者であるから、本肢は適切でない。

エ．適切でない。労働協約には、3年をこえる有効期間の定をすることができない（労働組合法15条1項）。3年をこえる有効期間の定をした労働協約は、3年の有効期間の定をした労働協約とみなされる（同条2項）。したがって、X社とY労働組合との間の労働協約において、3年を超える期間を定めた労働協約は、労働協約自体が無効となるのではなく、3年の有効期間の定をした労働協約とみなされるから、本肢は適切でない。

オ．適切でない。団体の運営のための経費の支出につき使用者の経理上の援助を受けるものは、労働組合法上の労働組合に当たらない（労働組合法2条2号）。したがって、X社は、Y労働組合の運営のための経費の支払につき、Y労働組合に対し経理上の援助をする必要はないから、本肢は適切でない。

労働組合法

第3問

難易度 ★★☆

　労働組合に関する次の①～⑤の記述のうち、その内容が最も適切なものを1つだけ選びなさい。（第48回第3問3-1）

① 　A社には労働組合が存在しないため、A社の労働者Bは、労働組合を結成しようと考えている。この場合において、Bが労働組合を結成するためには、労働組合法上、Bは、A社に労働組合を結成する旨を届け出て、A社の承認を得なければならない。

② 　C社にはD労働組合が存在するが、C社とD労働組合は労働条件の決定等について対立関係にある。この場合、C社は、C社の労働者数に対するD労働組合を組織する労働者数の割合を減少させるため、労働組合法上、新規に労働者を雇用するにあたり、D労働組合に加入しないことを条件として労働契約を締結することができる。

③ 　E社のF労働組合は、労働条件についてE社と交渉し、有効期間を5年とする労働協約を締結した。この場合、労働組合法上、当該労働協約は5年間有効である。

④ 　G社のH労働組合は、G社と交渉し労働協約を締結した。当該労働協約とG社に従来から存在する就業規則との間に内容の矛盾する部分が存在する場合、労働基準法上、所轄労働基準監督署長は、当該労働協約の変更を命じることができる。

⑤ 　I社では常時200名の労働者を使用しており、その過半数である120名の労働者で組織するJ労働組合が存在する。I社は、労働基準法上、その就業規則を変更する場合、J労働組合の意見を聴かなければならない。

解説

① **適切でない。**労働組合法上の労働組合とは、労働者が主体となって自主的に労働条件の維持改善その他経済的地位の向上を図ることを主たる目的として組織する団体又はその連合団体をいう（労働組合法2条）。労働組合を結成するに当たり、会社に届け出ることも、会社の承認を得ることも必要ない。したがって、A社の労働者Bが、労働組合を結成しようと考えている場合において、Bが労働組合を結成するために、労働組合法上、Bが、A社に労働組合を結成する旨を届け出ることも、A社の承認を得ることも必要ないから、本肢は適切でない。

② **適切でない。**労働者が労働組合に加入せず、若しくは労働組合から脱退することを雇用条件とすることは、不当労働行為として、労働組合法上、禁止されている（労働組合法7条1号）。したがって、労働組合法上、新規に労働者を雇用するに当たり、C社が、D労働組合に加入しないことを条件として労働契約を締結することはできないから、本肢は適切でない。

③ **適切でない。**労働協約には、3年をこえる有効期間の定をすることができない（労働組合法15条1項）。3年をこえる有効期間の定をした労働協約は、3年の有効期間の定をした労働協約とみなされる（同条2項）。したがって、E社のF労働組合が、労働条件についてE社と交渉し、有効期間を5年とする労働協約を締結した場合であっても、労働組合法上、当該労働協約の有効期間は、3年間となるから、本肢は適切でない。

④ **適切でない。**就業規則は、法令又は当該事業場について適用される労働協約に反してはならない。所轄労働基準監督署長は、法令又は労働協約に抵触する就業規則の変更を命ずることができる（労働基準法92条1項、2項、労働基準法施行規則50条）。したがって、G社のH労働組合が、G社と交渉し締結した労働協約とG社に従来から存在する就業規則との間に内容の矛盾する部分が存在する場合、労働基準法上、労働協約の効力が優先し、所轄労働基準監督署長は、当該労働協約の変更を命じることはできないから、本肢は適切でない。

⑤ **最も適切である。**使用者は、就業規則の作成又は変更について、当該事業場に、労働者の過半数で組織する労働組合がある場合においてはその労働組合、労働者の過半数で組織する労働組合がない場合においては労働者の過半数を代表する者の意見を聴かなければならない（労働基準法90条1項）。したがって、I社では常時200名の労働者を使用しており、その過半数である120名の労働者で組織するJ労働組合が存在する場合、I社は、労働基準法上、その就業規則を変更するときは、J労働組合の意見を聴かなければならないから、本肢は適切である。

労災保険法

第 4 問

労働者災害補償保険法（労災保険法）に関する次の①～⑤の記述のうち、その内容が最も適切なものを１つだけ選びなさい。（第42回第4問4-2）

① 労災保険法の適用事業場において使用されている労働者の被扶養配偶者が、疾病のため療養を受けた。この場合、当該療養について、労災保険法に基づく保険給付が行われる。

② 労災保険法の適用事業場において使用されている労働者が、業務終了後の帰宅途中に、通常利用している通勤経路外に所在する映画館に立ち寄り、映画を鑑賞中に、当該映画館の火災により負傷し療養を受けた。この場合、当該療養について、労災保険法に基づく保険給付は行われない。

③ 労災保険法の適用事業場において使用されている労働者が、所定労働時間内に完了できなかった業務について、上司の指示に従い所定労働時間の終了後に当該事業場の作業場で遂行していたところ、作業場の設備の不具合により負傷し療養を受けた。この場合、当該療養について、労災保険法に基づく保険給付は行われない。

④ 労災保険法の適用事業場である株式会社の株主が、当該株式会社の株主総会に出席するため、住居と株主総会会場との間の合理的な経路を移動中に交通事故に遭い負傷し療養を受けた。この場合、当該療養について、労災保険法に基づく保険給付が行われる。

⑤ 労災保険法の適用事業場において使用されている労働者が、出張先において業務遂行中に作業場の設備の不具合により負傷し療養を受けた。この場合、当該療養について、労災保険法に基づく保険給付は行われない。

解 説

① 適切でない。労災保険法に基づく保険給付は、労働者の業務上の負傷、疾病、障害又は死亡（これを業務災害という。）に関する保険給付と、複数事業労働者の二以上の事業の業務を要因とする負傷、疾病、障害又は死亡に関する保険給付、労働者の通勤による負傷、疾病、障害又は死亡（これを通勤災害という。）に関する保険給付並びに二次健康診断等給付である（労災保険法7条1項）。いずれにしても、保険給付の対象は、労働者本人である。したがって、労災保険法の適用事業場において使用されている労働者の被扶養配偶者が、疾病のため療養を受けた場合であっても、当該療養について、労災保険法に基づく保険給付は行われないから、本肢は適切でない。

② 最も適切である。労働者の通勤による負傷、疾病、障害又は死亡を通勤災害という（労災保険法7条1項3号）。通勤とは、労働者が、就業に関し、住居と就業の場所との間の往復や所定の就業の場所から他の就業の場所への移動等を、合理的な経路及び方法により行うことをいい、業務の性質を有するものを除くものである（同条2項各号）。そして、労働者が、移動の経路を逸脱したり、移動を中断したりした場合には、当該逸脱又は中断の間及びその後の移動は、原則として、ここにいう通勤に当たらない（同条3項）。したがって、労災保険法の適用事業場において使用されている労働者が、業務終了後の帰宅途中に、通常利用している通勤経路外に所在する映画館に立ち寄り、映画を鑑賞中に、当該映画館の火災により負傷し療養を受けた場合、当該療養について、労災保険法に基づく保険給付は行われないから、本肢は適切である。

③ 適切でない。労災保険法に基づく保険給付の対象となる業務災害とは、労働者の業務上の負傷、疾病、障害又は死亡をいう（労災保険法7条1項1号）。業務災害と認められるためには、行政解釈では、業務遂行性と業務起因性が必要であるとされている。業務遂行性とは、「労働者が事業主の支配ないし管理下にあるなかで」ということであり、業務起因性とは、「業務又は業務行為を含めて『労働者が労働契約に基づき事業主の支配下にあること』に伴う危険が現実化したものと経験則上認められる」[*1]ということである。したがって、労災保険法の適用事業場において使用されている労働者が、所定労働時間内に完了できなかった業務について、上司の指示に従い所定労働時間の終了後に当該事業場の作業場で遂行していたところ、作業場の設備の不具合により負傷し療養を受けた場合、所定労働時間の終了後であっても、上司の指示に従い当該事業場の作業場で遂行していたときは、作業場の設備の不具合による負傷は、労働者の業務上の負傷といえ、当該療養について、労災保険法に基づく保険給付が行われるから、本肢は適切でない。

④ 適切でない。労災保険の給付対象となる通勤災害とは、労働者の通勤による負傷、疾病、障害又は死亡をいう（労災保険法7条1項3号）。また、通勤とは、労働者が、就業に関し、住居と就業の場所との間の往復や所定の就業の場所から他の就業の場所への移動等を、合理的な経路及び方法により行うことをいい、業務の性質を有するものを除くものである（同条2項各号）。株主が、株主総会に出席するための移動は、労災保険法上の通勤に当たらない。したがって、労災保険法の適用事業場である株式会社の株主が、当該株式会社の株主総会に出席するため、住居と株主総会会場との間の合理的な経路を移動中に交通事故に遭い負傷し療養を受けた場合、当該療養について、労災保険法に基づく保険給付は行われないから、本肢は適切でない。

⑤ 適切でない。労災保険法に基づく保険給付の対象となる業務災害とは、労働者の業務上の負傷、疾病、障害又は死亡をいう（労災保険法7条1項1号）。業務災害と認められるためには、行政解釈では、業務遂行性と業務起因性が必要であるとされている。出張中の負傷であっても、業務遂行性と業務起因性が認められれば、労働者の業務上の負傷といえる。したがって、労災保険法の適用事業場において使用されている労働者が、出張先において業務遂行中に作業場の設備の不具合により負傷し療養を受けた場合、当該療養について、労災保険法に基づく保険給付が行われる可能性があるから、本肢は適切でない。

*1 菅野和夫『労働法』第12版、弘文堂、2019年、649頁

第 **5** 問   難易度 ★★☆

X社は、労働者災害補償保険法（労災保険法）の適用事業場であり、A、B、C、DおよびEはX社の労働者である。この場合に関する次の①～⑤の記述のうち、その内容が最も適切なものを1つだけ選びなさい。（第44回第6問6-2）

① Aは、転勤に伴う単身赴任のため、やむを得ず配偶者と別居してX社の社宅に起居しており、毎週週末には配偶者の住む自宅に帰省している。Aは、業務終了後、いったん社宅に戻った後、帰省のため社宅から自宅への合理的な経路を移動中に交通事故に遭い負傷した。この場合のAの負傷は、住居と就業の場所との間において発生したものではないため、通勤災害に当たらず、労災保険法に基づく保険給付の対象とはならない。

② Bは、業務終了後の帰宅途中に、通常利用している通勤経路外に所在するスーパーマーケットに立ち寄り、日用品を購入している際に、地震で倒れた商品陳列棚の下敷きになり、負傷した。この場合のBの負傷は、通勤災害に当たらず、労災保険法に基づく保険給付の対象とはならない。

③ Cは、所定労働時間内に完了できなかった業務について、上司の指示に従い所定労働時間の終了後にX社の作業場で遂行していたところ、作業場の設備の不具合により負傷した。この場合のCの負傷は、所定労働時間内に発生したものではないため、労災保険法に基づく保険給付の対象とはならない。

④ Dは、出張先において業務遂行中に作業場の設備の不具合により負傷した。この場合のDの負傷は、X社の施設内において発生したものではないため、労災保険法に基づく保険給付の対象とはならない。

⑤ X社の正社員と比べて労働時間が短いパートタイム労働者であるEは、所定労働時間内にX社の事業場内において業務に従事している際に、作業場の設備の不具合により負傷した。この場合のEの負傷は、労災保険法に基づく保険給付の対象とはならない。

14

企業と従業員の関係

第 5 問　解答　②

解説

① 適切でない。住居と就業の場所との間の往復に先行し、又は後続する住居間の移動であって、転任に伴い、当該転任の直前の住居と就業の場所との間を日々往復することが当該往復の距離等を考慮して困難となったため住居を移転した労働者であって、所定のやむを得ない事情により、当該転任の直前の住居に居住している配偶者と別居することとなった労働者により行われるものである場合には、当該移動は通勤災害にいう通勤に当たる（労災保険法 7 条 2 項 3 号、労災保険法施行規則 7 条）。すなわち、転勤に伴うやむを得ない単身赴任であって所定の要件を充たす場合がこれに当たる。したがって、転勤に伴う単身赴任のため、やむを得ず配偶者と別居する A が、業務終了後、いったん社宅に戻った後、帰省のため社宅から自宅への合理的な経路を移動中に交通事故に遭い負傷した場合、A の負傷は、通勤災害に当たり、労災保険法に基づく保険給付の対象となるから、本肢は適切でない。

② 最も適切である。労災保険法に基づく保険給付の対象となる通勤災害とは、労働者の通勤による負傷、疾病、障害又は死亡をいう（労災保険法 7 条 1 項 3 号）。通勤とは、労働者が、就業に関し、住居と就業の場所との間の往復等の移動を、合理的な経路及び方法により行うことをいい、業務の性質を有するものを除くものである。労働者が、この移動の経路を逸脱し、又は移動を中断した場合においては、当該逸脱又は中断の間及びその後の移動は、通勤災害にいう通勤に当たらない（同条 2 項、3 項）。したがって、B が、業務終了後の帰宅途中に、通常利用している通勤経路外に所在するスーパーマーケットに立ち寄り、日用品を購入している際に、地震で倒れた商品陳列棚の下敷きになり、負傷した場合、B の負傷は、通勤災害に当たらず、労災保険法に基づく保険給付の対象とはならないから、本肢は適切である。

③ 適切でない。労災保険法に基づく保険給付の対象となる業務災害とは、労働者の業務上の負傷、疾病、障害又は死亡をいう（労災保険法 7 条 1 項 1 号）。業務を遂行している間に、業務に起因する危険によって負傷等した場合には、業務災害といえるのであって、当該負傷が所定労働時間外に発生したからといって、業務災害ではないとはいえない。したがって、C が、所定労働時間内に完了できなかった業務について、上司の指示に従い所定労働時間の終了後に X 社の作業場で遂行していたところ、作業場の設備の不具合により負傷した場合、C の負傷は、所定労働時間内に発生したものではなくとも、業務を遂行している間に、業務に起因する危険によって負傷した以上、労災保険法に基づく保険給付の対象となるから、本肢は適切でない。

④ 適切でない。出張先で負傷した場合であっても、当該負傷が業務を遂行している間に、業務に起因する危険によって発生した場合には、業務災害に当たり保険給付の対象となる。したがって、D が、出張先において業務遂行中に作業場の設備の不具合により負傷した場合、D の負傷が、X 社の施設内において発生したものではないとしても、当該負傷が業務を遂行している間に、業務に起因する危険によって発生した場合には、労災保険法に基づく保険給付の対象となるから、本肢は適切でない。

⑤ 適切でない。労災保険の適用を受けるのは、労働者である。労働者とは、事業又は事務所に使用される者で、賃金を支払われる者をいう（労働基準法 9 条参照）。パートタイム労働者であっても、労災保険の適用を受ける。したがって、X 社の正社員と比べて労働時間が短いパートタイム労働者である E が、所定労働時間内に X 社の事業場内において業務に従事している際に、作業場の設備の不具合により負傷した場合、E の負傷は、労災保険法に基づく保険給付の対象となるから、本肢は適切でない。

第 章

15

企業活動と地域社会・行政等との関わり

学習のポイント

ここでは、企業活動と行政等とのかかわりを中心に学習します。

企業活動を取り巻く法規制は多岐にわたりますが、試験との関係では、同じ法律について繰り返し出題されますので、まずは、ここに出題されている法律を押さえてください。

行政とのかかわりでは、行政手続法が重要ですので、この点を中心に学習しましょう。

本章のキーワード

- ●行政手続法
- ●地方自治法
- ●バリアフリー法
- ●身体障害者補助犬法
- ●大気汚染防止法
- ●水質汚濁防止法
- ●循環型社会形成推進基本法
- ●資源有効利用促進法

企業活動と地域社会とのかかわりに関する次の文章中の下線部(a)〜(e)の記述のうち、その内容が適切なものの組み合わせを①〜⑤の中から1つだけ選びなさい。(第39回第3問3-3)

　企業は、営利のみを追求するのではなく、環境保全や社会福祉についても法令を遵守し、また、社会的責任(CSR)を果たすことが求められている。環境保全については、環境基本法が制定され、わが国の環境保全の基本理念が定められ、個別に様々な立法がなされている。大気汚染防止法や水質汚濁防止法では、ばい煙や汚濁物質の排出などが規制されている。(a)大気汚染防止法や水質汚濁防止法では、被害者救済のための各種の規定が設けられているが、加害者に過失がなくても損害賠償責任を負わせる無過失損害賠償責任までは定められていない。また、(b)地方公共団体は、環境保全を目的とする条例を定めることができるが、国の法律で規制されている事項については、条例を定めることはできない。

　このような排出規制だけでなく、廃棄物の再利用や地球環境保護の観点からの立法もなされている。例えば、「電気事業者による再生可能エネルギー電気の調達に関する特別措置法*1」(再生可能エネルギー促進法)は、太陽光発電などの積極的利用を定めている。(c)再生可能エネルギー促進法上、再生可能エネルギー源を用いて発電された電気を、国が定める一定の期間、所定の価格により買い取ることを電気事業者に義務づける制度が設けられている。

　企業は、このような環境保全に留意をするだけではなく、高齢者や身体障害者などに配慮した企業活動を行う必要があり、かかる観点からも様々な立法がなされている。例えば、(d)「高齢者、障害者等の移動等の円滑化の促進に関する法律」(バリアフリー新法)では、所定の施設を新設する場合には、高齢者や障害者に使い易い施設とすることを一定の企業に対し義務づけている。

　また、身体障害者の自立および社会参加の促進への寄与の観点から、身体障害者補助犬法が制定されている。(e)身体障害者補助犬法上、不特定かつ多数の者が利用する施設を管理する者は、原則として、当該施設を身体障害者が利用する場合において身体障害者補助犬を同伴することを拒んではならない。

① a b c　　② a b d　　③ a c e　　④ b d e　　⑤ c d e

*1　法改正により「再生可能エネルギー電気の利用の促進に関する特別措置法」と読み替えてください。

解説

a．適切でない。大気汚染防止法や水質汚濁防止法では、被害者救済の観点から無過失損害賠償責任が定められており、工場又は事業場における事業活動に伴う健康被害物質の大気中への排出により、人の生命又は身体を害したときは、当該排出に係る事業者は、これによって生じた損害を賠償する責任を負う（大気汚染防止法25条1項）。また、工場又は事業場における事業活動に伴う有害物質の汚水又は廃液に含まれた状態での排出又は地下への浸透により、人の生命又は身体を害したときは、当該排出又は地下への浸透に係る事業者は、これによって生じた損害を賠償する責任を負う（水質汚濁防止法19条1項）。したがって、大気汚染防止法や水質汚濁防止法では、被害者救済のため、加害者に過失がなくても損害賠償責任を負わせる無過失損害賠償責任が定められているから、本肢は適切でない。

b．適切でない。普通地方公共団体は、法令に違反しない限りにおいて所定の事務に関し、条例を制定することができる（地方自治法14条1項）。判例は、特定事項についてこれを規律する国の法令と条例とが併存する場合でも、両者が同一の目的に出たものであっても、国の法令が必ずしもその規定によって全国的に一律に同一内容の規制を施す趣旨ではなく、それぞれの普通地方公共団体において、その地方の実情に応じて、別段の規制を施すことを容認する趣旨であると解されるときは、国の法令と条例との間にはなんらの矛盾牴触はなく、条例が国の法令に違反する問題は生じえないとしている（最判昭和50年9月10日刑集29巻8号489頁参照）。したがって、地方公共団体は、環境保全を目的とする条例を定めることができる上、国の法令が必ずしもその規定によって全国的に一律に同一内容の規制を施す趣旨ではないときは、国の法律で規制されている事項についても、条例を定めることができるから、本肢は適切でない。

c．適切である。電気事業者は、所定の再生可能エネルギーを供給する者から、所定の期間、再生可能エネルギー電気を供給し、これを電気事業者が所定の調達価格により調達することを約する契約の申込みがあったときは、原則として、特定契約の締結を拒んではならない（「再生可能エネルギー電気の利用の促進に関する特別措置法」（再生可能エネルギー特別措置法）16条1項参照）。「電気事業者による再生可能エネルギー電気の調達に関する特別措置法」は「再生可能エネルギー電気の利用の促進に関する特別措置法」に法令名が改正された（令和4年4月1日施行）。再生可能エネルギー特別措置法では、電気事業者に当該契約の申込みに応ずる義務を定めることによって、買取りを義務付けている。したがって、再生可能エネルギー特別措置法上、再生可能エネルギー源を用いて発電された電気を、国が定める一定の期間、所定の価格により買い取ることを電気事業者に義務付ける制度が設けられているから、本肢は適切である。

d．適切である。公共交通事業者等は、旅客施設を新たに建設し、若しくは旅客施設

について所定の大規模な改良を行うとき又は車両等を新たにその事業の用に供するときは、当該旅客施設又は車両等を、移動等円滑化のために必要な旅客施設又は車両等の構造及び設備に関する基準に適合させなければならない（「高齢者、障害者等の移動等の円滑化の促進に関する法律」（バリアフリー新法）8条1項）。このようにバリアフリー新法は、鉄道、バス、飛行機等の公共交通を担う事業者や、学校、デパート、ホテル等の公共施設等を運営する事業者等に対し、施設設備を新たに設置し又は修繕するとき等に高齢者、障害者等の移動上又は施設の利用上の利便性及び安全性を向上するように、使いやすい施設にすることを義務付けている。したがって、バリアフリー新法では、所定の施設を新設する場合には、高齢者や障害者に使いやすい施設とすることを一定の企業に対し義務付けているから、本肢は適切である。

e．適切である。不特定かつ多数の者が利用する施設を管理する者は、原則として、当該施設を身体障害者が利用する場合において身体障害者補助犬を同伴することを拒んではならない（身体障害者補助犬法9条）。したがって、身体障害者補助犬法上、不特定かつ多数の者が利用する施設を管理する者は、原則として、当該施設を身体障害者が利用する場合において身体障害者補助犬を同伴することを拒んではならないから、本肢は適切である。

　次の①～⑤の記述は、X社内において、企業活動と地域社会とのかかわりに関し、企業の果たすべき社会的責任(CSR)について話し合われた際の発言の一部である。これらの発言のうち、その内容が最も<u>適切でない</u>ものを１つだけ選びなさい。(第45回第10問10-4)

① 「企業は、営利のみを追求するのではなく、社会福祉等について法令を遵守し、また、社会的責任を果たすことが求められています。例えば、身体障害者の自立および社会参加の促進への寄与の観点から、身体障害者補助犬法が制定されています。身体障害者補助犬法上、不特定かつ多数の者が利用する施設を管理する者は、原則として、当該施設を身体障害者が利用する場合において身体障害者補助犬を同伴することを拒んではなりません。」

② 「社会福祉に関し、企業は、高齢者や身体障害者などに配慮した企業活動を行う必要があり、このような観点から様々な立法がなされています。例えば、『高齢者、障害者等の移動等の円滑化の促進に関する法律』(バリアフリー法)は、所定の施設を新設する場合には、同法による基準に従って高齢者や障害者が利用し易い施設とすることを一定の企業に対し義務づけています。」

③ 「企業が社会的責任を果たすことが求められる場面として、環境保全が挙げられます。環境保全については、環境基本法が制定され、日本の環境保全の基本理念が定められ、個別に様々な立法がなされています。大気汚染防止法や水質汚濁防止法では、ばい煙や汚濁物質の排出などが規制されており、被害者救済のための規定として、加害者に過失がなくても損害賠償責任を負わせる無過失損害賠償責任が定められています。」

④ 「環境保全については、ばい煙等の排出規制だけでなく、廃棄物の再利用や地球環境保護の観点からの立法もなされています。例えば、いわゆるリサイクルについては、『循環型社会形成推進基本法』が制定されているほか、『資源の有効な利用の促進に関する法律』(資源有効利用促進法)などの個別リサイクル法が定められています。」

⑤ 「環境保全については、国が法律を定めるほか、地方公共団体が環境保全を目的とする条例を定めることができます。ただし、地方公共団体は、国の法律により規制が設けられている事項については、条例によりいかなる規制を設けることもできません。」

(解答はP428にあります)

　企業活動と行政とのかかわりに関する次の①～⑤の記述のうち、その内容が最も<u>適切でない</u>ものを１つだけ選びなさい。（第40回第8問8-1）

①　行政手続法上、行政庁は、申請に対する処分に係る審査基準を定め、行政上特別の支障があるときを除き、これを公にしておかなければならない。

②　行政手続法上、行政庁は、不利益処分に係る処分基準を定め、かつ、これを公にしておくよう努めなければならない。

③　行政手続法上、行政庁は、不利益処分をする場合には、その名あて人に対し、同時に、当該不利益処分の理由を示さなければならない。ただし、当該理由を示さないで処分をすべき差し迫った必要がある場合は、この限りでない。

④　行政手続法上、行政指導は書面によるほか口頭で行うこともでき、その相手方から行政指導の内容を記載した書面の交付を求められた場合であっても、当該行政指導に携わる者は、原則として、これを交付する必要はない。

⑤　地方公共団体の定める条例は、法律と矛盾抵触しない限り、法律の定めるものと同一の事項について制定することもできる。

（解答はP430にあります）

解 説

① 適切である。不特定かつ多数の者が利用する施設を管理する者は、原則として、当該施設を身体障害者が利用する場合において身体障害者補助犬を同伴することを拒んではならない（身体障害者補助犬法9条）。したがって、身体障害者補助犬法上、不特定かつ多数の者が利用する施設を管理する者は、原則として、当該施設を身体障害者が利用する場合において身体障害者補助犬を同伴することを拒んではならないから、本肢は適切である。

② 適切である。公共交通事業者等は、旅客施設を新たに建設し、若しくは旅客施設について所定の大規模な改良を行うとき又は車両等を新たにその事業の用に供するときは、当該旅客施設又は車両等を、移動等円滑化のために必要な旅客施設又は車両等の構造及び設備に関する基準に適合させなければならない（「高齢者、障害者等の移動等の円滑化の促進に関する法律」（バリアフリー法）8条1項）。このようにバリアフリー法は、鉄道、バス、飛行機等の公共交通を担う事業者や、学校、デパート、ホテル等の公共施設等を運営する事業者等に対し、施設設備を新たに設置し又は修繕するとき等に高齢者、障害者等の移動上又は施設の利用上の利便性及び安全性を向上するように、使いやすい施設にすることを義務付けている。したがって、バリアフリー法は、所定の施設を新設する場合には、同法による基準に従って高齢者や障害者が利用しやすい施設とすることを一定の企業に対し義務付けているから、本肢は適切である。

③ 適切である。民法上、加害者に故意又は過失がなければ加害者は損害賠償責任を負わないのが原則であり、これを過失責任主義という。一方で、大気汚染防止法上、無過失責任が規定されており、工場又は事業場における事業活動に伴う健康被害物質の大気中への排出により、人の生命又は身体を害したときは、当該排出に係る事業者は、これによって生じた損害を賠償する責任を負う（大気汚染防止法25条1項）。水質汚濁防止法上も同様に無過失責任が規定されており、工場又は事業場における事業活動に伴う有害物質の汚水又は廃液に含まれた状態での排出又は地下への浸透により、人の生命又は身体を害したときは、当該排出又は地下への浸透に係る事業者は、これによって生じた損害を賠償する責任を負う（水質汚濁防止法19条1項）。したがって、大気汚染防止法や水質汚濁防止法では、ばい煙や汚濁物質の排出などが規制されており、被害者救済のための規定として、加害者に過失がなくても損害賠償責任を負わせる無過失損害賠償責任が定められているから、本肢は適切である。

④ 適切である。循環型社会形成推進基本法は、環境基本法の基本理念にのっとり、循環型社会の形成について、基本原則を定め、並びに国、地方公共団体、事業者及び国民の責務を明らかにするとともに、循環型社会形成推進基本計画の策定その他循環型社会の形成に関する施策の基本となる事項を定めることにより、循環型社会の形成に関する施策を総合的かつ計画的に推進し、もって現在及び将来の国民の健康で文化的

な生活の確保に寄与することを目的とする（循環型社会形成推進基本法1条）。また、事業者又は建設工事の発注者は、その事業に係る製品が長期間使用されることを促進するよう努めるとともに、その事業に係る製品が一度使用され、若しくは使用されずに収集され、若しくは廃棄された後その全部若しくは一部を再生資源若しくは再生部品として利用することを促進し、又はその事業若しくはその建設工事に係る副産物の全部若しくは一部を再生資源として利用することを促進するよう努めなければならない（「資源の有効な利用の促進に関する法律」（資源有効利用促進法）4条2項）。したがって、リサイクルについては、循環型社会形成推進基本法が制定されているほか、資源有効利用促進法などの個別リサイクル法が定められているから、本肢は適切である。

⑤ 最も適切でない。普通地方公共団体は、法令に違反しない限りにおいて所定の事務に関し、条例を制定することができる（地方自治法14条1項）。もっとも、判例は、特定事項についてこれを規律する国の法令と条例とが併存する場合、両者が同一の目的に出たものであっても、国の法令が必ずしもその規定によって全国的に一律に同一内容の規制を施す趣旨ではなく、それぞれの普通地方公共団体において、その地方の実情に応じて、別段の規制を施すことを容認する趣旨であると解されるときは、国の法令と条例との間にはなんらの矛盾牴触はなく、条例が国の法令に違反する問題は生じえないとしている（最判昭和50年9月10日刑集29巻8号489頁参照）。したがって、地方公共団体は、国の法律により規制が設けられている事項であっても、法律の範囲内で条例による規制を設けることができるから、本肢は適切でない。

解 説

① 適切である。申請に対する処分について、行政庁は、許認可等の性質に照らしてできる限り具体的な審査基準を定め、行政上特別の支障があるときを除き、法令により申請の提出先とされている機関の事務所における備付けその他の適当な方法により審査基準を公にしておかなければならない（行政手続法5条）。したがって、行政手続法上、行政庁は、申請に対する処分に係る審査基準を定め、行政上特別の支障があるときを除き、これを公にしておかなければならないから、本肢は適切である。

② 適切である。不利益処分について、行政庁は、処分基準を定め、かつ、これを公にしておくよう努めなければならない（行政手続法12条1項）。したがって、本肢は適切である。

③ 適切である。行政庁は、不利益処分をする場合には、その名あて人に対し、同時に、当該不利益処分の理由を示さなければならない。ただし、当該理由を示さないで処分をすべき差し迫った必要がある場合は、この限りでない（行政手続法14条1項）。したがって、本肢は適切である。

④ 最も適切でない。行政指導が口頭でされた場合において、その相手方から所定の事項を記載した書面の交付を求められたときは、当該行政指導に携わる者は、行政上特別の支障がない限り、原則として、これを交付しなければならない（行政手続法35条3項）。したがって、行政手続法上、行政指導は書面によるほか口頭で行うこともでき、その相手方から行政指導の内容を記載した書面の交付を求められた場合、当該行政指導に携わる者は、原則として、これを交付する必要があるから、本肢は適切でない。

⑤ 適切である。普通地方公共団体は、法令に違反しない限りにおいて所定の事務に関し、条例を制定することができる（地方自治法14条1項）。判例は、特定事項についてこれを規律する国の法令と条例とが併存する場合でも、両者が同一の目的に出たものであっても、国の法令が必ずしもその規定によって全国的に一律に同一内容の規制を施す趣旨ではなく、それぞれの普通地方公共団体において、その地方の実情に応じて、別段の規制を施すことを容認する趣旨であると解されるときは、国の法令と条例との間にはなんらの矛盾牴触はなく、条例が国の法令に違反する問題は生じえないとしている（最判昭和50年9月10日刑集29巻8号489頁参照）。したがって、地方公共団体の定める条例は、法律と矛盾抵触しない限り、法律の定めるものと同一の事項について制定することもできるから、本肢は適切である。

　A社では、その事業に関連して行政庁の許認可手続を経る必要が生じた。次のア～オの記述は、許認可手続についてA社内で検討している甲と乙との会話の一部である。この会話における乙の発言のうち、その内容が適切なものの組み合わせを①～⑤の中から1つだけ選びなさい。（第48回第10問10-3）

ア．甲「当社が行った営業許可の申請に対し、国の所轄官庁から当該申請の内容の変更を求める旨の行政指導が行われた場合、当社がその行政指導に従うまで、行政指導が続くのでしょうか。」

　　乙「申請の取下げまたは変更を求める行政指導にあっては、行政手続法上、所轄官庁は、申請者が当該行政指導に従う意思がない旨を表明したとしても、当該行政指導を継続することができるとされています。」

イ．甲「当社が国の所轄官庁に対し営業許可の申請をした場合において、この申請に対して所轄官庁が営業許可を拒否する処分をするときは、当社は、その処分がなされた理由を知ることができますか。」

　　乙「行政手続法上、行政庁が申請により求められた許認可等を拒否する処分をした場合には、原則として、申請者に対し、同時にその処分の理由を示さなければならないとされています。」

ウ．甲「当社は、国の所轄官庁から口頭で行政指導を受けましたが、当該行政指導の内容を書面で明確化して欲しいと考えています。当社は、所轄官庁に対し、行政指導の内容の書面化を求めることはできるでしょうか。」

　　乙「行政指導が口頭でされた場合において、行政手続法上、所轄官庁が、当該行政指導の内容を書面化するか否かは任意とされており、所轄官庁は当該行政指導の内容を書面化することを義務付けられていません。」

エ．甲「当社が国の所轄官庁から不利益処分を受ける場合、当社に意見陳述の機会は与えられますか。」

　　乙「当社が国の所轄官庁から不利益処分を受ける場合、行政手続法上、当社に対し、不利益処分の理由が示され、意見陳述の機会が与えられます。」

オ．甲「当社が、国の所轄官庁から行政指導を受けたが、これに従わなかった場合、当社は、当該行政指導に従わなかったことを理由として、当該所轄官庁から不利益な取扱いを受けますか。」

　　乙「国の所轄官庁から行政指導を受けたが、これに従わなかった場合、行政手続法上、当該所轄官庁は、当該行政指導に従わなかったことを理由として、不利益な取扱いをすることができないとされています。」

①　アイウ　　②　アイオ　　③　アウエ　　④　イエオ　　⑤　ウエオ

15

企業活動と地域社会・行政等との関わり

解説

ア．適切でない。申請の取下げ又は内容の変更を求める行政指導にあっては、行政指導に携わる者は、申請者が当該行政指導に従う意思がない旨を表明したにもかかわらず当該行政指導を継続すること等により当該申請者の権利の行使を妨げるようなことをしてはならない（行政手続法33条）。したがって、申請の取下げ又は変更を求める行政指導にあっては、行政手続法上、所轄官庁は、申請者が当該行政指導に従う意思がない旨を表明したときは、当該行政指導を継続してはならないとされているから、乙の本発言は適切でない。

イ．適切である。行政庁は、申請により求められた許認可等を拒否する処分をする場合は、原則として、申請者に対し、同時に、当該処分の理由を示さなければならない（行政手続法8条1項）。したがって、行政手続法上、行政庁が申請により求められた許認可等を拒否する処分をした場合には、原則として、申請者に対し、同時にその処分の理由を示さなければならないとされているから、乙の本発言は適切である。

ウ．適切でない。行政指導が口頭でされた場合において、その相手方から所定の書面の交付を求められたときは、当該行政指導に携わる者は、行政上特別の支障がない限り、これを交付しなければならない（行政手続法35条3項）。したがって、行政指導が口頭でされた場合において、行政手続法上、その相手方から所定の書面の交付を求められたときは、所轄官庁は、行政上特別の支障がない限り、これを交付しなければならないとされ、当該行政指導の内容を書面化することが義務付けられているから、乙の本発言は適切でない。

エ．適切である。行政庁は、不利益処分をしようとする場合には、当該不利益処分の名あて人となるべき者について、所定の意見陳述のための手続を執らなければならない（行政手続法13条1項）。また、行政庁は、不利益処分をする場合には、その名あて人に対し、同時に、当該不利益処分の理由を示さなければならない（同法14条1項）。したがって、国の所轄官庁から不利益処分を受ける場合、行政手続法上、当社に対し、不利益処分の理由が示され、意見陳述の機会が与えられるから、乙の本発言は適切である。

オ．適切である。行政指導に携わる者は、その相手方が行政指導に従わなかったことを理由として、不利益な取扱いをしてはならない（行政手続法32条2項）。したがって、国の所轄官庁から行政指導を受けたが、これに従わなかった場合、行政手続法上、当該所轄官庁は、当該行政指導に従わなかったことを理由として、不利益な取扱いをすることができないとされているから、乙の本発言は適切である。

　行政手続法に関する次の①～⑤の記述のうち、その内容が最も適切なものを1つだけ選びなさい。（第46回第8問8-2）

① 　行政庁は、申請の取下げまたは内容の変更を求める行政指導にあっては、申請者が行政指導に従う意思がない旨を表明したにもかかわらず当該行政指導を継続すること等により当該申請者の権利の行使を妨げるようなことをしてはならない。

② 　行政庁は、国民に不利益処分をしようとする場合、当該不利益処分の名あて人となるべき者に対し、原則として、不利益処分の理由を示さなければならないが、当該不利益処分の名あて人となるべき者について、意見陳述のための手続をとる必要はない。

③ 　行政庁は、許認可等の申請に対する処分について、その審査基準をできる限り具体的なものとしなければならないが、その審査基準を公にすることまでは義務付けられていない。

④ 　行政庁は、行政指導に従わない者に対しては、行政指導に従わないことを理由として、不利益な取扱いをすることができる。

⑤ 　地方公共団体の機関がする行政指導は、行政手続法の適用対象であり、地方公共団体の機関は、行政手続法の定めに基づき、行政指導を行わなければならない。

解説

① 最も適切である。申請の取下げ又は内容の変更を求める行政指導にあっては、行政指導に携わる者は、申請者が当該行政指導に従う意思がない旨を表明したにもかかわらず当該行政指導を継続すること等により当該申請者の権利の行使を妨げるようなことをしてはならない（行政手続法33条）。したがって、行政庁は、申請の取下げ又は内容の変更を求める行政指導にあっては、申請者が行政指導に従う意思がない旨を表明したにもかかわらず当該行政指導を継続すること等により当該申請者の権利の行使を妨げるようなことをしてはならないから、本肢は適切である。

② 適切でない。行政庁は、不利益処分をする場合には、その名あて人に対し、原則として、同時に、当該不利益処分の理由を示さなければならない（行政手続法14条1項）。また、行政庁は、不利益処分をしようとする場合には、当該不利益処分の名あて人となるべき者について、所定の意見陳述のための手続を執らなければならない（同法13条1項）。したがって、行政庁は、国民に不利益処分をしようとする場合、当該不利益処分の名あて人となるべき者に対し、原則として、不利益処分の理由を示すとともに、当該不利益処分の名あて人となるべき者について、意見陳述のための手続を執る必要があるから、本肢は適切でない。

③ 適切でない。申請に対する処分について、行政庁は、審査基準を定め（行政手続法5条1項）、その、審査基準は、許認可等の性質に照らしてできる限り具体的なものとしなければならない（同条2項）。更に、行政庁は、行政上特別の支障があるときを除き、法令により申請の提出先とされている機関の事務所における備付けその他の適当な方法により審査基準を公にしておかなければならない（同条3項）。したがって、行政庁は、許認可等の申請に対する処分について、その審査基準をできる限り具体的なものとするとともに、その審査基準を公にすることを義務付けられているから、本肢は適切でない。

④ 適切でない。行政指導に携わる者は、その相手方が行政指導に従わなかったことを理由として、不利益な取扱いをしてはならない（行政手続法32条2項）。したがって、行政庁は、行政指導に従わない者に対しては、行政指導に従わないことを理由として、不利益な取扱いをしてはならないから、本肢は適切でない。

⑤ 適切でない。地方公共団体の機関がする処分及び行政指導、地方公共団体の機関に対する届出並びに地方公共団体の機関が命令等を定める行為については、原則として、行政手続法の規定は、適用されない（行政手続法3条3項）。したがって、地方公共団体の機関がする行政指導は、原則として、行政手続法の適用対象ではないから、本肢は適切でない。

第 16 章

国際法務（渉外法務）

学習のポイント

ここでは、国際法務（いわゆる渉外法務）について学習します。今日では、海外との取引をすることも珍しくないため、渉外法務についての知識も重要となっています。渉外分野では、国際取引における紛争発生時の対応について理解することがポイントです。出題が予想されるのは、国際裁判管轄及び準拠法です。いずれにせよ、深入りすると難しい問題ですが、試験では同じ内容が繰り返し出題されますので、範囲を広げすぎずに学習するよう心掛けてください。

本章のキーワード

- インコタームズ
- 不可抗力条項
- 通知条項
- 完全合意条項
- 秘密保持契約
- 国際裁判管轄
- 法の適用に関する通則法
- 外国裁判所の判決
- 仲裁条項
- MOU
- 仲裁合意
- LOI

　国際取引における民事上の法的紛争の解決方法に関する次のア〜オの記述のうち、その内容が適切なものの組み合わせを①〜⑤の中から１つだけ選びなさい。（第43回第９問9-4）

ア．外国の会社が、日本の会社との間の民事上の法的紛争について、当該日本の会社を被告として当該外国の裁判所に民事訴訟を提起した後、同一の法的紛争につき日本の裁判所にも同一の内容の民事訴訟を提起した。この場合、日本の民事訴訟法上、先に民事訴訟が提起された当該外国の裁判所に優先権が認められ、後から民事訴訟が提起された日本の裁判所は訴えを却下しなければならない。

イ．外国の会社と日本の会社との間の契約において、当該契約に関する民事上の法的紛争については当該外国の裁判所に対してのみ民事訴訟を提起することができる旨の合意がなされた。この場合において、当該外国の裁判所が法律上または事実上裁判権を行うことができないため、日本の裁判所に民事訴訟が提起されたときは、日本の裁判所は、当該合意を援用し訴えを却下することはできない。

ウ．日本の会社と外国の会社が、両者間に民事上の法的紛争が生じたときは、当該外国の法を準拠法とする旨の合意を行った。この場合、合意された当該外国の法と異なる国の法が準拠法となることはない。

エ．国際取引における民事上の法的紛争について、外国の裁判所において日本の会社に対する損害賠償請求訴訟が提起されている場合であっても、日本の裁判所に国際裁判管轄が認められるときには、同一の法的紛争について、日本の裁判所において債務不存在の確認を求める訴訟が提起されることがあり得る。

オ．アメリカ合衆国のフォーラム・ノン・コンヴィニエンス（forum non conveniens）の法理によれば、民事訴訟が提起された裁判所以外の裁判所で事件がより適切に審理されると考えられる場合であっても、当該民事訴訟が提起された裁判所が訴えを却下することは認められていない。

① 　アウ　　② 　アオ　　③ 　イウ　　④ 　イエ　　⑤ 　エオ

16

国際法務（渉外法務）

解 説

ア．適切でない。同一の事件について、複数の国の裁判所に訴訟が提起されることを国際的訴訟競合という。日本の民事訴訟法上、国際的訴訟競合を禁じる規定はない。したがって、外国の会社が、日本の会社との間の民事上の法的紛争について、当該日本の会社を被告として当該外国の裁判所に民事訴訟を提起した後、同一の法的紛争につき日本の裁判所にも同一の内容の民事訴訟を提起した場合、日本の民事訴訟法上、国際的訴訟競合を禁じる規定はなく、必ずしも先に民事訴訟が提起された当該外国の裁判所に優先権が認められず、後から民事訴訟が提起された日本の裁判所が訴えを却下しなければならないわけではないから、本肢は適切でない。

イ．適切である。当事者は、合意により、いずれの国の裁判所に訴えを提起することができるかについて定めることができる（民事訴訟法3条の7第1項）。もっとも、外国の裁判所にのみ訴えを提起することができる旨の合意は、その裁判所が法律上又は事実上裁判権を行うことができないときは、これを援用することができない（同条4項）。したがって、外国の会社と日本の会社との間の契約において、当該契約に関する民事上の法的紛争については当該外国の裁判所に対してのみ民事訴訟を提起することができる旨の合意がなされた場合であっても、当該外国の裁判所が法律上又は事実上裁判権を行うことができないため、日本の裁判所に民事訴訟が提起されたときは、日本の裁判所は、当該合意を援用し訴えを却下することはできないから、本肢は適切である。

ウ．適切でない。準拠法がどこの国の法となるかは、抵触法（日本では、法の適用に関する通則法）に従って決められ、必ずしも当事者の選択に従うわけではない。日本の場合、法律行為の成立及び効力は、当事者が当該法律行為の当時に選択した地の法による（法の適用に関する通則法7条）。したがって、日本の会社と外国の会社が、両者間に民事上の法的紛争が生じたときは、当該外国の法を準拠法とする旨の合意を行った場合であっても、合意された当該外国の法と異なる国の法が準拠法となる場合があるから、本肢は適切でない。

エ．適切である。損害賠償をめぐる同一の紛争について、損害賠償請求訴訟に対し、損害賠償を請求される側から積極的に訴訟で争うとすれば、債務存在確認訴訟を提起することとなる。日本の民事訴訟法上、国際的訴訟競合を禁じる規定はないため、外国の裁判所において損害賠償請求訴訟を提起された場合、損害賠償請求訴訟を提起された側から、債務不存在確認訴訟を提起することは可能である。したがって、国際取引における民事上の法的紛争について、外国の裁判所において日本の会社に対する損害賠償請求訴訟が提起されている場合であっても、日本の裁判所に国際裁判管轄が認められるときには、同一の法的紛争について、日本の裁判所において債務不存在の確認を求める訴訟が提起されることがあり得るから、本肢は適切である。

オ．適切でない。フォーラム・ノン・コンヴィニエンス（forum non conveniens）とは、不便宜法廷地を認める法理である。訴えを提起された裁判所に裁判管轄権が認められるときであっても、他の裁判所での審理が適当と認めたときは、訴えを却下することが認められている。したがって、アメリカ合衆国のフォーラム・ノン・コンヴィニエンスの法理によれば、民事訴訟が提起された裁判所以外の裁判所で事件がより適切に審理されると考えられる場合には、当該民事訴訟が提起された裁判所が訴えを却下することが認められているから、本肢は適切でない。

　A社は、玩具の製造および販売を行う日本の会社である。A社は、一部の製品の生産をX国で行うこととし、その生産をX国の法人であるB社に委託することとした。この場合に関する次の①〜⑤の記述のうち、その内容が最も適切でないものを1つだけ選びなさい。（第42回第3問3-1）

①　A社とB社との間に生じた民事上の法的紛争について、日本の裁判所に民事訴訟が提起され、当該日本の裁判所で当該紛争が審理される場合でも、当然に日本の法律が当該紛争の準拠法となるとは限らない。

②　A社とB社との間の取引に関し民事上の法的紛争が生じた場合に備え、A社とB社との間で国際裁判管轄の合意をする場合、日本の民事訴訟法上、当該合意は書面または電磁的記録でしなければ効力を生じない。

③　A社とB社は、日本の民事訴訟法の規定に従って、両者の間で生じた民事上の法的紛争については日本の裁判所に訴えを提起しなければならない旨の国際裁判管轄の合意をした。この場合であっても、実際に日本以外の国の裁判所に民事訴訟が提起されたときに、当該合意が必ずしも有効なものと扱われるとは限らない。

④　A社とB社との間に生じた民事上の法的紛争について、B社は、X国の裁判所において、A社を相手方として損害賠償請求訴訟を提起した。この場合であっても、日本の裁判所に国際裁判管轄が認められるときには、A社は、同一の法的紛争について、日本の裁判所において債務不存在の確認を求める訴訟を提起し得る。

⑤　A社とB社との間に生じた民事上の法的紛争について、B社は、X国の裁判所に民事訴訟を提起し、B社の請求を認容する旨の判決が言い渡され確定した。この場合、B社は、日本の裁判所において何らの手続を経ることなく、当該判決を債務名義として、当該判決の内容を日本国内で執行することができる。

第 2 問 解答　⑤

解説

① 適切である。当該訴訟において、対象となる法律関係にどの国の法律が準拠法として適用されるかは、訴訟が提起された国の抵触法により決定される。日本の抵触法上、法律行為の成立及び効力は、当事者が当該法律行為の当時に選択した地の法による（法の適用に関する通則法7条）。また、当事者による準拠法の選択がない場合、法律行為の成立及び効力は、当該法律行為の当時において当該法律行為に最も密接な関係がある地の法による（同法8条1項参照）。したがって、A社とB社との間に生じた民事上の法的紛争について、日本の裁判所に民事訴訟が提起され、当該日本の裁判所で当該紛争が審理される場合でも、当然に日本の法律が当該紛争の準拠法となるとは限らないから、本肢は適切である。

② 適切である。当該紛争をどの国の裁判所で訴訟をすべきであるかという問題を国際裁判管轄の問題という。国際裁判管轄について、当事者は、合意により、いずれの国の裁判所に訴えを提起することができるかについて定めることができる。この合意は、一定の法律関係に基づく訴えに関し、かつ、書面でしなければ、その効力を生じない（民事訴訟法3条の7第1項、2項）。したがって、A社とB社との間の取引に関し民事上の法的紛争が生じた場合に備え、A社とB社との間で国際裁判管轄の合意をする場合、日本の民事訴訟法上、当該合意は書面又は電磁的記録でしなければ効力を生じないから、本肢は適切である。

③ 適切である。国際的に国際裁判管轄を一般的に定める基準は存在しない。そのため、国際裁判管轄について紛争当事者間にあらかじめの合意が存在した場合であっても、合意の有効性については、訴訟が提起された裁判所が判断するのであって、常にその合意が有効に取り扱われるとは限らない。したがって、A社とB社が、日本の民事訴訟法の規定に従って、両者の間で生じた民事上の法的紛争については日本の裁判所に訴えを提起しなければならない旨の国際裁判管轄の合意をした場合であっても、実際に日本以外の国の裁判所に民事訴訟が提起されたときに、当該合意が必ずしも有効なものと扱われるとは限らないから、本肢は適切である。

④ 適切である。日本と外国の両方で同種の民事訴訟が提起されたような場合を、国際的訴訟競合などという。日本の民事訴訟法上、国際的訴訟競合を禁止する規定はない。したがって、A社とB社との間に生じた民事上の法的紛争について、B社が、X国の裁判所において、A社を相手方として損害賠償請求訴訟を提起した場合であっても、日本の裁判所に国際裁判管轄が認められるときには、A社は、同一の法的紛争について、日本の裁判所において債務不存在の確認を求める訴訟を提起し得るから、本肢は適切である。

⑤ 最も適切でない。外国裁判所の判決は、それだけでは債務名義とならない。もっとも、確定した外国裁判所の判決は、執行判決を得ることによって、日本において債務名義として認められる（民事執行法22条6号）。執行判決を得るためには、外国裁判所の判決が確定したこと及び法令又は条約により外国裁判所の裁判権が認められること・敗訴の被告が訴訟の開始に必要な呼出し若しくは命令の送達（公示送達その他これに類する送達を除く）を受けたこと又はこれを受けなかったが応訴したこと・判決の内容及び訴訟手続が日本における公の秩序又は善良の風俗に反しないこと・相互の保証があることが必要となる（同法24条5項、民事訴訟法118条）。したがって、A社とB社との間に生じた民事上の法的紛争について、B社が、X国の裁判所に民事訴訟を提起し、B社の請求を認容する旨の判決が言い渡され確定した場合であっても、B社は、日本の裁判所において執行判決を得なければ、当該判決を債務名義として、当該判決の内容を日本国内で執行することはできないから、本肢は適切でない。

国際的な取引紛争の解決に関する次の①〜⑤の記述のうち、その内容が最も適切でないものを1つだけ選びなさい。（第43回第2問2-3）

① 日本の民事訴訟法上、外国裁判所の確定判決が日本国内においてその効力を有するための要件の1つとして、敗訴の被告が訴訟の開始に必要な呼出しもしくは命令の送達（公示送達その他これに類する送達を除く）を受けたこと、またはこれを受けなかったが応訴したことが挙げられる。

② 日本の民事訴訟法上、外国裁判所の確定判決が日本国内においてその効力を有するための要件の1つとして、判決の内容および訴訟手続が日本における公の秩序または善良の風俗に反しないことが挙げられる。

③ 日本の民事訴訟法上、外国裁判所の確定判決が日本国内においてその効力を有するための要件の1つとして、当該外国裁判所の属する国において一定の要件の下で日本の裁判所の確定判決が効力を有することが挙げられる。

④ 日本の仲裁法上、仲裁人の選任手続は、原則として、当事者間の合意により定めることができる。

⑤ 国際取引の当事者の一方が、適法になされた仲裁合意に反して、日本の裁判所に民事訴訟を提起したとしても、日本の仲裁法上、他方当事者は、当該民事訴訟において訴えの却下を求めることはできない。

解説

① 適切である。外国裁判所の判決は、日本において、執行判決を得ることにより債務名義となる（民事執行法22条6号）。執行判決を得るためには、外国裁判所の判決が確定したこと及び法令又は条約により外国裁判所の裁判権が認められること・敗訴の被告が訴訟の開始に必要な呼出し若しくは命令の送達（公示送達その他これに類する送達を除く。）を受けたこと又はこれを受けなかったが応訴したこと・判決の内容及び訴訟手続が日本における公の秩序又は善良の風俗に反しないこと・相互の保証があることが必要となる（同法24条5項、民事訴訟法118条）。したがって、日本の民事訴訟法上、外国裁判所の確定判決が日本国内においてその効力を有するための要件の1つとして、敗訴の被告が訴訟の開始に必要な呼出し若しくは命令の送達（公示送達その他これに類する送達を除く。）を受けたこと、又はこれを受けなかったが応訴したことが挙げられるから、本肢は適切である。

② 適切である。①の解説のとおり、外国判決について執行判決を得るための要件として、判決の内容及び訴訟手続が日本における公の秩序又は善良の風俗に反しないことがある。したがって、日本の民事訴訟法上、外国裁判所の確定判決が日本国内においてその効力を有するための要件の1つとして、判決の内容及び訴訟手続が日本における公の秩序又は善良の風俗に反しないことが挙げられるから、本肢は適切である。

③ 適切である。①の解説のとおり、外国判決について執行判決を得るための要件として、相互の保証があることが必要であるが、判例によれば、相互の保証があるとは「当該判決をした外国裁判所の属する国（中略）において、我が国の裁判所がしたこれと同種類の判決が（中略）重要な点で異ならない条件のもとに効力を有するものとされていることをいう」とされる（最判昭和58年6月7日民集37巻5号611頁）。したがって、日本の民事訴訟法上、外国裁判所の確定判決が日本国内においてその効力を有するための要件の1つとして、当該外国裁判所の属する国において一定の要件の下で日本の裁判所の確定判決が効力を有することが挙げられるから、本肢は適切である。

④ 適切である。仲裁人の選任手続は、原則として、当事者が合意により定めるところによる（仲裁法19条1項）。したがって、日本の仲裁法上、仲裁人の選任手続は、原則として、当事者間の合意により定めることができるから、本肢は適切である。

⑤ 最も適切でない。仲裁合意の対象となる民事上の紛争について訴えが提起されたときは、受訴裁判所は、被告の申立てにより、原則として、訴えを却下しなければならない（仲裁法16条1項）。したがって、国際取引の当事者の一方が、適法になされた仲裁合意に反して、日本の裁判所に民事訴訟を提起したときは、日本の仲裁法上、他方当事者は、当該民事訴訟において訴えの却下を求めることができるから、本肢は適切でない。

国際紛争解決手続

第 **4** 問 　　　　　難易度 ★★☆

日本に本店所在地があるX社と、A国に本店所在地があるY社との間で、国際売買契約が締結された。この場合に関する次の①～⑤の記述のうち、その内容が最も適切なものを1つだけ選びなさい。（第46回第4問4-1）

① 　X社とY社は、本件契約の締結に際し、本件契約に関する民事上の法的紛争が生じた場合に備え、国際裁判管轄の合意を行い、日本の裁判所に管轄権がある旨を定めていた。この場合であっても、日本の法制度は国際紛争についての合意管轄を認めていないので、X社は合意管轄に基づいて日本の裁判所に民事訴訟を提起することはできない。

② 　X社とY社は、本件契約の締結に際し、本件契約に関する民事上の法的紛争が生じた場合に備え、準拠法を日本法とする旨の合意をしていた。この場合であっても、本件契約に関して生じた民事上の法的紛争についての民事訴訟がA国の裁判所に係属し、同国で審理が行われるときは、A国の法制度に基づき、日本法が準拠法として採用されず、A国の法律が準拠法とされることがあり得る。

③ 　X社とY社は、本件契約に関する民事上の法的紛争が生じた場合の準拠法をあらかじめ定めていなかった。この場合における準拠法は、日本の法制度の下では、民事訴訟における原告が属する国の法によるとされているため、X社が、本件契約に関して生じた民事上の法的紛争について日本の裁判所に民事訴訟を提起し当該民事訴訟が適法に係属すれば、当該紛争には日本の法律が適用される。

④ 　Y社は、本件契約に関して生じた民事上の法的紛争について、X社に損害賠償を求める民事訴訟をA国で提起し、A国の第一審裁判所で勝訴した。この場合、Y社は、当該勝訴判決が確定していなくても、X社が日本国内に保有する財産について強制執行を申し立てることができる。

⑤ 　Y社は、本件契約に関して生じた民事上の法的紛争について、X社に損害賠償を求める民事訴訟をA国で提起し、勝訴判決を得たが、X社は当該民事訴訟の開始に必要な呼出しや命令の送達を受けたことはなく、また応訴もしていない。この場合、Y社は、A国で取得した判決に基づいて、X社が日本国内に保有する財産について強制執行を申し立てることができる。

解説

① 適切でない。国際取引において民事上の法的紛争が生じた場合に、どの国の裁判所に裁判を求め得るかという問題を国際裁判管轄の問題という。日本の民事訴訟法上、国際裁判管轄における合意管轄が認められており、当事者は、合意により、いずれの国の裁判所に訴えを提起することができるかについて定めることができる（民訴訟法3条の7第1項）。したがって、X社とY社は、本件契約の締結に際し、本件契約に関する民事上の法的紛争が生じた場合に備え、国際裁判管轄の合意を行い、日本の裁判所に管轄権があると定めていた場合、日本の民事訴訟法は国際紛争についての合意管轄を認めており、他の要件を充たす限り、X社は合意管轄に基づいて日本の裁判所に民事訴訟を提起することができるから、本肢は適切でない。

② 最も適切である。当該訴訟において、対象となる法律関係にどの国の法律が準拠法として適用されるかは、訴訟が提起された国の抵触法により決定される。本件契約に関して生じた民事上の法的紛争についての準拠法を日本法とする旨の条項が有効か否かは、訴訟が提起された裁判所が属する国の抵触法によって定まる。なお、日本では、法の適用に関する通則法が抵触法に当たる。したがって、X社とY社が、本件契約の締結に際し、本件契約に関する民事上の法的紛争が生じた場合に備え、準拠法を日本法とする旨の合意をしていた場合であっても、本件契約に関して生じた民事上の法的紛争についての民事訴訟がA国の裁判所に係属し、同国で審理が行われるときは、A国の法制度に基づき、日本法が準拠法として採用されず、A国の法律が準拠法とされることがあり得るから、本肢は適切である。

③ 適切でない。法律行為の成立及び効力は、当事者が当該法律行為の当時に選択した地の法による（法の適用に関する通則法7条）。当事者による選択がないときは、当該法律行為の当時において当該法律行為に最も密接な関係がある地の法による（同法8条1項）。したがって、X社とY社が、本件契約に関する民事上の法的紛争が生じた場合の準拠法をあらかじめ定めていなかった場合における準拠法は、日本の法制度の下では、当該法律行為の当時において当該法律行為に最も密接な関係がある地の法によるとされているため、X社が、本件契約に関して生じた民事上の法的紛争について日本の裁判所に民事訴訟を提起し当該民事訴訟が適法に係属したとしても、必ずしも当該紛争に日本の法律が適用されるとは限らないから、本肢は適切でない。

④ 適切でない。確定した執行判決のある外国裁判所の判決は、我が国において、債務名義となる（民事執行法22条6号）。そして、執行判決を得るための要件は、外国裁判所判決が確定していること、法令又は条約により外国裁判所の裁判権が認められること、敗訴の被告が訴訟の開始に必要な呼出し若しくは命令の送達（公示送達その他これに類する送達を除く。）を受けたこと又はこれを受けなかったが応訴したこと、判決の内容及び訴訟手続が日本における公の秩序又は善良の風俗に反しないこと、相互の保証があることの全てを満たしていることである（同法24条5項、民事訴訟法118条）。したがって、Y社が、本件契約に関して生じた民事上の法的紛争について、X社に損害賠償を求める民事訴訟をA国で提起し、A国の第一審裁判所で勝訴した場合であっても、当該勝訴判決が確定していないときは、Y社は、X社が日本国内に保有する財産について強制執行を申し立てることができないから、本肢は適切でない。

⑤ 適切でない。④の解説のとおり、執行判決を得るための要件は、外国裁判所判決が確定していること、法令又は条約により外国裁判所の裁判権が認められること、敗訴の被告が訴訟の開始に必要な呼出し若しくは命令の送達（公示送達その他これに類する送達を除く。）を受けたこと又はこれを受けなかったが応訴したこと、判決の内容及び訴訟手続が日本における公の秩序又は善良の風俗に反しないこと、相互の保証があることの全てを満たしていることである（同法24条5項、民事訴訟法118条）。したがって、Y社が、本件契約に関して生じた民事上の法的紛争について、X社に損害賠償を求める民事訴訟をA国で提起し、勝訴判決を得たが、X社は当該民事訴訟の開始に必要な呼出しや命令の送達を受けたことはなく、また応訴もしていない場合、Y社は、A国で取得した判決に基づいて、X社が日本国内に保有する財産について強制執行を申し立てることはできないから、本肢は適切でない。

　国際法務に関する次のア〜オの記述のうち、その内容が適切なものの組み合わせを①〜⑤の中から１つだけ選びなさい。（第44回第２問2-4）

ア．国際的な民事上の法的紛争を解決する手続として仲裁があるが、日本の仲裁法上、仲裁人によってなされた仲裁判断には、確定判決と同一の効力は認められない。

イ．日本の特許法上、特許権者には、特許権を侵害する製品の輸入の差止請求権が認められているが、税関における輸入差止めについては、関税法上、税関当局の職権による輸入差止めのみが認められ、特許権者が輸入差止めの申立てをすることは認められていない。

ウ．国際的な貿易の取引条件について国際商業会議所が制定したインコタームズ（International Commercial Terms）には、条約と同一のものとして、国際商業会議所に加盟した国の企業間においては、法的な強制力が認められている。

エ．英米法における完全合意条項（Entire Agreement Clause）は、一般に、ある事柄に関して最終的な契約書が作成された場合には、当事者は、契約交渉過程で当事者間に成立した合意を、当該契約書の内容を変更するものとして裁判所に提出することはできないとする条項であり、英米法における証拠法上のルールである口頭証拠排除原則と関連するものである。

オ．世界貿易機関（WTO）には、貿易に関する紛争の当事国が紛争事案を持ち込むことができ、紛争当事国間の協議による解決のほか、小委員会検討を経た報告・採択等の手続により紛争を解決する役割が認められている。

① アイ　　② アウ　　③ イオ　　④ ウエ　　⑤ エオ

第 5 問　解答　⑤

解 説

ア．適切でない。仲裁とは、紛争当事者が、既に生じた民事上の紛争又は将来において生ずる一定の法律関係（契約に基づくものであるかどうかを問わない。）に関する民事上の紛争の全部又は一部の解決を1人又は2人以上の仲裁人にゆだね、かつ、その判断（これを仲裁判断という。）に服する旨の合意（これを仲裁合意という。）を形成し、その合意に基づいて紛争を解決する制度である（仲裁法2条1項参照）。仲裁判断は、仲裁地が日本国内にあるかどうかを問わず、確定判決と同一の効力を有する（仲裁法47条1項）。したがって、国際的な民事上の法的紛争を解決する手続として仲裁があり、日本の仲裁法上、仲裁人によってなされた仲裁判断には、確定判決と同一の効力が認められるから、本肢は適切でない。

イ．適切でない。特許権、実用新案権、意匠権、商標権、著作権、著作隣接権、回路配置利用権又は育成者権を侵害する物品は、関税法上、輸入してはならない貨物である（関税法69条の11第1項9号）。当該貨物が輸入してはならない貨物に該当する場合には、税関長の認定手続を経て、当該貨物の没収、廃棄又は積戻しがなされる（同法69条の12第5項、69条の11第2項）。この場合、特許権者は営業上の利益を侵害すると認める貨物に関し、税関長に対し、その侵害の事実を疎明するために必要な証拠を提出し、税関長が認定手続を執るべきことを申し立てることができる（同法69条の13第1項）。したがって、日本の特許法上、特許権者には、特許権を侵害する製品の輸入の差止請求権が認められており、税関における輸入差止めについては、関税法上、税関当局の職権による輸入差止めとともに、特許権者が輸入差止めの申立てをすることも認められているから、本肢は適切でない。

ウ．適切でない。インコタームズ（International Commercial Terms）とは、国際的な契約において用いられる取引条件の解釈を定めたものである。これは、国際商業会議所が制定したもので、条約ではない。インコタームズに法的な強制力を認めるか否かは当事者の契約や準拠法に従うことになる。したがって、国際的な貿易の取引条件について国際商業会議所が制定したインコタームズは、条約ではなく、直ちに法的な強制力が認められているわけではないから、本肢は適切でない。

エ．適切である。国際売買契約では、交渉過程が長期間にわたることが多く、契約締結に向けた交渉過程で様々なやり取りが交わされる。契約書に記載のない、当事者間で交わされたやり取りの内容が、拘束力を有するか否かが問題となり得るが、これを解消するための方法が完全合意条項（Entire Agreement Clause）である。すなわち、作成された契約書において完全合意条項が記載された場合、当該契約書に記載された内容以外の合意は存在しないということを確認する意味をもつ。したがって、英米法における完全合意条項は、一般に、ある事柄に関して最終的な契約書が作成された場合には、当事者は、契約交渉過程で当事者間に成立した合意を、当該契約書の内容を変更するものとして裁判所に提出することはできないとする条項であり、英米法における証拠法上のルールである口頭証拠排除原則と関連するものであるから、本肢は適切である。

オ．適切である。世界貿易機関（WTO）に貿易に関する国際紛争が持ち込まれた場合、まずは、協議による紛争解決が図られるが、協議により解決しない場合、パネルとよばれる小委員会に紛争を付託し解決を図ることができる。それでも解決しなければ、勧告又は裁定によることとなる。したがって、WTOには、貿易に関する紛争の当事国が紛争事案を持ち込むことができ、紛争当事国間の協議による解決のほか、小委員会検討を経た報告・採択等の手続により紛争を解決する役割が認められているから、本肢は適切である。

　X社では、海外進出が決定したため、これに先立って、国際取引に関する各種の調査を行っている。次のア～オの記述は、国際取引における契約書の条項について話し合っているX社内における発言の一部である。これらの発言のうち、その内容が適切なものの組み合わせを①～⑤の中から1つだけ選びなさい。(第42回第8問8-4)

ア.「国際的な売買取引においては、売主の目的物引渡債務が不可抗力によって履行できない場合、取引の相手方の属する国にかかわらず、売主に責任が生じることはないとされているため、契約当事者は、国際売買契約に不可抗力条項(force majeure clause)を設ける必要はありません。」

イ.「国際取引において、相手方との間でライセンス契約を締結したり、相手方から重要な機密情報の開示を受けたりする場合には、秘密保持契約の締結が必要となることがあります。秘密保持契約は、一般に、当事者に対し、第三者に秘密情報を開示しないことや秘密情報を目的外で使用しないことなどの不作為義務を定める契約です。」

ウ.「仲裁条項は、当事者間の紛争を仲裁によって解決する旨を定めた条項です。ただし、この条項が設けられた場合でも、日本の仲裁法上は、当事者間に発生した紛争を民事訴訟で解決することは可能であり、仲裁条項を根拠に民事訴訟の却下を求めることはできません。」

エ.「通知条項は、解約等の意思表示の通知先、方法、効力発生時期、効果について定めた条項です。国際間の通知の場合には、郵便事情等により必ずしも通知が到達するとは限らないので、通知が到達しない場合でも通知の効力を生じさせるには、発信主義で合意しておく必要があります。」

オ.「完全合意条項は、契約書に記載された内容が、当事者間の完全な合意内容を表示し、それが契約締結以前に契約の目的事項に関して存在した当事者の合意に優先することを規定した条項です。これは、英米証拠法のルールである口頭証拠排除法則、すなわち、ある事柄に関して最終的な契約書が作成された場合には、当事者は、契約交渉過程で当事者間に成立した他の合意を契約書面の内容を変更するものとして裁判所に提出することはできないとの法則を再確認するものです。」

① アイウ　　② アイエ　　③ アウオ　　④ イエオ　　⑤ ウエオ

解説

ア．適切でない。ウィーン売買条約が適用される売買契約については、売主の目的物引渡義務が不可抗力によって履行できない場合、売主の責任は生じないとされている。もっとも、同条約が適用されない場合には、不可抗力により免責されるか否かは、別途準拠法により定まり、必ずしも免責されるとは限らない。したがって、国際的な売買取引においては、取引の相手方の属する国によっては、売主の目的物引渡債務が不可抗力によって履行できない場合、必ずしも売主に責任が生じることはないとされているわけではないため、契約当事者としては、国際売買契約に不可抗力条項（force majeure clause）を設ける必要があるから、本肢は適切でない。

イ．適切である。国際取引に限らず、取引一般において、相手方との間でライセンス契約を締結したり、相手方から重要な機密情報の開示を受けたりする場合には、秘密保持契約の締結が必要となることが多い。秘密保持契約は、何を秘密とするか定める定義規定や、当該秘密を原則として第三者に開示しないこと、一方で、開示が許される場合を規定するほか、秘密情報を目的外で使用しないことなどの不作為義務を定める契約である。したがって、本肢は適切である。

ウ．適切でない。仲裁合意とは、既に生じた民事上の紛争又は将来において生ずる一定の法律関係に関する民事上の紛争の全部又は一部の解決を1人又は2人以上の仲裁人にゆだね、かつ、その判断に服する旨の合意をいう（仲裁法2条1項）。仲裁合意の対象となる民事上の紛争について訴えが提起されたときは、受訴裁判所は、被告の申立てにより、原則として、訴えを却下しなければならない（同法14条1項）。したがって、仲裁条項は、当事者間の紛争を仲裁によって解決する旨を定めた条項であり、この条項が設けられた場合、日本の仲裁法上は、当事者間に発生した紛争を民事訴訟で解決することは原則としてできなくなり、被告は仲裁条項を根拠に民事訴訟の却下を求めることができるから、本肢は適切でない。

エ．適切である。通知条項は、解約等の意思表示の通知先、方法、効力発生時期、効果について定めた条項である。契約の法律効果を判断するに当たって、相手方に必要な通知がなされたか否かが問題となることがある。通知条項が定められた場合、発信者としては、通知条項に従った通知をしたことを証明できれば、法律上、通知したと認められることとなる。国際間の通知の場合には、郵便事情等により必ずしも通知が到達するとは限らず、通知が到達しない場合でも通知の効力を生じさせるには、発信主義で合意しておく必要がある。したがって、本肢は適切である。

オ．適切である。国際取引では、交渉過程が長期間にわたることが多く、契約締結に向けた交渉過程で覚書等の文書が作成されることがある。覚書等の文書に記載された内容と、最終的に作成された契約書の内容に齟齬が生じた場合にいずれが優先するか問題となり得るが、これを解消するための方法が完全合意条項である。すなわち、作成された契約書において完全合意条項が記載された場合、当該契約書に記載された内容以外の合意は存在しないということを確認する意味をもつ。したがって、完全合意条項は、契約書に記載された内容が、当事者間の完全な合意内容を表示し、それが契約締結以前に契約の目的事項に関して存在した当事者の合意に優先することを規定した条項であり、ある事柄に関して最終的な契約書が作成された場合には、当事者は、契約交渉過程で当事者間に成立した他の合意を契約書面の内容を変更するものとして裁判所に提出することはできないとの法則を再確認するものであるから、本肢は適切である。

国際法務

　国際法務に関する次のア～オの記述のうち、その内容が適切なものの組み合わせを①～⑤の中から１つだけ選びなさい。（第45回第5問5-1）

ア．外国の企業と日本の企業との間の民事上の法的紛争に関する民事訴訟において、当該外国の裁判所が下した判決の内容または訴訟手続が日本における公の秩序または善良の風俗に反する場合であっても、法令または条約により当該外国の裁判所に裁判権が認められるときは、当該外国の企業は、日本の裁判所において、執行判決を得て強制執行を行うことができる。

イ．日本の民事訴訟法上、民事訴訟について、日本以外の国に裁判管轄が認められる場合には、日本の裁判所に国際裁判管轄は認められない。

ウ．日本の民事訴訟法上、国際的な取引における当事者は、民事上の法的紛争に関し、いずれの国の裁判所に訴えを提起することができるかについて、合意により定めることができる。この合意は、一定の法律関係に基づく訴えに関し、かつ、書面またはこれに代わる電磁的記録でしなければ、その効力を生じない。

エ．日本の法の適用に関する通則法上、契約当事者が契約において準拠法を定めている場合、原則として、当該契約の定めに基づいて準拠法が決定される。

オ．日本の法の適用に関する通則法上、当事者間に準拠法についての合意がない場合、法律行為の成立および効力は、原則として、当該法律行為の当時において当該法律行為に最も密接な関係がある地の法により決定される。

① アイエ　　② アイオ　　③ アウエ　　④ イウオ　　⑤ ウエオ

解説

ア．適切でない。外国裁判所の判決は、執行判決を得ることができれば、日本における債務名義となる（民事執行法22条6号）。執行判決を得るためには、外国裁判所の判決が確定したこと及び法令又は条約により外国裁判所の裁判権が認められること・敗訴の被告が訴訟の開始に必要な呼出し若しくは命令の送達（公示送達その他これに類する送達を除く。）を受けたこと又はこれを受けなかったが応訴したこと・判決の内容及び訴訟手続が日本における公の秩序又は善良の風俗に反しないこと・相互の保証があることが必要となる（同法24条5項、民事訴訟法118条）。したがって、外国の企業と日本の企業との間の民事上の法的紛争に関する民事訴訟において、当該外国の裁判所が下した判決の内容又は訴訟手続が日本における公の秩序又は善良の風俗に反する場合、当該外国の企業は、日本の裁判所において、執行判決を得ることができないから、本肢は適切でない。

イ．適切でない。日本と外国の両方で同種の民事訴訟が提起されたような場合を、国際的訴訟競合という。日本の民事訴訟法上、国際的訴訟競合を禁止する規定はない。したがって、日本の民事訴訟法上、民事訴訟について、日本以外の国に裁判管轄が認められる場合であっても、日本の裁判所に国際裁判管轄が認められる場合はあるから、本肢は適切でない。

ウ．適切である。日本の民事訴訟法上、当事者は、合意により、いずれの国の裁判所に訴えを提起することができるかについて定めることができる。この場合、当該合意は、一定の法律関係に基づく訴えに関し、かつ、書面又は電磁的記録でしなければ、その効力を生じない（民事訴訟法3条の7第1項、2項、3項）。したがって、日本の民事訴訟法上、国際的な取引における当事者は、民事上の法的紛争に関し、いずれの国の裁判所に訴えを提起することができるかについて、合意により定めることができ、この合意は、一定の法律関係に基づく訴えに関し、かつ、書面又はこれに代わる電磁的記録でしなければ、その効力を生じないから、本肢は適切である。

エ．適切である。当該訴訟において、対象となる法律関係にどの国の法律が準拠法として適用されるかは、訴訟が提起された国の抵触法により決定される。日本の抵触法上、法律行為の成立及び効力は、当事者が当該法律行為の当時に選択した地の法による（法の適用に関する通則法7条）。したがって、日本の法の適用に関する通則法上、契約当事者が契約において準拠法を定めている場合、原則として、当該契約の定めに基づいて準拠法が決定されるから、本肢は適切である。

オ．適切である。当事者による準拠法の選択がないときは、法律行為の成立及び効力は、当該法律行為の当時において当該法律行為に最も密接な関係がある地の法による（法の適用に関する通則法8条1項）。したがって、日本の法の適用に関する通則法上、当事者間に準拠法についての合意がない場合、法律行為の成立及び効力は、原則として、当該法律行為の当時において当該法律行為に最も密接な関係がある地の法により決定されるから、本肢は適切である。

日本法人であるX社とA国法人であるY社との間の国際売買契約に関する次のア〜オの記述のうち、その内容が適切なものの組み合わせを①〜⑤の中から1つだけ選びなさい。（第44回第7問7-2）

ア．X社およびY社は、本件契約における債務の履行地を、日本およびA国以外の国であるB国とすることとした。この場合、「法の適用に関する通則法」（法適用通則法）によれば、X社およびY社は、その合意により、契約当事者の属する国でないB国の法律を準拠法とすることはできない。

イ．X社およびY社は、本件契約に関して生じた民事上の法的紛争についての準拠法を定めなかった。この場合について、法適用通則法では、債務者の本国の法を準拠法とする旨が定められている。

ウ．X社は、Y社に対し、本件契約に基づく売買代金債権を有しているが、Y社が支払不能に陥った。Y社が日本国内に財産を有している場合、民事再生法上、X社は、日本の裁判所に対し、Y社につき再生手続開始の申立てをすることができる。

エ．Y社は、本件契約に関して生じた民事上の法的紛争に関し、A国の裁判所に民事訴訟を提起し勝訴判決を得た。本件訴訟につき、X社が訴訟の開始に必要な呼出しまたは命令の送達を受けておらず、かつX社が応訴もしていない場合、Y社は、当該判決につき日本で執行判決を得ることはできない。

オ．X社とY社との間で本件契約に関して生じた民事上の法的紛争について、日本の裁判所とA国の裁判所にそれぞれ民事訴訟が提起された。この場合、日本の民事訴訟法上、先に民事訴訟が提起された裁判所に優先権が認められ、後から民事訴訟が提起された裁判所では訴えが却下されるため、民事訴訟が競合することはない。

① アイ　　② アオ　　③ イウ　　④ ウエ　　⑤ エオ

解説

ア．適切でない。法律行為の成立及び効力は、当事者が当該法律行為の当時に選択した地の法による（「法の適用に関する通則法」（法適用通則法）7条）。したがって、X社及びY社が、本件契約における債務の履行地を、日本及びA国以外の国であるB国とすることとした場合、法適用通則法によれば、X社及びY社は、その合意により、契約当事者の属する国でないB国の法律を準拠法とすることができるから、本肢は適切でない。

イ．適切でない。当事者による選択がないときは、当該法律行為の当時において当該法律行為に最も密接な関係がある地の法による（法の適用に関する通則法8条1項）。したがって、X社及びY社が、本件契約に関して生じた民事上の法的紛争についての準拠法を定めなかった場合、法適用通則法では、当該法律行為の当時において当該法律行為に最も密接な関係がある地の法を準拠法とする旨が定められているから、本肢は適切でない。

ウ．適切である。民事再生法の規定による再生手続開始の申立ては、債務者が個人である場合には日本国内に営業所、住所、居所又は財産を有するときに限り、法人その他の社団又は財団である場合には日本国内に営業所、事務所又は財産を有するときに限り、することができる（民事再生法4条1項）。したがって、X社は、Y社に対し、本件契約に基づく売買代金債権を有しているところ、Y社が支払不能に陥ったときは、Y社が日本国内に財産を有している場合、民事再生法上、X社は、日本の裁判所に対し、Y社につき再生手続開始の申立てをすることができるから、本肢は適切である。

エ．適切である。確定した執行判決のある外国裁判所の判決は、日本において、債務名義となる（民事執行法22条6号）。そして、執行判決を得るための要件は、外国裁判所判決が確定していること、法令又は条約により外国裁判所の裁判権が認められること、敗訴の被告が訴訟の開始に必要な呼出し若しくは命令の送達（公示送達その他これに類する送達を除く。）を受けたこと又はこれを受けなかったが応訴したこと、判決の内容及び訴訟手続が日本における公の秩序又は善良の風俗に反しないこと、相互の保証があることである（同法24条5項、民事訴訟法118条）。したがって、Y社が、本件契約に関して生じた民事上の法的紛争に関し、A国の裁判所に民事訴訟を提起し勝訴判決を得たときであっても、本件訴訟につき、X社が訴訟の開始に必要な呼出し又は命令の送達を受けておらず、かつX社が応訴もしていない場合、Y社は、当該判決につき日本で執行判決を得ることはできないから、本肢は適切である。

オ．適切でない。同一の事件について、複数の国の裁判所に訴訟が提起されることを国際的訴訟競合という。日本の民事訴訟法上、国際的訴訟競合を禁じる規定はない。したがって、X社とY社との間で本件契約に関して生じた民事上の法的紛争について、日本の裁判所とA国の裁判所にそれぞれ民事訴訟が提起された場合、日本の民事訴訟法上、国際的訴訟競合を禁止する規定はなく、必ずしも先に民事訴訟が提起された裁判所に優先権が認められるとは限らず、後から民事訴訟が提起された裁判所で訴えが却下されない結果、民事訴訟が競合することとなり得るから、本肢は適切でない。

　日本の企業であるA社にかかわる国際取引における法的諸問題に関する次の①〜⑤の記述のうち、その内容が最も適切でないものを１つだけ選びなさい。（第46回第10問10-2）

① 　A社は、X国における大規模建設プロジェクトを受注するため、X国における当該プロジェクトの所管官庁の高官に対し賄賂を贈った。この場合、A社は、日本の不正競争防止法に基づき刑事罰を科される可能性がある。

② 　A社は、X国の企業であるB社との間で国際売買契約を締結するにあたり、Letter of Intent（LOI）やMemorandum of Understanding（MOU）等の確認文書を作成した。確認文書の表題がLOIやMOUとされていたとしても、その内容次第では、法的な拘束力が認められることがある。

③ 　A社は、製品甲を製造するのに必要な発明乙につき、日本およびX国で特許権を有しており、X国においては、X国の企業であるB社に製品甲の独占的販売権を設定している。日本の企業であるC社は、X国においてB社から製品甲を購入し、日本への輸入および日本国内での販売（いわゆる並行輸入）を行っている。この場合、日本の判例によれば、A社は、日本における発明乙の特許権に基づいて、C社に対し製品甲の日本への輸入および日本国内での販売の差止めを請求することができる。

④ 　A社は、「特許協力条約（Patent Cooperation Treaty：PCT）」に基づき、複数の同盟国を指定国として、日本の特許庁に国際出願を行うことにより、当該指定国において特許出願をしたのと同一の効果を得ることができる。

⑤ 　A社が日本の裁判所において破産手続開始決定を受けた後、A社に対して債権を有するX国の企業であるB社は、A社がX国内に有する財産を差し押さえてその債権の一部について弁済を受けた。この場合、B社は、日本におけるA社の破産手続において、弁済を受ける前の債権の額全額について手続に参加することはできるが、他の同順位の破産債権者がB社の受けた弁済と同一の割合の配当を受けるまでは、最後配当を受けることができない。

16

国際法務（渉外法務）

解説

① 適切である。何人も、外国公務員等に対し、国際的な商取引に関して営業上の不正の利益を得るために、その外国公務員等に、その職務に関する行為をさせ若しくはさせないこと、又はその地位を利用して他の外国公務員等にその職務に関する行為をさせ若しくはさせないようにあっせんをさせることを目的として、金銭その他の利益を供与し、又はその申込み若しくは約束をしてはならない（不正競争防止法18条1項）。これに違反すると、10年以下の拘禁刑若しくは3000万円以下の罰金に処せられ、又はこれを併科される可能性がある（同法21条4項4号）。当該罪を日本国外において犯した日本国民は処罰の対象となる（同条10項、刑法3条）。両罰規定も規定されており、法人の代表者又は法人若しくは人の代理人、使用人その他の従業者が、その法人又は人の業務に関し、違反行為をしたときは、行為者を罰するほか、その法人に対して10億円以下の罰金刑が科される可能性がある（不正競争防止法22条1項1号）。したがって、A社が、X国における大規模建設プロジェクトを受注するため、X国における当該プロジェクトの所管官庁の高官に対し賄賂を贈った場合、A社は、日本の不正競争防止法に基づき刑事罰を科される可能性があるから、本肢は適切である。

② 適切である。国際取引をめぐる契約交渉は、交渉する場所を転々としながら長期間かけて行われることも珍しくない。その期間中に、正式に契約を締結する前段階として一定の合意がなされる確認文書が作成されることがある。当該確認文書に法的拘束力が認められるか否かは、文書の表題ではなく、文書に記載された合意内容により決定される。したがって、A社が、X国の企業であるB社との間で国際売買契約を締結するに当たり、Letter of Intent(LOI)やMemorandum of Understanding(MOU)等の確認文書を作成した場合、確認文書の表題がLOIやMOUとされていたとしても、その内容次第では、法的な拘束力が認められることがあるから、本肢は適切である。

③ 最も適切でない。並行輸入が特許権を侵害するか否かについて、判例は、「我が国の特許権者又はこれと同視し得る者が国外において特許製品を譲渡した場合においては、特許権者は、譲受人に対しては、当該製品について販売先ないし使用地域から我が国を除外する旨を譲受人との間で合意した場合を除き、譲受人から特許製品を譲り受けた第三者及びその後の転得者に対しては、譲受人との間で右の旨を合意した上特許製品にこれを明確に表示した場合を除いて、当該製品について我が国において特許権を行使することは許されない」（最判平成9年7月1日民集51巻6号2299頁）とし、輸入、販売等の差止めは認められないとしている。したがって、A社が、製品甲を製造するのに必要な発明乙につき、日本及びX国で特許権を有しており、X国においては、X国の企業であるB社に製品甲の独占的販売権を設定しているとき、日本の企業であるC社が、X国においてB社から製品甲を購入し、日本への輸入及び日本国内での販売（いわゆる並行輸入）を行っている場合、日本の判例によれば、A社は、日本における発明乙の特許権に基づいて、C社に対し製品甲の日本への輸入及び日本国内での

販売の差止めを請求することができないから、本肢は適切でない。

④　適切である。「特許協力条約(Patent Cooperation Treaty：PCT)」においては、所定の手続を履践して行われた国際出願は、国際出願日において、各指定国における正規の国内出願の効果をもつと規定されている(特許協力条約11条参照)。したがって、A社は、特許協力条約に基づき、複数の同盟国を指定国として、日本の特許庁に国際出願を行うことにより、当該指定国において特許出願をしたのと同一の効果を得ることができるから、本肢は適切である。

⑤　適切である。破産債権者は、破産手続開始の決定があった後に、破産財団に属する財産で外国にあるものに対して権利を行使したことにより、破産債権について弁済を受けた場合であっても、その弁済を受ける前の債権の額について破産手続に参加することができる(破産法109条)。もっとも、当該弁済を受けた破産債権者は、他の同順位の破産債権者が自己の受けた弁済と同一の割合の配当を受けるまでは、最後配当を受けることができない(同法201条4項)。したがって、A社が日本の裁判所において破産手続開始決定を受けた後、A社に対して債権を有するX国の企業であるB社は、A社がX国内に有する財産を差し押さえてその債権の一部について弁済を受けた場合、B社は、日本におけるA社の破産手続において、弁済を受ける前の債権の額全額について手続に参加することはできるが、他の同順位の破産債権者がB社の受けた弁済と同一の割合の配当を受けるまでは、最後配当を受けることができないから、本肢は適切である。

国際取引

第 **10** 問　　　難易度 ★★★

　次のア～オの記述は、Ｘ社内において国際取引で注意すべき法的問題について話している甲と乙との会話の一部である。この会話における乙の発言のうち、その内容が適切なものの個数を①～⑤の中から１つだけ選びなさい。（第41回第7問7-4）

ア．甲「国際取引において、最終的な契約締結前の契約交渉の過程で作成される確認文書にはどのようなものがありますか。」

　　乙「確認文書には、Letter of Intent（LOI）やMemorandum of Understanding（MOU）等があります。これらの確認文書は、その名称にかかわらず、確認文書の内容に法的な拘束力が認められることがあります。」

イ．甲「国際取引、特に国際的な売買取引では、各国の法律の他に、注意しておかなければならない法令等がありますか。」

　　乙「国際売買契約に関する条約として、『国際物品売買契約に関する国際連合条約』（CISG）があり、日本も批准しています。営業所が異なる国に所在する当事者間の物品売買契約について、これらの国がいずれもCISGの締約国である場合、または国際私法の準則によればCISGの締約国の法の適用が導かれる場合には、CISGが適用されます。」

ウ．甲「貿易取引等に関連して、インコタームズという言葉を時々聞きますが、これはどのようなものですか。」

　　乙「インコタームズは、International Commercial Termsを略したもので、国際商業会議所（ICC）が、貿易取引条件について定めたものです。インコタームズには、法的な強制力は認められません。」

エ．甲「現在交渉中の海外プロジェクトにおいて、現地の所管官庁の公務員から賄賂を求められているという話が出ています。現地の法令でも賄賂は禁止されていますが、大規模事業に伴い、公務員への一定の利益供与が行われることもあるようです。コンプライアンスの観点から、当社としてはどのように対応すべきでしょうか。」

　　乙「現地の法令を遵守するのは当然のことです。また、日本法との関係でも不正競争防止法が、外国の公務員への不正の利益の供与を禁止し、違反に対しては罰則を科しており、日本人が日本国外で行った行為にも罰則が適用されることがあります。」

オ．甲「国際取引において取引の相手方が倒産した場合、どのように処理され
　　　ますか。例えば、日本国内に相手方の営業所があっても、相手方の
　　　本社が外国に所在する場合には、破産手続等も必ず外国で行われる
　　　のでしょうか。」
　　乙「日本の破産法は、債務者である法人が日本国内に営業所または事務
　　　所を有するときには、同法に基づく破産手続開始の申立てをするこ
　　　とができるとしています。また、日本国内に営業所または事務所が
　　　なくとも、債務者である法人が日本国内に財産を有しているときも
　　　同様です。」

①　1個　　②　2個　　③　3個　　④　4個　　⑤　5個

解説

ア．適切である。国際取引をめぐる契約交渉は、交渉する場所を転々としながら長期間かけて行われることも珍しくない。その期間中に、正式に契約を締結する前段階として一定の合意がなされる確認文書が作成されることがある。当該確認文書に法的拘束力が認められるか否かは、文書の標題ではなく、文書に記載された合意内容により決定される。したがって、Letter of Intent（LOI）やMemorandum of Understanding（MOU）等の確認文書は、その名称にかかわらず、確認文書の内容に法的な拘束力が認められることがあるから、乙の本発言は適切である。

イ．適切である。「国際物品売買契約に関する国際連合条約」（CISG）は、ウィーン売買条約とも呼ばれ、国際物品売買契約に適用される、統一法である。同条約が適用される場合には、別に国内法の適用を経由するのではなく、条約が直接適用される。同条約では、営業所が異なる国に所在する当事者間の物品売買契約について、(a)これらの国がいずれも締約国である場合、(b)国際私法の準則によれば締約国の法の適用が導かれる場合に適用される。したがって、「国際物品売買契約に関する国際連合条約」（CISG）は、営業所が異なる国に所在する当事者間の物品売買契約について、これらの国がいずれもCISGの締約国である場合、又は国際私法の準則によればCISGの締約国の法の適用が導かれる場合に、CISGが適用されるから、乙の本発言は適切である。

ウ．適切である。インコタームズ（International Commercial Terms）とは、国際的な契約において用いられる取引条件の解釈を定めたものである。これは、国際商業会議所が制定したもので、条約ではない。インコタームズが、法的な強制力を有するかは別途、準拠法に従うことになる。したがって、インコタームズは、International Commercial Termsを略したもので、国際商業会議所（ICC）が、貿易取引条件について定めたものであり、インコタームズそれ自体には、法的な強制力は認められないから、乙の本発言は適切である。

エ．適切である。何人も、外国公務員等に対し、国際的な商取引に関して営業上の不正の利益を得るために、その外国公務員等に、その職務に関する行為をさせ若しくはさせないこと、又はその地位を利用して他の外国公務員等にその職務に関する行為をさせ若しくはさせないようにあっせんをさせることを目的として、金銭その他の利益を供与し、又はその申込み若しくは約束をしてはならない（不正競争防止法18条1項）。これに違反すると、10年以下の拘禁刑若しくは3000万円以下の罰金に処せられ、又はこれを併科される可能性がある（同法21条4項4号）。当該罪を日本国外において犯した日本国民は処罰の対象となる（同条10項、刑法3条）。両罰規定も規定されており、法人の代表者又は法人若しくは人の代理人、使用人その他の従業者が、その法人又は人の業務に関し、違反行為をしたときは、行為者を罰するほか、その法人に対して10億円以下の罰金刑が科される可能性がある（不正競争防止法22条1項1号）。したがって、不正競争防止法は、外国の公務員への不正の利益の供与を禁止し、違反

に対しては罰則を科しており、日本人が日本国外で行った行為にも罰則が適用されることがあるから、乙の本発言は適切である。

オ．適切である。破産手続開始の申立ては、債務者が個人である場合には日本国内に営業所、住所、居所又は財産を有するときに限り、法人その他の社団又は財団である場合には日本国内に営業所、事務所又は財産を有するときに限り、することができる（破産法4条1項）。したがって、日本の破産法上、債務者である法人が日本国内に営業所又は事務所を有するときには、破産手続開始の申立てをすることができ、日本国内に営業所又は事務所がなくとも、債務者である法人が日本国内に財産を有しているときも破産手続開始の申立てをすることができるから、乙の本発言は適切である。

国際法務（渉外法務）

⬢ 国際裁判管轄

- 当該紛争をどの国の裁判所で訴訟をすべきであるかという問題を国際裁判管轄の問題という。
- 国際裁判管轄について、当事者は、合意により、いずれの国の裁判所に訴えを提起することができるかについて定めることができる。この合意は、一定の法律関係に基づく訴えに関し、かつ、書面でしなければ、その効力を生じないない。
- 国際裁判管轄について紛争当事者間にあらかじめの合意が存在した場合であっても、合意の有効性については、訴訟が提起された裁判所が判断するのであって、常にその合意が有効に取り扱われるとは限らない。

⬢ 法の適用に関する通則法

- 当事者間に準拠法についての合意がある場合、準拠法は、原則として、当事者が法律行為の当時に選択した地の法となる。
- 当事者間に準拠法についての合意がない場合、法律行為の成立及び効力は、原則として、当該法律行為の当時において当該法律行為に最も密接な関係がある地の法による。

⬢ 外国裁判所の判決

- 外国裁判所の確定判決は、日本国内では債務名義としての効力は認められない。
- 確定した外国裁判所の判決は、執行判決を得ることによって、日本において債務名義として認められる。執行判決を得るためには、外国裁判所の判決が確定したこと及び法令又は条約により外国裁判所の裁判権が認められること・敗訴の被告が訴訟の開始に必要な呼出し若しくは命令の送達（公示送達その他これに類する送達を除く）を受けたこと又はこれを受けなかったが応訴したこと・判決の内容及び訴訟手続が日本における公の秩序又は善良の風俗に反しないこと・相互の保証があることが必要となる。

⬢ 仲裁条項

- 仲裁条項は、当事者間の紛争を仲裁によって解決する旨を定めた条項である。この条項が設けられた場合、日本の仲裁法上は、当事者間に発生した紛争を民事訴訟で解決することは原則としてできなくなり、被告は仲裁条項を根拠に民事訴訟の却下を求めることができる。

⬢ LOI・MOU

- Letter of Intent（LOI）やMemorandum of Understanding（MOU）等の確認文書を作成した場合、確認文書の表題がLOIやMOUとされていたとしても、その内容次第では、法的な拘束力が認められることがある。

　国際取引に関する次のア～オの記述のうち、その内容が適切なものの組み合わせを①～⑤の中から１つだけ選びなさい。（第48回第7問7-3）

ア．日本の企業A社は、B国における取引について便宜を図ってもらうため、B国の公務員Cに対して贈賄行為を行った。A社からCへの送金手続がアメリカ合衆国（米国）内で行われた場合、A社は、米国の連邦海外腐敗行為防止法による処罰の対象となる可能性がある。

イ．日本の企業D社は、自社の製品Eのデザインについて日本で商標登録を受け、製品Eの販売を行っている。F国の企業G社は、製品EにつきD社が有する商標権を侵害する製品HをF国で製造し、日本に輸入し販売しようとしている。この場合、日本の税関当局は、職権により製品Hの輸入を差し止めることができるが、D社が税関当局に製品Hの輸入差止めの申立てをすることはできない。

ウ．日本の企業I社は、日本およびJ国で、その発明Kについて特許権を取得することとした。この場合、日本は特許協力条約に加盟しているため、I社は、所定の手続に従い日本で発明Kについて特許出願をすれば、J国が特許協力条約に加盟しているか否かにかかわらず、J国においても発明Kについて特許出願をしたのと同一の効果が認められる。

エ．日本の企業L社は、自社の製品Mを製造するのに必要な発明Nにつき、日本およびO国で特許権を有しており、O国においては、O国の企業P社に製品Mの独占的販売権を設定している。第三者Q社が、O国でP社から製品Mを購入し、日本に輸入し販売している場合、日本の判例によれば、L社は、日本における発明Nの特許権に基づいて、Q社に対し製品Mの輸入および販売の差止めを請求することはできない。

オ．日本の企業R社が倒産し、日本の裁判所から破産手続開始の決定を受けた後に、R社の債権者であるS国の企業T社は、R社がS国内に有する資産から弁済を受けた。この場合であっても、T社は、R社の日本における破産手続において、S国で受けた弁済を考慮することなく、配当を受けることができる。

① アイ　　② アエ　　③ イオ　　④ ウエ　　⑤ ウオ

16

国際法務（渉外法務）

第11問　解答　②

解説

ア．適切である。米国の連邦海外腐敗行為防止法とは、FCPAとも呼ばれ、米国外の公務員に対する贈賄行為を取り締まる法律である。贈賄行為の対象者が米国の公務員ではない場合であっても、贈賄にかかる送金手続が米国内で行われた場合に、処罰対象とされることがある。したがって、日本の企業A社が、B国における取引について便宜を図ってもらうため、B国の公務員Cに対して贈賄行為を行ったとき、A社からCへの送金手続がアメリカ合衆国（米国）内で行われた場合、A社は、米国の連邦海外腐敗行為防止法による処罰の対象となる可能性があるから、本肢は適切である。

イ．適切でない。特許権、実用新案権、意匠権、商標権、著作権、著作隣接権、回路配置利用権又は育成者権を侵害する物品は、関税法上、輸入してはならない貨物である（関税法69条の11第1項9号）。当該貨物が輸入してはならない貨物に該当する場合には、税関長の認定手続を経て、当該貨物の没収、廃棄又は当該貨物の積戻しがなされる（同法69条の12第4項、69条の11第2項）。この場合、商標権者等は自己の商標権等又は営業上の利益を侵害すると認める貨物に関し、税関長に対し、その侵害の事実を疎明するために必要な証拠を提出し、税関長が認定手続を執るべきことを申し立てることができる（同法69条の13第1項）。したがって、日本の企業D社が、自社の製品Eのデザインについて日本で商標登録を受け、製品Eの販売を行っているとき、F国の企業G社が、製品EにつきD社が有する商標権を侵害する製品HをF国で製造し、日本に輸入し販売しようとしている場合、日本の税関当局が、職権により製品Hの輸入を差し止めることができるほか、D社が税関当局に製品Hの輸入差止めの申立てをすることもできるから、本肢は適切でない。

ウ．適切でない。特許協力条約の定める国際出願は、国際的に統一された出願願書を自国の特許庁に対して母国語で作成し提出することにより、条約の全ての加盟国において、国内出願することと同じ取扱いを受けるという制度である。したがって、日本の企業I社が、日本及びJ国で、その発明Kについて特許権を取得することとした場合、I社が、所定の手続に従い日本で発明Kについて特許出願をしたとしても、J国が特許協力条約に加盟していなければ、J国において発明Kについて特許出願をしたのと同一の効果は認められないから、本肢は適切でない。

エ．適切である。本肢のように、Q社がO国においてP社から製品Mを購入し、日本に輸入して独自に販売するような場合を、一般に並行輸入という。並行輸入が特許権を侵害するか否かについて、判例は、「我が国の特許権者又はこれと同視し得る者が国外において特許製品を譲渡した場合においては、特許権者は、譲受人に対しては、当該製品について販売先ないし使用地域から我が国を除外する旨を譲受人との間で合意した場合を除き、譲受人から特許製品を譲り受けた第三者及びその後の転得者に対しては、譲受人との間で右の旨を合意した上特許製品にこれを明確に表示した場合を除いて、当該製品について我が国において特許権を行使することは許されない」（最判平

成9年7月1日民集51巻6号2299頁）とし、輸入、販売等の差止めは認められないとしている。したがって、日本の企業L社は、自社の製品Mを製造するのに必要な発明Nにつき、日本及びO国で特許権を有しており、O国においては、O国の企業P社に製品Mの独占的販売権を設定しているとき、第三者Q社が、O国でP社から製品Mを購入し、日本に輸入し販売している場合、日本の判例によれば、L社は、日本における発明Nの特許権に基づいて、Q社に対し製品Mの輸入及び販売の差止めを請求することはできないから、本肢は適切である。

オ．適切でない。破産債権者は、破産手続開始の決定があった後に、破産財団に属する財産で外国にあるものに対して権利を行使したことにより、破産債権について弁済を受けた場合であっても、その弁済を受ける前の債権の額について破産手続に参加することができる（破産法109条）。もっとも、他の債権者との平等を図るため、この場合の破産債権者は、他の同順位の破産債権者が自己の受けた弁済と同一の割合の配当を受けるまでは、最後配当を受けることができないとされている（同法201条4項）。したがって、日本の企業R社が倒産し、日本の裁判所から破産手続開始の決定を受けた後に、R社の債権者であるS国の企業T社が、R社がS国内に有する資産から弁済を受けた場合、T社が、R社の日本における破産手続において配当を受けるにあたり、S国で受けた弁済が考慮されるから、本肢は適切でない。

第**2**部

総仕上げ問題

出題形式：多肢選択式
制限時間：90分

●「総仕上げ問題」は、過去問題をもとに本書の著者が再構成したものです。ただし、第6問と第39問は本書の著者が作成したオリジナル問題です。

●設問文、記述の記号（ア～オ）、選択肢の番号（①～⑤）は、場合に応じて変更しています。

●解答・解説は、本書の著者が作成したものです。

■第1問

A株式会社における会社設立時の株式の発行および募集株式の発行に関する次のア〜エの記述のうち、その内容が適切なものの組み合わせを①〜⑥の中から1つだけ選びなさい。なお、A社は、会社法上の公開会社であるものとする。

ア．A社を設立する際には、A社の定款で定める発行可能株式総数の範囲内であればその多寡を問わず、自由に株式を発行することができる。

イ．A社は、一定の要件の下で発行可能株式総数を増加させることができるが、増加後の発行可能株式総数は、増加前の発行済株式総数の4倍を超えることはできない。

ウ．A社がその株主に募集株式の割当てを受ける権利を与える株主割当ての方法により募集株式を発行する場合、A社の株主は、原則として、その有する株式の数に応じて割当てを受ける権利を有する。

エ．A社において募集株式の発行が行われた場合において、募集株式の引受人のうちに出資の履行をしない者がいるときは、当該募集株式の発行手続全体が無効となる。　　　　　　　　　　　　　　　　　　　　　　　（第48回第10問10-2）

---

①　アイ　　②　アウ　　③　アエ　　④　イウ　　⑤　イエ　　⑥　ウエ

■第2問

A株式会社の清算に関する次のア～エの記述のうち、会社法の規定に照らし、その内容が適切なものの組み合わせを①～⑥の中から１つだけ選びなさい。

> ア．A社は、清算手続を開始する時点において取締役会設置会社である場合、清
>   算人会を設置しなければならない。
>
> イ．A社が清算手続を開始する場合において、A社の取締役が清算人となるとき
>   は、清算手続を開始する時点でA社の代表取締役であったXは、代表清算人と
>   なる。
>
> ウ．A社の清算人は、清算事務として、債権の取立ておよび債務の弁済をするこ
>   とはできるが、残余財産の分配をすることはできない。
>
> エ．A社は、清算手続に入った場合、清算の目的の範囲内において、清算が結了
>   するまでは存続するものとみなされる。　　　　　　　　　（第48回第9問9-3）

①　アイ　　②　アウ　　③　アエ　　④　イウ　　⑤　イエ　　⑥　ウエ

■第3問

株式会社の設立に関する次のア〜エの記述のうち、その内容が適切なものの組み合わせを①〜⑥の中から１つだけ選びなさい。

ア．株式会社の設立に際して作成される定款に、定款の記載事項として会社法に定められていない事項である定時株主総会の招集時期や取締役の定員を記載した場合、定款自体が無効となる。

イ．株式会社の設立にあたって、出資の対象となる財産は金銭のみであり、不動産や有価証券等の金銭以外の財産は出資の対象とはならない。

ウ．募集設立における株式の引受人は、出資の履行をしない場合、当該株式の株主となる権利を失う。

エ．発起人は、会社の設立についてその任務を怠った場合、会社に対し、これによって生じた損害を賠償する責任を負う。

（第39回第3問3-1）

① アイ ② アウ ③ アエ ④ イウ ⑤ イエ ⑥ ウエ

■第4問

破産法に関する次のア～エの記述のうち、その内容が適切なものの組み合わせを①～⑥の中から１つだけ選びなさい。

> ア．債務超過は、法人については破産手続開始の原因となるが、自然人については破産手続開始の原因とならない。
>
> イ．裁判所は、破産財団をもって破産手続の費用を支弁するのに不足すると認めるときは、破産手続開始の決定をすることができない。
>
> ウ．債務者の財産についてなされている強制執行の手続は、債務者について破産手続開始の申立てがなされた場合であっても、当然には中止されない。
>
> エ．破産手続開始決定後、破産者の取引先が破産管財人との間で取引を行ったことにより当該取引先が取得した債権は、財団債権ではなく破産債権となる。
>
> （第41回第2問2-4）

①　アイ　　②　アウ　　③　アエ　　④　イウ　　⑤　イエ　　⑥　ウエ

■第5問

労働者災害補償保険法（労災保険法）に関する次の①〜④の記述のうち、その内容が最も<u>適切でない</u>ものを１つだけ選びなさい。

① 常時使用する労働者の数が5名であるA社は、労働者災害補償保険（労災保険）への加入義務を負う。

② 労災保険の適用事業場であるB社は、労災保険の保険料の全額を負担する義務を負う。

③ 労災保険の適用事業場であるC社の従業員Dは、その休憩時間中にC社事業場の休憩室で座っていたところ、C社の備品である椅子の脚が老朽化により破損し、転倒して負傷した。この場合、Dの負傷は、労災保険法に基づく保険給付の対象となる。

④ 労災保険の適用事業場であるG社には、代表取締役Hと、取締役としてIが在任している。Iは、業務執行権を有さず、Hの指揮命令を受けて労働に従事し、その対価として賃金の支払いを受けている。この場合、HおよびIのいずれも、労災保険の適用を受けることはない。

（第46回第2問2-3）

債権回収に関する次のア～エの記述のうち、その内容が適切なものの組み合わせを①
～⑥の中から１つだけ選びなさい。

ア．代理受領は債権回収の手段の一つであるが、債務者の協力を得られない場合
　　における債権回収手段である。

イ．代理受領では、債権者A社と債務者B社との間で、B社が第三債務者である
　　C社に対して有する債権につき、B社がA社に対して取立てを行うことを委任
　　する契約を締結することにより行われるが、取立ての対象となる債権に関する
　　当事者は、B社とC社であることに変更はない。

ウ．債務引受のうち、併存的債務引受は、債権者、原債務者及び引受人の三者間
　　の合意によって成立するが、原債務者と引受人の二者間の合意のみでは成立し
　　ない。

エ．債務引受のうち、免責的債務引受は、債権者、原債務者及び引受人の三者間
　　の合意によって成立するほか、債権者と引受人の二者間の合意のみでも成立す
　　る。

① アイ　　② アウ　　③ アエ　　④ イウ　　⑤ イエ　　⑥ ウエ

■第7問

民事訴訟における主張責任および証明責任に関する次のア〜エの記述のうち、その内容が適切なものを○、適切でないものを×としたときの組み合わせを①〜⑧の中から1つだけ選びなさい。

ア．Xは、Yの運転する自転車と接触して転倒し、全治6ヶ月のけがを負ったとして、Yを被告として不法行為に基づく損害賠償請求訴訟を提起した。この場合において、当該自転車と接触した旨のXの主張に対し、Yが接触の事実を認めた場合、Xは、接触の事実について証拠を提出しなかったとしても、判決では接触の事実が存在するものと認定される。

イ．Xは、スマートフォンを見ながら歩いていたYと接触して転倒し、全治2ヶ月のけがを負ったとして、Yを被告として不法行為に基づく損害賠償請求訴訟を提起した。この場合、XのYに対する損害賠償請求が認められるためには、Xは、Yの前方不注視などの過失に相当する具体的な事実を主張し証明する必要はなく、Yと接触した事実を主張し証明すれば足りる。

ウ．X社は、Yの運転する自動車がYの過失により自社の倉庫の外壁に衝突し外壁が破損したため、Yを被告として不法行為に基づく損害賠償請求訴訟を提起した。当該訴訟において、X社が損害額を500万円であると主張したのに対し、Yが500万円の損害賠償額は相当ではない旨を主張した。この場合、損害額が500万円であることを証明する責任を負うのはX社である。

エ．Xは、YがXから盗んだ自動車を破損させたと主張して、Yを被告として不法行為に基づく損害賠償請求訴訟を提起した。これに対し、Yは、すでに損害の賠償をした旨を主張した。この場合、損害の賠償をした事実を証明する責任を負うのはYである。

（第44回第9問9-4）

①　ア－○　　イ－○　　ウ－○　　エ－○
②　ア－○　　イ－×　　ウ－○　　エ－○
③　ア－○　　イ－×　　ウ－×　　エ－×
④　ア－×　　イ－×　　ウ－×　　エ－×
⑤　ア－×　　イ－○　　ウ－×　　エ－○
⑥　ア－×　　イ－×　　ウ－○　　エ－○
⑦　ア－×　　イ－○　　ウ－×　　エ－×
⑧　ア－×　　イ－×　　ウ－×　　エ－×

■第8問

独占禁止法上の不公正な取引方法に関する次のア〜エの記述のうち、その内容が適切なものの組み合わせを①〜⑥の中から１つだけ選びなさい。

ア．A社は、自社の商品甲を小売業者数社に対して販売するに際し、小売業者が商品甲の小売価格を決定する際の資料として、商品甲を消費者に販売する際の「参考価格」である旨を示して、各小売業者に対し特定の価格を提示した。この場合において、各小売業者が自主的に商品甲の小売価格を決定しており、A社の提示した参考価格に従わない小売業者に対し、A社が参考価格に従わせるために特段の行動を行わなかったとしても、A社による参考価格の提示行為は、不公正な取引方法に当たる。

イ．A社は、自社の店舗で食料品を販売しているところ、誤発注により消費期限が１日しかない生鮮食品甲を、平均的な１日の販売量の10倍の量を仕入れてしまったため、仕入原価と同一の価格で販売するとともに、その旨を各種手段で広告した。その結果、A社は、生鮮食品甲を売り切ることに成功したが、同日、周辺で食料品を販売する小売業者では、来客が激減して著しく売上が減少した。この場合、A社による生鮮食品甲の値引き販売行為は、不公正な取引方法に当たる。

ウ．A社およびB社は、同種の製品甲を製造している競合メーカー同士であり、いずれも多数の小売業者に対して製品甲を販売しており、他に製品甲を製造している事業者はない。C社は、新たに製品甲の小売販売を開始しようと考え、A社およびB社に対し製品甲の購入申込みを行った。しかし、A社およびB社は、両者で協議した結果、正当な理由がないのに、共同してC社の購入申込みを拒否した。A社およびB社がC社の購入申込みを拒否した理由が、製品甲の小売業者が過当競争状態にあり、多くが経営困難に陥っているため、その保護を図ったものであって、A社およびB社の利益を図ったものでない場合であっても、A社およびB社によるC社に対する取引拒絶行為は、不公正な取引方法に当たる。

エ．大規模小売店であるA社は、メーカーであるB社に対して、自己の取引上の地位がB社に優越していることを利用して、正常な商慣習に照らして不当に、店頭においてB社の製品甲および他社の同種製品の商品説明および品出しを行わせるため、B社の費用負担でB社の従業員をA社の店舗に派遣することを要求し、B社はこれに応じた。当該派遣の結果、A社の店舗における製品甲の売上が増加した事実が認められたとしても、A社による当該要求行為は、不公正な取引方法に当たる。

（第41回第4問4-4）

① アイ　　② アウ　　③ アエ　　④ イウ　　⑤ イエ　　⑥ ウエ

■第9問

債権者代位権に関する次のア～エの記述のうち、その内容が適切なものを○、適切でないものを×としたときの組み合わせを①～⑥の中から１つだけ選びなさい。

> ア．X社はY社に300万円の貸金債権を有しており、Y社はZ社に200万円の貸金債権を有している。この場合において、X社が債権者代位権を行使するためには、Y社が無資力である必要はない。
>
> イ．X社はY社に200万円の貸金債権を有しており、Y社はZ社に100万円の賃料債権を有している。この場合、X社が債権者代位権を行使するためには、原則として、当該貸金債権の弁済期が到来していることが必要である。
>
> ウ．X社は、Y社に600万円の貸金債権を有している。他方、Y社は、Z社に500万円の請負代金債権を有しているが、Z社がその支払いに応じないため、Z社を相手方として、請負代金支払請求訴訟を提起している。この場合、X社は、債権者代位権を行使して、Z社に対し、500万円の支払いを請求することはできない。
>
> エ．X社は、Y社に1000万円の貸金債権を有している。他方、Y社は、Z社の所有する甲建物を購入したが、Z社からその所有権移転登記を受けていない。この場合、X社は、裁判上で債権者代位権を行使しなければならないため、Z社を相手方として、Y社への甲建物の所有権移転登記手続請求訴訟を提起する必要がある。
>
> エ．X社は、Y社に対し500万円の貸金債権を有しており、Y社がZ社に対して有する300万円の売掛金債権について、債権者代位権を行使した。この場合、X社は、Z社に対し、Y社ではなくX社に300万円を直接引き渡すよう求めることができる。
>
> （第42回第10問10-3）

① 　ア－○　　イ－○　　ウ－○　　エ－○
② 　ア－○　　イ－○　　ウ－○　　エ－×
③ 　ア－○　　イ－○　　ウ－×　　エ－×
④ 　ア－×　　イ－○　　ウ－○　　エ－○
⑤ 　ア－×　　イ－○　　ウ－○　　エ－×
⑥ 　ア－×　　イ－×　　ウ－×　　エ－×

X株式会社は、コーポレートガバナンスを強化するため、会社に設置する機関の変更を検討している。この場合に関する次のア～エの記述のうち、その内容が適切なものの組み合わせを①～⑥の中から１つだけ選びなさい。

ア．会社法上、X社は、指名委員会等を設置する場合、その業務執行を執行役に行わせることとなるため、X社の取締役は解任され、取締役を置くことはできなくなる。

イ．会社法上、X社は、指名委員会等を設置する場合、指名委員会、監査委員会および報酬委員会の三委員会を一括して設置しなければならず、例えば、報酬委員会は設置せず、指名委員会および監査委員会のみを設置することはできない。

ウ．会社法上、X社が指名委員会等設置会社となった場合、X社の役員および従業員すべての報酬を決定する権限は報酬委員会に帰属する。

エ．会社法上、X社が監査等委員会設置会社となった場合、X社の総務部長であるYは、X社の従業員の地位を保持したまま、X社の監査等委員を兼任することはできない。

(第41回第5問5-2)

① アイ　② アウ　③ アエ　④ イウ　⑤ イエ　⑥ ウエ

■第11問

下請代金支払遅延等防止法（下請法）に関する次のア〜エの記述のうち、下請法の規定に照らし、その内容が適切なものの組み合わせを①〜⑥の中から１つだけ選びなさい。なお、本問における親事業者および下請事業者は、それぞれ下請法上の「親事業者」および「下請事業者」をいうものとする。

ア．物品の製造委託を行う事業者は、法人であるか個人であるか、また、その資本金の多寡にかかわらず、親事業者に該当する。

イ．下請代金の支払期日は、親事業者が下請事業者の給付を受領した日からできる限り短い期間内において定められなければならないが、具体的な日数の制限までは定められていない。

ウ．下請事業者に対して物品の製造委託をした親事業者は、原則として、直ちに、下請事業者の給付の内容、下請代金の額、支払期日および支払方法等の所定の事項を記載した書面を下請事業者に交付しなければならない。

エ．下請事業者に対して物品の製造委託をした親事業者は、下請事業者の給付の内容を均質にしまたはその改善を図るため必要がある場合であっても、下請事業者に自己の指定する物を強制して購入させることはできない。

（第44回第6問6-1）

①　アイ　　②　アウ　　③　アエ　　④　イウ　　⑤　イエ　　⑥　ウエ

■第12問

甲株式会社は、監査役会設置会社であるが、会社法上の大会社ではない。甲社内で生じた不祥事案の処理および対応に関する次のア〜エの記述のうち、その内容が適切なものを○、適切でないものを×としたときの組み合わせを①〜⑥の中から1つだけ選びなさい。

ア．甲社の従業員Aは、甲社の取締役Bが甲社の株主Cに利益供与を行おうとしていることを事前に知り、これを所轄官庁へ通報した。この場合、当該通報は、公益通報者保護法上の公益通報となり得る。

イ．甲社の従業員Dは、甲社の取締役Eが特別背任罪に該当する行為を行ったことを知り、甲社の監査役Fに対し公益通報者保護法上の公益通報を行ったが、当該公益通報をしたことを理由として甲社から解雇された。この場合、公益通報者保護法上、当該解雇は、無効である。

ウ．甲社の株主Gは、不祥事案の再発防止のため、次回の甲社の定時株主総会終結時に任期満了を迎える取締役Hについて、再度選任すべきではないと考えている。この場合において、Gは、取締役の選任について議決権を行使することができるときは、その保有株式数にかかわらず、当該定時株主総会において、取締役選任の議題につき、現在甲社の取締役ではないIを候補者とする旨の議案を提出することができる。

エ．甲社では、いわゆる内部統制システムの構築についての基本方針がこれまで定められていなかったため、内部統制システム構築の基本方針を定めることとした。この場合、甲社の取締役会は、会社法上、内部統制システム構築の基本方針の決定を甲社の代表取締役Kに委任することができる。

(第43回第7問7-3)

① ア－○　イ－○　ウ－○　エ－×
② ア－○　イ－○　ウ－×　エ－×
③ ア－×　イ－○　ウ－○　エ－○
④ ア－×　イ－○　ウ－○　エ－×
⑤ ア－×　イ－×　ウ－○　エ－○
⑥ ア－×　イ－×　ウ－○　エ－×

■第13問

著作権法に関する次のア〜エの記述のうち、その内容が適切なものの組み合わせを①〜⑥の中から１つだけ選びなさい。

ア．著作者の有する権利には、著作権（著作財産権）と著作者人格権とがある。著作者は、自己の著作権および著作者人格権を第三者に譲渡することができ、それらを譲り受けた者は著作権および著作者人格権を取得する。

イ．著作物を創作した者は、自己の著作物の原作品に、その実名または変名として周知のものを著作者名として通常の方法により表示した場合、著作権法上、その著作物の著作者と推定される。

ウ．著作権の支分権のうち、上映権は、著作物を公に上映する権利であり、上映には、例えばDVD等の記録媒体に固定された映画の著作物を映写幕等に映写することに伴って映画の著作物に固定されている音を再生することが含まれる。

エ．他人の著作権の目的となっている著作物を使用しようとする者は、個人的にまたは家庭内等の限られた範囲内において使用することを目的とする私的使用のための複製であっても、著作権者の許諾を得なければ、当該著作物を複製することはできない。

（第48回第1問1-3）

---

①　アイ　　　②　アウ　　　③　アエ　　　④　イウ　　　⑤　イエ　　　⑥　ウエ

X社は、リース会社であるY社との間で、Z社が製造したパソコンをリース物件とする
ファイナンス・リース契約を締結することとした。X社内において、ファイナンス・
リース契約に関してなされた次のア～エの発言のうち、その内容が適切なものの組み
合わせを①～⑥の中から１つだけ選びなさい。

ア.「ファイナンス・リース契約は、諾成契約ではなく、要物契約です。した
　がって、当社とY社との間のファイナンス・リース契約は、当社からのファイ
　ナンス・リース契約の申込みに対してY社が承諾することに加え、リース物件
　であるパソコンの当社への引渡しが完了することによって成立します。」

イ.「ファイナンス・リースに関する法律関係は、当社とY社との間で締結され
　るファイナンス・リース契約と、リース物件であるパソコンに関しY社とサプ
　ライヤーであるZ社との間で締結される売買契約の2つの契約から成り立ちま
　す。ファイナンス・リース契約と売買契約とでは、一般に、ファイナンス・
　リース契約の方が先に締結されます。」

ウ.「ファイナンス・リース契約においては、一般に、リース物件の選定はユー
　ザーとリース会社との間で行われます。したがって、当社は、Y社との間で
　リース物件であるパソコンの選定をすることとなります。」

エ.「ファイナンス・リース契約では、一般に、ユーザーがリース物件の保守お
　よび修繕の義務を負うとされています。もっとも、当社とサプライヤーである
　Z社との間でリース物件であるパソコンの保守および修繕に関する保守契約を
　締結した場合、当社はZ社に対し、その保守契約に従って、当該パソコンの保
　守および修繕を請求することができます。」　　　　　　　（第45回第1問1-2）

①　アイ　　　②　アウ　　　③　アエ　　　④　イウ　　　⑤　イエ　　　⑥　ウエ

■第15問

賃貸借契約に関する次のア〜エの記述のうち、民法および借地借家法の規定に照らし、その内容が適切なものの組み合わせを①〜⑥の中から１つだけ選びなさい。

ア．賃借人は、目的物を賃貸人に返還するまで、善良な管理者の注意をもって目的物の管理をしなければならない。

イ．賃貸借契約の終了後、賃借人は、目的物を当該契約終了時の状態のままで賃貸人に返還すれば足り、当該契約締結時の原状に回復する義務を負わない。

ウ．建物の所有を目的とする土地の賃貸借契約の存続期間が満了するにあたり、賃借人は、賃貸人に対し当該契約の更新を請求した。この場合において、賃貸人は、当該土地の使用を必要とする事情等を考慮して、正当の事由があると認められるときでなければ、当該契約の更新を拒絶する旨の異議を述べることができない。

エ．一時使用目的の建物の賃貸借契約であっても、借地借家法上の建物賃貸借契約の更新等に関する規定が適用される。 （第44回第9問9-3）

① アイ ② アウ ③ アエ ④ イウ ⑤ イエ ⑥ ウエ

抵当権に関する次のア～エの記述のうち、その内容が適切なものを○、適切でないものを×としたときの組み合わせを①～⑥の中から１つだけ選びなさい。

> ア．債務者は、自己の債権者のために自己の所有する建物に抵当権を設定し、その旨の登記を経た後、第三者との間で、当該第三者に当該建物を賃貸する旨の賃貸借契約を締結した。この場合、当該債権者は、民法上、当該抵当権に基づく物上代位権を行使して、当該建物の賃料が当該第三者から当該債務者に支払われる前に賃料債権を差し押さえ、優先的に自己の債権の弁済を受けることができる。
>
> イ．債務者は、自己の債権者のために自己の所有する建物に抵当権を設定し、その旨の登記を経た後、第三者との間で、当該第三者に当該建物を賃貸する旨の賃貸借契約を締結し、当該建物を引き渡した。その後、当該抵当権が実行され、当該建物の買受人が当該建物を所有するに至ったときであっても、民法上、当該第三者は、当該建物の競売における買受けの時から一定の期間が経過するまでは、当該買受人に対し、当該建物を明け渡す必要はない。
>
> ウ．債務者は、自己の債権者のために自己の所有する土地に抵当権を設定し、その旨の登記を経た後、当該土地上に建物を建築した。この場合、当該債権者は、民法上、当該抵当権を実行するに際し、当該土地とともに当該建物も競売に付すことができるが、当該土地の代価についてのみ、担保権を有しない一般債権者に優先して弁済を受けることができる。
>
> エ．債務者が、自己の債権者のために自己の所有する土地に抵当権を設定し、その旨の登記を経た後、当該債務者について破産手続開始の決定がなされた。この場合、当該債権者は、破産法上、当該抵当権を実行して債権の回収を図ることができない。
>
> （第42回第4問4-3）

① ア－○　イ－○　ウ－○　エ－×
② ア－○　イ－○　ウ－×　エ－○
③ ア－○　イ－×　ウ－○　エ－×
④ ア－×　イ－○　ウ－○　エ－○
⑤ ア－×　イ－○　ウ－×　エ－×
⑥ ア－×　イ－×　ウ－×　エ－○

■第17問

企業が負う損害賠償責任に関する次のア〜エの記述のうち、その内容が適切なものを○、適切でないものを×としたときの組み合わせを①〜⑥の中から１つだけ選びなさい。

ア．A社は、印刷会社B社との間で、A社の新製品の広告用ポスターの印刷を委託する旨の請負契約を締結した。B社は、ポスターの印刷を完成させたが、ポスターをA社に引き渡す前に、第三者の放火により、B社の倉庫に保管されていたポスターが焼失した。この場合において、A社は、約定の期日までにB社が再度ポスターの印刷を完成させることができないときは、民法上、B社に故意または過失が認められなくても、B社に対して債務不履行に基づく損害賠償を請求することができる。

イ．C社は、インターネット上の自社のホームページで、食品メーカーD社が製造する食品を販売しており、当該食品のパッケージの表面にはC社の社名およびブランド名、裏面には製造元としてD社の社名が表示されている。当該食品の欠陥により食中毒に罹患した消費者Eは、当該食品を製造していないC社に対しては、製造物責任法に基づく損害賠償を請求することはできない。

ウ．運送会社F社の従業員Gは、F社が所有するトラックを勤務時間内に運転中、前方不注意により通行人Hに接触し負傷させた。この場合、F社は、F社が当該トラックの運行に関し注意を怠らなかったことのみを証明することができれば、Hに対し、自動車損害賠償保障法に基づく損害賠償責任を免れることができる。

エ．K社の経営するデパートのバーゲン会場において、K社の従業員Lの不適切な誘導が原因で多数の来場者が転倒し負傷する事故が発生し、K社は、当該事故の被害者に対し、民法の使用者責任に基づく損害賠償を行った。この場合、民法上、K社には、Lに対する求償権が認められる。

（第45回第9問9-3）

① ア−○　　イ−○　　ウ−×　　エ−×
② ア−○　　イ−×　　ウ−○　　エ−×
③ ア−○　　イ−×　　ウ−×　　エ−○
④ ア−×　　イ−○　　ウ−○　　エ−○
⑤ ア−×　　イ−○　　ウ−×　　エ−○
⑥ ア−×　　イ−×　　ウ−×　　エ−○

倉庫営業者X社は、Y社との間で倉庫寄託契約を締結し、Y社の製品を保管している。この場合に関する次のア～エの記述のうち、民法または商法の規定に照らし、その内容が適切なものの組み合わせを①～⑥の中から1つだけ選びなさい。

ア．X社は、Y社から預かっている製品について、留置権は認められるが、先取特権は認められない。

イ．Y社は、製品の入庫時に、X社に対し全保管期間中の保管料の全額を支払わなければならない。

ウ．本件倉庫寄託契約では製品の保管期間が定められており、また、製品について倉庫証券は発行されていない。この場合において、当該保管期間が満了していないときであっても、Y社は、X社に製品の返還を請求することができる。

エ．Y社の製品がX社の倉庫内で毀損した場合、X社は、自己またはその使用人が製品の保管に関し注意を怠らなかったことを証明しない限り、当該毀損につき損害賠償責任を負う。

(第41回第10問10-3)

① アイ　　② アウ　　③ アエ　　④ イウ　　⑤ イエ　　⑥ ウエ

■第19問

X株式会社における剰余金の配当に関する次のア～エの記述のうち、会社法の規定に照らし、その内容が適切なものの組み合わせを①～⑥の中から1つだけ選びなさい。なお、本問における違法配当とは、株式会社が行う剰余金の配当のうち、当該剰余金の配当により株主に対して交付する金銭等（当該株式会社の株式を除く）の帳簿価額の総額が、当該剰余金の配当がその効力を生ずる日における分配可能額を超えているものをいうものとする。

ア．X社は、その株主総会の決議により、1事業年度に1回に限り、剰余金の配当を行うことができる。

イ．X社は、その純資産額が300万円未満である場合には、分配可能額の範囲内においても剰余金の配当をすることができない。

ウ．X社において違法配当が行われた。この場合、当該違法配当に関する職務を行った業務執行取締役Aは、当該違法配当によりX社の株主に交付された金銭に相当する額の金銭をX社に支払う義務を負うが、X社の取締役会決議により、X社に対する金銭支払義務を免れることができる。

エ．X社において違法配当が行われ、X社の取締役Cが当該違法配当によりX社の株主に交付された金銭に相当する額の金銭をX社に支払った。この場合であっても、X社の株主は、違法配当につき善意であれば、Cからの求償の請求に応じる義務を負わない。

（第44回第7問7-4）

① アイ　　② アウ　　③ アエ　　④ イウ　　⑤ イエ　　⑥ ウエ

■第20問
会社法上の公開会社であるX株式会社では、唯一の監査役としてAが選任されている。この場合に関する次のア〜エの記述のうち、会社法の規定に照らし、その内容が適切なものの組み合わせを①〜⑥の中から1つだけ選びなさい。

ア．Aは、X社の取締役Bが、X社の目的の範囲外の行為をしている場合において、その行為によってX社に著しい損害が生ずるおそれがあるときは、Bに対し、その行為をやめることを請求することができる。

イ．X社は、Aの監査の範囲を会計に関するもの（会計監査）に限定する旨を定款で定めることができる。

ウ．X社は、Aが適切にその職務を行っていない場合、取締役会の決議により、Aを解任することができる。

エ．X社は、監査役会を設置しようとする場合、Aの他に少なくとも2名の監査役を選任しなければならず、全監査役のうち、半数以上を社外監査役としなければならない。

(第45回第6問6-3)

① アイ　　② アウ　　③ アエ　　④ イウ　　⑤ イエ　　⑥ ウエ

■第21問

法的紛争解決手続に関する次の①〜④の記述のうち、その内容が最も適切なものを1つだけ選びなさい。

① 「裁判外紛争解決手続の利用の促進に関する法律」（ADR基本法）では、認証紛争解決手続を利用することができる紛争を特定物の引渡しに関する法的紛争に限定している。

② 債権者からの支払督促の申立てにより、簡易裁判所書記官から債務者に支払督促が発せられ、当該支払督促が確定した後であっても、当該債務者が督促異議を申し立てたときは、通常訴訟に移行する。

③ 売買契約の当事者は、簡易裁判所において、約定の期日に引き渡されなかった売買目的物について、目的物の引渡しおよび遅延損害金の支払いについて訴え提起前の和解（即決和解）を成立させ、和解調書が作成された。この場合、買主は、当該和解調書を債務名義として、遅延損害金の支払いについて強制執行を申し立てることはできるが、目的物の引渡しについて強制執行を申し立てることはできない。

④ 金銭の支払いに関する法的紛争について、当事者間に示談が成立し、その内容を公正証書にする場合であっても、当該公正証書に強制執行認諾文言が付されなければ、当該公正証書を債務名義として強制執行をすることはできない。

（第48回第4問4-1）

■第22問

消費者保護関連法に関する次の①～④の記述のうち、その内容が最も<u>適切でない</u>ものを１つだけ選びなさい。

① 消費者が、事業者による不適切な勧誘行為があったことを理由として、消費者契約法に基づき、事業者との間の売買契約を取り消した場合、当該売買契約は遡及的に無効となり、すでに履行された債務につき、事業者および消費者の双方が原状回復義務を負う。

② 消費者契約法上の消費者契約において、事業者の債務不履行により生じた消費者の解除権を放棄させる条項が規定されている場合、当該消費者契約自体が無効となる。

③ 割賦販売法上、消費者と販売業者との間で、販売業者の営業所等以外の場所で個別信用購入あっせん関係販売契約が締結された場合において、消費者が、信販会社との間で締結した当該個別信用購入あっせん関係販売契約にかかる立替払契約（個別信用購入あっせん関係受領契約）について、当該信販会社に対してクーリング・オフの通知をしたときは、原則として、個別信用購入あっせん関係販売契約は解除されたものとみなされる。

④ 特定商取引法が適用される特定継続的役務提供契約を締結しようとするときは、役務提供事業者は、当該特定継続的役務の提供を受けようとする者に対し、当該特定継続的役務提供契約を締結するまでに、当該特定継続的役務提供契約の概要について記載した書面を、また、特定継続的役務提供契約を締結したときは、遅滞なく、当該特定継続的役務提供契約の内容を明らかにする書面を、それぞれ交付する必要があり、これらの書面を1つの書面で兼ねることはできない。

（第48回第5問5-2）

■第23問

小売業者等が、自社ブランドの製品として販売するために、製造業者等との間で決定した仕様に基づく製品を当該製造業者等に供給させる、いわゆるOEM（Original Equipment Manufacture）契約に関する次のア〜エの記述のうち、その内容が適切なものを○、適切でないものを×としたときの組み合わせを①〜⑧の中から１つだけ選びなさい。

ア．OEM契約には、下請的取引や生産委託など様々な種類があり、契約内容が多様であるため、その法的性格を一律に決することはできないとされる。

イ．OEM契約における発注者は、一般に、技術力や価格競争力の弱い分野において安価に良質な製品を調達することによって、投資負担や経営リスクを軽減することができる。他方、受注者は、一般に、価格が適正であれば、生産の増大により利益を拡大でき、また、同時に設備および人員の有効利用が可能となる。

ウ．OEM契約における取引数量の設定方法には、年間の最低取引数量や金額を設定する方法、最低発注単位を設定して一定期間の先行発注を義務付ける方法、購入予定量を単なる達成努力義務として定める方法などがあるとされる。

エ．OEM契約における発注者は、OEM契約に基づいて受注者である製造業者等に供給させる製品に、当該製品の製造業者として自己の商号を表示して販売している。この場合において、当該製品に欠陥があり、その購入者が当該製品を使用して怪我をした場合には、当該発注者が、製造物責任法に基づく損害賠償責任を負うことがある。

（第43回第5問5-1）

---

① ア－○　イ－○　ウ－○　エ－○
② ア－○　イ－○　ウ－×　エ－○
③ ア－○　イ－×　ウ－○　エ－○
④ ア－○　イ－×　ウ－○　エ－×
⑤ ア－○　イ－×　ウ－×　エ－×
⑥ ア－×　イ－○　ウ－○　エ－×
⑦ ア－×　イ－×　ウ－○　エ－×
⑧ ア－×　イ－×　ウ－×　エ－×

■第24問

X社は、インターネット上の自社のウェブサイトで、自社商品を販売している。この場合に関する次のア～エの記述のうち、その内容が適切なものを○、適切でないものを×としたときの組み合わせを①～⑥の中から1つだけ選びなさい。なお、X社による自社商品の販売は、特定商取引法が適用される通信販売に該当するものとする。

ア．X社は、消費者Yからの商品購入の申込みに対し、電子メールで承諾の意思表示をした。この場合、X社とYとの間に商品の売買契約が成立するのは、X社が当該電子メールを発信した時であり、Yに当該電子メールが到達した時ではない。

イ．X社は、未成年者であるYに商品を販売した。この場合、電子商取引には、民法の制限行為能力者に関する規定は適用されないため、Yは、自己が未成年者であることを理由に、X社との間の商品の売買契約を取り消すことができない。

ウ．X社は、消費者Yに商品を販売した。この場合、X社とYとの間の売買契約には、消費者契約法が適用される。

エ．X社は、消費者Yとの間で、商品の売買契約を締結した。この場合、X社が自社のウェブサイト上に、瑕疵のない商品の返品を認めない旨の表示を所定の方法により行っていたとしても、Yは、商品の引渡しを受けた後一定期間内であれば、無条件で当該売買契約を解除することができる。　（第39回第2問2-1）

① ア－○　　イ－○　　ウ－○　　エ－×
② ア－○　　イ－×　　ウ－○　　エ－○
③ ア－○　　イ－×　　ウ－○　　エ－×
④ ア－×　　イ－○　　ウ－×　　エ－○
⑤ ア－×　　イ－×　　ウ－○　　エ－×
⑥ ア－×　　イ－×　　ウ－×　　エ－×

■第25問

売買契約に関する次のア〜エの記述のうち、その内容が適切なものを○、適切でない
ものを×としたときの組み合わせを①〜⑧の中から１つだけ選びなさい。

> ア．中古自動車の売買契約が10月１日に締結された。当該売買契約において、
> 「買主は、売買代金を契約締結日の30日後に売主に支払う」旨が定められた場
> 合、民法上、当該売買代金の支払期日は、同月31日である。
>
> イ．新品のパソコンの売買契約において、売主である家電販売店と買主である消
> 費者との間で、パソコンの引渡場所を定めていなかった。この場合、商法上、
> 当該消費者の現在の住所がパソコンの引渡場所となる。
>
> ウ．建物の売買契約が締結され、買主は、解約手付として100万円を売主に交付
> した。この場合、買主は、民法上、売主が履行に着手するまでは、手付を放棄
> して、当該売買契約を解除することができる。
>
> エ．新品の冷蔵庫の売買契約に基づき、売主である家電販売店が買主の自宅に冷
> 蔵庫を配送したが、冷蔵庫の扉に大きな傷がついていたため、買主は冷蔵庫の
> 受領を拒否した。この場合、民法上、家電販売店は、冷蔵庫を納品するために
> 買主の自宅に配送した後は、履行遅滞の責任を免れる。　　（第46回第7問7-2）

① ア−○　　イ−○　　ウ−○　　エ−×
② ア−○　　イ−×　　ウ−○　　エ−×
③ ア−○　　イ−×　　ウ−×　　エ−○
④ ア−○　　イ−×　　ウ−×　　エ−×
⑤ ア−×　　イ−○　　ウ−×　　エ−×
⑥ ア−×　　イ−×　　ウ−○　　エ−○
⑦ ア−×　　イ−×　　ウ−×　　エ−○
⑧ ア−×　　イ−×　　ウ−×　　エ−×

■第26問

貸金業法上の貸金業者であるX社は、新たに個人事業主Yとの間で、Yに金銭を貸し付ける旨の金銭消費貸借契約を締結することとした。この場合に関する次のア〜エの記述のうち、その内容が適切なものを○、適切でないものを×としたときの組み合わせを①〜⑧の中から1つだけ選びなさい。

ア．貸金業法上、X社は、Yとの間で金銭消費貸借契約を締結しようとする際には、Yの返済能力に関する事項を調査しなければならず、その返済能力を超える過剰な貸付けは禁止されている。

イ．貸金業法上、X社は、Yとの間で金銭消費貸借契約を締結する前に一定の事項を記載した書面をYに交付していれば、その後、金銭消費貸借契約を締結したときには、特段の書面をYに交付する必要はない。

ウ．本件金銭消費貸借契約において、利息制限法所定の利率を超える利息の約定がなされた場合、利息制限法上、本件金銭消費貸借契約全体が無効とされるため、Yは、直ちに、X社から交付された金銭をX社に返還することを要する。

エ．本件金銭消費貸借契約において、分割払いにより借入金債務を返済する旨の約定がなされた場合、Yは、一度でも返済を忘れれば、X社との間に特段の合意がなくとも、民法上、直ちに残債務の全額につき期限の利益を失い、残債務を一括して返済しなければならない。

(第45回第5問5-3)

① ア−○　イ−○　ウ−×　エ−×
② ア−○　イ−×　ウ−○　エ−○
③ ア−○　イ−×　ウ−○　エ−×
④ ア−○　イ−×　ウ−×　エ−○
⑤ ア−○　イ−×　ウ−×　エ−×
⑥ ア−×　イ−×　ウ−○　エ−○
⑦ ア−×　イ−×　ウ−○　エ−×
⑧ ア−×　イ−×　ウ−×　エ−×

■第27問
A社は、中古OA機器の販売業を営むB社との間で、B社が所有する中古のプリンター複合機1台を購入する旨の売買契約を締結した。この場合に関する次の①〜④の記述のうち、その内容が最も<u>適切でない</u>ものを1つだけ選びなさい。

① 民法上、本件売買契約によって当該複合機の所有権がB社からA社に移転するのは、A社とB社との間で申込みの意思表示と承諾の意思表示が合致した時であり、A社とB社との間の特約によっても、これと異なる時を所有権の移転時期とすることはできない。

② 民法上、B社は、債務の本旨に従って弁済の提供をすれば、A社が当該複合機の受領を拒絶したことにより約定の履行期に当該複合機を引き渡すことができなかったとしても、履行遅滞には陥らず、債務不履行の責任を負わない。

③ 商法上、A社は、当該複合機を受領したときは、遅滞なく、その検査をしなければならず、その結果、当該複合機に異常等の瑕疵を発見したときには直ちにB社にその旨の通知を発しなければ、原則として、当該瑕疵を理由としてB社の責任を追及することができない。

④ A社は、売買代金を支払う前に当該複合機を受領したが、当該複合機に隠れた瑕疵があったため、本件売買契約を解除した。この場合、民法上、A社は、原状回復義務を負い、当該複合機をB社に返還しなければならない。

(第42回第9問9-3)

保証に関する次のア～エの記述のうち、その内容が適切なものを○、適切でないものを×としたときの組み合わせを①～⑥の中から１つだけ選びなさい。

> ア．A社は、B社との間で、B社に金銭を貸し付ける旨の金銭消費貸借契約を締結するにあたり、B社がA社に対して負う借入金債務を主たる債務として、Cとの間で連帯保証契約を締結することとした。この場合、A社とCとの間の連帯保証契約は、書面でしなければ効力を生じず、電磁的記録によってされたとしても効力を生じない。
>
> イ．A社は、B社との間で、B社に金銭を貸し付ける旨の金銭消費貸借契約を締結するにあたり、B社がA社に対して負う借入金債務を主たる債務として、Cとの間で連帯保証契約を締結し、Cは連帯保証人となった。この場合、A社は、Cに対し保証債務の履行を請求するときは、これに先立って、B社に対し主たる債務の履行を請求する必要はない。
>
> ウ．A社は、B社との間で、B社に金銭を貸し付ける旨の金銭消費貸借契約を締結するにあたり、B社がA社に対して負う借入金債務を主たる債務として、Cとの間で連帯保証契約を締結し、Cは連帯保証人となった。本件連帯保証契約の締結後、B社が、A社に対しCを連帯保証人とすることに反対の意思を表示した場合、本件連帯保証契約は無効となる。
>
> エ．A社は、B社との間で、B社にその所有する建物を賃貸する旨の賃貸借契約を締結するにあたり、B社に対して取得する賃料債権を担保したいと考えている。この場合、民法上、保証契約により担保される債権は金銭消費貸借契約に基づき生じた貸金債権に限られているため、A社は、B社がA社に対して負う賃料支払債務を主たる債務として、B社の代表取締役Cとの間で連帯保証契約を締結することはできない。
>
> (第43回第4問4-4)

① ア－○　イ－○　ウ－×　エ－○
② ア－×　イ－○　ウ－○　エ－○
③ ア－×　イ－○　ウ－×　エ－○
④ ア－×　イ－○　ウ－○　エ－×
⑤ ア－×　イ－○　ウ－×　エ－×
⑥ ア－×　イ－×　ウ－×　エ－○

■第29問

抵当権に関する次のア～エの記述のうち、その内容が適切なものを○、適切でないものを×としたときの組み合わせを①～⑥の中から1つだけ選びなさい。

ア．A社は、自社の債権者であるB社のために自社の所有するX建物に抵当権を設定し、その旨の登記を経た後、第三者であるC社との間で、C社にX建物を賃貸する旨の賃貸借契約を締結し、C社にX建物を引き渡した。この場合、B社は、本件抵当権に基づく物上代位権を行使して、X建物の賃料がC社からA社に支払われた後であっても、当該賃料を差し押さえ、優先的に当該賃料から自社の債権の弁済を受けることができる。

イ．A社は、自社の債権者であるB社のために自社の所有するX土地に抵当権を設定し、その旨の登記を経た後、第三者であるC社との間で、C社にX土地を売却する旨の売買契約を締結した。この場合、C社は、B社に対して、「B社が民法所定の期間内に抵当権を実行して競売の申立てをしないときは、C社がB社に対し一定の金額を弁済または供託すべき旨を記載した書面」等を送付して抵当権消滅請求をすることができる。

ウ．A社は、自社の債権者であるB社のために自社の所有するX建物に抵当権を設定し、その旨の登記を経た後、第三者であるC社との間で、C社にX建物を賃貸する旨の賃貸借契約を締結し、C社にX建物を引き渡した。この場合において、本件抵当権が実行され、D社がX建物の買受人となったときは、C社は、D社に対し、直ちにX建物を明け渡さなければならない。

エ．A社は、自社の債権者であるB社のために自社の所有するX土地に順位1番の根抵当権を設定し、その旨の登記を経た後、自社の債権者であるC社のためにX土地に順位2番の抵当権を設定し、その旨の登記を経た。この場合において、B社は、当該根抵当権の極度額を変更するために、C社の承諾を得る必要はない。

(第44回第3問3-2)

① ア－○　イ－○　ウ－○　エ－○
② ア－○　イ－○　ウ－×　エ－○
③ ア－×　イ－○　ウ－○　エ－○
④ ア－×　イ－○　ウ－×　エ－○
⑤ ア－×　イ－○　ウ－×　エ－×
⑥ ア－×　イ－×　ウ－○　エ－○

■第30問

民法上の損害賠償責任に関する次の①〜④の記述のうち、その内容が最も適切でないものを１つだけ選びなさい。

① X社は、自社が所有する商業ビル一棟をY社に賃貸していたところ、当該ビルのエレベーターの扉が利用者の乗降中に突然閉じ、その際に当該ビルを訪れていたZが扉に挟まれて負傷した。この場合において、Y社が事故の発生を防止するのに必要な注意を尽くしていたと認められる場合、Y社は、民法717条の土地工作物責任の規定に基づく損害賠償責任を負わないが、X社は、X社の過失の有無を問わず、Zに対し、土地工作物責任の規定に基づく損害賠償責任を負う。

② Xは、Y社との間で、Y社から貴金属を購入する旨の売買契約を締結したが、当該売買契約の締結後、取引市場における当該貴金属の価格は異常な高騰を続けている。Xは、約定の引渡期日が到来したにもかかわらず、Y社から当該貴金属の引渡しを受けられなかったため、民法の規定に基づき当該売買契約を解除し、Y社に対し損害賠償を請求することとした。Y社は、当該売買契約の締結当時、当該貴金属の価格の異常な高騰を予見していた。この場合、XがY社に対し賠償を請求することができる損害の範囲には、当該貴金属の価格の異常な高騰という特別の事情によって生じた損害、すなわち高騰した当該貴金属の価格に相当する金額が含まれ得る。

③ X社の従業員Yは、X社の店舗において顧客Zが突然殴りかかってきたのに対し、自己の身を守るためにZを突き飛ばして負傷させた。Yの行為について民法上の正当防衛が認められ不法行為が成立しない場合であっても、X社は、Zに対し、民法715条の使用者責任の規定に基づく損害賠償責任を負う。

④ X社の従業員Yが、X社の事業の執行についてX社所有の自動車を運転していたところ、Zの運転する自動車と衝突事故を起こし、Zが死亡した。X社がZの遺族に対し民法715条の使用者責任の規定に基づく損害賠償責任を負う場合、Zが生存していれば将来得られたであろう収入は逸失利益として損害賠償の対象となる一方、Zの将来の生活費相当額など、Zが死亡したことにより支出を免れた費用等は損害から控除される。

（第46回第1問1-2）

■第31問
Xは、Y社が他社との間で行うY社の商品の売買取引について、Y社との間で媒介契約を締結し、商法上の仲立人として売買取引に関する契約の成立のために活動を開始した。この場合に関する次のア～エの記述のうち、商法に照らし、その内容が適切なものを○、適切でないものを×としたときの組み合わせを①～⑧の中から1つだけ選びなさい。

ア．Xの媒介により、Y社とZ社との間で商品の売買契約が成立した。この場合、Xは、当該売買契約の成立を証する書面（結約書）を作成し、署名または記名押印の上、これをY社およびZ社に交付しなければならない。

イ．Xの媒介により、Y社とZ社との間で商品の売買契約が成立した。この場合において、当該売買契約でZ社がY社に手付を交付すべきことが定められていたときには、Xは、当事者の別段の意思表示または別段の慣習があるときを除き、Y社のためにZ社から当該手付の給付を受けることができない。

ウ．Xの媒介により、Y社とZ社との間で商品の売買契約が成立した。この場合において、Xは、Y社の命令に従ってY社の商号をZ社に示さないときは、Y社が当該売買契約に基づきZ社に対して負う債務について、自ら履行する責任を負う。

エ．Xは、Y社の許可を受けなければ、Y社と同種の事業を目的とする会社の取締役になることができない。

（第46回第1問1-4）

①　ア－○　イ－○　ウ－○　エ－○
②　ア－○　イ－○　ウ－○　エ－×
③　ア－○　イ－○　ウ－×　エ－○
④　ア－○　イ－○　ウ－×　エ－×
⑤　ア－○　イ－×　ウ－×　エ－×
⑥　ア－×　イ－○　ウ－×　エ－×
⑦　ア－×　イ－○　ウ－○　エ－×
⑧　ア－×　イ－×　ウ－×　エ－○

■第32問

甲社は、公益通報者保護法に関し、社内で研修を行おうとしている。次の①～④の記述は、甲社内における当該研修に関する打合せでなされた発言の一部である。これらの発言のうち、その内容が最も適切なものを１つだけ選びなさい。

① 「個人情報保護法に抵触する事実は、公益通報の対象ではありません。したがって、株式会社の従業員が、当該株式会社において個人情報保護法に規定する罪の犯罪行為が行われている事実を知り、この事実につき処分や勧告等の権限を有する行政機関に申告したことを理由として当該株式会社から解雇されたとしても、公益通報者保護法による保護を受けることはできません。」

② 「株式会社の経理担当者が、経理部長が不正経理により当該株式会社の金員を横領していることを知ったとします。当該経理担当者がこの事実につき行政機関に対して公益通報をする場合と報道機関に対して公益通報をする場合とでは、当該経理担当者が公益通報者保護法による保護を受けるための要件は異なります。」

③ 「株式会社の株主総会の担当者が、当該株式会社の株主に対し、当該株式会社の計算で利益を供与して、当該株式会社の株式総会で経営陣に有利な議決をするよう働きかけたとします。当該担当者は、この事実につき行政機関に対して公益通報をすれば、公益通報者保護法により、刑の減免の特典を受けることができます。」

④ 「労働者派遣法上の派遣元事業主との間で雇用契約を締結し、当該派遣元事業主から派遣先に派遣されている派遣労働者が、当該派遣先において、金融商品取引法に基づき作成が義務付けられている報告書に虚偽の記載が日常的に行われていることを知り、この事実につき行政機関に対して公益通報をしたとします。この場合、当該派遣先は、当該派遣労働者が公益通報をしたことを理由として、当該派遣元事業主に当該派遣労働者の交代を求めることができます。」

（第48回第9問9-1）

■第33問

景品表示法に関する次のア～エの記述のうち、その内容が適切なものを○、適切でないものを×としたときの組み合わせを①～⑥の中から１つだけ選びなさい。

> ア．A社は、自社の新商品甲の販売促進のためのキャンペーンを展開し、そのキャンペーンのチラシに「キャンペーン期間中に甲をご購入のお客様全員に現金で1,000円をキャッシュバック（返金）」する旨の表示をして甲を販売した。A社の行うキャッシュバックは、正常な商慣習に照らして値引きと認められる経済上の利益に該当する場合であっても、景品表示法上の景品類に該当する。
>
> イ．A社は、販売促進のためのキャンペーンの一環として、自社の商品甲のすべてに、景品としてミニタオルを付けて販売することとした。当該ミニタオルの価額については、法令上、制限は定められていない。
>
> ウ．A社は、自社製造の脱臭剤に「他社の同サイズ製品よりも効果が3倍長持ちする」旨を記載して販売しているが、実際の効果持続期間は他社の同サイズ製品と同等程度であった。この場合、A社の当該記載は、景品表示法上の不当な表示に該当しない。
>
> エ．A社は、自社の人気商品甲の新聞広告において、甲の性能が実際よりも著しく優良である旨の表示をしたが、当該表示について内閣総理大臣（消費者庁長官）から一定期間内にその裏付けとなる合理的な根拠を示す資料の提出を求められた。この場合において、A社が当該期間内に合理的な根拠を示す資料を内閣総理大臣（消費者庁長官）に提出しないときは、当該新聞広告における表示は、内閣総理大臣（消費者庁長官）の行う措置命令については、不当な表示とみなされる。
>
> （第42回第4問4-4）

① ア－○　　イ－○　　ウ－×　　エ－○
② ア－○　　イ－×　　ウ－○　　エ－○
③ ア－○　　イ－×　　ウ－×　　エ－×
④ ア－×　　イ－○　　ウ－○　　エ－×
⑤ ア－×　　イ－×　　ウ－×　　エ－○
⑥ ア－×　　イ－×　　ウ－×　　エ－×

■第34問

X社が消費者Yとの間で締結した自社商品の売買契約に関する次のア～エの記述のうち、その内容が適切なものを○、適切でないものを×としたときの組み合わせを①～⑧の中から1つだけ選びなさい。

ア．Yは、路上でX社の販売員に新商品の展示会を行っていると声を掛けられ、促されるままX社の営業所に同行したところ、当該営業所内で、当該販売員から当該商品を購入するよう勧誘され、X社との間で当該商品を購入する旨の売買契約を締結した。この場合、Yの自宅にX社の販売員が訪問しているのではないため、当該売買契約に基づく当該商品の販売は、特定商取引法上の訪問販売に該当しない。

イ．Yは、自ら要求していないにもかかわらず、自宅にX社の販売員の訪問を受け、特定商取引法上の訪問販売に該当する方法により、X社との間で同社の商品を購入する旨の売買契約を締結したが、クーリング・オフが可能であることを示す書面の交付を受けなかった。この場合において、Yは、当該売買契約を締結した後一定の期間が経過したときは、当該書面を受領していなくても、当該売買契約につきクーリング・オフを行使することができなくなる。

ウ．X社は、自社のウェブサイトで、特定商取引法上の通信販売に該当する方法により、Yに自社商品を販売する旨の売買契約を締結した。この場合、X社が自社のウェブサイト上に瑕疵のない商品の返品を認めない旨の表示を所定の方法により行っていたとしても、Yは、当該商品の引渡しを受けた後一定期間内であれば、無条件で当該売買契約を解除することができる。

エ．X社は、自社のウェブサイトで、未成年者であるYに自社商品を販売する旨の売買契約を締結した。この場合、電子商取引には民法の制限行為能力者に関する規定は適用されないため、Yは、自己が未成年者であることを理由に、当該売買契約を取り消すことはできない。（第44回第8問8-4）

① ア－○　イ－○　ウ－○　エ－×
② ア－○　イ－×　ウ－○　エ－○
③ ア－○　イ－×　ウ－×　エ－○
④ ア－×　イ－○　ウ－○　エ－○
⑤ ア－×　イ－○　ウ－○　エ－○
⑥ ア－×　イ－×　ウ－○　エ－○
⑦ ア－×　イ－×　ウ－×　エ－○
⑧ ア－×　イ－×　ウ－×　エ－×

■第35問

強制執行手続に関する次のア〜エの記述のうち、その内容が適切なものを○、適切で
ないものを×としたときの組み合わせを①〜⑥の中から１つだけ選びなさい。

ア．強制執行の申立ては、確定判決、仮執行宣言付判決、和解調書等の裁判所が
　　作成した債務名義に基づく必要があり、公証人が作成した公正証書を債務名義
　　とする強制執行の申立てはなし得ない。

イ．強制執行においては、動産、不動産または債権の別を問わず、財産的価値が
　　あり換価することによって債権の回収を見込めるものは、すべてその対象とな
　　り、法律上、差押えが禁止される財産は規定されていない。

ウ．執行力のある債務名義の正本を有しない一般債権者の申立てにより、債務者
　　が第三者に対して有する金銭債権につき仮差押えがなされた後に、他の債権者
　　の申立てにより当該金銭債権につき差押えがなされた。この場合、当該一般債
　　権者は、当該仮差押えに基づき別途配当要求をしなければ、当該金銭債権から
　　配当を受けることができない。

エ．債権者が、債務者が第三者に対して有する金銭債権につき強制執行を申し立
　　て、当該金銭債権の差押えがなされた。この場合、当該申立てを行った債権者
　　は、債務者に対して差押命令が送達された日から一定の期間を経過したとき
　　は、自ら当該金銭債権を取り立てることができる。　　　　（第44回第2問2-1）

---

① 　ア－○　　イ－○　　ウ－×　　エ－×

② 　ア－○　　イ－×　　ウ－○　　エ－×

③ 　ア－○　　イ－×　　ウ－×　　エ－○

④ 　ア－×　　イ－○　　ウ－○　　エ－○

⑤ 　ア－×　　イ－○　　ウ－×　　エ－○

⑥ 　ア－×　　イ－×　　ウ－×　　エ－○

会社法上の会社の代理商に関する次のア～エの記述のうち、その内容が適切なものを○、適切でないものを×としたときの組み合わせを①～⑥の中から1つだけ選びなさい。

> ア．会社法上、代理商は、会社との間に別段の意思表示がない限り、取引の代理または媒介をしたことによって生じた債権の弁済期が到来しているときは、その弁済を受けるまでは、会社のために占有する物または有価証券を留置することができる。
>
> イ．民法上、代理商は、会社に対して善良な管理者の注意義務を負う。
>
> ウ．商法上、代理商は、会社のために取引の代理または媒介をしたときは、会社との間に代理商の報酬に関する約定がなくても、会社に対して、報酬を請求することができる。
>
> エ．会社は、代理商が会社の許可を受けずに自己のために会社の事業の部類に属する取引を行ったことにより生じた損害につき、代理商にその賠償を請求した。この場合、会社法上、当該取引によって代理商が得た利益の額が会社に生じた損害の額と推定される。
>
> （第43回第1問1-2）

① ア－○　　イ－○　　ウ－○　　エ－○
② ア－○　　イ－○　　ウ－×　　エ－○
③ ア－○　　イ－×　　ウ－×　　エ－×
④ ア－×　　イ－○　　ウ－○　　エ－○
⑤ ア－×　　イ－○　　ウ－○　　エ－×
⑥ ア－×　　イ－×　　ウ－×　　エ－○

■第37問

商標権に関する次の①〜④の記述のうち、その内容が最も適切なものを１つだけ選びなさい。

①　人の知覚によって認識することができるもののうち、文字、図形および立体的形状については商標権の設定登録を受けることができるが、音については商標権の設定登録を受けることはできない。

②　業として商品を生産し、証明し、または譲渡する者がその商品について使用する標章については商標権の設定登録を受けることができるが、業として役務を提供し、または証明する者がその役務について使用する標章については商標権の設定登録を受けることはできない。

③　類似の商品に使用される同一の商標について複数の商標登録出願があった場合、先に商標を作成したことを証明した者が、当該商標につき商標登録を受けることができる。

④　商標権の存続期間は、設定登録の日から10年間であるが、何度でも更新登録をすることが可能である。

（第42回第5問5-4）

■第38問

会社の合併に関する次のア～エの記述のうち、会社法の規定に照らし、その内容が適切なものを○、適切でないものを×としたときの組み合わせを①～⑧の中から１つだけ選びなさい。

ア．株式会社間において吸収合併を行う場合、吸収合併存続株式会社および吸収合併消滅株式会社は、法定の事項を定めた吸収合併契約を締結し、当該吸収合併契約の内容等を記載または記録した書面または電磁的記録を所定の期間その本店に備え置かなければならない。

イ．解散した株式会社は、他の会社と合併をすることができ、解散した株式会社を存続会社とする吸収合併を行うことも可能である。

ウ．株式会社間において吸収合併を行う場合、吸収合併消滅株式会社の財産は包括的に吸収合併存続株式会社に移転し、吸収合併消滅株式会社の株主は原則として吸収合併存続株式会社の株主となるが、吸収合併消滅株式会社は清算手続を経ることによって消滅する。

エ．株式会社間において合併を行う場合、合併に反対する反対株主は、合併について異議を述べる機会を与えられるが、自己の株式を当該合併当事会社に公正な価格で買い取ることを請求することはできない。　　　　　（第48回第7問7-4）

①　ア－○　　イ－×　　ウ－○　　エ－○
②　ア－○　　イ－×　　ウ－○　　エ－×
③　ア－○　　イ－×　　ウ－×　　エ－○
④　ア－○　　イ－×　　ウ－×　　エ－×
⑤　ア－×　　イ－○　　ウ－○　　エ－○
⑥　ア－×　　イ－○　　ウ－×　　エ－×
⑦　ア－×　　イ－×　　ウ－○　　エ－○
⑧　ア－×　　イ－×　　ウ－×　　エ－×

■第39問（オリジナル問題）

アメリカの法制度に関する次のア〜エの記述のうち、その内容が適切なものを○、適切でないものを×としたときの組み合わせを①〜⑧の中から1つだけ選びなさい。

ア．アメリカの法律には、連邦政府が制定した「連邦法」と各州において制定した「州法」がある。

イ．日本の民法は、アメリカの影響が強く、契約法制については、いわゆる、英米法体系に近い法体系を採用しており、日本の法制度とアメリカの法制度は、考え方が近接している。

ウ．アメリカにおいて契約が成立するためには、当事者間の同意だけではなく、「約因」がなければならないとされている。

エ．アメリカの裁判手続においては、法廷審理の前に、事前手続として、ディスカバリーや、事実審理前協議が行われている。

① ア−○　イ−○　ウ−○　エ−○
② ア−○　イ−○　ウ−○　エ−×
③ ア−○　イ−○　ウ−×　エ−×
④ ア−○　イ−×　ウ−○　エ−○
⑤ ア−○　イ−×　ウ−○　エ−×
⑥ ア−×　イ−○　ウ−○　エ−×
⑦ ア−×　イ−○　ウ−×　エ−○
⑧ ア−×　イ−×　ウ−○　エ−×

預金および有価証券に関する次のア〜エの記述のうち、その内容が適切なものを○、適切でないものを×としたときの組み合わせを①〜⑥の中から1つだけ選びなさい。

ア．金融機関は、預金者との間の預金契約において、現金自動支払機（ATM）から偽造カードまたは盗難カードで預金の不正な引出しがなされ預金者が被害を受けた場合に金融機関が預金者に対して負う補償義務を預金者保護法の規定内容よりも減免する旨の特約を締結した。この場合、当該特約は有効である。

イ．小切手は、振出人が支払人に対して、一定期日に一定金額を受取人に支払うよう委託した証券であり、銀行に限らず、誰でも小切手の支払人となることができる。

ウ．約束手形の振出人は、一度でも不渡りを出すと、直ちに銀行取引停止処分を受け、その後は、手形交換所に加盟しているすべての銀行で当座勘定取引ができなくなる。

エ．預金通帳および預金証書は、有価証券ではなく、証拠証券であり、これらを紛失しても預金者から金融機関に対する預金の返還請求権は消滅しない。

（第45回第7問7-1）

① ア−○　　イ−○　　ウ−×　　エ−×
② ア−○　　イ−×　　ウ−×　　エ−○
③ ア−×　　イ−○　　ウ−○　　エ−○
④ ア−×　　イ−○　　ウ−○　　エ−×
⑤ ア−×　　イ−×　　ウ−○　　エ−○
⑥ ア−×　　イ−×　　ウ−×　　エ−○

設問	解答
第１問	④
第２問	⑤
第３問	⑥
第４問	②
第５問	④
第６問	⑤
第７問	②
第８問	⑥
第９問	④
第10問	⑤
第11問	⑥
第12問	①
第13問	④
第14問	⑤
第15問	②
第16問	①
第17問	⑥
第18問	⑥
第19問	⑤
第20問	③

設問	解答
第21問	④
第22問	②
第23問	①
第24問	⑤
第25問	①
第26問	⑤
第27問	①
第28問	⑤
第29問	⑤
第30問	③
第31問	②
第32問	②
第33問	⑤
第34問	⑧
第35問	⑥
第36問	①
第37問	④
第38問	④
第39問	④
第40問	⑥

＊解説は本書の著者が作成したものです

解答 ④

解説

ア．**適切でない。設立時発行株式の総数は、発行可能株式総数の4分の1を下ることができない。**ただし、設立しようとする株式会社が公開会社でない場合は、この限りでない（会社法37条3項）。したがって、A社を設立する際に発行する株式の数は、A社の定款で定める発行可能株式総数の範囲内であり、かつ、発行可能株式総数の4分の1を下回る数であってはならないから、本肢は適切でない。

イ．**適切である。公開会社においては、定款を変更して発行可能株式総数を増加する場合には、変更後の発行可能株式総数は、当該定款の変更が効力を生じた時における発行済株式の総数の4倍を超えることができない**（会社法113条3項）。株式は株式会社における社員たる地位であるから、新株発行により、株式の価値が希釈されることを一定の限度で防ぐためである。もっとも、設立しようとする会社が公開会社でない場合は、この限りでない。したがって、A社は、一定の要件の下で発行可能株式総数を増加させることができるが、増加後の発行可能株式総数は、増加前の発行済株式総数の4倍を超えることはできないから、本肢は適切である。

ウ．**適切である。**株式会社は、募集株式の発行において、株主に株式の割当てを受ける権利を与えることができる（会社法202条1項）。この場合には、株主（当該株式会社を除く。）は、**原則として、その有する株式の数に応じて募集株式の割当てを受ける権利を有する**（同条2項）。したがって、A社がその株主に募集株式の割当てを受ける権利を与える株主割当ての方法により募集株式を発行する場合、A社の株主は、原則として、その有する株式の数に応じて割当てを受ける権利を有するから、本肢は適切である。

エ．**適切でない。**募集株式の引受人（現物出資財産を給付する者を除く。）は、所定の期日又は期間内に、株式会社が定めた銀行等の払込みの取扱いの場所において、それぞれの募集株式の払込金額の全額を払い込まなければならない（会社法208条1項）。**募集株式の引受人が、出資の履行をしないときは、当該出資の履行をすることにより募集株式の株主となる権利を失う**（同条5項）。したがって、A社において募集株式の発行が行われた場合において、募集株式の引受人のうちに出資の履行をしない者がいるときは、当該募集株式の発行手続全体が無効となるわけではなく、当該出資の履行をしない者が募集株式の株主となる権利を失うから、本肢は適切でない。

解答 ⑤

（解説）

ア．**適切でない。**清算株式会社は、定款の定めによって、清算人会、監査役又は監査役会を置くことができる（会社法477条2項）。もっとも、**清算手続を開始する時点において取締役会設置会社であったからといって、必ずしも清算人会を設置する必要はない。**したがって、A社が、清算手続を開始する時点において取締役会設置会社である場合であっても、必ずしも清算人会を設置しなければならないわけではないから、本肢は適切でない。

イ．**適切である。**株主総会の決議によって清算人が選任されない限り、**原則として、取締役が、清算株式会社の清算人となる**（会社法478条1項1号）。**この場合、代表取締役を定めていたときは、当該代表取締役が代表清算人となる**（同法483条4項）。したがって、A社が清算手続を開始する場合において、A社の取締役が清算人となるときは、清算手続を開始する時点でA社の代表取締役であったXは、代表清算人となるから、本肢は適切である。

ウ．**適切でない。**清算人は、**現務の結了、債権の取立て及び債務の弁済、残余財産の分配を行う**（会社法481条）。したがって、A社の清算人は、清算事務として、債権の取立て及び債務の弁済のほか、残余財産の分配をすることができるから、本肢は適切でない。

エ．**適切である。**清算をする株式会社は、**清算の目的の範囲内において、清算が結了するまではなお存続するものとみなされる**（会社法476条）。したがって、A社は、清算手続に入った場合、清算の目的の範囲内において、清算が結了するまでは存続するものとみなされるから、本肢は適切である。

第3問

解答 ⑥

（解説）

ア．**適切でない。株式会社の定款には、目的、商号、本店の所在地等、必ず記載しなければならない事項を記載しなければ定款は無効となるが**（会社法27条参照）、**これら以外の事項についても、法律の規定に反しない限り記載することができる。**したがって、株式会社の設立に際して作成される定款に、定款の記載事項として会社法に定められていない事項である定時株主総会の招集時期や取締役の定員を記載した場合であっても、定款自体が無効となるわけではないから、本肢は適切でない。

イ．**適切でない。発起人は、金銭以外の財産を出資の目的とすることができる**（会社法28条1号、34条1項参照）。**金銭以外の財産を目的とする出資を現物出資という。**現物出資をするためには、会社設立時に作成される定款に記載しなければ、その効力を生じない（同法28条1号）。したがって、株式会社の設立に当たって、出資の対象となる財産は金銭のみに限られず、不動産や有価証券等の金銭以外の

509

財産も出資の対象とすることができるから、本肢は適切でない。

ウ．**適切である**。募集設立の場合、設立時募集株式の引受人は、所定の期日又は期間内に、発起人が定めた銀行等の払込みの取扱いの場所において、それぞれの設立時募集株式の払込金額の全額の払込みを行わなければならない（会社法63条1項）。**設立時募集株式の引受人が、当該払込みをしないときは、当該払込みをすることにより設立時募集株式の株主となる権利を失う**（同条3項）。したがって、募集設立における株式の引受人は、出資の履行をしない場合、当該株式の株主となる権利を失うから、本肢は適切である。

エ．**適切である**。**発起人、設立時取締役又は設立時監査役は、株式会社の設立についてその任務を怠ったときは、当該株式会社に対し、これによって生じた損害を賠償する責任を負う**（会社法53条1項）。したがって、発起人は、会社の設立についてその任務を怠った場合、会社に対し、これによって生じた損害を賠償する責任を負うから、本肢は適切である。

第4問

解答 ②

解説

ア．**適切である**。**破産手続の開始原因は**、法人の場合は、支払不能又は債務超過（債務者が、その債務につき、その財産をもって完済することができない状態をいう。）であるが、**自然人の場合は、支払不能のみである**（破産法15条1項、16条1項）。したがって、債務超過は、法人については破産手続開始の原因となるが、自然人については破産手続開始の原因とならないから、本肢は適切である。

イ．**適切でない**。**裁判所は、破産財団をもって破産手続の費用を支弁するのに不足すると認めるときは、破産手続開始の決定と同時に、破産手続廃止の決定をしなければならない**（破産法216条1項）。これを**同時廃止**という。したがって、裁判所は、破産財団をもって破産手続の費用を支弁するのに不足すると認めるときは、破産手続開始決定と同時に、破産手続廃止の決定をしなければならないのであって、破産手続開始の決定をすることができないわけではないから、本肢は適切でない。

ウ．**適切である**。裁判所は、破産手続開始の申立てがあった場合において、必要があると認めるときは、利害関係人の申立てにより又は職権で、破産手続開始の申立てにつき決定があるまでの間、債務者の財産に対して既にされている強制執行、仮差押え、仮処分、債務者の財産関係の訴訟手続等の中止を命ずることができる（破産法24条1項）。**破産手続開始の申立てがあっただけでは、強制執行等の手続が当然に中止されるわけではない**。したがって、債務者の財産についてなされている強制執行の手続は、債務者について破産手続開始の申立てがなされた場合であっても、当然には中止されないから、本肢は適切である。

エ．**適切でない。破産財団に関し破産管財人がした行為によって生じた請求権は財団債権となる**（破産法148条1項4号）。財団債権は、破産手続によらないで破産財団から破産債権に先立って、随時弁済を受けることができる（同法2条7項、151条）。したがって、破産手続開始決定後、破産者の取引先が破産管財人との間で取引を行ったことにより当該取引先が取得した債権は、財団債権となるから、本肢は適切でない。

第5問

解答 ④

解説

① **適切である。**労働者災害補償保険法（労災保険法）においては、労働者を使用する事業を適用事業とする（労災保険法3条1項）。**労働者を使用する事業であれば、原則として、労働者災害補償保険（労災保険）に加入しなければならず、労働者の数による例外はない。**したがって、常時使用する労働者の数が5名であるA社は、労災保険への加入義務を負うから、本肢は適切である。

② **適切である。労災保険の保険料は、事業主が全額負担する**（労働保険の保険料の徴収等に関する法律31条）。したがって、労災保険の適用事業場であるB社は、労災保険の保険料の全額を負担する義務を負うから、本肢は適切である。

③ **適切である。**労災保険法に基づく保険給付の対象となる業務災害とは、労働者の業務上の負傷、疾病、障害又は死亡をいう（労災保険法7条1項1号）。**業務災害と認められるためには、業務遂行性と業務起因性が必要であるとされている。**業務遂行性とは、「労働者が事業主の支配ないし管理下にあるなかで」ということであり、業務起因性とは、「業務又は業務行為を含めて『労働者が労働契約に基づき事業主の支配下にあること』に伴う危険が現実化したものと経験則上認められる」*ということである。したがって、労災保険の適用事業場であるC社の従業員Dが、その休憩時間中にC社事業場の休憩室で座っていたところ、C社の備品である椅子の脚が老朽化により破損し、転倒して負傷した場合、Dの負傷は、労災保険法に基づく保険給付の対象となるから、本肢は適切である。

④ **最も適切でない。労災保険の適用を受けるのは、労働者である。**労働者とは、事業又は事務所に使用される者で、賃金を支払われる者をいう（労働基準法9条参照）。一方、**代表取締役や取締役は会社の役員であって、労働者ではない。**会社と役員との関係は、委任に関する規定に従うのであって（会社法330条）、役員は会社から報酬の支払を受ける。もっとも、**業務執行権を有さず、他の役員の指揮命令を受けて労働に従事し、賃金の支払を受けている者は、役員とはいえども、実態としては労働者と変わりないから、労災保険の適用を受ける場合があり得る。**したがって、労災保険の適用事業場であるG社には、代表取締役Hと、取締役としてIが在任しており、Iが、業務執行権を有さず、Hの指揮命令を受けて労

働に従事し、その対償として賃金の支払を受けている場合、Hは、労災保険の適用を受けないが、Iは、労災保険の適用を受ける可能性があるから、本肢は適切でない。

* 菅野和夫『労働法』第7版補正2版、弘文堂、2007年、335頁

第6問

解答 ⑤

解説

ア．**適切でない。代理受領**は、債権回収の手段の中で、債権者と債務者において、取立てを委任する（民法643条）契約に基づいて行われる債権回収手段であり、**債務者が債権回収に協力している場合において講じ得る債権回収手段である**。したがって、代理受領は債権回収の手段の一つであるが、債務者の協力を得られる場合における債権回収手段であるから、本肢は適切でない。

イ．**適切である。**アに記載のとおり、代理受領は、債権者と債務者において取立てを委任する契約を締結して、取立権限を授与することにより行われる債権回収手段であるものの、授権するのは取立権限のみであり、対象となる債権の法律関係に影響はなく、第三債務者は、債務者に対して主張し得る事由（同時履行の抗弁権、相殺等）は、その事由を主張することは可能である。したがって、代理受領が、債権者A社と債務者B社との間で、B社がA社に対して、B社が有する債権につき、第三債務者であるC社に対し、取立てを行うことを委任する契約を締結することにより行われるとき、取立ての対象となる債権に関する当事者は、B社とC社であることに変更はないから、本肢は適切である。

ウ．**適切でない。**債務引受のうち、併存的債務引受は、原債務者は債務者のまま、引受人も原債務者と連帯して債務を負う形での債務引受（民法470条1項）であることから、これにより、債務者に不測の事態は生じ得ず、債権者と引受人、原債務者と引受人のみの合意（民法470条2項、3項）によっても債務引受は成立する。したがって、**併存的債務引受は、債権者、原債務者及び引受人の三者間の合意によって成立するほか、原債務者と引受人の二者間の合意のみによっても成立する**から、本肢は適切でない。

エ．**適切である。**債務引受のうち、免責的債務引受は、引受人が、「債務者が債権者に対して負担する債務と同一の内容の債務を負担し、債務者は自己の債務を免れる」（民法472条1項）債務引受であり、債権者において債権回収に関し大きな影響があることから、債権者の同意なく行うことはできず、「債権者と引受人となる者との契約によってすることができる」（民法472条2項）。したがって、**免責的債務引受は、債権者、原債務者及び引受人の三者間の合意によって成立するほか、債権者と引受人の二者間の合意のみでも成立する**から、本肢は適切である。

第7問

解答 ②

解説

ア．**適切である。**民事訴訟においては、裁判の基礎となる事実と証拠の収集提出は、当事者の責任かつ権能とされている。これを弁論主義という。その帰結として、**裁判所は、当事者に争いのない事実は判決の基礎としなければならない。**したがって、Xが、Yの運転する自転車と接触して転倒し、全治6ヶ月のけがを負ったとして、Yを被告として不法行為に基づく損害賠償請求訴訟を提起した場合、当該自転車と接触した旨のXの主張に対し、Yが接触の事実を認めた場合、Xは、接触の事実について証拠を提出しなかったとしても、判決では接触の事実が存在するものと認定されるから、本肢は適切である。

イ．**適切でない。**①の解説にある弁論主義の帰結として、裁判所は、当事者の主張しない事実を判決の基礎としてはならない。当事者は、請求認容判決を得るために、条文上の要件に該当する具体的事実（これを主要事実という。）を主張する必要があり、当事者が主要事実を主張しない場合、たとえ裁判所として当該事実が存在するとの心証を形成しても、判決の基礎とすることはできない。条文上の要件が「過失」や「正当事由」など、それ自体一義的な内容を持たない規範的要件の場合、立証の対象を明確にして、当事者の不意打ちを防止する観点から、「過失」や「正当事由」を根拠付ける具体的な事実が主要事実になると解されており、**当事者は「過失」や「正当事由」を根拠付ける事実について具体的に主張し立証しなければならない。**したがって、Xが、スマートフォンを見ながら歩いていたYと接触して転倒し、全治2ヶ月のけがを負ったとして、Yを被告として不法行為に基づく損害賠償請求訴訟を提起した場合、XのYに対する損害賠償請求が認められるためには、Xは、Yの前方不注視などの過失に相当する具体的な事実を主張し証明する必要があるから、本肢は適切でない。

ウ．**適切である。**不法行為に基づく損害賠償請求訴訟において、被害者が損害の賠償を求めるために主張・立証すべき事実は、「加害者に故意又は過失があったこと」「権利又は法律上保護される利益が侵害されたこと」「損害が発生したこと」「加害者の行為と被害者の損害との間に因果関係があること」である。**損害額について当事者間に争いが生ずれば、被害者において損害額を主張し立証しなければならない。**したがって、X社が、Yの運転する自動車がYの過失により自社の倉庫の外壁に衝突し外壁が破損したため、Yを被告として不法行為に基づく損害賠償請求訴訟を提起し、X社が損害額を500万円であると主張したのに対し、Yが500万円の損害賠償額は相当ではない旨を主張した場合、損害額が500万円であることを証明する責任を負うのは被害者であるX社であるから、本肢は適切である。

エ．**適切である。**損害賠償請求訴訟において、損害の賠償をした事実が立証されれば、いったん発生した損害賠償責任が消滅するという効果が生じるから、**損害の**

賠償をした事実を証明する責任を負うのは、損害賠償責任が消滅したという効果を主張している側である。したがって、Xが、YがXから盗んだ自動車を破損させたと主張して、Yを被告として不法行為に基づく損害賠償請求訴訟を提起し、これに対し、Yは、既に損害の賠償をした旨を主張した場合、損害の賠償をした事実を証明する責任を負うのはYであるから、本肢は適切である。

第8問

解答 ⑥

解説

ア．**適切でない。** 自己の供給する商品を購入する相手方に、正当な理由がないのに、相手方に対しその販売する当該商品の販売価格を定めてこれを維持させることその他相手方の当該商品の販売価格の自由な決定を拘束する条件を付けて、当該商品を供給することは、独占禁止法上の不公正な取引方法に該当する(独占禁止法2条9項4号イ)。もっとも、**「単なる参考として示されているものである限りは，それ自体は問題となるものではない」**(公正取引委員会「流通・取引慣行に関する独占禁止法上の指針」より)。したがって、A社が、自社の商品甲を小売業者数社に対して販売するに際し、小売業者が商品甲の小売価格を決定する際の資料として、商品甲を消費者に販売する際の「参考価格」である旨を示して、各小売業者に対し特定の価格を提示した場合、各小売業者が自主的に商品甲の小売価格を決定しており、A社の提示した参考価格に従わない小売業者に対し、A社が参考価格に従わせるために特段の行動を行わなかったときは、A社による参考価格の提示行為は、不公正な取引方法に当たらないから、本肢は適切でない。

イ．**適切でない。** 正当な理由がないのに、商品又は役務をその供給に要する費用を著しく下回る対価で継続して供給することであって、他の事業者の事業活動を困難にさせるおそれがあるものは、不公正な取引方法に該当する(独占禁止法2条9項3号)。もっとも、**廉売を正当化する特段の事情があれば、不当廉売とはならず、不公正な取引方法に該当しない**(公正取引委員会「不当廉売に関する独占禁止法上の考え方」より)。したがって、A社が、自社の店舗で食料品を販売しているところ、誤発注により消費期限が1日しかない生鮮食品甲を、平均的な1日の販売量の10倍の量を仕入れてしまったため、仕入原価と同一の価格で販売するとともに、その旨を各種手段で広告した結果、周辺で食料品を販売する小売業者において売上が減少したとしても、この場合、A社による生鮮食品甲の値引き販売行為には、正当な理由があると認められ、不公正な取引方法に当たらないから、本肢は適切でない。

ウ．**適切である。正当な理由がないのに、自己と競争関係にある他の事業者と共同して、供給を受ける商品若しくは役務の数量若しくは内容を制限することは、共同の取引拒絶として、不公正な取引方法に当たる**(独占禁止法2条9項1号イ)。こ

こでは、取引拒絶をする事業者が自らの利益を図ったか否かではなく、競争を制限する行為をしたことが問題とされている。したがって、A社及びB社が、競合メーカー同士であり、A社及びB社が、正当な理由がないのに、共同してC社の購入申込みを拒否した場合、A社及びB社がC社の購入申込みを拒否した理由が、製品甲の小売業者が過当競争状態にあり、多くが経営困難に陥っているため、その保護を図ったものであって、A社及びB社の利益を図ったものでない場合であっても、A社及びB社によるC社に対する取引拒絶行為は、不公正な取引方法に当たるから、本肢は適切である。

エ．**適切である。自己の取引上の地位が相手方に優越していることを利用して、正常な商慣習に照らして不当に、継続して取引する相手方に対して、自己のために金銭、役務その他の経済上の利益を提供させることは、優越的地位の濫用として、不公正な取引方法に当たる**（独占禁止法2条9項5号ロ）。ここでは、相手方が自由かつ自主的な判断による取引ができないことや、公正な競争を阻害するおそれがあることが問題とされる。したがって、大規模小売店であるA社が、メーカーであるB社に対して、自己の取引上の地位がB社に優越していることを利用して、正常な商慣習に照らして不当に、店頭においてB社の製品甲及び他社の同種製品の商品説明及び品出しを行わせるため、B社の費用負担でB社の従業員をA社の店舗に派遣することを要求し、B社がこれに応じた場合、当該派遣の結果、A社の店舗における製品甲の売上が増加した事実が認められたとしても、A社による当該要求行為は、不公正な取引方法に当たるから、本肢は適切である。

第9問

解答 ④

解説

ア．**適切でない。債権者代位権は、債権者が、自己の債権を保全するため、債務者に属する権利を行使することができる権利である**（民法423条1項参照）。**他人の財産権に対する干渉であるから、原則として、自己の債権を保全する必要がある場合、すなわち債務者が無資力である場合に限って行使できる。**したがって、X社がY社に300万円の貸金債権を有しており、Y社がZ社に200万円の貸金債権を有している場合、X社が債権者代位権を行使するためには、Y社が無資力であることが必要となるから、本肢は適切でない。

イ．**適切である。債権者は、その債権の期限が到来しない間は、保存行為を除き、被代位権利を行使することができない**（民法423条2項）。したがって、X社がY社に200万円の貸金債権を有しており、Y社がZ社に100万円の賃料債権を有している場合、X社が債権者代位権を行使するためには、原則として、当該貸金債権の弁済期が到来していることが必要であるから、本肢は適切である。

ウ．**適切である。債権者代位権は、債務者が第三者に対する債権を行使しない場合**

に限って、**行使することができる**。したがって、X社が、Y社に600万円の貸金債権を有している一方、Y社がZ社を相手方として、請負代金支払請求訴訟を提起している場合、X社は、債権者代位権を行使して、Z社に対し、500万円の支払を請求することはできないから、本肢は適切である。

エ．**適切である**。債権者は、**被代位権利を行使する場合において、被代位権利が金銭の支払又は動産の引渡しを目的とするものであるときは、相手方に対し、その支払又は引渡しを自己に対してすることを求めることができる**（民法423条の3）。したがって、X社が、Y社に対して500万円の貸金債権を有しており、Y社がZ社に対して有する300万円の売掛金債権について、債権者代位権を行使した場合、X社は、Z社に対し、Y社ではなくX社に300万円を直接引き渡すよう求めることができるから、本肢は適切である。

第10問

解答　⑤

解説

ア．**適切でない**。指名委員会、監査委員会又は報酬委員会の各委員会の委員は、取締役の中から、取締役会の決議によって選定する（会社法400条2項）。したがって、会社法上、X社が、指名委員会等を設置する場合であっても、X社は取締役を置かなければならないから、本肢は適切でない。

イ．**適切である**。**指名委員会等設置会社とは、指名委員会、監査委員会及び報酬委員会を置く株式会社をいう**（会社法2条12号）。会社法では、指名委員会、監査委員会及び報酬委員会が一括して置かれることを予定している。したがって、会社法上、X社は、指名委員会等を設置する場合、指名委員会、監査委員会及び報酬委員会の三委員会を一括して設置しなければならず、例えば、報酬委員会は設置せず、指名委員会及び監査委員会のみを設置することはできないから、本肢は適切である。

　なお、監査等委員会設置会社と指名委員会等設置会社は異なるから、注意を要する。

ウ．**適切でない**。報酬委員会は、執行役等の個人別の報酬等の内容に係る決定に関する方針を定めなければならない（会社法409条1項）。そして、報酬委員会は、額が確定しているものについては、個人別の報酬の額を決定しなければならない（同条3項1号）。ここで**執行役等とは、執行役及び取締役をいい、会計参与設置会社にあっては、執行役、取締役及び会計参与をいう**。したがって、会社法上、X社が指名委員会等設置会社となった場合であっても、X社の従業員の報酬を報酬委員会が決定するわけではないから、本肢は適切でない。

エ．**適切である**。監査等委員である取締役は、監査等委員会設置会社若しくはその子会社の業務執行取締役若しくは支配人その他の使用人又は当該子会社の会計参

与(会計参与が法人であるときは、その職務を行うべき社員)若しくは執行役を兼ねることができない(会社法331条3項)。したがって、会社法上、X社が監査等委員会設置会社となった場合、X社の総務部長であるYは、X社の従業員の地位を保持したまま、X社の監査等委員を兼任することはできないから、本肢は適切である。

第11問

解答 ⑥

解説

ア．**適切でない。**下請法は、親事業者と下請事業者との間の取引を規制対象としているが、**親事業者と下請事業者は、下請取引の内容、その主体が法人か個人か、資本金の多寡等による基準によって定義されている。**例えば、事業者が業として行う販売の目的物たる物品の製造を他の事業者に委託する場合、資本金の額又は出資の総額が1000万円を超え3億円以下の法人たる事業者であって、個人又は資本金の額若しくは出資の総額が1000万円以下の法人たる事業者に対し製造委託等をするものが親事業者となり、個人又は資本金の額若しくは出資の総額が1000万円以下の法人たる事業者が下請事業者となる(下請法2条7項2号、同条8項2号)。したがって、下請法上、物品の製造委託を行う事業者であっても、法人であるか個人であるか、また、その資本金の多寡により、親事業者に該当する場合と該当しない場合があるから、本肢は適切でない。

イ．**適切でない。**下請代金の支払期日は、親事業者が下請事業者の給付の内容について検査をするかどうかを問わず、**親事業者が下請事業者の給付を受領した日**(役務提供委託の場合は、下請事業者がその委託を受けた役務の提供をした日)**から起算して、60日の期間内において、かつ、できる限り短い期間内において、定められなければならない**(下請法2条の2第1項)。したがって、下請法上、下請代金の支払期日は、親事業者が下請事業者の給付を受領した日から60日の期間内において、かつ、できる限り短い期間内において定められなければならないとして、具体的な日数の制限が定められているから、本肢は適切でない。

ウ．**適切である。**親事業者は、下請事業者に対し製造委託等をした場合は、直ちに、下請事業者の給付の内容、下請代金の額、支払期日及び支払方法その他の事項を記載した所定の書面を下請事業者に交付しなければならない(下請法3条1項)。したがって、下請法上、下請事業者に対して物品の製造委託をした親事業者は、原則として、直ちに、下請事業者の給付の内容、下請代金の額、支払期日及び支払方法等の所定の事項を記載した書面を下請事業者に交付しなければならないから、本肢は適切である。

エ．**適切でない。**親事業者の遵守事項として、親事業者が下請事業者に対し製造委託等をした場合、**下請事業者の給付の内容を均質にし又はその改善を図るため必**

要がある場合その他正当な理由がある場合を除き、自己の指定する物を強制して購入させ、又は役務を強制して利用させてはならない(下請法4条1項6号)。したがって、下請法上、下請事業者に対して物品の製造委託をした親事業者は、下請事業者の給付の内容を均質にし又はその改善を図るため必要がある場合には、下請事業者に自己の指定する物を強制して購入させたとしても下請法には違反しないから、本肢は適切でない。

第12問

解答 ①

解説

ア．**適切である**。公益通報者保護法で保護される**公益通報とは、**労働者等が、不正の利益を得る目的、他人に損害を加える目的その他の不正の目的でなく、その**役務提供先又は当該役務提供先の事業に従事する場合におけるその役員、従業員、代理人その他の者について所定の通報対象事実が生じ、又はまさに生じようとしている旨を、当該役務提供先若しくは当該役務提供先があらかじめ定めた者、当該通報対象事実について処分若しくは勧告等をする権限を有する行政機関又はその者等に通報することをいう**(公益通報者保護法2条1項)。したがって、甲社の従業員Aが、甲社の取締役Bが甲社の株主Cに利益供与を行おうとしていることを事前に知り、これを所轄官庁へ通報した場合、当該通報は、公益通報者保護法上の公益通報となり得るから、本肢は適切である。

イ．**適切である**。公益通報者が通報対象事実が生じ、又はまさに生じようとしていると思料する場合において**当該役務提供先等に対する公益通報をしたことを理由として事業者が行った解雇は、無効となる**(公益通報者保護法3条1号)。したがって、甲社の従業員Dが、甲社の取締役Eが特別背任罪に該当する行為を行ったことを知り、甲社の監査役Fに対し公益通報者保護法上の公益通報を行ったが、当該公益通報をしたことを理由として甲社から解雇された場合、公益通報者保護法上、当該解雇は、無効であるから、本肢は適切である。

ウ．**適切である。株主は、株主総会において、株主総会の目的である事項(当該株主が議決権を行使することができる事項に限る。)につき議案を提出することができる。**ただし、当該議案が法令若しくは定款に違反する場合又は実質的に同一の議案につき株主総会において一定数の賛成を得られなかった日から3年を経過していない場合は、この限りでない(会社法304条)。したがって、甲社の株主Gは、取締役の選任について議決権を行使することができるときは、その保有株式数にかかわらず、当該定時株主総会において、取締役選任の議題につき、現在甲社の取締役ではないIを候補者とする旨の議案を提出することができるから、本肢は適切である。

エ．**適切でない。取締役会は、取締役の職務の執行が法令及び定款に適合すること**

を確保するための体制その他株式会社の業務並びに当該株式会社及びその子会社から成る企業集団の業務の適正を確保するために必要なものとして法務省令で定める体制の整備等の重要な業務執行の決定を取締役に委任することができない（会社法362条4項6号）。したがって、甲社の取締役会は、会社法上、内部統制システム構築の基本方針の決定を甲社の代表取締役Kに委任することはできないから、本肢は適切でない。

第 13 問

解答 ④

解説

ア．**適切でない。**著作権は、その全部又は一部を譲渡することができる（著作権法61条1項）。一方、**著作者人格権は、著作者の一身に専属し、譲渡することができない**（同法59条）。したがって、著作者の有する権利には、著作権（著作財産権）と著作者人格権とがあるところ、著作者は、自己の著作権を第三者に譲渡することができるが、著作者人格権を第三者に譲渡することはできないから、本肢は適切でない。

イ．**適切である。**著作権法上、**著作物の原作品に、又は著作物の公衆への提供若しくは提示の際に、その氏名若しくは名称（これを「実名」という。）又は**その雅号、筆名、略称その他実名に代えて用いられるもの（これを「変名」という。）として周知のものが著作者名として通常の方法により表示されている者は、その著作物の著作者と推定される（著作権法14条）。したがって、著作物を創作した者は、自己の著作物の原作品に、その実名又は変名として周知のものを著作者名として通常の方法により表示した場合、著作権法上、その著作物の著作者と推定されるから、本肢は適切である。

ウ．**適切である。著作者は、その著作物を公に上映する権利を専有する**（著作権法22条の2）。これを上映権という。そして、著作権法上の「上映」とは、著作物（公衆送信されるものを除く。）を映写幕その他の物に映写することをいい、これに伴って映画の著作物において固定されている音を再生することを含む（同法2条1項17号）。したがって、著作権の支分権のうち、**上映権は、著作物を公に上映する権利であり、上映には、例えばDVD等の記録媒体に固定された映画の著作物を映写幕等に映写することに伴って映画の著作物に固定されている音を再生することが含まれる**から、本肢は適切である。

エ．**適切でない。**著作権の目的となっている著作物は、個人的に又は家庭内その他これに準ずる限られた範囲内において使用すること（これを「私的使用」という。）を目的とするときは、所定の場合を除き、その使用する者が複製することができる（著作権法30条1項）。したがって、**他人の著作権の目的となっている著作物を使用しようとする者は、個人的に又は家庭内等の限られた範囲内において使用す**

ることを目的とする私的使用のための複製であれば、原則として、著作権者の許諾を得ることなく、当該著作物を複製することができるから、本肢は適切でない。

第14問

解答 ⑤

解説

ア．**適切でない。**ファイナンス・リースに関するリース会社とユーザーとの関係は、実体としては、ユーザーがサプライヤーから目的物を購入する際のリース会社からユーザーに対する金融であるが、法形式としては、**リース会社とユーザーとの間の賃貸借契約である**。賃貸借契約は、当事者の一方がある物の使用及び収益を相手方にさせることを約し、相手方がこれに対してその賃料を支払うことを約すること及び引渡しを受けた物を契約が終了したときに返還することを約することによって、その効力を生ずる諾成契約である（民法601条）。したがって、**ファイナンス・リース契約は、要物契約ではなく、諾成契約**であって、X社とY社との間のファイナンス・リース契約は、X社からのファイナンス・リース契約の申込みに対してY社が承諾することによって成立するから、本発言は適切でない。

イ．**適切である。**ファイナンス・リースに関する法律関係は、ユーザーとリース会社との間のファイナンス・リース契約と、サプライヤーとリース会社との間の売買契約の2つの契約から成り立つが、実体としては、ユーザーがサプライヤーから目的物を購入する際のリース会社からユーザーに対する金融である。そのため、**リース会社は、ファイナンス・リース契約の成立を前提として、サプライヤーと売買契約を締結し、目的物の所有権を取得する**にすぎない。したがって、ファイナンス・リース契約と売買契約とでは、一般に、ファイナンス・リース契約の方が先に締結されるから、本発言は適切である。

ウ．**適切でない。**ファイナンス・リース契約は、法形式としてはリース会社とユーザーとの間の賃貸借契約であるが、実体は、リース会社からユーザーに対する金融である。そのため、ファイナンス・リースの目的となる**リース物件の選定は、ユーザーとサプライヤーとの間で行われる**。したがって、ファイナンス・リース契約においては、一般に、リース物件の選定はユーザーとサプライヤーとの間で行われ、X社は、サプライヤーであるZ社との間でリース物件であるパソコンの選定をすることとなるから、本発言は適切でない。

エ．**適切である。**通常の賃貸借契約では、貸主は目的物の修繕義務を負っているが（民法606条1項）、一般に、リース会社の修繕義務はファイナンス・リース契約により免除されており、ユーザーが自ら目的物の保守及び修繕をすることになる。もっとも、**通常は、ユーザーはサプライヤーとの間で、保守契約を締結し、サプライヤーが保守及び修繕を行う**。したがって、X社とサプライヤーであるZ社との

間でリース物件であるパソコンの保守及び修繕に関する保守契約を締結した場合、X社はZ社に対し、その保守契約に従って、当該パソコンの保守及び修繕を請求することができるから、本発言は適切である。

第15問

解答 ②

解説

ア．**適切である**。賃貸借契約が終了したときは、賃借人は目的物を賃貸人に返還する義務を負う。そして、債権の目的が特定物の引渡しであるときは、**債務者は、その引渡しをするまで、契約その他の債権の発生原因及び取引上の社会通念に照らして定まる善良な管理者の注意をもって、その物を保存しなければならない**（民法400条）。すなわち、賃借人は、目的物を返還するまで、善良なる管理者の注意をもって、目的物を保存しなければならない。したがって、賃借人は、目的物を賃貸人に返還するまで、善良な管理者の注意をもって目的物の管理をしなければならないから、本肢は適切である。

イ．**適切でない**。**賃借人は、賃借物を受け取った後にこれに生じた損傷がある場合において、賃貸借が終了したときは、原則として、その損傷を原状に復する義務を負う**（民法621条）。したがって、賃貸借契約の終了後、賃借人は、当該契約締結時の原状に回復する義務を負うから、本肢は適切でない。

ウ．**適切である**。借地権の存続期間が満了する場合において、借地権者が契約の更新を請求したときは、建物がある場合に限り、更新されるが、借地権設定者が遅滞なく異議を述べたときは、更新されない（借地借家法5条1項）。もっとも、**借地権設定者の異議は、借地権設定者及び借地権者が土地の使用を必要とする事情のほか、借地に関する従前の経過及び土地の利用状況並びに借地権設定者が土地の明渡しの条件として又は土地の明渡しと引換えに借地権者に対して財産上の給付をする旨の申出をした場合におけるその申出を考慮して、正当の事由があると認められる場合でなければ、述べることができない**（同法6条）。したがって、建物の所有を目的とする土地の賃貸借契約の存続期間が満了するに当たり、賃借人が、賃貸人に対し当該契約の更新を請求した場合、賃貸人は、当該土地の使用を必要とする事情等を考慮して、正当の事由があると認められるときでなければ、当該契約の更新を拒絶する旨の異議を述べることができないから、本肢は適切である。

エ．**適切でない**。**借地借家法上、建物賃貸借契約の更新等に関する規定は、一時使用のために建物の賃貸借をしたことが明らかな場合には、適用されない**（借地借家法40条）。したがって、一時使用目的の建物の賃貸借契約には、借地借家法上の建物賃貸借契約の更新等に関する規定が適用されないから、本肢は適切でない。

解答 ①

解説

ア．適切である。抵当権は、その目的物の売却、賃貸、滅失又は損傷によって債務者が受けるべき金銭その他の物に対しても、行使することができる（民法372条、304条1項）。これを物上代位という。**物上代位をするためには、抵当権者は、その払渡し又は引渡しの前に差押えをしなければならない**（同法372条、304条1項ただし書）。したがって、債務者が、自己の債権者のために自己の所有する建物に抵当権を設定し、その旨の登記を経た後、第三者との間で、当該第三者に当該建物を賃貸する旨の賃貸借契約を締結した場合、当該債権者は、民法上、当該抵当権に基づく物上代位権を行使して、当該建物の賃料が当該第三者から当該債務者に支払われる前に賃料債権を差し押さえ、優先的に自己の債権の弁済を受けることができるから、本肢は適切である。

イ．適切である。抵当権の設定登記に後れて建物の引渡しを受けた賃借人は、抵当権者に賃借権を対抗することができない。もっとも、**抵当権者に対抗することができない賃貸借により抵当権の目的である建物の使用又は収益をする者であって競売手続の開始前から使用又は収益をする者等の所定のものは、その建物の競売における買受人の買受けの時から6ヶ月を経過するまでは、その建物を買受人に引き渡すことを要しない**（民法395条1項）。したがって、債務者が、自己の債権者のために自己の所有する建物に抵当権を設定し、その旨の登記を経た後、第三者との間で、当該第三者に当該建物を賃貸する旨の賃貸借契約を締結し、当該建物を引き渡した後、当該抵当権が実行され、当該建物の買受人が当該建物を所有するに至ったときであっても、民法上、当該第三者は、当該建物の競売における買受けの時から一定の期間が経過するまでは、当該買受人に対し、当該建物を明け渡す必要はないから、本肢は適切である。

ウ．適切である。抵当権の設定後に抵当地に建物が築造されたときは、**抵当権者は、土地とともにその建物を競売することができる。ただし、その優先権は、土地の代価についてのみ行使することができる**（民法389条1項）。したがって、債務者が、自己の債権者のために自己の所有する土地に抵当権を設定し、その旨の登記を経た後、当該土地上に建物を建築した場合、当該債権者は、民法上、当該抵当権を実行するに際し、当該土地とともに当該建物も競売に付すことができるが、当該土地の代価についてのみ、担保権を有しない一般債権者に優先して弁済を受けることができるから、本肢は適切である。

エ．適切でない。破産手続開始の時において破産財団に属する財産につき特別の先取特権、質権又は抵当権を破産法上、「別除権」という（破産法2条9項）。別除権は、**破産手続によらないで、行使することができる**（同法65条1項）。したがって、債務者が、自己の債権者のために自己の所有する土地に抵当権を設定し、その旨

の登記を経た後、当該債務者について破産手続開始の決定がなされた場合、当該債権者は、破産法上、破産手続によらないで、当該抵当権を実行して債権の回収を図ることができるから、本肢は適切でない。

第17問

解答 ⑥

解説

ア．**適切でない。**債務者がその債務の本旨に従った履行をしないとき又は債務の履行が不能であるときは、債権者は、これによって生じた損害の賠償を請求することができる。ただし、その債務の不履行が契約その他の債務の発生原因及び取引上の社会通念に照らして債務者の責めに帰することができない事由によるものであるときは、この限りでない（民法415条1項）。したがって、A社が、印刷会社B社との間で、A社の新製品の広告用ポスターの印刷を委託する旨の請負契約を締結し、B社は、ポスターの印刷を完成させたが、ポスターをA社に引き渡す前に、第三者の放火により、B社の倉庫に保管されていたポスターが焼失した場合、民法上、B社に故意又は過失が認められないときは、A社は、B社に対して債務不履行に基づく損害賠償を請求することができないから、本肢は適切でない。

イ．**適切でない。**自ら当該製造物の**製造業者として当該製造物にその氏名、商号、商標その他の表示をした者**又は当該製造物にその製造業者と誤認させるような氏名等の表示をした者や、当該製造物の製造、加工、輸入又は販売に係る形態その他の事情からみて、当該製造物にその実質的な製造業者と認めることができる氏名等の表示をした者**も製造業者等に当たる**（製造物責任法2条3項）。したがって、C社が、インターネット上の自社のホームページで、食品メーカーD社が製造する食品を販売しており、当該食品のパッケージの表面にはC社の社名及びブランド名、裏面には製造元としてD社の社名が表示されている場合、当該食品の欠陥により食中毒に罹患した消費者Eは、当該食品を製造していないとしても、パッケージの表面に社名及びブランド名を表示したC社に対して、製造物責任法に基づく損害賠償を請求することができる可能性があるから、本肢は適切でない。

ウ．**適切でない。**自己のために自動車を運行の用に供する者は、その運行によって他人の生命又は身体を害したときは、これによって生じた損害を賠償する責任を負う（自動車損害賠償保障法3条本文）。これを自賠法上の**運行供用者としての責任**という。もっとも、**自己及び運転者が自動車の運行に関し注意を怠らなかったこと、被害者又は運転者以外の第三者に故意又は過失があったこと並びに自動車に構造上の欠陥又は機能の障害がなかったことを証明したときは、免責される**（同条ただし書）。したがって、運送会社F社の従業員Gが、F社が所有するトラックを勤務時間内に運転中、前方不注意により通行人Hに接触し負傷させた場合、F社は、F社が当該トラックの運行に関し注意を怠らなかったことのみならず、被害

者又は運転者以外の第三者に故意又は過失があったこと並びに自動車に構造上の欠陥又は機能の障害がなかったことを証明することができなければ、Hに対し、自動車損害賠償保障法に基づく損害賠償責任を免れることはできないから、本肢は適切でない。

エ．**適切である。使用者責任が発生する場合、使用者又は監督者から被用者に対して求償権を行使することができる**（民法715条3項）。もっとも、使用者は、被用者の行為によって利益を受けていることを考慮して、求償権の範囲は、一定の限度に制限されると考えられている。したがって、K社の経営するデパートのバーゲン会場において、K社の従業員Lの不適切な誘導が原因で多数の来場者が転倒し負傷する事故が発生し、K社は、当該事故の被害者に対し、民法の使用者責任に基づく損害賠償を行った場合、民法上、K社には、Lに対する求償権が認められるから、本肢は適切である。

第18問

解答 ⑥

解説

ア．**適切でない。**他人の物の占有者は、その物に関して生じた債権を有するときは、その債権の弁済を受けるまで、その物を留置することができる（民法295条1項）。これを**留置権**という。また、動産の保存の**先取特権**は、動産の保存のために要した費用又は動産に関する権利の保存、承認若しくは実行のために要した費用に関し、その動産について存在する（同法320条）。したがって、X社には、Y社から預かっている製品について、**留置権が認められるとともに、先取特権も認められる**から、本肢は適切でない。

イ．**適切でない。商法上、倉庫寄託契約において、倉庫営業者は、寄託物の出庫の時以後でなければ、保管料及び立替金その他寄託物に関する費用の支払を請求することができない**。ただし、寄託物の一部を出庫するときは、出庫の割合に応じて、その支払を請求することができる（商法611条）。したがって、Y社は、製品の入庫時ではなく、原則として、出庫時に、X社に対し保管料を支払えば足りるから、本肢は適切でない。

ウ．**適切である。当事者が寄託物の返還の時期を定めたときであっても、寄託者は、いつでもその返還を請求することができる**（民法662条1項）。したがって、本件倉庫寄託契約では製品の保管期間が定められており、また、製品について倉庫証券は発行されていない場合において、当該保管期間が満了していないときであっても、Y社は、X社に製品の返還を請求することができるから、本肢は適切である。

エ．**適切である。倉庫営業者は、寄託物の保管に関し注意を怠らなかったことを証明しなければ、その滅失又は損傷につき損害賠償の責任を免れることができない**

（商法610条）。したがって、Y社の製品がX社の倉庫内で毀損した場合、X社は、自己又はその使用人が製品の保管に関し注意を怠らなかったことを証明しない限り、当該毀損につき損害賠償責任を負うから、本肢は適切である。

第19問

解答 ⑤

解説

ア．**適切でない**。株式会社は、その株主（当該株式会社を除く。）に対し、剰余金の配当をすることができ（会社法453条）、剰余金の配当をしようとするときは、その都度、株主総会の決議によって、所定の事項を定めなければならない（同法454条1項）。**株主総会決議に基づく剰余金の配当について、回数の制限はない**。したがって、X社は、その株主総会の決議により、剰余金の配当を行うことができるが、その回数は1事業年度に1回に限られないから、本肢は適切でない。

イ．**適切である**。**株式会社の純資産額が300万円を下回る場合には、剰余金の配当をすることができない**（会社法458条）。したがって、X社は、その純資産額が300万円未満である場合には、分配可能額の範囲内においても剰余金の配当をすることができないから、本肢は適切である。

ウ．**適切でない**。財源規制に違反して違法配当が行われた場合、当該行為により金銭等の交付を受けた者並びに当該行為に関する職務を行った業務執行者その他一定の者は、当該株式会社に対し、連帯して、交付された金銭等の帳簿価額に相当する金銭を支払う義務を負う（会社法462条1項）。もっとも、**総株主の同意がある場合には、剰余金の配当時における分配可能額を上限として、金銭の支払義務を、免除することができる**（同条3項）。したがって、X社において違法配当が行われた場合、当該違法配当に関する職務を行った業務執行取締役Aは、当該違法配当によりX社の株主に交付された金銭に相当する額の金銭をX社に支払う義務を負うところ、X社の取締役会決議ではなく、総株主の同意により、分配可能額を上限として、X社に対する金銭支払義務を免れることができるから、本肢は適切でない。

エ．**適切である**。財源規制に違反した違法配当が行われ、業務執行者等が金銭の支払義務を履行した場合であっても、**当該剰余金の配当が財源規制に違反していることにつき善意の株主は、当該株主が交付を受けた金銭等について、業務執行者等からの求償の請求に応ずる義務を負わない**（会社法463条1項）。したがって、X社において違法配当が行われ、X社の取締役Cが当該違法配当によりX社の株主に交付された金銭に相当する額の金銭をX社に支払った場合であっても、X社の株主は、違法配当につき善意であれば、Cからの求償の請求に応じる義務を負わないから、本肢は適切である。

解答 ③

解説

ア．**適切である。**監査役は、取締役が監査役設置会社の目的の範囲外の行為その他法令若しくは定款に違反する行為をし、又はこれらの行為をするおそれがある場合において、当該行為によって当該監査役設置会社に著しい損害が生ずるおそれがあるときは、当該取締役に対し、当該行為をやめることを請求することができる（会社法385条1項）。したがって、Aは、X社の取締役Bが、X社の目的の範囲外の行為をしている場合において、その行為によってX社に著しい損害が生ずるおそれがあるときは、Bに対し、その行為をやめることを請求することができるから、本肢は適切である。

イ．**適切でない。公開会社でない**株式会社（監査役会設置会社及び会計監査人設置会社を除く。）は、その監査役の監査の範囲を会計に関するものに限定する旨を定款で定めることができる（会社法389条1項）。したがって、X社は、公開会社であるため、Aの監査の範囲を会計に関するもの（会計監査）に限定する旨を定款で定めることはできないから、本肢は適切でない。

ウ．**適切でない。**監査役は、会社法上の役員であるところ（会社法423条1項）、役員及び会計監査人は、いつでも、株主総会の決議によって解任することができる（同法339条1項）。すなわち、**監査役を解任することができるのは、株主総会である。**したがって、X社は、Aが適切にその職務を行っていない場合であっても、取締役会の決議によっては、Aを解任することができないから、本肢は適切でない。

エ．**適切である。監査役会設置会社においては、監査役は、3人以上で、そのうち半数以上は、社外監査役でなければならない**（会社法335条3項）。したがって、X社は、監査役会を設置しようとする場合、Aの他に少なくとも2名の監査役を選任しなければならず、全監査役のうち、半数以上を社外監査役としなければならないから、本肢は適切である。

解答 ④

解説

① 　**適切でない。**「裁判外紛争解決手続の利用の促進に関する法律」（ADR基本法）が規定する民間紛争解決手続とは、民間事業者が、紛争の当事者が和解をすることができる民事上の紛争について、紛争の当事者双方からの依頼を受け、当該紛争の当事者との間の契約に基づき、和解の仲介を行う裁判外紛争解決手続をいう（ADR基本法2条1号）。したがって、ADR基本法では、紛争の当事者が和解をすることができる民事上の紛争を対象にしており、認証紛争解決手続を利用するこ

とができる紛争を特定物の引渡しに関する法的紛争に限定していないから、本肢は適切でない。

② **適切でない。**支払督促は、金銭その他の代替物又は有価証券の一定の数量の給付を目的とする請求について、債権者の申立てにより、裁判所書記官によって発せられる督促の手続である（民事訴訟法382条）。債務者は、支払督促に対し、これを発した裁判所書記官の所属する簡易裁判所に督促異議の申立てをすることができる（同法386条2項）。適法な督促異議の申立てがあったときは、督促異議に係る請求については、その目的の価額に従い、支払督促の申立ての時に、支払督促を発した裁判所書記官の所属する簡易裁判所又はその所在地を管轄する地方裁判所に訴えの提起があったものとみなされ、訴訟に移行する（同法395条）。もっとも、**仮執行の宣言を付した支払督促の送達を受けた日から2週間の不変期間を経過したときは、債務者は、その支払督促に対し、督促異議の申立てをすることができない**（同法393条）。したがって、債権者からの支払督促の申立てにより、簡易裁判所書記官から債務者に支払督促が発せられ、当該支払督促が確定した後は、当該債務者は督促異議を申し立てることができず、通常訴訟に移行することもないから、本肢は適切でない。

③ **適切でない。**即決和解とは、訴え提起前の和解であり、民事上の争いについて、簡易裁判所においてなされる和解をいう（民事訴訟法275条1項）。当事者が和解に達した旨が記載された調書を和解調書といい、**和解調書は、確定判決と同一の効力を有し**（同法267条）、**債務名義となる**（民事執行法22条7号）。したがって、売買契約の当事者が、簡易裁判所において、約定の期日に引き渡されなかった売買目的物について、目的物の引渡し及び遅延損害金の支払について訴え提起前の和解（即決和解）を成立させ、和解調書が作成された場合、買主は、当該和解調書を債務名義として、遅延損害金の支払のみならず、目的物の引渡しについても強制執行を申し立てることができるから、本肢は適切でない。

④ **最も適切である。**金銭の一定の額の支払又はその他の代替物若しくは有価証券の一定の数量の給付を目的とする請求について公証人が作成した**公正証書で、債務者が直ちに強制執行に服する旨の陳述が記載されているものを執行証書といい、債務名義となる**（民事執行法22条5号）。したがって、金銭の支払に関する法的紛争について、当事者間に示談が成立し、その内容を公正証書にする場合であっても、当該公正証書に**強制執行認諾文言が付されなければ、当該公正証書を債務名義として強制執行をすることはできない**から、本肢は適切である。

第22問

解答 ②

解説

① **適切である。**消費者は、事業者が消費者契約の締結について勧誘をするに際

し、当該消費者に対して、重要事項について事実と異なることを告げることにより、当該告げられた内容が事実であるとの誤認をし、それによって当該消費者契約の申込みをするなど、事業者による不適切な勧誘行為があったときは、契約を取り消すことができる(消費者契約法4条1項1号等)。**消費者が、消費者契約法の規定に基づき、当該消費者契約の申込み又はその承諾の意思表示を取り消したときは、取り消された行為は、初めから無効であったものとみなされ**(民法121条)、**契約当事者双方が原状回復義務を負う。**したがって、消費者が、事業者による不適切な勧誘行為があったことを理由として、消費者契約法に基づき、事業者との間の売買契約を取り消した場合、当該売買契約は遡及的に無効となり、既に履行された債務につき、事業者及び消費者の双方が原状回復義務を負うから、本肢は適切である。

② **最も適切でない。消費者契約法上、事業者の債務不履行により生じた消費者の解除権を放棄させる条項は、無効となる**(消費者契約法8条の2)。無効となるのは、当該条項であって、当該契約自体が無効となるわけではない。したがって、消費者契約法上の消費者契約において、事業者の債務不履行により生じた消費者の解除権を放棄させる条項が規定されている場合であっても、無効となるのは当該条項であって、当該消費者契約自体が無効となるわけではないから、本肢は適切でない。

③ **適切である。**個別信用購入あっせん関係販売業者が営業所等以外の場所において個別信用購入あっせん関係販売契約の申込みを受けた場合、当該申込みをした者は、個別信用購入あっせん関係販売契約に係る個別信用購入あっせん関係受領契約について、書面により、クーリング・オフを行うことができる(割賦販売法35条の3の10第1項)。**申込者等がクーリング・オフを行った場合には、原則として、クーリング・オフに係る書面を発する時において現に効力を有する個別信用購入あっせん関係販売契約は、当該申込者等が当該書面を発した時に、解除されたものとみなされる**(同条5項)。したがって、割賦販売法上、消費者と販売業者との間で、販売業者の営業所等以外の場所で個別信用購入あっせん関係販売契約が締結された場合において、消費者が、信販会社との間で締結した当該個別信用購入あっせん関係販売契約にかかる立替払契約(個別信用購入あっせん関係受領契約)について、当該信販会社に対してクーリング・オフの通知をしたときは、原則として、個別信用購入あっせん関係販売契約は解除されたものとみなされるから、本肢は適切である。

④ **適切である。**役務提供事業者は、特定継続的役務の提供を受けようとする者と特定継続的役務提供契約を締結しようとするときは、当該特定継続的役務提供等契約を締結するまでに、所定の当該特定継続的役務提供等契約の概要について記載した書面をその者に交付しなければならない(特定商取引法42条1項)。また、役務提供事業者は、特定継続的役務提供契約を締結したときは、遅滞なく、所定の当該特定継続的役務提供契約の内容を明らかにする書面を当該特定継続的役務

の提供を受ける者に交付しなければならない（同条2項）。これらの書面は、提供すべき時期が異なり、1つの書面で兼ねることができない。したがって、**特定商取引法が適用される特定継続的役務提供契約を締結しようとするときは、役務提供事業者は、当該特定継続的役務の提供を受けようとする者に対し、当該特定継続的役務提供契約を締結するまでに、当該特定継続的役務提供契約の概要について記載した書面を、また、特定継続的役務提供契約を締結したときは、遅滞なく、当該特定継続的役務提供契約の内容を明らかにする書面を、それぞれ交付する必要があり、これらの書面を1つの書面で兼ねることはできないから、本肢は**適切である。

第23問

解答 ①

解説

ア．**適切である。OEM契約は、小売業者の側で自社ブランド製品を販売するために製造業者等から製品の供給を受ける点に特徴があり、供給契約の内容は一律ではない。**したがって、OEM契約には、下請的取引や生産委託など様々な種類があり、契約内容が多様であるため、その法的性格を一律に決することはできないから、本肢は適切である。

イ．**適切である。小売業者は、OEM契約により、自ら生産設備を保有することなく製品を調達することができる。一方、メーカーは、その保有する生産設備を活用し、より大量の生産をすることで、生産コストを引き下げることができる。**したがって、OEM契約における発注者は、一般に、技術力や価格競争力の弱い分野において安価に良質な製品を調達することによって、投資負担や経営リスクを軽減することができ、他方、受注者は、一般に、価格が適正であれば、生産の増大により利益を拡大でき、また、同時に設備及び人員の有効利用が可能となるから、本肢は適切である。

ウ．**適切である。OEM契約において、受注者の生産数量は発注者の発注に大きく影響されるから、受注者は一定の取引数量を確保するために発注者との間で一定の取引数量を設定することがある。**取引数量の設定方法としては、年間の最低取引数量や金額を設定する方法、最低発注単位を設定して一定期間の先行発注を義務付ける方法、購入予定量を単なる達成努力義務として定める方法などがある。したがって、本肢は適切である。

エ．**適切である。自ら当該製造物の製造業者として当該製造物にその氏名、商号、商標その他の表示をした者は、当該製造物を業として製造、加工又は輸入した者らとともに、製造物責任を負う製造業者等に当たる**（製造物責任法2条3項2号）。したがって、OEM契約における発注者が、OEM契約に基づいて受注者である製造業者等に供給させる製品に、当該製品の製造業者として自己の商号を表示して販

529

売している場合、当該製品に欠陥があり、その購入者が当該製品を使用してけが
をした場合には、当該発注者が、製造物責任法に基づく損害賠償責任を負うこと
があるから、本肢は適切である。

解答 ⑤

解説

ア．**適切でない。**電子商取引に限らず、**承諾の通知は、その通知が相手方に到達し
たときから効力を生じ、その時点で契約が成立する**（民法97条1項）。したがって、
X社が、消費者Yからの商品購入の申込みに対し、電子メールで承諾の意思表示
をした場合、X社とYとの間に商品の売買契約が成立するのは、X社が当該電子
メールを発信した時ではなく、Yに当該電子メールが到達した時であるから、本肢
は適切でない。

イ．**適切でない。電子商取引であっても、民法の制限行為能力者に関する規定は原
則どおり適用される。**民法上、未成年者が法律行為をするには、原則として、そ
の法定代理人の同意を得なければならず、同意を得ない法律行為は、取り消すこ
とができる（民法5条1項、2項）。したがって、X社が、未成年者であるYに商品を
販売した場合、電子商取引であっても、原則どおり民法の制限行為能力者に関す
る規定が適用されるため、Yは、自己が未成年者であることを理由に、X社との間
の商品の売買契約を取り消すことができるから、本肢は適切でない。

ウ．**適切である。電子商取引であっても消費者契約法が適用される。**消費者契約法
では、個人（事業として又は事業のために契約の当事者となる場合におけるもの
を除く。）を「消費者」と定義し、法人その他の団体及び事業として又は事業のた
めに契約の当事者となる場合における個人を「事業者」と定義した上で、消費者
と事業者との間で締結される契約を「消費者契約」として、消費者契約法の適用
対象としている（消費者契約法2条1項、2項、3項）。したがって、X社が、消費者
Yに商品を販売した場合、X社とYとの間の売買契約には、消費者契約法が適用さ
れるから、本肢は適切である。

エ．**適切でない。**通信販売には、一定期間無条件で売買契約の解除等を認めるクー
リング・オフの制度はない。これに類似の制度として、一定の場合の契約の解除
等がある。すなわち、**通信販売をする場合の商品の販売条件について広告をした
販売業者が、売買契約の申込みの撤回又はその売買契約の解除についての特約を
当該広告に表示していない限り、当該商品の購入者は、その売買契約に係る商品
の引渡しを受けた日から起算して8日を経過するまでの間は、その売買契約の申
込みの撤回又はその売買契約の解除を行うことができる**（特定商取引法15条の3第
1項）。もっとも、**販売条件の広告がある場合は、当該広告の内容が適用される。**
したがって、X社が、消費者Yとの間で、商品の売買契約を締結した場合、X社が

自社のウェブサイト上に、瑕疵のない商品の返品を認めない旨の表示を所定の方法により行っていたときは、Yは、商品の引渡しを受けた後一定期間内であっても、無条件で当該売買契約を解除することはできないから、本肢は適切でない。

第25問

解答 ①

解説

ア．**適切である。日、週、月又は年によって期間を定めたときは、期間の初日は、算入しない。**ただし、その期間が午前零時から始まるときは、この限りでない（民法140条）。これを初日不算入の原則という。したがって、中古自動車の売買契約が10月1日に締結され、当該売買契約において、「買主は、売買代金を契約締結日の30日後に売主に支払う」旨が定められた場合、民法上、当該売買代金の支払期日は、10月1日を1日目とするのではなく、10月2日を1日目とした30日目の同月31日であるから、本肢は適切である。

イ．**適切である。**当事者の一方のために商行為となる行為については、その双方に商法が適用される（商法3条1項）。そして、**商行為によって生じた債務の履行をすべき場所がその行為の性質又は当事者の意思表示によって定まらないときは、特定物の引渡しはその行為の時にその物が存在した場所において、その他の債務の履行は債権者の現在の営業所（営業所がない場合にあっては、その住所）において、それぞれしなければならない**（同法516条1項）。したがって、新品のパソコンの売買契約において、売主である家電販売店と買主である消費者との間で、パソコンの引渡場所を定めていなかった場合、商法上、パソコンの引渡請求権の債権者である当該消費者の現在の住所がパソコンの引渡場所となるから、本肢は適切である。

ウ．**適切である。買主が売主に手付を交付したときは、買主はその手付を放棄し、売主はその倍額を現実に提供して、契約の解除をすることができる**（民法557条1項）。したがって、建物の売買契約が締結され、買主が、解約手付として100万円を売主に交付した場合、買主は、民法上、売主が履行に着手するまでは、手付を放棄して、当該売買契約を解除することができるから、本肢は適切である。

エ．**適切でない。**債務者は、弁済の提供の時から、債務を履行しないことによって生ずべき責任を免れる（民法492条）。**弁済の提供は、債務の本旨に従って現実にしなければならない**（同法493条）。したがって、新品の冷蔵庫の売買契約に基づき、売主である家電販売店が買主の自宅に冷蔵庫を配送したが、冷蔵庫の扉に大きな傷がついていたときは、傷がついた冷蔵庫を配送したのでは債務の本旨に従った弁済の提供とはいえず、家電販売店は、冷蔵庫を納品するために買主の自宅に配送した後であっても、履行遅滞の責任を負うから、本肢は適切でない。

解答 ⑤

解説

ア．**適切である。** 貸金業者は、貸付けの契約を締結しようとする場合には、顧客等の収入又は収益その他の資力、信用、借入れの状況、返済計画その他の返済能力に関する事項を調査しなければならない（貸金業法13条1項）。そして、貸金業者は、貸付けの契約を締結しようとする場合において、**当該調査により、当該貸付けの契約が個人過剰貸付契約その他顧客等の返済能力を超える貸付けの契約と認められるときは、当該貸付けの契約を締結してはならない**（同法13条の2第1項）。したがって、貸金業法上、X社は、Yとの間で金銭消費貸借契約を締結しようとする際には、Yの返済能力に関する事項を調査しなければならず、その返済能力を超える過剰な貸付けは禁止されているから、本肢は適切である。

イ．**適切でない。** 貸金業者は、貸付けに係る契約を締結しようとする場合には、**契約締結前に、所定の書面を当該契約の相手方となろうとする者に交付しなければならないとともに**（貸金業法16条の2第1項）、**貸付けに係る契約を締結したときは、遅滞なく、所定の書面をその相手方に交付しなければならない**（同法17条1項）。したがって、貸金業法上、X社は、Yとの間で金銭消費貸借契約を締結する前に一定の事項を記載した書面をYに交付した上で、更に、その後、金銭消費貸借契約を締結したときにも、所定の書面をYに交付する必要があるから、本肢は適切でない。

ウ．**適切でない。** 金銭を目的とする消費貸借における利息の契約は、その**利息が所定の利率により計算した金額を超えるときは、その超過部分について、無効となる**（利息制限法1条）。したがって、本件金銭消費貸借契約において、利息制限法所定の利率を超える利息の約定がなされた場合、利息制限法上、本件金銭消費貸借契約全体ではなく、超過部分について無効となるのであって、Yが、直ちに、X社から交付された金銭を返還しなければならないわけではないから、本肢は適切でない。

エ．**適切でない。** 民法上、期限の利益を喪失する場合として規定されているのは、債務者が破産手続開始の決定を受けたとき、債務者が担保を滅失させ、損傷させ、又は減少させたとき、債務者が担保を供する義務を負う場合において、これを供しないときである（民法137条各号）。分割払の返済を怠った場合に期限の利益を喪失するのは、その前提として、当事者間でかかる約定がなされた場合である。したがって、本件金銭消費貸借契約において、分割払により借入金債務を返済する旨の約定がなされた場合、Yが、**返済を怠ったとしても、X社との間に特段の合意がないときは、民法上、直ちに残債務の全額につき期限の利益を失うわけではない**から、本肢は適切でない。

第27問

解答 ①

解説

① **最も適切でない。物権の設定及び移転は、当事者の意思表示のみによって、その効力を生ずる**(民法176条)。すなわち、売買契約に基づいて目的物の所有権が移転する場合、申込みの意思表示と承諾の意思表示が合致し契約が成立した時点で目的物の所有権が移転するのが原則である。もっとも、**当事者間の特約により、所有権の移転時期を別に定めることができる。**したがって、民法上、本件売買契約によって当該複合機の所有権がB社からA社に移転するのは、A社とB社との間で申込みの意思表示と承諾の意思表示が合致した時であるが、A社とB社との間の特約によって、これと異なる時を所有権の移転時期とすることもできるから、本肢は適切でない。

② **適切である。債務者は、弁済の提供の時から、債務を履行しないことによって生ずべき責任を免れる**(民法492条)。したがって、民法上、B社は、債務の本旨に従って弁済の提供をすれば、A社が当該複合機の受領を拒絶したことにより約定の履行期に当該複合機を引き渡すことができなかったとしても、履行遅滞には陥らず、債務不履行の責任を負わないから、本肢は適切である。

③ **適切である。商人間の売買において、買主は、その売買の目的物を受領したときは、遅滞なく、その物を検査しなければならない**(商法526条1項)。**この場合において、検査により売買の目的物が種類、品質又は数量に関して契約の内容に適合しないことを発見したときは、直ちに売主に対してその旨の通知を発しなければ、その不適合を理由とする履行の追完の請求、代金の減額の請求、損害賠償の請求及び契約の解除をすることができない**(同条2項)。したがって、商法上、A社は、当該複合機を受領したときは、遅滞なく、その検査をしなければならず、その結果、当該複合機に異常等の瑕疵(契約不適合)を発見したときには直ちにB社にその旨の通知を発しなければ、原則として、当該瑕疵(契約不適合)を理由としてB社の責任を追及することができないから、本肢は適切である。

④ **適切である。当事者の一方がその解除権を行使したときは、各当事者は、その相手方を原状に復させる義務を負う**(民法545条1項)。**契約の解除とは、それまで存在した契約関係を法的になかったものと擬制すること**である。したがって、A社が、売買代金を支払う前に当該複合機を受領したが、当該複合機に隠れた瑕疵があったため、本件売買契約を解除した場合、民法上、A社は、原状回復義務を負い、当該複合機をB社に返還しなければならないから、本肢は適切である。

第28問

解答 ⑤

ア．**適切でない**。保証契約は、書面でしなければ、その効力を生じない（民法446条2項）。保証契約の締結を慎重になさしめる趣旨である。また、**保証契約がその内容を記録した電磁的記録によってされたときは、その保証契約は、書面によってされたものとみなされる**（同条3項）。したがって、B社がA社に対して負う借入金債務を主たる債務として、A社とCとの間で連帯保証契約を締結することとした場合、A社とCとの間の連帯保証契約は、書面でしなければ効力を生じないが、電磁的記録によってされたときは、書面によってされたものとみなされ効力を生じるから、本肢は適切でない。

イ．**適切である**。債権者が保証人に債務の履行を請求したときは、保証人は、原則として、まず主たる債務者に催告をすべき旨を請求することができる（民法452条）。これを催告の抗弁権という。もっとも、**連帯保証人は、催告の抗弁権を有しない**（同法454条）。したがって、B社がA社に対して負う借入金債務を主たる債務として、A社がCとの間で連帯保証契約を締結し、Cが連帯保証人となった場合、Cには催告の抗弁権が認められないため、A社は、Cに対し保証債務の履行を請求するとき、これに先立って、B社に対し主たる債務の履行を請求する必要はないから、本肢は適切である。

ウ．**適切でない**。保証契約は、債権者と保証人との間の契約であって、主たる債務者の意思に反しても締結することができる。したがって、B社がA社に対して負う借入金債務を主たる債務として、A社がCとの間で連帯保証契約を締結し、Cが連帯保証人となった後、B社が、A社に対しCを連帯保証人とすることに反対の意思を表示した場合であっても、本件連帯保証契約は有効であるから、本肢は適切でない。

エ．**適切でない**。保証人は、主たる債務者がその債務を履行しないときに、その履行をする責任を負う（民法446条1項）。**主たる債務の内容は、金銭消費貸借契約に基づく貸金債務に限られない**。したがって、A社が、B社に対して取得する賃料債権を担保しようとする場合、民法上、保証契約により担保される債権は金銭消費貸借契約に基づき生じた貸金債権に限られておらず、A社は、B社がA社に対して負う賃料支払債務を主たる債務として、B社の代表取締役Cとの間で連帯保証契約を締結することができるから、本肢は適切でない。

第29問

解答 ⑤

解説

ア．**適切でない**。抵当権は、その目的物の売却、賃貸、滅失又は損傷によって債務者が受けるべき金銭その他の物に対しても、行使することができる（民法372条、304条1項）。これを物上代位という。もっとも、**物上代位するためには、抵当権**

者は、その払渡し又は引渡しの前に差押えをしなければならない。したがって、A
社が、自社の債権者であるB社のために自社の所有するX建物に抵当権を設定し、
その旨の登記を経た後、第三者であるC社との間で、C社にX建物を賃貸する旨の
賃貸借契約を締結し、C社にX建物を引き渡した場合、B社は、X建物の賃料につ
いて物上代位権を行使して優先的に当該賃料から自社の債権の弁済を受けること
ができるが、物上代位権を行使するには、X建物の賃料がC社からA社に支払われ
る前に、当該賃料を差し押さえなければならないから、本肢は適切でない。

イ．**適切である。**抵当不動産の第三取得者は、所定の手続により、**抵当権消滅請求
をすることができる**(民法379条)。抵当不動産の第三取得者は、抵当権消滅請求
をするときは、登記をした各債権者に対し、**債権者が2ヶ月以内に抵当権を実行
して競売の申立てをしないときは、抵当不動産の第三取得者が所定の金額を債権
の順位に従って弁済し又は供託すべき旨等を記載した書面を送付しなければなら
ない**(同法383条)。そして、登記をした全ての債権者が抵当不動産の第三取得者
の提供した代価又は金額を承諾し、かつ、抵当不動産の第三取得者がその承諾を
得た代価又は金額を払い渡し又は供託したときは、抵当権は、消滅する(同法386
条)。したがって、A社が、自社の債権者であるB社のために自社の所有するX土
地に抵当権を設定し、その旨の登記を経た後、第三者であるC社との間で、C社に
X土地を売却する旨の売買契約を締結した場合、第三取得者であるC社は、B社に
対して、「B社が民法所定の期間内に抵当権を実行して競売の申立てをしないとき
は、C社がB社に対し一定の金額を弁済し又は供託すべき旨を記載した書面」等を
送付して抵当権消滅請求をすることができるから、本肢は適切である。

ウ．**適切でない。**賃借人が賃借権を抵当権者に対抗できるか否かは、賃借人が建物
の引渡しを受けた時点又は賃借権の登記がなされた時点と、抵当権設定登記がな
された時点の先後による。抵当権設定登記がなされた後に、建物の引渡しを受け
た賃借人は、賃借権を抵当権者に対抗することができない。もっとも、抵当権者
に対抗することができない賃貸借により抵当権の目的である建物の使用又は収益
をする者であって競売手続の開始前から使用又は収益をする者は、その**建物の競
売における買受人の買受けの時から6ヶ月を経過するまでは、その建物を買受人
に引き渡すことを要しない**(民法395条1項1号)。賃借人保護のための制度である。
したがって、A社が、自社の債権者であるB社のために自社の所有するX建物に抵
当権を設定し、その旨の登記を経た後、第三者であるC社との間で、C社にX建物
を賃貸する旨の賃貸借契約を締結し、C社にX建物を引き渡した場合、本件抵当権
が実行され、D社がX建物の買受人となったときは、C社は、D社に対し、X建物
を明け渡さなければならないが、明渡しには買受けの時から6ヶ月間の猶予があ
るから、本肢は適切でない。

エ．**適切でない。**根抵当権者は、確定した元本並びに利息その他の定期金及び債務
の不履行によって生じた損害の賠償の全部について、極度額を限度として、その
根抵当権を行使することができる(民法398条の3第1項)。**根抵当権の極度額の変**

更は、利害関係を有する者の承諾を得なければ、することができない（民法398条の5）。したがって、A社が、自社の債権者であるB社のために自社の所有するX土地に順位1番の根抵当権を設定し、その旨の登記を経た後、自社の債権者であるC社のためにX土地に順位2番の抵当権を設定し、その旨の登記を経た場合、B社が、当該根抵当権の極度額を変更するために、後順位抵当権者として利害関係を有するC社の承諾を得る必要があるから、本肢は適切でない。

第 30 問

解答 ③

解説

① **適切である。** 土地の工作物の設置又は保存に瑕疵があることによって他人に損害を生じたときは、その工作物の占有者は、被害者に対してその損害を賠償する責任を負う（民法717条1項）。これを**土地工作物責任**という。土地工作物責任について、**所有者は無過失責任を負い、占有者が損害の発生を防止するのに必要な注意をしたときは、所有者がその損害を賠償しなければならない**（同項ただし書）。したがって、X社が、自社が所有する商業ビル一棟をY社に賃貸していたところ、当該ビルのエレベーターの扉が利用者の乗降中に突然閉じ、その際に当該ビルを訪れていたZが扉に挟まれて負傷した場合において、Y社が事故の発生を防止するのに必要な注意を尽くしていたと認められる場合、当該ビルの占有者であるY社は、民法717条の土地工作物責任の規定に基づく損害賠償責任を負わないが、所有者であるX社は、X社の過失の有無を問わず、Zに対し、土地工作物責任の規定に基づく損害賠償責任を負うから、本肢は適切である。

② **適切である。** 債務の不履行に対する損害賠償の請求は、これによって通常生ずべき損害の賠償をさせることをその目的とする（民法416条1項）。**特別の事情によって生じた損害であっても、当事者がその事情を予見すべきであったときは、債権者は、その賠償を請求することができる**（同条2項）。これを**特別損害**という。したがって、Xが、Y社との間で、Y社から貴金属を購入する旨の売買契約を締結したが、当該売買契約の締結後、取引市場における当該貴金属の価格は異常な高騰を続けている状況において、Xが、約定の引渡期日が到来したにもかかわらず、Y社から当該貴金属の引渡しを受けられなかったため、民法の規定に基づき当該売買契約を解除し、Y社に対し損害賠償を請求することとしたときは、Y社が、当該売買契約の締結当時、当該貴金属の価格の異常な高騰を予見していた場合、XがY社に対し賠償を請求することができる損害の範囲には、特別損害として、当該貴金属の価格の異常な高騰という特別の事情によって生じた損害、すなわち高騰した当該貴金属の価格に相当する金額が含まれ得るから、本肢は適切である。

③ **最も適切でない。** ある事業のために他人を使用する者が負う、被用者がその事業の執行について第三者に加えた損害を賠償する責任を**使用者責任**という（民法

715条1項）。使用者責任は、被用者について不法行為が成立することが前提となるところ、他人の不法行為に対し、自己又は第三者の権利又は法律上保護される利益を防衛するため、やむを得ず加害行為をした者は、損害賠償の責任を負わないから（これを**正当防衛**という。同法720条1項）、**被用者について正当防衛が成立する場合には、使用者責任は生じない**。したがって、X社の従業員Yが、X社の店舗において顧客Zが突然殴りかかってきたのに対し、自己の身を守るためにZを突き飛ばして負傷させたとき、Yの行為について民法上の正当防衛が認められ不法行為が成立しない場合、X社は、Zに対し、民法715条の使用者責任の規定に基づく損害賠償責任を負わないから、本肢は適切でない。

④ **適切である。** 不法行為と同一の原因によって、被害者が利益を得た場合、公平の見地から、これを損害額から控除する考え方を**損益相殺**という。**被害者が死亡した場合、将来の生活費相当額は、損益相殺の対象となる**。したがって、X社の従業員Yが、X社の事業の執行についてX社所有の自動車を運転していたところ、Zの運転する自動車と衝突事故を起こし、Zが死亡したとき、X社がZの遺族に対し民法715条の使用者責任の規定に基づく損害賠償責任を負う場合、Zが生存していれば将来得られたであろう収入は逸失利益として損害賠償の対象となる一方、Zの将来の生活費相当額など、Zが死亡したことにより支出を免れた費用等は損害から控除されるから、本肢は適切である。

第31問

解答 ④

解説

ア．**適切である。** 当事者間において契約などの行為が成立したときは、仲立人は遅滞なく各当事者の氏名又は名称、行為の年月日及びその要領を記載した書面を作り署名の後、これを各当事者に交付しなければならない（商法546条1項）。この書面を**結約書**という。したがって、Xの媒介により、Y社とZ社との間で商品の売買契約が成立した場合、Xは、当該売買契約の成立を証する書面（結約書）を作成し、署名又は記名押印の上、これをY社及びZ社に交付しなければならないから、本肢は適切である。

イ．**適切である。** 仲立人は、その媒介により成立させた行為について、原則として、当事者のために支払その他の給付を受けることができない（商法544条）。したがって、Xの媒介により、Y社とZ社との間で商品の売買契約が成立した場合において、当該売買契約でZ社がY社に手付を交付すべきことが定められていたときであっても、Xは、当事者の別段の意思表示又は別段の慣習があるときを除き、Y社のためにZ社から当該手付の給付を受けることはできないから、本肢は適切である。

ウ．**適切である。** 仲立人は、当事者の一方の氏名又は名称をその相手方に示さな

かったときは、当該相手方に対して自ら履行をする責任を負う(商法549条)。したがって、Xの媒介により、Y社とZ社との間で商品の売買契約が成立した場合において、Xが、Y社の商号をZ社に示さないときは、Y社が当該売買契約に基づきZ社に対して負う債務について、自ら履行する責任を負うから、本肢は適切である。

エ. **適切でない。仲立人には、競業避止義務がなく**、この点が、代理商と異なる。したがって、Xは、Y社の許可を受けなくとも、Y社と同種の事業を目的とする会社の取締役になることができるから、本肢は適切でない。

第32問

解答 ②

解説

① **適切でない。**公益通報者保護法により、一定の場合、事業者が行った解雇は無効となる。かかる保護が与えられる公益通報とは、通報対象事実が生じ、又はまさに生じようとしていると信ずるに足りる相当の理由がある場合には、当該通報対象事実について処分又は勧告等をする権限を有する行政機関に対する公益通報である(公益通報者保護法3条)。また、公益通報者保護法上の通報対象事実とは、刑法、食品衛生法、金融商品取引法、日本農林規格等に関する法律、大気汚染防止法、廃棄物の処理及び清掃に関する法律、個人情報保護法等の所定の法律に規定する罪の犯罪行為の事実等の所定の事実をいう(同法2条3項)。したがって、**個人情報保護法に抵触する事実は、公益通報の対象となる**から、本発言は適切でない。

② **最も適切である。**公益通報者保護法による保護を受けるための要件として、当該通報対象事実について処分又は勧告等をする権限を有する行政機関に対する公益通報であれば、通報対象事実が生じ、又はまさに生じようとしていると信ずるに足りる相当の理由がある場合となる(公益通報者保護法3条2号)。一方、報道機関等その者に対し当該通報対象事実を通報することがその発生又はこれによる被害の拡大を防止するために必要であると認められる者に対する公益通報であれば、通報対象事実が生じ、又はまさに生じようとしていると信ずるに足りる相当の理由があり、かつ、公益通報をすれば解雇その他不利益な取扱いを受けると信ずるに足りる相当の理由がある場合などの条件が規定されている(同条3号)。**このように公益通報者保護法による保護を受けるための要件は、通報先に応じて異なる**。したがって、株式会社の経理担当者が、経理部長が不正経理により当該株式会社の金員を横領していることを知ったとき、当該経理担当者がこの事実につき行政機関に対して公益通報をする場合と報道機関に対して公益通報をする場合とでは、当該経理担当者が公益通報者保護法による保護を受けるための要件は異なるから、本発言は適切である。

③　**適切でない。公益通報者保護法による保護は、解雇の無効や事業者による不利益取扱の禁止等であり、刑の減免の特典は、規定されていない。**したがって、株式会社の株主総会の担当者が、当該株式会社の株主に対し、当該株式会社の計算で利益を供与して、当該株式会社の株式総会で経営陣に有利な議決をするよう働きかけた場合、当該担当者が、この事実につき行政機関に対して公益通報をしても、公益通報者保護法により、刑の減免の特典を受けることはできないから、本発言は適切でない。

④　**適切でない。**当該労働者が派遣労働者又は派遣労働者であった者である場合において、当該派遣労働者に係る労働者派遣の役務の提供を受け、又は当該通報の日前1年以内に受けていた事業者の指揮命令の下に労働する派遣労働者である公益通報者が所定の公益通報をしたことを理由として事業者(派遣先)が行った労働者派遣契約の解除は、無効となる(公益通報者保護法2条1項2号、4条)。また、当該派遣労働者に係る労働者派遣の役務の提供を受け、又は当該通報の日前1年以内に受けていた事業者(派遣先)は、その指揮命令の下に労働する派遣労働者である公益通報者が所定の公益通報をしたことを理由として、当該公益通報者に対して、当該公益通報者に係る労働者派遣をする事業者(派遣元)に派遣労働者の交代を求めることその他不利益な取扱いをしてはならない(同法5条2項)。したがって、労働者派遣法上の派遣元事業主との間で雇用契約を締結し、当該派遣元事業主から派遣先に派遣されている派遣労働者が、当該派遣先において、金融商品取引法に基づき作成が義務付けられている報告書に虚偽の記載が日常的に行われていることを知り、この事実につき行政機関に対して公益通報をした場合、**当該派遣先は、当該派遣労働者が公益通報をしたことを理由として、当該派遣元事業主に当該派遣労働者の交代を求めるとは、不利益な取扱いとして禁止されている**から、本発言は適切でない。

第33問

解答　⑤

解説

ア．**適切でない。**景品表示法上の「景品類」とは、顧客を誘引するための手段として、方法のいかんを問わず、事業者が自己の供給する商品又は役務の取引に付随して相手方に提供する物品、金銭その他の経済上の利益であって物品や金銭等の所定のものをいうが(景品表示法2条3項)、**正常な商慣習に照らして値引又はアフターサービスと認められる経済上の利益及び正常な商慣習に照らして当該取引に係る商品又は役務に附属すると認められる経済上の利益は、含まない**(「不当景品類及び不当表示防止法第2条の規定により景品類及び表示を指定する件」昭和37年公正取引委員会告示第3号：平成21年8月28日最終改正)。したがって、A社が、自社の新商品甲の販売促進のためのキャンペーンを展開し、そのキャンペーンのチ

ラシに「キャンペーン期間中に甲をご購入のお客様全員に現金で1,000円をキャッシュバック（返金）」する旨の表示をして甲を販売した場合、A社の行うキャッシュバックが、正常な商慣習に照らして値引きと認められる経済上の利益に該当する場合には、景品表示法上の景品類に該当しないから、本肢は適切でない。

イ．**適切でない。一般消費者に対して懸賞によらないで提供する景品類の価額は、景品類の提供に係る取引の価額の10分の2の金額（当該金額が200円未満の場合にあっては、200円）の範囲内であって、正常な商慣習に照らして適当と認められる限度を超えてはならない**（「一般消費者に対する景品類の提供に関する事項の制限」昭和52年公正取引委員会告示第5号：平成28年4月1日内閣府告示第123号最終改正）。したがって、A社は、販売促進のためのキャンペーンの一環として、自社の商品甲の全てに、景品としてミニタオルを付けて販売することとした場合、当該ミニタオルの価額について、法令上、一定の制限が定められているから、本肢は適切でない。

ウ．**適切でない。商品又は役務の品質、規格その他の内容について、一般消費者に対し、実際のものよりも著しく優良であると示し、又は事実に相違して当該事業者と同種若しくは類似の商品若しくは役務を供給している他の事業者に係るものよりも著しく優良であると示す表示であって、不当に顧客を誘引し、一般消費者による自主的かつ合理的な選択を阻害するおそれがあると認められるものは、景品表示法上禁止される不当な表示に当たる**（景品表示法5条1項1号）。したがって、A社が、自社製造の脱臭剤に「他社の同サイズ製品よりも効果が3倍長持ちする」旨を記載して販売しているが、実際の効果持続期間は他社の同サイズ製品と同等程度であった場合、A社の当該記載は、景品表示法上の不当な表示に該当するから、本肢は適切でない。

エ．**適切である。**景品表示法上、内閣総理大臣（消費者庁長官）は、事業者がした表示が商品又は役務の品質、規格その他の内容について、一般消費者に対し、実際のものよりも著しく優良であると示し、又は事実に相違して当該事業者と同種若しくは類似の商品若しくは役務を供給している他の事業者に係るものよりも著しく優良であると示す表示であって、不当に顧客を誘引し、一般消費者による自主的かつ合理的な選択を阻害するおそれがあると認められるものに該当するか否かを判断するため必要があると認めるときは、当該表示をした事業者に対し、期間を定めて、当該表示の裏付けとなる合理的な根拠を示す資料の提出を求めることができる。この場合において、**当該事業者が当該資料を提出しないときは、措置命令を発するに当たり、当該表示は不当な表示とみなされる**（景品表示法7条2項）。したがって、A社が、自社の人気商品甲の新聞広告において、甲の性能が実際よりも著しく優良である旨の表示をしたが、当該表示について内閣総理大臣（消費者庁長官）から一定期間内にその裏付けとなる合理的な根拠を示す資料の提出を求められた場合において、A社が当該期間内に合理的な根拠を示す資料を内閣総理大臣（消費者庁長官）に提出しないときは、当該新聞広告における表示は、内

閣総理大臣(消費者庁長官)の行う措置命令については、不当な表示とみなされるから、本肢は適切である。

第34問

解答 ⑧

解説

ア．**適切でない**。特定商取引法上の**訪問販売**とは、販売業者が営業所等以外の場所において、売買契約の申込みを受け、若しくは売買契約を締結して行う商品の販売のほか、**販売業者が、営業所等において、営業所等以外の場所において呼び止めて営業所等に同行させた者等と売買契約を締結して行う商品販売**(これを、一般に「**キャッチセールス**」という。)をいう(特定商取引法2条1項)。したがって、Yが、路上でX社の販売員に新商品の展示会を行っていると声を掛けられ、促されるままX社の営業所に同行したところ、当該営業所内で、当該販売員から当該商品を購入するよう勧誘され、X社との間で当該商品を購入する旨の売買契約を締結した場合、当該売買契約に基づく当該商品の販売は、特定商取引法上の訪問販売に該当するから、本肢は適切でない。

イ．**適切でない**。特定商取引法の訪問販売においては、消費者は、原則として、**法定書面の交付を受けた日から起算して8日を経過する前であれば、クーリング・オフの制度に基づき、書面又は電磁的記録により契約の解除をすることができる**(特定商取引法9条1項)。法定書面が交付されていないときは、いまだ法定書面の交付を受けた日から8日を経過していないため、消費者は、クーリング・オフをすることができる。したがって、Yが、自ら要求していないにもかかわらず、自宅にX社の販売員の訪問を受け、特定商取引法上の訪問販売に該当する方法により、X社との間で同社の商品を購入する旨の売買契約を締結したが、クーリング・オフが可能であることを示す書面等の交付を受けなかった場合、Yは、当該売買契約を締結した後一定の期間が経過したときであっても、当該書面等を受領してから8日を経過するまでは、クーリング・オフを行使することができるから、本肢は適切でない。

なお、令和3年の特定商取引法改正により、契約時法定書面に記載すべき事項を電磁的方法により提供した場合、当該書面を交付したものとみなされることになった。

ウ．**適切でない**。通信販売には、クーリング・オフの制度はないが、これに類似の制度として、一定の場合の契約の解除等がある。すなわち、通信販売をする場合の商品の販売条件について広告をした**販売業者が、売買契約の申込みの撤回又はその売買契約の解除についての特約を当該広告に表示していない限り、当該商品の購入者は、所定の期間が経過するまでは、その売買契約の申込みの撤回又はその売買契約の解除を行うことができる**(特定商取引法15条の3)。もっとも、特約

の表示があれば、特約に従うこととなる。したがって、X社が、自社のウェブサイトで、特定商取引法上の通信販売に該当する方法により、Yに自社商品を販売する旨の売買契約を締結した場合、X社が自社のウェブサイト上に瑕疵のない商品の返品を認めない旨の表示を所定の方法により行っていたときは、特約に従い、Yは、瑕疵のない商品について、無条件に当該売買契約を解除することはできないから、本肢は適切でない。

エ．**適切でない。**消費者と事業者との間でインターネットを利用して、コンピュータの画面を介して締結される契約であって、事業者がその画面に表示する手続に従って、消費者がその使用するコンピュータを用いて送信することによってその申込み又はその承諾の意思表示を行うものを**電子消費者契約**という(電子消費者契約及び電子承諾通知に関する民法の特例に関する法律2条1項)。**電子消費者契約のような電子商取引であっても、民法の規定に従い、未成年者による契約の取消しが認められる。**したがって、X社が、自社のウェブサイトで、未成年者であるYに自社商品を販売する旨の売買契約を締結した場合、電子商取引にも民法の制限行為能力者に関する規定が適用されるため、Yは、自己が未成年者であることを理由に、当該売買契約を取り消すことができるから、本肢は適切でない。

第35問

解答 ⑥

解説

ア．**適切でない。強制執行は、原則として、執行文の付された債務名義の正本に基づいて実施する**(民事執行法25条)。確定判決や和解調書等のほか、金銭の一定の額の支払又はその他の代替物若しくは有価証券の一定の数量の給付を目的とする請求について公証人が作成した公正証書で、債務者が直ちに強制執行に服する旨の陳述(これを**強制執行認諾文言**という。)が記載されているもの(これを**執行証書**という。)**も、債務名義である**(同法22条5号)。したがって、強制執行の申立ては、債務名義に基づく必要があり、公証人が作成した公正証書も債務名義として、これに基づく強制執行の申立てをすることができるから、本肢は適切でない。

イ．**適切でない。**債務名義を有する債権者は、原則として、不動産・動産・債権のいずれを目的としても強制執行を申し立てることができるが、**差押禁止動産**(民事執行法131条)**や差押禁止債権**(同法152条)**などについては、法律で差押えが禁止されている。**したがって、強制執行においては、動産、不動産又は債権の別を問わず、財産的価値があり換価することによって債権の回収を見込めるものは、その対象となるが、法律上、差押えが禁止される財産も規定されているから、本肢は適切でない。

ウ．**適切でない。**債権執行において、配当等を受けるべき債権者は、所定の時期までに差押え、仮差押えの執行又は配当要求をした債権者である(民事執行法165

条)。したがって、執行力のある債務名義の正本を有しない一般債権者の申立てにより、債務者が第三者に対して有する金銭債権につき仮差押えがなされた後に、他の債権者の申立てにより当該金銭債権につき差押えがなされた場合、当該一般債権者は、配当要求をしなくとも、仮差押債権者として、当該金銭債権から配当を受けることができるから、本肢は適切でない。

エ．**適切である。**金銭債権を目的として強制執行を申立て、裁判所がこれに応じて差押命令が発せられると、債務者に対し債権の取立てその他の処分が禁止され、かつ、第三債務者に対し債務者への弁済が禁止される（民事執行法145条1項）。**金銭債権を差し押さえた債権者は、債務者に対して差押命令が送達された日から差し押さえた債権の種類に応じて、1週間ないし4週間を経過したときは、その債権を取り立てることができる**（同法155条1項）。したがって、債権者が、債務者が第三者に対して有する金銭債権につき強制執行を申し立て、当該金銭債権の差押えがなされた場合、当該申立てを行った債権者は、債務者に対して差押命令が送達された日から一定の期間を経過したときは、自ら当該金銭債権を取り立てることができるから、本肢は適切である。

第36問

解答　①

解説

ア．**適切である。**当事者の別段の意思表示がない場合、代理商は、取引の代理又は媒介をしたことによって生じた債権の弁済期が到来しているときは、その弁済を受けるまでは、会社のために当該代理商が占有する物又は有価証券を留置することができる（会社法20条）。これを**代理商の留置権**という。したがって、会社法上、代理商は、会社との間に別段の意思表示がない限り、取引の代理又は媒介をしたことによって生じた債権の弁済期が到来しているときは、その弁済を受けるまでは、会社のために占有する物又は有価証券を留置することができるから、本肢は適切である。

イ．**適切である。**代理商と本人との関係は、委任又は準委任の関係にあると解されるから、委任の規定に従い、**代理商は、委任の本旨に従い、善良な管理者の注意をもって、委任事務を処理する義務を負う**（民法644条、656条）。したがって、民法上、代理商は、会社に対して善良な管理者の注意義務を負うから、本肢は適切である。

ウ．**適切である。**代理商は、本人のためにその平常の営業の部類に属する取引の代理又は媒介をする者で、その本人の使用人でないものをいう（商法27条）。**代理商は独立した商人であるところ、商人がその営業の範囲内において他人のために行為をしたときは、相当な報酬を請求することができる**（同法512条）。したがって、商法上、代理商は、会社のために取引の代理又は媒介をしたときは、会社との間

に代理商の報酬に関する約定がなくても、会社に対して、報酬を請求することができるから、本肢は適切である。

エ．適切である。**代理商が、自己又は第三者のために会社の事業の部類に属する取引をすることは、会社法上、禁止されており、これに違反して会社の事業の部類に属する取引をしたときは、当該行為によって代理商又は第三者が得た利益の額は、会社に生じた損害の額と推定される**（会社法17条2項）。したがって、会社が、代理商が会社の許可を受けずに自己のために会社の事業の部類に属する取引を行ったことにより生じた損害につき、代理商にその賠償を請求した場合、会社法上、当該取引によって代理商が得た利益の額が会社に生じた損害の額と推定されるから、本肢は適切である。

第 37 問

解答 ④

解説

① 適切でない。**商標登録の対象となる「商標」とは、文字、図形、記号、立体的形状若しくは色彩又はこれらの結合、音その他のもの**（これを「標章」という。）であって、「業として商品を生産し、証明し、又は譲渡する者がその商品について使用をするもの」又は「業として役務を提供し、又は証明する者がその役務について使用をするもの」をいう（商標法2条1項）。したがって、人の知覚によって認識することができるもののうち、文字、図形及び立体的形状のみならず、音についても商標権の設定登録を受けることができるから、本肢は適切でない。

② 適切でない。商標登録の対象となる「商標」とは、文字、図形、記号、立体的形状若しくは色彩又はこれらの結合、音その他のもの（これを「標章」という。）であって、**「業として商品を生産し、証明し、又は譲渡する者がその商品について使用をするもの」又は「業として役務を提供し、又は証明する者がその役務について使用をするもの」をいう**（商標法2条1項）。したがって、業として商品を生産し、証明し、又は譲渡する者がその商品について使用する標章（これを「トレードマーク」という。）のみならず、業として役務を提供し、又は証明する者がその役務について使用する標章（これを「サービスマーク」という。）についても商標権の設定登録を受けることができるから、本肢は適切でない。

③ 適切でない。**同一又は類似の商品又は役務について使用をする同一又は類似の商標について異なった日に2以上の商標登録出願があったときは、最先の商標登録出願人のみがその商標について商標登録を受けることができる**（商標法8条1項）。また、同一又は類似の商品又は役務について使用をする同一又は類似の商標について同日に2以上の商標登録出願があったときは、商標登録出願人の協議により定めた1の商標登録出願人のみがその商標について商標登録を受けることができる（同条2項）。すなわち、先に商標登録出願をした者が優先して商標登録

を受けることができる。したがって、類似の商品に使用される同一の商標につい
て複数の商標登録出願があった場合、先に商標を作成した者ではなく、先に商標
登録出願をした者が、当該商標につき商標登録を受けることができるから、本肢
は適切でない。

④ **最も適切である。商標権の存続期間は、設定の登録の日から10年である**（商標
法19条1項）。そして、**商標権の存続期間は、商標権者の更新登録の申請により更
新することができる**（同条2項）。したがって、商標権の存続期間は、設定登録の
日から10年間であるが、何度でも更新登録をすることが可能であるから、本肢は
適切である。

第 38 問

解答 ④

解説

ア．**適切である。吸収合併存続株式会社及び吸収合併消滅株式会社は、吸収合併契
約等備置開始日から効力発生日後6ヶ月を経過する日までの間、吸収合併契約等
の内容その他所定の事項を記載した書面等をその本店に備え置かなければならな
い**（会社法782条1項、794条1項）。したがって、株式会社間において吸収合併を行
う場合、吸収合併存続株式会社及び吸収合併消滅株式会社は、法定の事項を定め
た吸収合併契約を締結し、当該吸収合併契約の内容等を記載又は記録した書面又
は電磁的記録を所定の期間その本店に備え置かなければならないから、本肢は適
切である。

イ．**適切でない。株式会社が解散した場合には、当該株式会社は、合併により当該
株式会社が存続する合併をすることができない**（会社法474条1号）。したがって、
解散した株式会社は、解散した株式会社を存続会社とする吸収合併を行うことは
できないから、本肢は適切でない。

ウ．**適切でない。**吸収合併存続株式会社は、効力発生日に、吸収合併消滅会社の権
利義務を承継する（会社法750条1項）。もっとも、吸収合併消滅会社の吸収合併に
よる解散は、吸収合併の登記の後でなければ、これをもって第三者に対抗するこ
とができない（同条2項）。一方、**吸収合併消滅会社の権利義務は、効力発生日に、
吸収合併存続株式会社に承継されるから、吸収合併消滅会社の清算手続は予定さ
れていない**（同法475条参照）。したがって、株式会社間において吸収合併を行う
場合、吸収合併消滅株式会社の財産は包括的に吸収合併存続株式会社に移転し、
吸収合併消滅株式会社の株主は原則として吸収合併存続株式会社の株主となり、
吸収合併消滅株式会社の清算手続は予定されていないから、本肢は適切でない。

エ．**適切でない。合併をする場合には、反対株主は、原則として、会社に対し、自
己の有する株式を公正な価格で買い取ることを請求することができる**（会社法785
条1項、797条1項）。したがって、株式会社間において合併を行う場合、合併に反

対する反対株主は、自己の株式を当該合併当事会社に公正な価格で買い取ること
を請求することができるから、本肢は適切でない。

第39問

解答 ④

解説

ア．**適切である。** アメリカでは、連邦政府が制定した「連邦法」と各州において制
定した「州法」があり、連邦法の規制対象は限定列挙されており、州法の統治機
構は、憲法、連邦法、条約に反するものであってはならない。したがって、**アメ
リカの法律には、連邦政府が制定した「連邦法」と各州において制定した「州法」
がある**から、本肢は適切である。

イ　**適切でない。日本の民法は、ドイツやフランスなどの影響を受け、大陸法体系
に近い法体系を採用しており、アメリカなどの英米法体系とは基本的な考え方に
大きな違いがある**と言われている。したがって、日本の民法は、アメリカよりフ
ランスやドイツなどの影響が強く、契約法制については、英米法体系より大陸法
体系に近い法体系を採用しており、アメリカの法制度の考え方とは大きな違いが
あるから、本肢は適切でない。

ウ　**適切である。アメリカでは、契約の成立において、当事者間の合意だけでな
く、契約関係において相手方から約束と引き換えに得られる対価のようなものと
しての「約因」が必要とされている。**したがって、アメリカにおいて契約が成立
するためには、当事者間の同意だけではなく、「約因」がなければならないとされ
ているから、本肢は適切である。

エ　**適切である。**アメリカの裁判手続においては、審理前手続として、法廷審理の
前に、当事者が保有する証拠を開示させるディスカバリーや、裁判官と当事者双
方が争点の整理などを行う事実審理前協議が行われ、審理の迅速化を図り、ま
た、和解等の早期解決の可能性等を模索する。したがって、**アメリカの裁判手続
においては、法廷審理の前に、事前手続として、ディスカバリーや、事実審理前
協議が行われている**から、本肢は適切である。

第40問

解答 ⑥

解説

ア．**適切でない。**預貯金者は、自らの預貯金契約に係るカード等が盗取されたとき
は、所定の要件のもと、金融機関に対し、当該盗難カード等による機械式預貯金
払戻しの額に相当する金額の補てんを求めることができる（預金者保護法5条1
項）。**補てんを求めることができる金額は、法律上規定されており、これに反す**

る特約で預貯金者に不利なものは、無効となる（同法8条）。したがって、金融機関は、預金者との間の預金契約において、現金自動支払機（ATM）から偽造カード又は盗難カードで預金の不正な引出しがなされ預金者が被害を受けた場合に金融機関が預金者に対して負う補償義務を預金者保護法の規定内容よりも減免する旨の特約を締結した場合、当該特約は無効であるから、本肢は適切でない。

イ．**適切でない。**小切手はその呈示の時において振出人の処分できる資金ある銀行に宛てかつ振出人をして資金を小切手により処分することができる明示又は黙示の契約に従いこれを振出すべきものとする（小切手法3条）。すなわち、**確実に支払が行われるよう支払人は銀行（その他の金融機関）に限られている。**したがって、小切手は、振出人が支払人に対して、一定期日に一定金額を受取人に支払うよう委託した証券であり、小切手の支払人となることができるのは、銀行その他の金融機関に限られているから、本肢は適切でない。

ウ．**適切でない。約束手形の不渡り**とは、約束手形が通常どおり決済されないことをいう。**6ヶ月間に手形不渡りを2度生じさせると、銀行取引停止処分を受け、**銀行との間で当座勘定取引（手形、小切手の発行等）と貸出取引ができなくなる。したがって、約束手形の振出人が銀行取引停止処分を受けるのは、6ヶ月間に手形不渡りを2度生じさせた場合であるから、本肢は適切でない。

エ．**適切である。**手形や小切手のような有価証券は、紙と権利が結合しているから、証券を紛失すると権利行使することができない。一方、預金通帳のような証拠証券は、権利の内容を証明する証拠となるにすぎず、権利の内容が別途証明されれば、証拠証券がなくとも権利行使をすることができる。したがって、**預金通帳及び預金証書は、有価証券ではなく、証拠証券であり、これらを紛失しても預金者から金融機関に対する預金の返還請求権は消滅しない**から、本肢は適切である。

索引

編著者紹介

菅谷 貴子（すがや たかこ）

菅谷パートナーズ法律事務所（第二東京弁護士会）代表弁護士。

企業法務（会社法、労働法、著作権法）を中心に、不動産関連及び、離婚、相続等の一般民事事件等も担当している。その他、複数の会社の社外役員を務めるほか、官公庁や一般企業において、労働法・ハラスメント防止等のセミナー講師を多数行っている。著書として『弁護士が教えるセクハラ対策ルールブック』（共著、日本経済新聞出版社）、『Q&A「社員の問題行動」対応の法律知識』（共著、日経文庫）、『Q&A セクシュアル・ハラスメント ストーカー規制法解説（第2版）』（共著、三省堂）、『こんなときどうする　製造物責任・企業賠償責任 Q&A = その対策のすべて =』（共著、第一法規）など。

厚井 久弥（こうい ひさや）

薬研坂法律事務所（第二東京弁護士会）代表弁護士。

内部統制・コンプライアンスなどの危機管理を中心に、官公庁や企業の事実調査、不祥事対応を数多く手掛ける。企業法務としては、ほかに、セミナーやハラスメント対応（調査・対応支援）など、一般民事としては、離婚、相続などを取り扱う。著書として『第三者委員会実務マニュアル』（共著、創耕舎）、『非公開会社の実務と対策：tax & law』（共著、第一法規）、『改訂増補 困ったときのくらしの法律知識 Q&A』（共著、清文社）など。

装丁	小沼孝至
DTP	株式会社シンクス

法務教科書

ビジネス実務法務検定試験®2級 精選問題集 2024年版

2024年 2月19日　初版第1刷発行

編 著 者	菅谷 貴子、厚井 久弥
発 行 人	佐々木 幹夫
発 行 所	株式会社翔泳社（https://www.shoeisha.co.jp）
印 刷	昭和情報プロセス株式会社
製 本	株式会社国宝社

ISBN978-4-7981-8426-5　　　　　　　　　　Printed in Japan